Dr. August Kracht wurde 1906 in Dortmund geboren. Nach Studium und Promotion war er als Redakteur und Pressereferent in Soest, Münster, Gelsenkirchen, Recklinghausen und Essen tätig. Zu seinen Hauptarbeitsgebieten gehören Lyrik, Erzählungen, Landes- und Kunstgeschichte. Er hat bereits zahlreiche Bücher veröffentlicht.

Vollständige Taschenbuchausgabe
Droemersche Verlagsanstalt Th. Knaur Nachf. München
Lizenzausgabe mit freundlicher Genehmigung des
Verlages Weidlich, Frankfurt/Main
© Copyright by Verlag Wolfgang Weidlich, Frankfurt/Main
Karte von Helmut Schöppler, Bad Homburg
Umschlagabbildung Burg Altena, mit freundlicher Genehmigung des
Museums der Grafschaft Mark
Umschlaggestaltung Klaus Förster
Druck und Bindung Ebner Ulm
Printed in Germany · 1 · 8 · 483
ISBN 3-426-04410-2

1. Auflage

Burgen und Schlösser im Sauerland, Siegerland und an der Ruhr

Ein Handbuch mit 124 Abbildungen
von August Kracht

ntrop
Hovestadt
Nehlen
LIPPSTADT
Overhagen
GESECKE
Schwarzenraben
ERWITTE
SOEST
Eringerfeld
Eggeringhausen
Mülheim
Möhne-
stausee
RUTHEN
Körtling-
hausen
WARSTEIN
Alme
NIEDERMARSBERG
ARNSBERG
Melschede
Ruhr
Antfeld
BRILON
Canstein
orpe-
tausee
Laer
MESCHEDE
Henne-
stausee
Rothaargebirge
nellenberg
Bilstein
Adolfsburg
OBERHUNDEM
Berleburg
KREUZTAL
ees
Wittgenstein
LAASPHE
iegen

■ ORIENTIERUNGSORTE
● Burgen und Schlösser

Inhalt

Vorwort

Der vorliegende Band, der erste eines dreibändig geplanten Werkes „Burgen und Schlösser in Westfalen", befaßt sich mit einem an Gegensätzen reichen, vor allem von der Bodenstruktur her uneinheitlichen Raum. Durch die Verklammerung der Randlandschaften — Wittgenstein und Siegerland im Süden, Hellweg und westfälisches Industriegebiet im Norden — mit einer zentralen Großlandschaft, dem Sauerland, erfährt er jedoch eine gewisse Abrundung, die seine Abgrenzung von Ostwestfalen und dem Münsterland und seine einheitliche Behandlung in diesem Buch rechtfertigt, zumal sich die Lippe als markante geographische und für gewisse Zeitabschnitte auch als historische Grenzlinie und als Stilgrenze anbietet. Unter Hellweg ist nicht so sehr das Verkehrsband wie der gesamte Landstrich zwischen der Lippe und der Möhne bzw. der Ruhr zu verstehen. Zwischen Dortmund und Bottrop streiten noch die naturräumlichen Begriffe Emscherland und Ruhrland um den Vorrang, obwohl sie sich als engere Begriffe gut zu dem ergänzen, was wir hier zusammenfassend Industriegebiet nennen.

Die Auswahl der Objekte richtete sich in erster Linie nach ihrem Bedeutungsrang und bei gleichrangigen Nachbarobjekten nach ihrer besten Erhaltung. Auf der Lagekarte der Standorte sollten keine allzu großen Leerstellen entstehen, so daß auch die an Objekten armen Kreise und größeren Stadtkreise mit wenigstens einem, notfalls weniger bedeutenden Objekt vertreten sind. Schließlich war zu bedenken, daß alle im Raume vertretenen Stile und Typen berücksichtigt werden, mit Ausnahme der Restanlagen, unter denen hier nicht nur die sächsischen Wallburgen, wie die Hohensyburg und die Eresburg, die Ringwallburgen der spätkarolingischen Zeit und die Erdhügel- und Steinwerke des Hochmittelalters (die Hünenburg auf dem Sundern bei Plettenberg, der Hinderking bei Östinghausen, Burg Mark bei Hamm), sondern auch die Reste und gepflegten Ruinen z. T. bedeutender Burgen späterer Zeit (Isenburg, Blankenstein, Ginsburg u. a.) und der Stadtburgen (Rüthen, Werl, Soest u. a.) verstanden werden. Sie alle, die einen eigenen, in sich geschlossenen Band füllen können, konnten nur in den regionalen Einführungen der einzelnen Kapitel kurz Erwähnung finden.

Im allgemeinen entspricht einer so großen landschaftlichen Vielfalt, wie sie der hier zur Rede stehende Raum aufweist, auch eine Vielzahl eigengeprägter Kunsträume mit mannigfaltigen Verflechtungen zu den benachbarten Großlandschaften. Dieser Frage in bezug auf die Bauten des Herrenstandes zwischen Sieg und Lippe nachzugehen, war die Zahl der hier zu behandelnden Objekte entschieden zu klein und die zur Verfügung stehende Zeit zu kurz. Sie kann nur im Zusammenhang mit der Mehrzahl der insgesamt vorhandenen Objekte beantwortet werden. Daran hindert vorerst immer noch der offensichtliche Mangel an brauchbaren Vorarbeiten, vor allem über die Burgen und Schlösser des Sauerlandes, den schon Mummenhoff 1965 in seiner Abhandlung über die Profanbauten des westfälischen Herrenstandes feststellte. Auf gelegentliche Einzelergebnisse, die vielleicht als Fingerzeige für nachgehende Forschung dienen können, glaubt der Verfasser immerhin verweisen zu dürfen.

Schon die erste Gruppe der beschriebenen Burgen mit den im 12. Jahrhundert entstandenen Stammburgen der aus den alten Grafengeschlechtern hervorgegangenen Dynasten, Altena, Siegen und Wittgenstein — die Stammburgen der Grafen von Werl-Arnsberg bestehen nicht mehr — und den Stammsitzen der späteren dynastischen Seitenlinien, (Hohen-)Limburg, Berleburg, Siegen, Unteres Schloß und Burg Bilstein als Sitz einer Beinahe-Grafschaft, stellt, obwohl ausschließlich aus Höhenburgen bestehend, eine Mannigfaltigkeit von Befestigungstypen (Abschnittsburgen, Hausrandburgen, Stadtburgen) mit unterschiedlichen Beziehungen zu ihren Nachbargebieten dar. Ausschließlich aus Höhenburgen besteht auch die nach dem Sturz Heinrichs des Löwen (1180), mit der Bildung und Abrundung der Territorien entstandene zweite Gruppe, die der Landesburgen, im gebirgigen Teil unseres Raumes. Schwarzenberg, Wetter, Volmarstein, Blankenstein, Klusenstein, die Landesburgen der Grafen von der Mark, bestehen nur noch als Restanlagen und werden daher hier ausgeklammert. Von den Burgen der Kölner Erzbischöfe, die der Ächtung des Welfenherzogs den Titel des Herzogs von Westfalen und Engern verdankten und ihre umstrittenen Gebietsansprüche in Südwestfalen durch starke Stützpunkte unterbauten, boten sich die auf ältere Anlagen zurückgehenden und durch spätere Umbauten ergänzten Burgen Schnellenberg und Bilstein zur Bearbeitung an, ebenso die an der Stelle einer spätkarolingischen Wehranlage errichtete und später ebenfalls durch einen Neubau ersetzte Wasserburg Hovestadt, mit der Kurköln den Lippeübergang gegen das mächtige Fürstbistum Münster sicherte.

Die Burganlagen der aus den Burgmannschaften der Landesburgen hervorgegangenen Familien und der im Hofdienst der Landesherren aufgestiegenen Ministerialen stellen die dritte und weitaus größte Gruppe der in diesem Band behandelten Burgen und Schlösser dar. Das ursprünglich vom König auf die Grafen und Dynasten übertragene Burgenbaurecht wurde seit dem ausgehenden 13. Jahrhundert von diesen auf besonders begünstigte Bedienstete angewandt, die jetzt darangingen, ihr zunächst kleines, meist als landesherrliches Lehen erworbenes Landgut zu Wehranlagen auszubauen. Die Höhenburg blieb jetzt die Ausnahme. Von den 23 hier behandelten Objekten dieser Gruppe sind nur zwei Höhenburgen: Canstein und Steinhausen, und von den 20 ausgewählten Wasserburgen der Gruppe liegen zehn südlich der Möhne und der Ruhr zwischen Neheim und Hattingen, im reichgegliederten gebirgigen Süden unseres Raumes. „Die maßgebenden Neuerungen des Schloßbaues wurden vom 16. Jahrhundert an ausschließlich im ebenen Gelände verwirklicht" (Mummenhoff). Diese Regel gilt auch für den Raum südlich der Lippe ohne Ausnahme.

Die ehemalige Deutschordenskommende Mülheim a. d. Möhne vertritt eine weitere Gruppe, zu der in unserem Raum noch die ehemaligen Kommenden in Dortmund-Brackel, Malenburg und Welheim und die kurzlebigen und ohne bauliche Hinterlassenschaft gebliebenen Niederlassungen in Bremen (Kr. Soest) und Antfeld zu zählen sind. Am schwertführenden Deutschritterorden hatte das südliche Westfalen einen besonders starken Anteil, auch an seinen Führungskräften.

Da der mittelalterliche Bestand sich weitgehend auf schmucklose Restbauten, Türme, Teiltrakte und ummauerte Baukerne, beschränkt, konnte auf Schloß Herten, neben kleineren gotischen Bauten (Schloßkapelle Strünkede u. a.) das einzige gotische Schloß von Bedeutung, trotz des trostlosen Anblicks, den es zur Zeit im Beginn seiner Wiederherstellung noch bietet, bei der Auswahl, die auch die Höhepunkte der stilgeschichtlichen Entwicklung zu berücksichtigen hat, nicht verzichtet werden. Auch wegen seiner Vermittlerstellung zwischen dem Vorgängerschloß Nordkirchen und dem nachgotisch dekorierten, ursprünglich ebenfalls vierflügeligen Schloß Bladenhorst, die Ausnahme von der Regel, nach der die Burgen des Flachlandes nördlich der Emscher wie in der ganzen Münsterschen Bucht und dem Vest Recklinghausen Ziegelbauten, südlich des Flusses Ruhrsandsteinbauten sind (Neumann). Auch in den Giebelformen bekennen sich diese Bauten der Emscherniederung zur Stillandschaft des Münsterlandes. Noch der Schloßbau in Horst, wo um die Mitte des 16. Jahrhunderts eine schulebildende Sonderform, die sogen. Lipperenaissance, begründet wird, hatte neben der traditionellen Kastellform ursprünglich einen münsterländischen Fialgiebel. Auch die folgenden Schlösser der Lippeschule, soweit sie südlich des Flusses stehen, Hovestadt, Overhagen und Nehlen, letzteres als Ausläufer dieser von den Niederlanden befruchteten manieristischen Gliederungs- und Dekorationsform, durften in diesem Band nicht fehlen. Eher konnte auf das mit Schweifwerkgiebeln geschmückte Schloß Erwitte, den westlichsten Ausläufer der Weserrenaissance am Hellweg, verzichtet werden. Ein Vorposten der Weserrenaissance war auch das in das heutige Herrenhaus einbezogene Obere Schloß Canstein, das auf alten Ansichten einen mit kugelbesetzten Radzinnen versehenen Stufengiebel und große Lukarnen zeigt, an der Grenze nach Waldeck. Auch an dem Gruppenbau Bodelschwingh und den so gut wie schmucklosen, blockhaft gedrungenen Baukörpern des Burghauses Kemnade und des Schlosses Strünkede geht die Renaissance nicht ganz spurlos vorüber; im Innern warten sie mit besonders schönen, charakteristischen Kaminen auf. Für sich steht in dieser Stilstufe Haus Junkernhees. Es gehört in den Kreis der großartigen, von Hessen beeinflußten Fachwerkbaukunst Wittgensteins und des Siegerlandes, die in Riedesels Laaspher Bürgerbauten und der späteren Ludwigsburg in Berleburg gipfelt.

Die große Zahl der hier behandelten Objekte des Barockzeitalters trägt der Bedeutung Rechnung, die im südwestfälischen Raum das kurkölnische Sauerland, das Bistum Paderborn und das Vest Recklinghausen in den von geistlichen Fürstentümern geprägten Jahrzehnten nach dem Dreißigjährigen Krieg im Zeichen des Absolutismus als neue, bisher wenig hervorgetretene Kunstlandschaften gewannen. Dabei fällt dem Leser auf, daß das an Brandenburg-Preußen gekommene, durchweg konfessionell konträre Gebiet der Grafschaft Mark und der westfälische Teil des Siegerlandes hier bezeichnenderweise nur durch je zwei Objekte, die barockisierten Häuser Neuenhof und Martfeld und das vom Dietzer Schloß Oranienstein beeinflußte Untere Schloß zu Siegen und das Neue Schloß Berleburg, vertreten sind. Die Entwicklung umfaßt die früh- bis hochbarocken, durch Prunk und Schwere der Formen gekennzeichneten Bauten des Ambrosius von Oelde (Eringerfeld, Adolfsburg, Mülheim-Möhne, Vorburg Herdringen, Unterburg Schnellenberg) und ihre zum Teil noch manieristischen Raumausstattungen, die von Alme und Antfeld über Körtlinghausen, Schwarzenraben bis Uentrop verbreiteten Bauten des von den Pictorius aus den Niederlanden eingeführten barocken Klassizismus und die wenigen südwestfälischen Bauten Schlauns, die Vorgebäude des Schlosses Hovestadt, das Herrenhaus von Schloß Canstein und das Kabinettstück Haus Beck. Auftraggeber sind in dieser Zeit in erster Linie die geistlichen Fürsten und der in ihrem und im Staatsdienst zu Ansehen gelangte Landadel. Zu den Hofarchitekten, teils geistlichen Standes, gesellten sich auch ambulante „Bauhütten" wie die des Nikolaus Dentel, der mit einem Team oberdeutscher Künstler und Handwerker in Kirchen und Herrenhäusern, u. a. in Haus Melschede, tätig war. Das barocke Prinzip des Gesamtkunstwerks findet man heute noch in einer Reihe größerer Gartenanlagen, zum geringeren Teil noch mit Orangerien und Lusthäusern (Herten, Herdringen, Berleburg, Schwarzenraben u. a.), in großartigen Raumausstattungen (in den Fürstenbergschen Schlössern, in Schwarzenraben, Berleburg u. a.), vor allem in der Ausstattung der Schloßkapelle (Adolphsburg, Hovestadt, Melschede, Laer, Schwarzenraben u. a.) verwirklicht. Als Sonderfall ist noch das Haus Martfeld im bergisch-märkischen Grenzraum mit Anklängen an das sogen. „bergische Haus" zu nennen. Daß der Bauherr dem erstarkenden bürgerlichen Unternehmertum angehört, ist ein Zeichen der Zeit grundlegender gesellschaftlicher Veränderungen. Zwar konnte der Adel noch seine landständische Mitverwaltung bewahren, aber der jahrhundertelange Prozeß seiner Schrumpfung verschärfte sich unaufhaltsam. 1829 war ein Drittel der 414 landtagsfähigen Rittergüter bereits in bürgerlichem Besitz.

Das war wohl auch einer der Gründe, weshalb uns der Klassizismus trotz seiner weitgehenden Vorbereitung im Barock so verhältnismäßig wenige Bauten des Herrenstandes hinterlassen hat. Ein anderer war die bald folgende, schnell an Boden gewinnende romantische Bewegung, der sich auch die Klassizisten unter den Architekten und bildenden Künstlern nicht versagten. Fast gleichzeitig entstanden Zwirners neugotischer Schloßbau in Herdringen und das Herrenhaus in Westerholt, das letzte der hier behandelten klassizistischen Herrenhäuser (außer Westerholt, Berge, Steinhausen und Villigst), von denen Villigst die einzige vollständig erhaltene Anlage ist. Die Beschreibung des Neuen Schlosses in Herdringen bot die Gelegenheit, mit einer Aufwertung der eigenschöpferischen Leistung des Kölner Dombaumeisters Zwirner den Versuch zu verbinden, eine mögliche Provenienz und Nachwirkung seines Herdringer Schlosses nachzuweisen.

Von den 39 Objekten dieses Bandes sind noch 24 in adligem Besitz, 15 auch von ihren Eigentümern bewohnt, zehn gingen in kommunalen und staatlichen, drei in bürgerlichen und zwei in industriellen Besitz über. Die Nutzung der unbewohnten Häuser verteilt sich auf acht Museen, ebensoviele Gastbetriebe, fünf öffentliche Einrichtungen, vier Lehrinstitute mit Internaten und zwei Jugendherbergen. Dieses Zahlenverhältnis kann aber nicht als repräsentativ angesehen werden. Insbesondere überwiegt bei den hier nicht behandelten mittleren und kleineren Objekten die Zahl der adligen Besitzer und der von ihnen noch bewohnten Herrensitze.

Bei dem Bemühen um den jüngsten Forschungsstand leisteten die Vereinigten Westfälischen Adelsarchive im Landesamt für Archivpflege für den geschichtlichen Teil dankenswerte Hilfe. Wie jeder Versuch, über die Baukunst des westfälischen Herrenstandes zu schreiben, von den umfassenden und grundlegenden Veröffentlichungen von Prof. Dr. K. E. Mummenhoff abhängig ist, so fühlt sich auch der Verfasser vor allem ihm, auch für gelegentliche Beratung, zu besonderem Dank verpflichtet. Bei der Beschreibung der Objekte im Industrierevier waren u. a. besonders die Arbeiten von Dr. Ing. E. G. Neumann eine willkommene Hilfe. Im übrigen bestätigte die Praxis die Vermutung, daß die noch nicht bearbeiteten Hausarchive noch viele neue Erkenntnisse, auch für die Baugeschichte bereithalten.

Dank schuldet der Verfasser auch den Eigentümern und Pächtern der beschriebenen Häuser, bei denen er ausnahmslos Verständnis und Entgegenkommen fand, dem Landesdenkmalamt Westfalen-Lippe, das einen großen Teil des hier veröffentlichten Bildmaterials zur Verfügung stellte, und dem Landschaftsverband Westfalen-Lippe für die Gewährung eines Druckkostenzuschusses, nicht zuletzt seinem Verleger Wolfgang Weidlich für die auf Vertrauen gegründete Geduld, mit der er die Fertigstellung des Manuskriptes abwartete, und für manche Handreichung, mit der er am Zustandekommen dieses Bandes beteiligt ist.

Bei seiner Bereisung im Denkmalschutzjahr 1975, in dem der Verfasser nicht nur die hier behandelten, sondern auch die meisten ihnen benachbarten Häuser sah, rief das Ausmaß des Verfalls nicht selten Zweifel an der Dauerhaftigkeit des Leitspruchs „Eine Zukunft für unsere Vergangenheit!" hervor. Die Liebe zur Sache, für die noch vielen Ungenannten in den angesprochenen Gemeinden und Kreisen zu danken ist, ist eine kleine Hoffnung auf seine allgemeine Beherzigung, zu der auch dieses Buch ein wenig beitragen möchte.

1 Siegen

Das Obere Schloß

Über dem oberen Siegtal im Mündungswinkel zwischen Weiß und Sieg erhebt sich, beherrschend auf der Spitze des 307 m hohen Siegberges, eines Ausläufers des Giersberges, das Obere Schloß, so benannt seit dem Beginn des 18. Jahrhunderts, als am Fuß dieses Berges als Residenz der reformierten Linie des Hauses Nassau-Siegen das Untere Schloß entstand. Den Raum zwischen diesen beiden Anlagen füllt die um zwei bedeutende sakrale Architekturdenkmäler, Martini- und Nikolaikirche, situierte Bergstadt, diese in der Unterstadt gelegen und aus einer romanischen Pfeilerbasilika hervorgegangen, jene in der jüngeren Oberstadt um 1224 errichtet und mit einer vom Grafenhaus gestifteten Krone auf der welschen Haube geschmückt.

Der Blick vom Oberen Schloß umgreift ein geographisch einheitliches, als

Quellgebiet zertaltes Hügelland mit bis zu 550 m hohen Hochflächen, die sogenannte Siegener Gebirgskammer, die von allen Seiten durch Hochländer eingeschlossen wird, ein Umstand, der modernen Verkehrsanbindungen nicht mehr im Wege steht. Durch die elektrifizierte Bahnstrecke Hagen—Frankfurt und die Autobahn Sauerlandlinie hat die Hauptstadt des Siegerlandes eine erstklassige Verkehrsposition gewonnen.

Funde im Stadtbereich wie im ganzen Siegerland lassen auf eine schon in der La-Tène-Zeit betriebene Eisengewinnung schließen, die später zu einer besonderen Siegerländer Waldwirtschaftsform zur Erzeugung von Holzkohle, dem Hauberg, führte und im Industriezeitalter zum Hauptfaktor der Siegerländer Wirtschaft wurde. Eine durch Grabungen nachgewiesene Landwehr im Gebiet nördlich von Siegen diente vermutlich dem Schutz dieses vor- und frühgeschichtlichen Industriezweiges. Mit edlem Kunstschmiedewerk, das „Meister Wieland in der Stadt Siegen" gefertigt hat, soll der Wahnsinn des Zauberers Merlin besänftigt werden, so steht es in der Vita Merlini, einer Handschrift des 13. Jahrhunderts, die auf den 1155 verstorbenen walisischen Bischof Gottfried von Monmouth zurückgeht. Das nahe Wilnsdorf ist um dieselbe Zeit als Willandisdorf belegt.

Urkundlich wird der Ort Siegen erst zwischen 1079 und 1089 erwähnt, rund zwei Jahrhunderte vor der ersten Erwähnung der Burg. Dennoch bleibt die Frage offen, ob zuerst die Stadt oder die Burg bestanden hat. Weyer vermutet als Vorgängerin von Stadt und Burg eine vielleicht mit einem Grafen besetzte karolingische Straßenfeste, die ihrem Besitzer die Herrschaft über das für die Waffenherstellung wichtige Eisengewinnungszentrum und über zwei wichtige Fernstraßen, die West-Ost-Straße von Köln über Freudenberg, Siegen nach Marburg und Amöneburg und die Süd-Nord-Straße aus dem Limburger Becken über Wilnsdorf, Siegen und Hilchenbach an die Ruhr und Lippe garantierte. Sie müßte in der Nähe der Martinikirche gelegen haben, wo — nach jüngsten Funden zu urteilen — schon im frühen 12. Jahrhundert eine große romanische Basilika, vermutlich eine Stiftskirche, bestanden haben muß.

Erste geistliche Macht in diesem Gebiet war das mächtige Erzstift Mainz, das zu einem nicht näher bekannten frühen Zeitpunkt (nach einer Nachricht von 1361) die Grafen von Nassau mit Gericht und Vogtei zu Siegen „im Lande" und dem Schloß belehnte. Unbeantwortet ist bisher die Frage geblieben, auf Grund welcher Rechtsansprüche die Kölner Erzbischöfe später in Siegen auftraten, die Mainzer Erzbischöfe haben sich jedenfalls gegenüber allen anderen Einflüssen als Landesherren behaupten können, bis 1821.

Zwei Siegener Münzen aus der Zeit zwischen 1160 und 1190 tragen die Inschrift eines Ruodbertus Co(mes) als Stadt- und Landesherr von Siegen. Es handelt sich um einen von Laurenburg. Die Laurenburg war durch die Heirat eines seiner Vorgänger mit der Erbtochter des Grafen von Arnstein in Siegener Besitz übergegangen. Nach ihrer 1124 bei dem Dorf Nassau errichteten Burg nannten sich die Laurenburger später Grafen von Nassau. Indem sie den einheimischen Adel, notfalls mit Gewalt, kurzhielten, erweiterten sie ihren Machtbereich, in dem die Ginsburg einer ihrer stärksten Stützpunkte wurde. 1255 teilten die Brüder Walram und Otto von Nassau die Grafschaft unter sich auf. Otto wählte den Landesteil nördlich der Lahn mit Siegen, Dillenburg und Herborn.

Vorher — 1224 — war aber bereits ein Zustand eingeleitet worden, der das Machtstreben der Nassauer Grafen erheblich behindern sollte. Nach ihrer Inthronisierung als Regenten des Herzogtums Westfalen hatten die Erzbischöfe von Köln ihre Herrschaftsansprüche immer weiter nach Süden, nunmehr auch auf das Siegerland ausgedehnt. 1224 kam ein Teilungsabkommen zwischen Engelbert dem Heiligen von Köln und dem Grafen Heinrich II. von Nassau zustande, in dem der Graf die Hälfte seiner Stadt Siegen an den Kölner Erzbischof abtrat. Von einer Burg ist in dieser Urkunde nicht die Rede, woraus keineswegs zu schließen ist, daß sie damals noch nicht bestanden hätte. 1343 schlossen die Grafen Heinrich und Otto von Nassau, Vater und Sohn, einen Teilungsvertrag mit dem Kölner Erzbischof Walram. Die darüber ausgestellte Urkunde enthält erste ungefähre Anhaltspunkte für die sonst durch wenig Urkunden belegte und daher ziemlich lückenhafte Baugeschichte der Oberen Burg und Angaben über die schon länger bestehenden Eigentumsverhältnisse der beiden Partner. In der Urkunde heißt es (zitiert nach Reuter): „Die Burg zu Siegen wird so geteilt, daß der Erzbischof die Hälfte nach der Sieg, die Grafen die Hälfte nach der Weiß zu erhalten; Thurm, Thor, innerer Hof und Brunnen sollen gemeinschaftlich sein. Die Stadt und ihr Gerichtsbezirk bleiben in ungetheiltem Besitz beider Herren. Ein Burgfrieden wird beschworen und die gegenseitigen Geldforderungen sollen abgetan sein." Hieraus geben sich bereits die Umrisse einer vollinstallierten Burganlage des 12./13. Jahrhunderts zu erkennen. Fürs erste bestand weder für die Nassauer Grafen, die schon vor dem Teilungsvertrag von 1343 ihren Hof nach dem mit Burg und Stadt gegründeten Dillenburg verlegt hatten, noch für die durch Beamte vertretenen Kölner Erzbischöfe Veranlassung, den Grundbestand der Burg wesentlich zu erweitern. 1351 wird ein Amtmann, quasi Burggraf, genannt, der die Grafschaft Nassau-Siegen mit einem Rentmeister verwaltet. Mitte des 15. Jahrhunderts tritt erstmals ein „Kellner" auf, der sich für die Siegener Hofhaltung bereithält.

Das Verhältnis der beiden Burginhaber war von Anfang an gespannt, zumal sie dasselbe Ziel verfolgten, die Alleinherrschaft über die wirtschaftlich bedeutende Stadt Siegen. Mit wechselndem Glück behielt bald der eine, bald der andere die Oberhand. Vorübergehend mußten die Grafen ihren Anteil an Köln verpfänden und 1288, nach der für Köln verlorenen Schlacht bei Worringen, waren es die erzbischöflichen Beamten, die aus Siegen verjagt und erst sieben Jahre später wieder hereingelassen wurden. Die unverträgliche Doppelherrschaft endete erst nach 1371, als die Familie der Arnsberger Grafen erloschen war und die Nassauer Grafen auf ihre Erbansprüche zugunsten Kölns verzichteten, das diese Grafschaft zur Auffüllung seines Herzogtums Westfalen benötigte. Köln erwarb die Grafschaft Arnsberg 1421 unter Verzicht auf seinen Anteil an Burg und Stadt Siegen.

Nach dem Ende der Doppelherrschaft war es für die Nassauer Grafen an der Zeit, die von Köln mit mancherlei Vorrechten, seit 1303 mit Soester Recht ausgestattete und durch ihr blühendes Eisengewerbe selbstbewußt erstarkte Stadt Siegen in ihre Schranken zu weisen, ohne naheliegende Möglichkeiten des Zusammenwirkens auszuschließen. So betrieben sie zusammen mit der Stadt die durch den Guß eiserner Geschütze berühmte Seelenhütte in der Hermelsbach. Durch glückliche Heiraten mehrten sie ihren Besitz. Heinrich II. heiratete 1221 die Gräfin Mechtild von Geldern und schlug damit eine Brücke zum Niederrhein. Die für die Zukunft entscheidende Verbindung zu den Niederlanden wurde durch die Ehen des Grafen Otto II. mit Adelheid, der Gräfin und Erbtochter von Vianden (1331) und des Grafen Engelbrecht I. mit Johanna, der Erbtochter von Polanen hergestellt.

1503, unter der Herrschaft Johanns V., wurde die Siegener Burg durch Brand sehr stark betroffen. Dabei muß der Vorgänger des heutigen Steinbaus, ein teils frühgotischer, teils noch älterer Bau, weitgehend ausgebrannt sein, denn der im Zuge der Wiederherstellung entstandene, bis heute noch „Bischofshaus" genannte Bau zeigt in dem reichprofilierten Sandsteingewände des Hauptportals im Erdgeschoß, in der „Gotischen Halle" und im „Oraniersaal" im ersten Obergeschoß eindeutig spätgotische Stilelemente. Inwieweit die an das Bischofshaus im Osten und Westen angeschlossenen beiden Tore und der im Nordwesten vorgeschobene turmartige Eckbau betroffen und wiederhergestellt wurden, ist nicht mehr eindeutig festzustellen. Bei dem Brand soll auch das in südwestlicher Richtung anschließende „Grafenhaus", ein ursprünglicher Steinbau, zerstört worden sein. Ob es sofort wiederaufgebaut wurde, ist ungeklärt; der nach den Beschädigungen des letzten Krieges verschieferte Fachwerkbau kann nicht vor dem Anfang des 18. Jahrhunderts entstanden sein. Mehr läßt sich auch nicht über das an die Südwestecke des stadtseitigen Westtores angeschlossene, in Fachwerk ausgeführte Nebengebäude sagen, das den Westabschluß des inneren Burghofes bildet.

In der Nachfolge Wilhelms des Reichen, der unter dem Einfluß seiner Ehefrau Juliane von Stolberg-Wernigerode die lutherische Lehre einführte, erreichten die Beziehungen des nassauischen Hauses zu den Niederlanden ihren dramatischen Höhepunkt. Heinrich III. von Nassau, durch seinen kinderlosen Oheim Engelbert II. von Nassau, den Bruder seines Vaters Graf Johann V., als Erbe seiner niederländischen Besitztümer eingesetzt, Statthalter von Holland, Seeland und Westfriesland und seit 1505 Ritter vom Goldenen Vlies, hatte aus seiner zweiten Ehe mit Claudia, der Schwester Philiberts von Chalon, des Prinzen von Oranien, einen Sohn René. Dieser auch Renatus genannte Sohn, der als Nachfolger seines Oheims Philibert Prinz von Oranien und beim Tode seines Vaters auch Statthalter der drei niederländischen Provinzen wurde, fiel 1544 bei der Belagerung von St. Dizier, nachdem er, selbst erst 25 Jahre alt, seinen Vetter Wilhelm in Dillenburg, den ältesten Sohn Wilhelms des Reichen, zu seinem Nachfolger bestimmt hatte, der elfjährig als Prinz von Oranien in Breda sein Erbe antrat. 1567 kehrte er, der sich den Beinamen „der Schweiger" verdiente, als Flüchtling nach Dillenburg zurück, um von dort aus den Kampf um die Befreiung der Niederlande vom spanischen Joch vorzubereiten. Wilhelms jüngster Bruder, Graf Adolf von Nassau, zog mit dem in Siegen und auf der Ginsberger Heide gesammelten Heer in den Kampf, in dem er mit vielen Siegerländern den Tod fand. Wie Güthling berichtet, hatten die Nassauer das letzte Stück Tafelsilber auf der Siegener Burg für die Sache der Niederländer verpfändet. Der in den Stammlanden regierende Bruder Wilhelms des Schweigers, Graf Johann von Nassau, leistete 1579 während eines zweijährigen Aufenthaltes in den Niederlanden mit der Vereinigung der protestantischen Nordprovinzen, der sogenannten Utrechter Union, einen grundlegenden Beitrag zu der freien niederländischen Republik. In diesen Jahren spielt sich auch die Episode ab, in deren Verlauf 1577 Peter Paul Rubens in Siegen geboren wurde. Sein Vater, der Jurist Jan Rubens, der aus seiner Heimatstadt Antwerpen hatte fliehen müssen, war in Siegen wegen Ehebruchs mit Anna von Sachsen, der zweiten Gemahlin Wilhelms des Schweigers, verhaftet und in Dillenburg gefangengesetzt worden. Mit Strafmilderung wurde ihm danach ein Zwangsaufenthalt in Siegen (1573–1578) mit der Erlaubnis gewährt, mit seiner Familie zusammenzuleben. Hier wurden dem Ehepaar zwei Söhne geboren, deren einem ein Platz in der Galerie der großen flämischen Maler bestimmt war.

Nach seiner Rückkehr aus den Niederlanden führte Johann der Ältere in seinem Land den Calvinismus ein und gründete 1584 in Herborn eine Hohe Schule, die zwischenzeitlich auch in Siegen stationiert war. Er holte den bekannten Drucker Christoph Corvin nach Siegen, der in seiner dortigen Presse mehr als 50 vorwiegend theologische Schriften herausbrachte.

Durch eine von Johann dem Älteren veranlaßte Erbteilung im Jahr 1607 kam die Grafschaft Nassau-Siegen unter seinem Sohn Johann dem Mittleren († 1623) zustande, der das inzwischen ziemlich verfallene Siegener Schloß als Residenz bezog und es — wie es bei einem Chronisten heißt — „ganz zierlich und hübsch wiederum repariert und gebaut, auch ein stattliches Zeughaus wie den Garten hinter dem Schloß von neuem artig zurichten lassen". Das Zeughaus mit dem Renaissanceportal ist noch an der Burgstraße, also außerhalb der Außenbefestigung, in der Schloßfreiheit erhalten. U. a. wurden jetzt das äußere Torgebäude mit Anschlußbauten errichtet und das Obergeschoß des Steinbaus erneuert.

Johann der Mittlere, der in den Niederlanden und in Livland Kriegserfahrungen gesammelt hatte und 1616 in Siegen eine Kriegsschule gründete, gilt als der Festungsbauherr unter den Nassau-Siegener Grafen. Ihm wird der durch die Einführung der Feuerwaffen notwendig gewordene Ausbau der Burg zu einem widerstandsfähigen Bollwerk mit Bastionen und Batteriestellungen zugeschrieben. Unter ihm wurde auch der Haingarten auf Grund eines Vertrages mit der Stadt durch eine Mauer am Südhang in die Stadtbefestigung einbezogen.

In den nächsten Jahrzehnten spiegelte sich in der Geschichte des Hauses Nassau-Siegen der konfessionelle Konflikt, der den Krieg der dreißig Jahre bestimmte und der hier wie dort, im großen wie im kleinen, viel Leid für die Bevölkerung mit sich brachte. Den ersten Anstoß zu dem über ein Menschenalter andauernden Familienstreit gab der Übertritt Johanns des Jüngeren, des zweitältesten Sohnes Johanns des Mittleren, der nach dem frühen Tod seines älteren Bruders Thronanwärter geworden war, zum Katholizismus und seine Brüsseler Heirat mit der ebenfalls katholischen Prinzessin Ernestine von Ligne. Der wechselvolle Verlauf des Dreißigjährigen Krieges begünstigte bald die eine, bald die andere der beiden bis zu gewaltsamen Auseinandersetzungen entzweiten Linien, in die das Haus Nassau-Siegen nach einer erneuten Erbteilung seit 1623 zerfiel. Die ältere, von Johann dem Jüngeren († 1638) ausgehende und durch ihn katholisierte Linie residierte im Stammhaus, im Oberen Schloß, die andere, die reformierte, in der Unterstadt im „Nassauer Hof", dem ehemaligen, 1534 aufgehobenen Franziskanerkloster.

Mit einem 1651 abgeschlossenen Vergleich zwischen Johann Franz Desideratus († 1699), dem gerade mündig gewordenen Sohn Johanns des Jüngeren und der Prinzessin von Ligne, und seinem Oheim Johann Moritz, dem Regenten der protestantischen Linie, wurde für kurze Zeit ein Verhältnis friedlichen Nebeneinanders angestrebt. Johann Moritz, wegen seiner achtjährigen Tätigkeit als Statthalter der Holländischen Westindischen Kompanie in Pernambucco (1636–1644) der „Brasilianer" genannt, war eine der profiliertesten Gestalten unter den Nassauer Grafen. Nach seiner erfolgreichen Tätigkeit in niederländischen Diensten wurde er brandenburgischer Statthalter in Kleve und danach Herrenmeister der Ballei Brandenburg des Johanniterordens mit dem Sitz in Sonnenburg bei Küstrin. 1652 wurde er gleichzeitig mit seinem Neffen, dem Fürsten Johann Desideratus, gefürstet. Noch heute zeugen an den Stätten seines Wirkens bekannte Gebäude von seiner Baulust. In Siegen legte er mit dem Bau der „Fürstengruft" den Grundstein zu dem unter seinen Nachfolgern erbauten Unteren Schloß. Vor der Stadt legte er einen Tiergarten an. Als Zeichen seiner Erhebung in den Fürstenstand, wohl auch aus dankbarer Verpflichtung gegenüber der Stadt, die ihm bei seinen Ansprüchen an Grund und Boden entgegengekommen war, stiftete er für den Turm der Nikolaikirche am 17. August 1658 die schmiedeeiserne Fürstenkrone, bis heute das Wahrzeichen der Stadt.

Auch aus der katholischen Linie gingen bedeutende Persönlichkeiten hervor, die sich nicht in den geschilderten internen Streitigkeiten erschöpften. Ihr Begründer, Johann der Jüngere, wie sein Sohn Johann Franz Desideratus und sein Enkel Franz Hugo Ritter des Goldenen Vlieses, hatte Teilerfolge in seinen Bemühungen, nach dem Tod des katholischen Philipp Wilhelm Prinz von Oranien und Graf zu Nassau-Breda in Brüssel 1618 seinen Anspruch auf die unter spanischer Herrschaft stehenden Besitzungen des Hauses Nassau-Oranien in Niederländisch-Burgund durchzusetzen, indem er um 1626 mit den oranischen Baronien und Seigneurien in den spanischen Niederlanden und in der spanischen Freigrafschaft Burgund (Franche-Comté) belehnt wurde, die im Westfälischen Frieden allerdings wieder verlorengingen.

Siegen um 1840 mit Oberem und Unterem Schloß, Stahlstich von Poppel

Der Streit der beiden Linien war nicht nur konfessionell begründet. Die Erbauer des Unteren Schlosses nahmen für sich Rechte in Anspruch, die zumindest umstritten waren, z. B. die Dienstverpflichtung ihrer Untertanen am Schloßbau, auf die der katholische Fürst „wohlfundierte Ansprüche", wie es in einer Beschwerde von 1683 heißt, geltend macht. In derselben Note protestiert er gegen die am nassauischen Hof begonnenen Bauten insgesamt. 1691 richtete sich ein Protest gegen den von der Fürstin Ernestine Charlotte von Nassau-Schaumburg, die Witwe des Fürsten Wilhelm Moritz, veranlaßten Durchstich aus dem Nassauischen Hof durch die Stadtmauer, die noch vorhandene sogenannte „Zugbrücke", und die Anlage des neuen Weges, der unter Umgehung des Kölnischen Tores aus dem städtischen Bering ins Freie führte.

Während der Notar der katholischen Regierung mit Noten gegen Baumaßnahmen im Bereich des Unteren Schlosses beauftragt ist, erhebt der Notar der Gegenseite Einspruch gegen die Erweiterung des oberen Schloßgartens durch Einbeziehung des Haingartens, die Fürst Johann Desideratus durchführt, während er das äußere Tor von 1607 durch zwei spitzwinklig aus der Mauer vorspringende Geschützplattformen flankieren läßt und die Rohre drohend auf die protestantische Residenz in der Unterstadt richtet.

Unter des Fürsten Johann Desideratus ältestem Sohn Wilhelm Hyazinth erreichte die Feindschaft ihren Höhepunkt mit einer Begebenheit, die das Reich zum Einschreiten zwang. An einem Märztag des Jahres 1707 wurde Friedrich Flender, ein Führer der Widerstandsbewegung, auf Befehl des Fürsten ohne gerichtliches Verfahren vor dem Oberen Schloß enthauptet. Hyazinth floh nach Spanien und starb 1743 zu Hadamar, ohne Siegen wiedergesehen zu haben. Mit ihm erlosch das Haus Nassau-Siegen. Das Schloß wurde auf Weisung des Reichshofrates zuerst mit einem kölnischen, dann mit einem gemischt preußischen, kurpfälzischen und fürstbischöflich-münsterschen Aufgebot bis 1727 besetzt.

In der Biographie des Fürsten Wilhelm Hyazinth darf nicht der Hinweis fehlen, daß er durchaus legitim und u. a. auch von der evangelischen Linie Nassau-Siegen unterstützt, die Bemühungen seines Großvaters nachvollzog, indem er sich der vollständigen oranischen Titulatur bediente, „wenn ihm auch die Erlangung der dazugehörigen Besitzungen, nun aus der großen ‚Oranischen Erbschaft' von Wilhelm III. Heinrich Prinz von Oranien und Graf zu Nassau-Breda, König von Großbritannien und Irland, durch deren Übergang an Frankreich, an Nassau-Diez und an Preußen versagt blieb". (Menk)

Auch die folgenden Jahrzehnte waren mit Erbfolgestreitigkeiten angefüllt, bis 1743, als Fürst Wilhelm Karl Heinrich Friso, seit 1747 Erbstatthalter der gesamten Niederlande, die seit 1475 getrennten nassauischen Teilgebiete wieder in einer Hand vereinigte. Da der neue Herrscher im Haag residierte, verlor Siegen seine Bedeutung als Residenz. Die in Dillenburg für die vereinigten oranien-nassauischen Fürstentümer eingesetzte Regierung richtete im Oberen Schloß eine Unterdirektion für das Siegerland ein. Friso starb 1751. Sein Nachfolger Wilhelm V. floh 1795 vor den Franzosen aus dem Haag nach Siegen, wo er „der letzte fürstliche Bewohner der Siegener Schlösser" (Güthling) war. Sein Nachfolger wurde als Wilhelm I. König von Holland.

Nach dem Aufgehen des Fürstentums Nassau-Siegen im preußischen Staat (1815) und der Provinz Westfalen (1817) beherbergte das Obere Schloß die neuen Kreisbehörden. Die Stadt Siegen, die das ganze Schloß 1888 für 30 400 Mark erwarb, richtete 1905 in den Räumen des Steinbaues das „Museum des Siegerlandes" ein, das 1937 nach Umbauten noch wesentlich erweitert werden konnte.

Heute nähert man sich dem Schloß durch die seit dem Wiederaufbau nach dem Kriege mit neuen Gebäuden bebaute, steil ansteigende Burgstraße, die auf den letzten 100 m früher die Bezeichnung „Schloßfreiheit" führte, und stößt durch das äußere Tor und den äußeren Burghof zum Kern der Anlage vor, der mit dem Bischofshaus (Steinbau), dem Grafenhaus, einem verschieferten Fachwerkbau, und dem im letzten Kriege zerstörten und nicht wiederhergestellten Nebengebäude (zuletzt Jugendherberge) eine fast geschlossen um den inneren Hof gruppierte Baugruppe bildete, ein unregelmäßiges Fünfeck, dem in etwas verschobener Form der äußere Mauerring entspricht. In den Grundrissen des Schlosses und der Außenbefestigung geben sich zwei charakteristische Systeme zu erkennen, die mittelalterliche Stadtburg und die dem Programm italienischer Festungsbaumeister des 16. Jahrhunderts entstammende polygonale Verteidigungsanlage in der bevorzugten Form des Fünfecks. Scheppig hat schon vor fünfzig Jahren die Meinung vertreten, der Kernbau habe „ursprünglich ohne einen besonderen Mauerring für sich allein auf dem nach drei Seiten steil abfallenden Gipfel des Siegberges" gelegen. Dabei ist man geneigt, den neueren Begriff der Hausrandburg (nach Werner Meyer) anzuwenden. Bei diesem gar nicht so seltenen Burgentyp handelt es sich um Gipfelburgen, deren auf dem Felsen aufstehende Gebäude einen meist kleinen Innenhof in oft asymmetrischer Reihung umschließen. Dem meist komplizierten Bodenrelief des Berggipfels angepaßt, ersetzen starke und hohe Hauswände über steilen Hängen die Ringmauer. Das heutige Schloßplateau entspricht dieser Vorstellung nicht mehr. Aber Scheppig weist auf die stark geböschten Grundmauern und auf die Tatsache hin, daß der äußere Burghof später bei der Anlage der Ringmauer bis zum Fuß des Kernbaus angefüllt wurde. Das ist ein oft, auch auf der Burg Altena nachweisbares Verfahren. Scheppig verweist auch auf die riesigen Kellergewölbe, halbkreisförmige Tonnen in Bruchstein, und die starken Grundmauern unter den unverhältnismäßig leichten heutigen Oberbauten des Grafenhauses und des Nebengebäudes hin. Gewiß haben wir uns auch dort schwere und hochragende Steinbauten über dem heutigen Grundriß vorzustellen. An der Angriffsseite war die Burg durch einen 18 Fuß tiefen Halsgraben geschützt, der nach 1830 eingeebnet wurde. Die offene oder befestigte Vorburg der Hausrandburgen lag meist an der flacheren Hangseite. In Siegen dürfte die „Schloßfreiheit" an der oberen Burgstraße, wo nachweislich die Häuser der Burgmannen (von Hatzfeld, von Bicken, von der Hees, von Brambach), auch das spätere Zeughaus und gewiß noch weitere zum Schloß gehörige Gebäude standen, die Vorburg vertreten haben. Für die hier vertretene Auffassung von einer ursprünglich „offenen" Burganlage spricht auch die Form des späteren Beringes. Von der Geländeform her hätte bei einer früheren Beringung keine Veranlassung bestanden, von der üblichen mittelalterlichen Rund- oder Rechteckform der Burgmauer abzuweichen.

Es liegt nahe, die erst mit dem Wandel der Kriegstechnik von der Hand- zur Feuerwaffe notwendig gewordene Außenmaueranlage in zeitlichem Zusammenhang mit der Befestigung der Stadt anzunehmen, die — nach Scheppig — 1589 den Schloßbereich erreichte und sich an die Ausläufer des an der Westseite offen gebliebenen Schloßberinges anschloß. Die offene Westseite wurde später durch die mit Schießscharten versehene Schildmauer geschlossen, die die zu beiden Seiten des äußeren Torhauses errichteten Batteriestellungen verbindet. Die Ringmauer wurde im Nord-osten, im Osten und Südosten durch Ecktürme verstärkt, von denen der nördliche, der sogenannte „große Krebs", um 1600 ummauert und zu einer Bastion ausgebaut wurde. Auf dem Gelände unter dem „großen" und „kleinen" Krebs wurde vor Jahrzehnten eine ansehnliche Gartenanlage mit Springbrunnen angelegt. Die große Terrasse darüber erlaubt einen groß-artigen Ausblick auf das Hüttental und das ferne Bergland bis zum Kin-delsberg und zur Martinshardt. Unter der nordwestlichen Schloßterrasse ist noch die gewölbte Kasematte erhalten, von der ein unterirdischer Gang in die schon 1511 urkundlich erwähnte Marburger Pforte führt. Diese Pforte, hinter dem Marburger Stadttor gelegen und als von der Stadt unabhängiger Schloßzugang gedacht, hatte an der Stelle, wo die Stadtmauer an die Burgbefestigung anschloß, die Bedeutung eines Riegels und war, wie das bruchsteingemauerte Gebäude noch erkennen läßt, festungsartig ausgebaut. Spätgotische und barocke Formen kennzeichnen die Bauab-schnitte dieser Anlage.

Mit dem Anschluß an die Stadtmauer und der eigenen Außenbefestigung hatte sich die Gesamtanlage zu einer echten Stadtburg entwickelt, die sie nach der Gründung der reformierten Residenz in der Unterstadt aller-dings nicht mehr unbestritten war. Eingebettet in den weitläufigen Erho-lungspark, der in der östlichen Hälfte des äußeren Schloßhofes auf plan-mäßige Gartenanlagen des 18. Jahrhunderts zurückgeht, vermittelt das Schloß ein enges Verhältnis zwischen dem Bürger und seiner Stadt und dem Land ringsum.

Das aus den drei Rechteckbauten — Bischofshaus, Grafenhaus und dem früheren Nebengebäude — gebildete Dreieck der Kernburg erscheint aus der Sicht des inneren Hofes durch die Zwischenbauten des Torhauses im Westen und des später verbauten Haintores im Osten zu einem unregelmäßigen Fünfeck erweitert. An der Außenfront springen noch in der Verlängerung des Haintores die sogenannte „Alte Kapelle" und der in die Nordwestecke des Bischofshauses vorstoßende sogenannte „Eckbau" vor. Die indisponierte Stellung des letzteren, die willkürliche Überschneidung seines Rechtecks mit dem Rechteck des Bischofshauses, läßt ihn augenfällig autonom erscheinen, wozu die schöne geschieferte welsche Haube nicht wenig beiträgt. Das Haintorgebäude öffnet sich zum Innenhof mit einer zweibogigen Arkade, über der ein Gang aus dem Bischofshaus in das Grafenhaus führt. Aus dem Arkadenvorbau stellt eine frühgotische Sandsteinpforte die Verbindung mit dem Bischofshaus her. Ein Gittertor erinnert noch an die ehemalige Durchfahrt. Reste sakraler Wandmalerei im gewölbten Obergeschoß des Haintores lassen den Schluß zu, daß dieser Raum ursprünglich gottesdienstlichen Zwecken gedient hat. In der Alten Kapelle sind aus dem Bestand des „Museums des Siegerlandes" Ofenplatten aus den berühmten siegerländischen Eisengußwerkstätten ausgestellt. Das von Stadt und Kreis Siegen unterhaltene Museum, das in den an sich schon musealen Schloßräumen untergebracht ist, vereinigt in umfassender Weise die für das an Eigenart reiche Siegerland charakteristischen Zeugnisse dynastischer und bürgerlich-bäuerlicher Kultur. Das heute noch benutzte stadtseitige Tor hat spitzbogige Gurtbögen und Schüttlöcher im überhöhten Tonnengewölbe der Durchfahrt. Auch dieses Tor hat eine gewölbte Kammer im Obergeschoß.

Der Hauptteil des Bischofshauses zeigt Stilelemente von der Frühgotik bis zur Renaissance. Das Sandsteinportal an der nördlichen Außenmauer mit der Jahreszahl 1690 stammt vom Unteren Schloß. Ziemlich genau läßt sich das schöne Eingangsportal an der Innenhofseite des Erdgeschosses datieren; das in der Bogenlaibung sich überschneidende Profil des Sandsteingewändes weist in das zweite Viertel des 16. Jahrhunderts. Das Portal führt über eine steinerne Wendeltreppe in die oberen Stockwerke. Spätgotisch sind auch die über einer Mittelsäule fächerförmig gewölbte, in der Grundform unregelmäßige Halle mit charakteristischen Sitznischen an der Hofseite und der große Oraniersaal, der Hauptsaal, im ersten Stockwerk, in dem eine Galerie großer Porträts von Mitgliedern des Fürstenhauses zu sehen ist, während in der Halle kirchliche Kunst des Siegerlandes ausgestellt ist.

Die Fenster an der Hofseite des zweiten Obergeschosses und an der Außenfront sprechen die Sprache der Renaissance (1609). Die Raumfolge entspricht der des ersten Obergeschosses. Die Ausstattung ragt mit einem Portal mit Pilastern und geschnitzten Türen und einem Kamin in schwarzem Marmor und Delfter Kacheln hervor. Prunkstück dieses Saales, der dem Andenken des Malers Peter Paul Rubens gewidmet ist und u. a. acht Originalgemälde des flämischen Meisters enthält (u. a. Votivtafel des Prälaten Hofius, ein Geschenk der Familie Flick, Berlin, und die später erworbene Grablegung Christi, Caritas Romana und den „Heiligen Hieronymus"), ist der Erker mit höchst kunstvoller Einlegearbeit im Fußboden und Wandsockel und einer Stuckdecke in anmutigen Formen. In die farbigen Hölzer sind versilberte und vergoldete Metallfolien eingelegt. Das geometrische Muster und die Motive aus der vorwiegend jagdbaren Tierwelt entstammen bereits dem Formenkatalog des frühen 18. Jahrhunderts. Einfache Wandverkleidungen finden sich im Dachgeschoß, das Wohnzwecken diente.

Über den südwestlich an das Haintor sich anschließenden verschieferten Fachwerkbau des Grafenhauses ist bereits das Wesentliche gesagt. In ihm war von 1889 bis 1937 das Städtische Kinderheim untergebracht. Das Man-

Prinz Wilhelm I. von Oranien, Graf von Nassau (1533—1584). Nach einem Kupferstich (Museum des Siegerlandes)

Eckbau mit
Torturm

sarddach aus dem frühen 18. Jahrhundert wurde, wie alle Schloßgebäude, im Bombenkrieg schwer getroffen und nachher in alter Form wiederhergestellt. Das angebaute Brunnenhaus über dem noch immer wasserführenden Brunnen wurde in spätgotischer Zeit errichtet.

Das alte Nebenhaus, ursprünglich Wirtschaftsgebäude und bis zu seiner Zerstörung im letzten Kriege Jugendherberge, das den Binnenhof nach Westen abschloß, wird heute kaum noch vermißt, da die entstandene Lücke den Blick auf das äußere Torhaus und den Wehrgang der Schildmauer freigibt und diese Gebäude stärker ins Blickfeld rückt. Die Jugendherberge wurde in ein nicht weit vom Schloß entferntes Haus verlegt und trägt wie in der Vorkriegszeit wieder dazu bei, viele Jugendliche mit einem Geschichtsdenkmal ersten Ranges in Berührung zu bringen.

Johannes Scheppig: Die Burg Siegen. Eine baugeschichtliche Studie. In: Festschrift zur Siebenhundertjahrfeier von Burg und Stadt Siegen. Siegen 1924. / Wilhelm Güthling: Geschichte der Stadt Siegen im Abriß. Siegen 1955. / Hermann Reuter: 700 Jahre Burg Siegen. In: Siegen und das Siegerland 2. Jahrg. H. 3, 1959. / Bernd Roedig: Katalog der Sonderausstellung Wilhelm von Oranien, Siegen 1968. / Friedhelm Menk: Eine wichtige Neuerwerbung für die Nassau-Galerie im Oberen Schloß zu Siegen. In: Siegerland. Bd. 52 (1975).

2 Siegen

Das Untere Schloß

Die Terrasse des Martinikirchbergs auf der Bergzunge über dem Kölner Tor, die auch das älteste Gotteshaus der Stadt Siegen, die Martinikirche, trägt, bot sich dem Grafen Johann Moritz von Nassau-Siegen († 1679), dem die Grundplanung dieses großzügigen Schlosses der Unterstadt zuzuschreiben ist, als ein idealer Bauplatz an. Gewiß stellte er sich das künftige Schloß als einen attraktiven Gegenpol zu der mittelalterlichen Burg auf der Bergspitze vor. Dem welterfahrenen „Brasilianer" (vgl. Kapitel Oberes

27

Schloß), der vieler Herren Höfe gesehen hatte, fehlte es gewiß nicht an architektonischen Vorbildern, denen gegenüber die in dem ehemaligen Franziskanerkloster untergebrachte reformierte Residenz sich für ihn wohl zu kläglich ausnehmen mußte. Gewiß hat seine Erhebung in den Fürstenstand und seine Freundschaft mit hervorragenden Männern seiner Zeit, wie die mit dem Großen Kurfürsten, ihn in dem Verlangen nach größerer Repräsentation bestärkt.

Schon 1648, als er sich vermutlich mit dem Plan einer dauernden Residenz in der Siegener Unterstadt trug, die er bald in Kleve verwirklichen sollte, hatte er sich das für einen zugleich als „Zierde und Feste der Stadt" geplanten Schloßneubau geeignete Grundstück durch einen Vertrag mit dem städtischen Rat gesichert. Jetzt, nach zwanzig Jahren, in denen er durch seine Tätigkeiten am Hof zu Kleve und als Herrenmeister des Johanniterordens außerhalb Siegens stark in Anspruch genommen gewesen war, beauftragte er seinen niederländischen Architekten Maurits Post mit dem Bau einer Grablege für sich und seine Nachfolger. 1669 war die kreuzförmige tonnengewölbte Anlage mit einer Hauptgruft und zwei Nebentrakten vollendet, wie die Inschrift auf der Eisentür des Portals ausweist. Auf dem Terrain zwischen der Fürstengruft und dem alten, auch „Nassauer Hof" genannten Kloster ließ der Fürst Wilhelm Moritz, der Neffe und Nachfolger des „Brasilianers", in den Jahren 1689—1691 von Peter Rembold einen Schloßbau errichten, der bei dem großen Stadtbrand von 1695, ebenso wie das Klostergebäude, zerstört wurde. Bei dieser Katastrophe, durch die zwei Drittel der bebauten Stadtfläche in Mitleidenschaft gezogen wurden, ging auch die im Nassauer Hof untergebrachte Gemäldegalerie mit mehr als 300 Meisterwerken italienischer und niederländischer Malerei, darunter Originale von Rembrandt und Rubens, verloren.

1698 begann Fürst Wilhelm Moritz mit dem Bau des heutigen Schlosses, einer zweistöckigen Dreiflügelanlage. Über die Reihenfolge und Datierung der einzelnen Trakte gehen, je nach Interpretation der Bauakten, die Meinungen der Forscher auseinander. Mit Sicherheit kann aber behauptet werden, daß von der beim vorerwähnten Brand verschont gebliebenen und als gliedernde Mitte in den Mitteltrakt, das Corps de logis, einbezogenen Fürstengruft die weitere Planung ausgegangen ist. Nach Kruses gründlichen Archivstudien entstanden 1699 unter Rembolds Leitung der nördliche, später sogenannte Kurländer Flügel, 1710 der Mittelbau und 1717 der südliche, sogenannte Wittgensteiner Flügel. Nach Rembold war der in den Diensten des Fürsten Friedrich Wilhelm Adolf stehende Baudirektor Plönnies der leitende Architekt. 1715 wurde die über der Fürstengruft eingerichtete Kapelle eingeweiht. Beim Bau des Kurländer Flügels kam es zu Protesten der katholischen Linie, weil Teile der alten Stadtmauer und der „Dicke Turm", ein ursprünglich viereckiger Stadtturm, in den Bau einbezogen wurden. Erst 1721 erhielt der als Gefängnis dienende Turm seine heutige Rundform. Damit konnte Fürst Friedrich Wilhelm Adolf (†1722) den Schloßbau als im wesentlichen vollendet ansehen.

An den großen rechteckigen Ehrenhof schloß sich später ein noch größerer unregelmäßiger Vorhofraum nach Osten, zur Stadt hin, an, der von sieben durchweg langgestreckten Rechteckbauten umfangen wurde. Ein von Güthling erschlossener Bestandsaufnahmeplan mit Erläuterungen aus dem Jahre 1783 gibt über die Lage dieser Gebäudegruppe genauen Aufschluß. An das mit der Mittelachse südöstlich gerichtete Torhaus mit dem Haupteingang zum Schloßhof, das auf einem Gemälde von Wilhelm Scheiner aus der Mitte des vorigen Jahrhunderts mit Barockportal und Lisenengliederung dargestellt ist, schlossen sich in gleicher Richtung eine Remise und an der Ecke zur Kölner Straße hin ein damals schon verfallener Rundturm an. Die Nordostflanke des Vorhofes an der Kölner Straße bis zum „Dicken Turm" bildeten auf dem Grundstück der ehemaligen Johanneskirche der Marstall, eine kleinere „Chaisen-Remise" und das große Ballhaus an der späteren Poststraße, wo heute das Behördenhaus steht. Nach Süden wurde der Vorhof durch ein großes Wirtschaftsgebäude und ein als Querriegel an den Wittgensteiner Flügel und das genannte Wirtschaftsgebäude angeschlossenes Wohnhaus begrenzt. Das Torhaus, der für zwanzig Pferdestände berechnete Marstall, das Wirtschaftsgebäude und das Wohnhaus waren zweistöckig. Der Plan von 1783 weist südlich des Wittgensteiner Flügels noch ein von Stallungen und Remisen begrenztes „Höfgen" und nördlich des Kurländer Flügels ein „Gärtgen" mit einem „sehr hoch erbaueten Lusthäusgen" aus.

Mit dem Nachfolger des Fürsten Friedrich Wilhelm Adolf, der nur ein Alter von 42 Jahren erreichte, starb die reformierte Linie des Hauses Nassau-Siegen 1734 im Mannesstamm aus, der letzte Fürst, Friedrich Wilhelm, wurde nur 28 Jahre alt. Die sie überlebenden Fürstinwitwen bewohnten noch Jahrzehnte das Schloß, die zweite Gemahlin des Ersteren, eine Tochter des Herzogs Friedrich Kasimir von Kurland, lebte bis 1750 in dem nördlichen Flügel, dem sie den Namen gab, die Gemahlin des letzteren, Sophie Polyxena Concordia Gräfin von Sayn-Wittgenstein, den südlichen, nach ihr benannten Wittgensteiner Flügel.

Der nach dem Tode des Fürsten Friedrich Wilhelm zu erwartende Erb-

*Portal der
Fürstengruft*

folgestreit spitzte sich dramatisch zu, als die Fürsten von Nassau-Diez und Nassau-Dillenburg ihre Erbrechte gegenüber dem Regenten der katholischen Linie Nassau-Siegen, Hyazinth, der sich ebenfalls für erbberechtigt hielt, ihre Erbansprüche nicht nur auf das reformierte, sondern auch auf das katholische Territorium geltend machten und 1735 das Untere Schloß besetzten. Hyazinth, der sich nach der rechtswidrigen Enthauptung des reformierten Widerständlers Friedrich Flender (Vgl. Kapitel Oberes Schloß) noch in Spanien aufhielt, wurde durch Kurköln vertreten, das von den Administrationsräten des Reiches mit der Verfolgung des Falles beauftragt war und im Interesse des Katholizismus ein — nach einem Augenzeugenbericht — „zwei- bis dreitausend Mann" starkes Aufgebot von Bauern aus der kurkölnischen Nachbarschaft nach Siegen in Bewegung setzte. Vom Oberen Schloß aus berannten die Kurkölnischen das Untere Schloß, wurden aber von der Diezer und Dillenburger Besatzung aufgehalten und in die Flucht geschlagen.

Der Streit endete 1738 vorläufig damit, daß die Verwaltung des gesamten nassau-siegenschen Landes den Fürsten von Nassau-Diez und -Dillenburg übertragen wurde, unter Vorbehalt der im Verfahren gegen den Fürsten Hyazinth noch ausstehenden Maßnahmen. Als dieser 1742 gegen eine Rente zugunsten der Linie Nassau-Diez auf das gesamte Fürstentum Nassau-Siegen verzichtete, waren alle Teilgebiete der alten Grafschaft Nassau wieder vereinigt, in der Hand des Fürsten Wilhelm Karl Henrich Frisco von Nassau-Diez, der zugleich Statthalter von Friesland und von 1747 an Erbstatthalter der gesamten Niederlande war. Die Dillenburger Linie war acht Jahre vorher ausgestorben. Die von nun an im Haag residierenden Landesväter hielten sich nur selten noch in Siegen auf, vorzugsweise im Unteren Schloß, das die Ämter und Beamten der nassau-oranischen Behörden aufgenommen hatte.

Manchmal fiel ein Abglanz denkwürdiger Ereignisse vom landesväterlichen Hof im Haag auf das Schloß, das nach seiner Vollendung nur zwei Jahrzehnte eine echte Residenz gewesen war. So am 8. März 1766 anläßlich der Inthronisation des neuen niederländischen Statthalters und Landesherrn des Fürstentums Siegen, Wilhelms V. von Nassau und Prinzen von Oranien, als die Schützenkompanie, das sogenannte „Ritterkorps mit entblößtem Degen und fliegender Fahne und bei sich habenden Musikanten" im Festzug zum Unteren Schloß marschierte, um der Fürstin Sophie Polyxena Concordia zur Thronbesteigung des Prinzen zu gratulieren. Abends fand man sich im illuminierten Schloß zum Tanz zusammen. „Den kleinen Weiher im Hof", so heißt es im zeitgenössischen Bericht, „sah man in einem Quadrat mit einer Galliere versehen und mit vielen brennenden Lampen erleuchtet. Die Galliere, welche den äußeren und den inneren Platz unterscheidet, war gleichfalls erleuchtet und die Front des Schlosses mit mehr als 50 erleuchteten Gemälden und sinnreichen Devisen besetzt."

1794, während der französischen Revolutionskriege, diente das Untere Schloß als Lazarett. Nach dem Übergang in preußischen Besitz (1815) nahm es die Kreisverwaltung mit der Wohnung des Landrates und die Bergschule auf. Heute beherbergt es das Amts- und Landgericht Siegen und die Staatsanwaltschaft. 1915 entstand durch einen Brand im Mittelflügel beträchtlicher Schaden. Im letzten Krieg wurden der offene Bogengang und der Kurländer Flügel mit dem „Dicken Turm" besonders schwer getroffen. Die Wiederherstellung erfolgte nach dem früheren Befund. Besitzer des Schlosses ist heute der Justizfiskus des Landes Nordrhein-Westfalen.

Trotz der späteren Bebauung ist die auf dem Aquarell von Jakob Scheiner (um 1850) augenfällige Lage des Unteren Schlosses auf der ersten Bergterrasse über dem Siegtal von der Flußbrücke her auch heute noch sehr eindrucksvoll. Die großen Dächer der drei Flügel und vor allem der „Dicke Turm" mit der welschen Haube herrschen über das dichte Gedränge der neueren Wohn- und Geschäftshäuser am Kölner Tor.

Den ersten Blick beim Betreten des Schloßhofes zieht der offene Bogengang im Erdgeschoß des Hauptflügels auf sich, der die Passivität der Fassade etwas auflockert. Die Arkaden und die Behandlung der Mittelachse sind die auffälligste, aber nicht die einzige Übereinstimmung mit dem ebenfalls an der Stelle eines früheren Klosters wenige Jahre vorher im würdevoll zurückhaltenden Stil des niederländischen barocken Klassizismus erbauten Schloß Oranienstein der verwandten Linie Nassau-Diez in Diez an der Lahn, von dem das Siegener Schloß zweifellos abhängig ist. 21 Fensterachsen im Obergeschoß entsprechen ebenso vielen auf schlichten Pfeilern ruhenden Arkaden. Die Mittelachse ist durch einen einachsigen Risalit mit flachem Dreiecksgiebel und durch eine breitere Bogenstellung der durch eine Agraffe mit dem Gurtgesims verbundenen Arkade gekennzeichnet. Die Fenster sind doppelt geohrt. Nach dem Brand von 1915, nach dem auch die vom Schwamm befallenen inneren Mauern abgebrochen und ersetzt werden mußten, wurde das frühere Walmdach des Mittelbaues durch ein Mansarddach ersetzt, das auch nach der letzten Zerstörung im Zweiten Weltkrieg erneuert wurde.

Die Rückseite des Mittelbaues hat in der Verlängerung des erst 1933 geschaffenen Verbindungsganges zwischen Schloßhof und Martinikirchplatz einen dreiachsigen Vorbau, kein Gesims wie die Hoffront und einfache Fensterrahmen. Als äußerer Abschluß der Fürstengruft findet sich hier ein kurzer Ausbau mit einer großen Eisengußtafel mit Wappen und Ordenszeichen des „Princeps Nassoviae", ein Abguß des Deckels vom Holzmodel des Moritzgrabes in Kleve. Die Schmucklosigkeit der Rückfront wird durch dichtgereihte Lukarnen in der Mansardenzone aufgewertet.

Noch kühler in der dichten Reihung der 15 Fensterachsen schließen sich an das langgestreckte Corps de logis die nur wenig kürzeren Seitenflügel an. Dichtgereihte große Dachgauben tragen zur Belebung der schiefergedeckten Walmdächer bei. Im „Dicken Turm" wurde 1959 eine Gedenkstätte für die Gefallenen und Vermißten der Stadt Siegen eingerichtet. Seit 1955 begleitet ein Glockenspiel in der Laterne den Siegener Tageslauf. Aus den Erläuterungen zu dem Plan von 1783 läßt sich ein ziemlich genaues Bild von der Anzahl und Nutzung der Innenräume gewinnen, die für ihre späteren Zwecke teilweise verändert wurden. Der mittlere Teil mit der Fürstengruft und der Kapelle ist in seinem ursprünglichen Zustand erhalten. Die mit ionischen Kapitellen besetzten Pilaster des Gruftportals tragen einen bis auf eine Inschrift schmucklosen Architrav. Aus dieser einfachen Steinfassung tritt die zweiflügelige Tür, ein Meisterstück siegerländischer Eisengußkunst, mit ihren an die Vergänglichkeit gemahnenden Symbolen um so stärker hervor. Beherrschend im Zentrum steht das nassauische Löwenwappen mit dem Datum der Entstehung, eingefaßt von einem Ordensband und dem Anhänger des dänischen Elefantenordens, der dem Grafen 1649 wegen seiner Verdienste um den niederländisch-dänischen Defensivkontrakt und die Regelung von Zollangelegenheiten beider Länder verliehen worden war. Kunstvolles Schmiedewerk füllt das halbrunde Oberlicht. Eiserne Treppenstufen führen in den Mittelraum mit dem Holzmodell, nach dem das heute noch im Park von Bergenthal bei Kleve befindliche Kenotaph in Eisen gegossen wurde. Johann Moritz, der unverheiratet geblieben war, hatte ursprünglich den Wunsch gehabt, in Kleve, seinem Amtssitz als brandenburgischer Statthalter, beigesetzt zu werden, fand jedoch seinem allerletzten Willen entsprechend hier in der Fürstengruft seine letzte Ruhestätte. Das prunkvolle Klever Kenotoph, das nur das von einer silbernen Kapsel umschlossene Herz des Toten birgt, wurde von Hermann Pithan, dem Nachkommen eines vorreformatorischen Siegener Ratsgeschlechts, gegossen, vermutlich nach Entwürfen von Artus Quellin, dem Schöpfer des Figurenschmucks am Amsterdamer Rathaus. Die Platten der hölzernen Model stellen Wappen der väterlichen und mütterlichen Vorfahren des Fürsten in der Form der Ahnenprobe, Trophäen und die Embleme des Elefanten- und des Johanniterordens dar, dem er als Herrenmeister gedient hatte. Von den 63 Sargnischen sind 30 mit Grafen und Fürsten und weiblichen Angehörigen des Hauses Nassau-Siegen belegt. Über der Sargnische des Bauherrn wurde seine von dem Amsterdamer Bildhauer Bartholomäus Eggers in Alabaster ausgeführte Halbfigur aufgestellt, die sich bis 1669 im Garten des von ihm erbauten Mauritshuis im Haag befand.

Das Untergeschoß des Mittelbaues enthielt sechs, das Obergeschoß zehn Zimmer oder Kabinette. Der Student Ludwig Frh. von Vincke, der spätere westfälische Oberpräsident, berichtet in seinem Tagebuch unter dem 2. Oktober 1793 nach einem Besuch des Schlosses: „Ein langer Gang hat zu beiden Seiten Abbildungen von wenigstens 500 Pferden des letzten Fürsten." Übrigens fand er Siegen „größer und besser gebaut und bevölkert" als seine Universitätsstadt Marburg.

*Kurländer Flügel
mit Dickem Turm*

Der Mitteltrakt ist in dem nördlich der Gruft gelegenen Teil zweistöckig unterkellert. Der Kurländer Flügel, der auf die Stadtmauer aufgesetzt ist, hat riesige, 6 m hohe, in der ganzen Breite gewölbte Keller. In beiden Seitenflügeln befanden sich im Erdgeschoß Küchen- und Vorratsräume und im Obergeschoß bis zu zehn Stuben und Kammern. Das Obergeschoß des Wittgensteiner Flügels hatte einen großen Saal.

Schon Kruse bedauerte 1926, daß die beachtliche baukünstlerische Leistung des Unteren Schlosses durch die späte Bebauung der nächsten Umgebung beeinträchtigt worden sei. Was soll man heute sagen, nachdem ein wenig ansehnliches großes Warenhaus in den erweiterten Schloßhof eingedrungen ist und der auf Fernsicht zielenden städtebaulichen Wirkung des Schlosses einen Riegel vorgeschoben hat!

Hans Kruse: Das Untere Schloß zu Siegen. In: Siegerland. 4. Bd. (1919) und 8. Bd. (1926). / Bernd Roedig: Die Nassauer Schlösser. In: Siegbild. 8. Jahrg. (1965) H. 2/3. / Wilhelm Güthling: Das Untere Schloß zu Siegen. Nach einer Erläuterung a. d. J. 1783. In: Unser Heimatland. Jahrg. 39 (1971). / Gerhard Scholl: Von Burgen und Schlössern im Siegerland. Kreuztal 1971. / Alfred Lück, Hermann Wunderlich: Die Fürstengruft zu Siegen. Siegen 1952.

3 Junkernhees

Haus   Kreuztal-Osthelden   Kreis Siegen

Bei Haus Junkernhees stoßen die landschaftlich reizvollen und verkehrs-
geschichtlich nicht ganz unbedeutenden Talstraßen des Osthelde- und des
Heesbaches zusammen, in deren Mündungswinkel der Bergsporn des
375 m hohen Katzenhains ausläuft, eine von den Bauherren mittelalterlicher Wehrburgen bevorzugte Lage. Die wichtigere von beiden, die von
Wenden, Girkhausen und Osthelden kommende Straße führt nach Kreuztal weiter, das seinen Namen der wichtigsten Tal- und Straßenkreuzung
nördlich Siegens verdankt. Zum Stadtteil Osthelden gehörig, ist Junkern-

hees ein Bestandteil dieser 1969 neugebildeten Stadt. Die wenige Kilometer westlich verlaufende Wasserscheide zwischen dem Biggehochland und der Siegerlandmulde ist zugleich Dialektgrenze ohne eindeutig nachweisbare alte Stammesgrenze. Die Territorialgrenze entstand erst in nassauischer Zeit.

Wenn Hees, wie vermutet, Buschwald bedeutet, wird die erste Dauerbesiedlung in den Talgründen vor sich gegangen sein, wahrscheinlich im Frühmittelalter, als die Waldschmiedeleute ihre Arbeitsplätze an die Wasserläufe verlegten. Ob die von der Hees in diesem Gewerbe eine protektorische oder gar unternehmerische Rolle spielten, läßt sich nur vermuten; auffällig ist jedenfalls, daß Hans Georg von der Hees, wie Scholl mitteilt, eine Bruderschaft der Massen- und Hammerschmiede erwarb.

Die Familie dieses Namens ist seit 1294 im Siegerland nachweisbar. Ihre Repräsentanten erscheinen im nächsten Jahrhundert zunächst als Vögte und Amtmänner der Grafen von Nassau im Lande Siegen, aber als Lehnsleute des Erzbischofs von Köln. Sie verfügen in dieser Zeit bereits über ausgedehnten Grundbesitz, nicht nur im Heestal, sondern auch im Sauerland und in der Grafschaft Sayn. Auch die eigene Grablege in der Ferndorfer Kirche spricht für ihre Bedeutung. 1351 ist Gottfried von der Hees als Amtmann des Erzbischofs von Köln in Siegen und auf dem Ginsberg in der Lage, die Teilpfandschaft über die Burgen Siegen und Ginsberg und mehrere Kirchspiele, u. a. Krombach, zu erwerben. Sein gleichnamiger Sohn folgt ihm im Amt, übergibt aber mit seiner Frau Meckel 1372 sein in diesem Jahr erstmals urkundlich erwähntes „hus zur Hese" dem Grafen Otto von Nassau als Offenhaus zu Lehen. Nach der Beschreibung — „mit graben umme daz hus" — handelt es sich um einen Gräftenhof. Der Wechsel in der Lehnsabhängigkeit hängt mit dem Wiedererstarken der nassauischen Landesherrschaft unter Johann I. zusammen. In einer der folgenden Generationen rücken die Ritter von der Hees zu Burgmannen in Siegen mit einem 1491 ersterwähnten Burghaus in der Schloßstraße auf, das 1944 durch Bomben zerstört wurde. 1530 entsteht auf den Grundmauern des älteren Hauses Hees ein dreistöckiger Fachwerkneubau. Er lag, wie einem 1791 von dem Feldmesser Weber gezeichneten Lageplan zu entnehmen ist, im innersten Mündungswinkel des Osthelde- und des Heesbaches und war von einer 90 x 80 m großen Gräfte umgeben. 1800 wurde ein Teil dieses Hauses auf Abbruch verkauft und wenige Jahre später die gesamte Anlage eingeebnet.

Mit dem Bau des erhaltenen Hauses Junkernhees wurde in der Folge einer 1513 stattgefundenen Erbteilung begonnen. 1501 war Philipp von der Hees gestorben, sein gleichnamiger ältester Sohn blieb auf dem Stammsitz, der zweite Sohn Adam legte mit Hilfe seiner Abfindung auf der Bergzunge, 250 m oberhalb der alten Heesburg, „uff einen grünen wasemb" (Wiese) den Grundstein zu einem neuen Wehr- und Wohnbau. Der Sohn des Bauherrn, Valentin von der Hees, stand als siegerländischer Amtmann des Grafen von Nassau in hohem Ansehen. Davon zeugt sein gußeisernes Epitaph in der Ferndorfer Kirche, das ihn in voller Ritterrüstung in betender Haltung zeigt. Sein Sohn Hans Georg († vor 1611) hatte das gleiche Amt inne.

1674 gelangte Heinrich von Syberg aus einem an der Ruhr zwischen Hagen und Schwerte begüterten Geschlecht durch seine Ehe mit Anna Margareta Elise Lukretia von der Hees in den Besitz des Hauses, das im Unterschied zu dem Stammhaus das Oberhaus genannt wurde. Er ließ das Hauptgebäude bis 1698 wesentlich erneuern und durch die beiden erhaltenen Schmuckgiebel erweitern. Der Lageplan von 1791 weist außer dem Herrenhaus Wirtschafts- und Nebengebäude, von denen die Brennerei und die Mühle noch erhalten sind, eine mit einem Türmchen versehene Kapelle nach, die Ende des 18. Jahrhunderts abgerissen wurde. Der Altar wurde 1797 in der Kirche zu Rudersdorf, das vermutlich von Johann Theodor Düringer geschaffene Vesperbild 1810 in der Hünsborner Kirche wieder aufgebaut. Nach dem nächsten Syberger, dem Junker Dietrich Wilhelm († 1742) wird die Oberburg fortan Junkernhees genannt. Seine Nachkommen zogen aber andere Wohnsitze vor.

Alte Küche mit gerätetem Fußboden

1789 gehörten zum Junkernheeser Gutsbesitz die Erblehnhöfe Wurmbach, Mittelhees, Weiden, Berghaus, Sohlbach und Buchen, dazu Jagdgerechtsame und Fischereien, Forsten und Hauberge. In diesem Jahr erwarb der Prinz Wilhelm V. von Oranien-Nassau das Gut für 63 000 Reichstaler. Seit 1784 wurde Haus Junkernhees von dem Mühlenpächter Belz bewohnt, dessen Sohn Johann Heinrich 1826 das Haus mit Grund und Boden vom preußischen Staat, dem Nachfolger Nassau-Oraniens seit 1815, erwarb. Seine Nachkommen unterhielten in dem gut erhaltenen Hauptgebäude ein Gasthaus, dem seit 1970 der neue Eigentümer Falko Beer vorsteht.

Die hohen Schmuckgiebel auf der nordöstlichen Schmalseite des Hauptflügels und der Südostseite des angebauten Flügels können die vielen Unregelmäßigkeiten des Herrenhauses nicht vollends verdecken. Auf dem gemeinsamen Bruchsteinsockel erhebt sich der Fachwerkoberbau aus der zweiten Bauphase um 1698 an der Schauseite des Nebenflügels mit einem Obergeschoß und einem prächtigen drei Geschosse hohen Dreiecksgiebel, auf der Schauseite des Hauptflügels dagegen mit zwei Obergeschossen und einem zweigeschossigen Dreiecksgiebel. Ein völlig anderes Gesicht zeigt die Rückseite des Hauses, wo das Fachwerkobergeschoß mit Schiefer bekleidet und dadurch der verschlossene Ausdruck des bruchsteinernen Unterbaus noch verstärkt wird. Auch die südwestliche Schmalseite unterscheidet sich durch die Beschieferung und den abgewalmten Giebel wesentlich von der ihr gegenüberliegenden Postkartenseite. An den Langseiten befinden sich die Stümpfe fast übereck halbrund eingebauter, ursprünglich viergeschossiger Türme, die auf die halbe Höhe reduziert und mit Schleppdächern gedeckt wurden. Auf der Ansicht von Jacob Scheiner von 1885 ist der südliche Eckturm noch in seiner Gänze dargestellt, mit Spitzhelm und verputzt wie die übrigen Bauteile. Später erhielt das Fachwerk eine Schieferverkleidung, bis es nach 1900 wieder freigelegt wurde. An den nicht verschieferten Bauteilen ist das Gliederungssystem des Fachwerkwandgerüstes durch bemalte Stockwerksgesimse an den vorkragenden Teilen nuanciert. Im Giebelfeld der Südostfront ist das Wappen der Familie von Syberg mit Bauinschrift zu sehen.

Besondere Beachtung verdient der über dem Hauptportal angebrachte Wappenstein des Adam von der Hees und seiner Ehefrau Margaretha Schutzbar genannt Milchling mit der Jahreszahl 1523 und dem Wilden Mann als Wappenschildträger. Dieses Wappenmotiv ist zwar nicht einmalig, aber doch eine Seltenheit, die etwas über das Selbstverständnis des Bauherrn aussagt, der sein Haus, wie er in einer Urkunde formuliert, „uff eine wilde hayde" errichtete. Dieser Adam von der Hees, der den Waldschrat zum Schutzgeist seines neuen Hauses erwählte, wußte anscheinend, was die Nachbarschaft der Naturelemente bedeutet, entschlossen, den Kampf mit ihnen aufzunehmen. Er wußte wohl, wie dort die Stürme wüten können. Um die vorige Jahrhundertmitte legte ein Wirbelsturm das 40 m lange Viehhaus um. Den Kampf gegen die eigene Natur haben seine Nachkommen nicht immer bestanden, wie aus gewissen Akten hervorgeht, nach denen drei Söhne Hans Georgs von der Hees wegen Schlägereien mit Adeligen, einer sogar wegen Totschlags, im nassauischen Gefängnis zu Siegen einsitzen mußten. Auch die Soldateska, die im Dreißigjährigen Krieg Junkernhees mehrmals mit Ausplünderung heimsuchte, hat sich von dem Wilden Mann nicht aufhalten lassen.

Die Baugeschichte des Hauses gibt noch Rätsel auf. Es fragt sich u. a., ob der ungewöhnlich situierte Hausbrunnen nicht ursprünglich im Freien gestanden hat und erst mit dem Anbau des Nebenflügels, ebenso wie der Treppenturm, in diesen einbezogen wurde. Der Haupttrakt muß an seiner

Rückfront des Hauptgebäudes

Nordostseite früher kürzer gewesen sein, wie sich an dem vorstehenden Gebälk des kürzeren Dachstuhls ablesen läßt. Daraus sollte zu schließen sein, daß das bruchsteinerne Erdgeschoß hier und an der Südostseite erst als Sockel für die Fachwerkaufbauten mit den beiden Renaissancegiebeln entstand.

Hinter den malerischen Schaufronten verbirgt sich, vom rustikal derben Unterbau bis in die teils ausgebauten Geschosse im schwalbendurchschwirrten, von Spezialisten als liegender Stuhl mit doppeltem Hängewerk bewunderten Dachstuhl, eine geradezu verwirrende Vielzahl an Räumen mit originellen Aufgängen und Übergängen. Um große Räume wie die Küche im Untergeschoß und den darüberliegenden Rittersaal gruppieren sich Zimmer verschiedener Größe und Höhe. Das Haus ist zeitweilig bis hoch in den Dachstuhl hinein, wo sich noch große Kaminbosen finden, bewohnt gewesen. Ein Eckzimmer des Obergeschosses hat noch eine aus Modeln geformte Stuckdecke. Sonst entsprechen schwere Balkendecken dem im Innern durchweg angewandten Prinzip handfester, weitgehend schmuckloser Solidität. Ansätze, sie zu durchbrechen, sind die Baluster des hölzernen Treppen- und Galeriegeländers in der mit Riemchenfußboden belegten Küche und der Kamin im Rittersaal, an dem noch ein schöner Barockputto erhalten blieb.

Von den noch vorhandenen Nebengebäuden ist das aus zwei tonnengewölbten Räumen bestehende Brauhaus bemerkenswert, das als Wehrbau mit Schießscharten versehen wurde. Nach Scholl hatte es die Aufgabe, das in seiner Nähe zu vermutende Tor zu decken. Im linken Raum befindet sich ein Brunnen mit bestem Quellwasser.

Das Haus ist noch auf zwei Seiten von einer nach Nordwesten teichartig erweiterten Gräfte umgeben. Die höher gelegenen offenen Seiten wurden früher durch Nebengebäude geschlossen, die vermutlich wie das Brauhaus mit Verteidigungsanlagen ausgestattet waren und auf diese Weise den Wassergraben ersetzten. Um über den dadurch gebildeten Binnenhof hinaus freie Sicht zu gewinnen, bedurfte es der stattlich hohen Herrenhausgiebel, denen das Haus Junkernhees seine Schönheit verdankt.

Gerhard Scholl: Von Burgen und Schlössern im Siegerland / Kreuztal 1971; Ders.: Unser Junkernhees. Kreuztal 1974.

4 Wittgenstein

Schloß   Laasphe   Kreis Siegen

Eindrucksvoller als die romantische Lage, in der Schloß Wittgenstein, der
alte Stammsitz der Grafen von Wittgenstein und der späteren gefürsteten
Hauptlinien Sayn-Wittgenstein-Hohenstein und Sayn-Wittgenstein-Berleburg, vom Tal her auf dem 470 m hohen Bergsporn zwischen Lahn und
Laasphebach als eine der schönstgelegenen Gipfelburgen erscheint, ist
vielleicht noch der Rundblick vom Schloß auf die Landschaft mit dem
Lahntal und Laasphe, der ältesten Siedlung des Wittgensteiner Landes, die
als landesherrliche Stadt von jeher mit den Schloßherren aufs engste verbunden war.
600 m oberhalb des Schlosses sind noch Reste der „Alten Burg" zu sehen,
einer Ringwallanlage, gleich denen bei Wemlinghausen, Dotzlar, Aue und

Hesselbach in der Zeit des Vordringens der Eisenhüttenleute ins Siegerland, also in den letzten vorchristlichen Jahrhunderten, entstanden. Funde lassen darauf schließen, daß an der Stelle noch in der Zeit der Sachsenkriege, als das Siegerland und das Wittgensteiner Land fränkische Grenzmark gegen die Sachsen waren, ein befestigtes Kernwerk bestanden hat, das nach der Unterwerfung der Sachsen seine Bedeutung verlor und verfiel.

Seit etwa 700, als die Chatten aus der übervölkerten Hessischen Senke in das kaum oder nur dünn besiedelte Bergland vorstießen, gehörte das Gebiet um das schon um 800 als Lassaffa (Lachswasser) bekannte Laasphe wie das gesamte Bergland südlich des Rothaargebirges zur hessischen Einflußsphäre. Diese Orientierung ist darauf zurückzuführen, daß die Täler von Lahn und Eder ursprünglich die einzigen Zugangsmöglichkeiten in das rings von Gebirgen eingeschlossene typische Hinterland boten. Trotz zweier Bundesstraßen (B 62, B 480) sind auch heute noch die Verbindungen nach Osten stärker als nach Westen. Im Norden ist es die Rothaarbarriere, die sich von jeher als Schranke erwies und das Wittgensteiner Land gegen das kurkölnische Sauerland abriegelte, weshalb es seine grafschaftliche Selbständigkeit bewahren konnte.

Um 1100 überschritten die Vorfahren der späteren Wittgensteiner Grafen vor Norden her die Grenzscheide des Rothaargebirges und legten auf dem schon ehemals befestigten Berg oberhalb der Mündung der Laasphe in die Lahn, wo sich neun Täler in einem Talkessel vereinigen, eine neue Burg „Wedigenstein" an. Vermutlich wagten sie diesen Vorstoß als Vögte des 1072 vom Erzbischof Anno von Köln gegründeten Benediktinerklosters Grafschaft, deren Wappen (schwarze Pfähle auf silbernem Feld) sie führen. Grafschaft war damals das einflußreichste kulturelle Zentrum nördlich der natürlichen Grenzscheide, die auch eine politische und kulturelle Grenze zwischen dem katholischen Herzogtum Westfalen und den evangelischen Grafschaften Wittgenstein und Nassau-Siegen werden sollte.

Die erste urkundliche Erwähnung eines Grafen, der sich nach der Burg Wittgenstein nennt, stammt aus dem Jahre 1174. Der comes Wernerus de Widechinstein erscheint als Bürge des Landgrafen Heinrich Raspe von Thüringen. Meistens tritt Werner jedoch als Graf von Battenberg, nach seiner Stammburg Battenberg an der Eder, auf. Die Herrschaft der Battenberger erstreckte sich auf das Gebiet zwischen Eder und Lahn vom Rothaargebirge bis in das Vorland von Marburg. Der Tendenz jener Zeit entsprechend, sich in den Schutz eines Mächtigeren zu begeben, übergibt

Werner 1190 die Burg Wittgenstein dem Erzbischof von Mainz, um sie von ihm als Lehen zurückzuerhalten. Er besaß offenbar großen politischen Einfluß. Man findet ihn 1180 im Gefolge Kaiser Friedrichs I. in Gelnhausen, wo Heinrich dem Löwen die Herzogsgewalt über Westfalen aberkannt wurde. Seit dieser Zeit, nachdem das Herzogtum Westfalen dem Kölner Erzbischof übertragen worden war, datiert die Nachbarschaft von Köln und Wittgenstein. Unangenehmere Nachbarn, die die Entwicklung der Grafschaft Wittgenstein hemmten, waren aber vorerst der Erzbischof von Mainz und der Landgraf von Hessen. Die Söhne des Grafen Werner II. und seine Brüder Widekind und Hermann standen außerdem unter dem Druck des Landgrafen von Thüringen. 1238, nach dem Tode Widekinds, fand eine Erbteilung unter seinen Söhnen statt. Siegfried (1238 bis 83), der sich von nun an nur noch Graf von Wittgenstein nannte, erhielt den Wittgensteiner, Widekind den übrigen Teil der Grafschaft Battenberg. Die noch kleine Grafschaft Wittgenstein beschränkte sich vorerst lediglich auf die Burg Wittgenstein und die civitas Laasphe.

Gegenüber den rivalisierenden Nachbarn Mainz und Hessen entschied sich Graf Siegfried für Hessen, dessen Landgräfin Sophie die Ehefrau des Herzogs Heinrich II. von Brabant war. Gleichzeitig bemühte er sich um die Erweiterung seiner Landeshoheit nach Norden. 1258 schlossen er und der Edelherr Adolf von Grafschaft mit dem Kloster Grafschaft einen Pachtvertrag über „den Berg" mit der neuerbauten Stadt Berleburg und „allem, was noch befestigt werden könnte". 1322 war Siegfried II. († 1359) bereits im Alleinbesitz der Berleburg, die ihm mit der Stadt als vorgeschobene Bastion seines Herrschaftsgebietes dienen sollte. Wenig später kamen die Burgen Irmgardtenbrucken (Erndtebrück) und Richstein hinzu. Siegfried II., der im Gefolge König Johanns von Böhmen gegen die Pruzzen zu Felde zog, verstand es daheim, nach und nach alle Rittergeschlechter seiner Grafschaft zu entmachten. Er starb, ohne einen Sohn zu hinterlassen. Seine Tochter Adelheid heiratete Salentin von Sayn aus dem Hause Homburg († 1391). Salentins Sohn Johann I. († 1412) und Enkel Johann II. († 1431) waren in zahlreiche Fehden verwickelt und gerieten wiederholt in Gefangenschaft. Das Land hatte unter dem Unfrieden schwer zu leiden. Mit der Erbvereinigung Georgs I. von Sayn, Graf von Wittgenstein († 1469) mit dem Landgrafen Ludwig I. von Hessen und dem Mannlehensvertrag des Grafen Eberhard von Sayn-Wittgenstein schloß sich das Grafenhaus endgültig an Hessen an. Dieses Verhältnis dauerte bis 1806.

1509 starb die Ehefrau des Grafen Eberhard. Landgraf Wilhelm von

Hessen vermittelte zwischen den beiden um ihr Erbe streitenden Söhnen in der Weise, daß der ältere Bruder Wilhelm die Südgrafschaft Wittgenstein mit Laasphe, Johann die Herrlichkeit Berleburg, die spätere Nordgrafschaft Sayn-Wittgenstein-Berleburg, erhielt. 1506 wurde Berleburg Residenzstadt.

Beeinflußt durch seine Ehefrau Margarete, die Tochter des Luther-Anhängers Wilhelm von Henneberg, führte Johann VII. († 1551) 1535 in Berleburg die neue Lehre ein. Da die Ehe kinderlos blieb, übernahm nach beider Tode Graf Wilhelm d. Ä. auch die Regierung der Nordgrafschaft. Wie sein Bruder, ließ auch er sich durch seine Ehefrau, Johannette zu Isenburg-Grenzau, für die Lehre Luthers gewinnen. 1558 veröffentlichte er die Wittgensteiner Kirchenordnung. Sein Sohn Ludwig d. Ä. († 1605) vereinigte als Alleinerbe Wittgenstein, Berleburg, Homburg, Vallendar und Neumagen an der Mosel, das seine Mutter als Heiratsgut zugetragen hatte, wieder zur Grafschaft Wittgenstein.

Ludwig d. Ä. war die überragende Persönlichkeit in der an interessanten Charakteren reichen Reihe der Wittgensteiner Grafen. In Köln, Löwen, Paris, Orleans und Padua hatte er Rechts- und Gottesgelahrtheit studiert, auf Bildungsreisen Neapel, Sizilien, Malta, Frankreich und England kennengelernt, war in sieben Fremdsprachen ebenso gut bewandert wie im heimatlichen Plattdeutsch. Seine Tagebücher schrieb er vorwiegend in lateinischer Sprache. Auch als Regent hielt er sich oft und lange außerhalb seines Landes auf, bekleidete hohe Ämter wie das des Großmeisters calvinistisch gesinnter pfälzischer Kurfürsten in Heidelberg, erfreute sich der Freundschaft Kaiser Maximilians, dessen Krönungsfeier er beiwohnte, hatte bei dem Versuch, mit Gebhard Truchsess von Waldburg einen Protestanten auf den Kölner Erzstuhl zu setzen, seine Hand im Spiel und war — merkwürdig genug — zwischendurch ein Jahr lang Kämmerer des Papstes Paul IV. Um in seinem eigenen Lande den Calvinismus einzuführen, ließ er den berühmten Theologen Caspar Olevianus, den Mitverfasser des Heidelberger Katechismus, nach Berleburg kommen. Die „Hohe Schule" dieser Stadt entwickelte sich nach dem Zugang namhafter Gelehrter zu einem weithin bekannten Bildungszentrum. Bei all dem vernachlässigte er keineswegs seine landesväterlichen Pflichten, in die er, wie schon sein Vorgänger, auch Flüchtlinge und Emigranten, Hugenotten, Waldenser und reformierte Wallonen, die in dem kleinen, durchaus nicht mit Reichtümern gesegneten Land Asyl und Heimat gefunden hatten, aufnahm. Obwohl er vorwiegend in Berleburg residierte, nahm er sich der Erhaltung des Schlosses Wittgenstein, der Residenz seines Vaters, wo er geboren und aufgewachsen war, mit besonderer Vorliebe an und leitete umfassende Um- und Ausbauten ein. Aus seiner zweiten Ehe mit Elisabeth zu Solms-Laubach gingen neun Söhne und zehn Töchter hervor.

Schon zu seinen Lebzeiten wurde 1603 die Teilung der Grafschaft Wittgenstein, wie sie bis 1806 bestand, durchgeführt. Georg, der älteste Sohn, erhielt den etwas kleineren Teil mit Schloß und Stadt Berleburg, dazu die Herrschaften Homburg und Neumagen (Linie Sayn-Wittgenstein-Berleburg), der jüngste Sohn Ludwig den größeren Teil mit Schloß und Amt Wittgenstein, dazu die Herrschaft Vallendar (Linie Sayn-Wittgenstein-Wittgenstein). Eine dritte Linie Sayn-Wittgenstein-Sayn entstand aus der Ehe des zweiten Sohnes Wilhelm mit Anna Elisabeth von Sayn.

Ludwig d. J. († 1634), mit dem der alte Stammsitz Wittgenstein wieder Residenz wurde, hatte sich gegenüber den Beschwernissen des Dreißigjährigen Krieges zu behaupten. Seit 1623 durchzogen Tillys, Wallensteins und Gustav Adolfs Regimenter das Land und forderten seinen Bewohnern schwere Opfer ab. Einquartierungen und Kontributionen waren an der Tagesordnung. Dazu kam die Pest. 1634 wurde das Schloß Wittgenstein besetzt, ausgeplündert und stark beschädigt. Bei der dauernden Gefahr erneuter Besetzung wurde es nur provisorisch instandgesetzt. 1637 wurde das Vorwerk Ludwigseck zerstört. Von den Söhnen kehrte nur Johann aus dem Kriege zurück. Dieser, der achte Johann, trat, nachdem er als Offizier der Herzöge von Württemberg und Braunschweig am Kriege teilgenommen hatte und ihm 1634 von seinem kranken Vater die Regierungsgeschäfte übertragen worden waren, in kurbrandenburgische Dienste ein und brachte es bis zum Statthalter der Mark Brandenburg in Berlin, wo er 1657 starb. Sein Hauptverdienst um das Haus Brandenburg erwarb er sich als Leiter der Gesandtschaft bei den Friedensverhandlungen in Münster und Osnabrück. Zum Dank ernannte ihn der Große Kurfürst zum Statthalter von Minden und Ravensberg und belehnte ihn mit der thüringischen Grafschaft Hohenstein, die allerdings 1710 wieder in preußischen Besitz überging. Nichtsdestoweniger führte die Südgrafschaft weiterhin den Namen Sayn-Wittgenstein-Hohenstein.

Ruhigere Zeiten erlebten die drei folgenden Grafen. Henrich Albert, wie seine Vorfahren vom Geist der Toleranz beseelt, machte Wittgenstein und Schwarzenau an der Eder zu Freistätten für Verfolgte aller Glaubensrichtungen. Seinen Regierungsgeschäften scheint er weniger zugetan gewesen zu sein: 1719 wurde sein Bruder August neben ihm als Mitregent eingesetzt, der 1723 die Alleinherrschaft übernahm. Unter Graf August († 1735) brach im Jahre 1725 der Aufstand der Bauern von Elsoff, Beddelhausen und Alertshausen aus, die als vermeintlich freie Leute gegen die Dienstforderungen der wittgensteinschen Beamten protestierten und mit Mistgabel und Sense gegen die Soldaten des Hofes anrückten.

Nach einer Friedenszeit von mehr als hundert Jahren stürzte der Siebenjährige Krieg mit Einquartierungen, Durchzügen und Fouragelieferungen das Land wieder in die äußerste Not. In den Revolutionskriegen Napoleons gelang es dem Grafen Wilhelm Ludwig Georg, dem Sohn und Nachfolger Johann Ludwigs († 1796), als königlich-preußischer Gesandter in Kassel, die Franzosen auf dem Verhandlungswege von den Grenzen des Wittgensteiner Landes fernzuhalten. 1804 wurde er ebenso wie sein Bruder Friedrich gefürstet. Mit der Mediatisierung im Jahre 1806 endete jedoch bereits die Eigenstaatlichkeit seines Fürstentums. Nach zehnjähriger Zugehörigkeit zu Hessen-Darmstadt wurde Wittgenstein auf dem Wiener Kongreß Preußen zugesprochen. Wie Wittgenstein-Berleburg wurde Wittgenstein-Hohenstein in die neugebildete Provinz Westfalen eingegliedert. Verwaltungssitz des neuen Kreises Wittgenstein wurde Berleburg. Fürst August zu Sayn-Wittgenstein († 1948) adoptierte 1927 den Bruder des Fürsten zu Berleburg, Fürst Christian Heinrich, der nach dem Herrensitz Schwarzenau übersiedelte und das Schloß Wittgenstein als Wohnheim, Wirtschafts- und Verwaltungsgebäude eines Lehrinstituts mit Internat zur Verfügung stellte. In den sechziger Jahren wurde die seit 1950 bestehende Internatsrealschule durch ein Gymnasium und 1975 durch ein Aufbaugymnasium der Sekundarstufe II erweitert. Die Schulgebäude stehen in nächster Nachbarschaft des Schlosses. Auch Laasphe ist nicht mehr die verträumte Residenzstadt, sondern ein modernes Kneipp-Bad, und die ehemalige Grafschaft Wittgenstein hat als Fremdenverkehrs- und Erholungslandschaft einen merklichen wirtschaftlichen Aufschwung genommen. Der Blick des Besuchers, der sich heute von der Nordseite her dem Schloß nähert, erfaßt zunächst nur eine unregelmäßig angeordnete Gebäudegruppe mit zeitlich unterschiedlichsten Stilelementen. Den schmalen, rampenartig ansteigenden Hof, den man durch ein einfaches Pfeilertor betritt, säumen zur Linken ein eingeschossiger Bau für die Handwerksbetriebe, Remisen, Wache und Hofverwaltung, anschließend ein viergeschossiges, repräsentativ gestaltetes Gebäude, die letzte fürstliche Residenz (bis 1950), und ein dreigeschossiger Zwischenbau, der dieses Gebäude mit dem quer zur Hofachse stehenden dreigeschossigen sogenannten Mittelbau, dem augenscheinlich ältesten Teil dieser Gebäudegruppe, verbindet. Die rechte Hofseite wird zum größten Teil, ohne baulichen Anschluß an den Mittelbau, von dem Marstall in einem tiefliegenden selbständigen Hofterrain, der

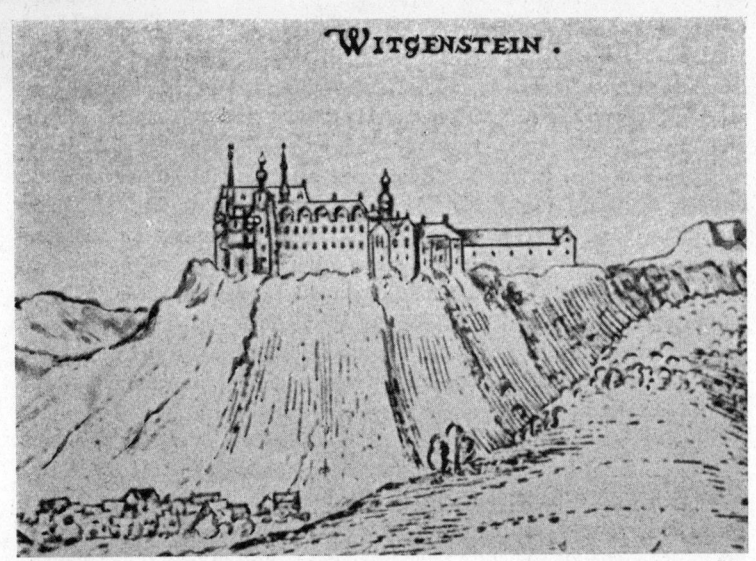

Schloß Wittgenstein um 1600. Kupferstich aus „Hessische Chronica anfenglich beschrieben durch Wilhelm Dilich", Cassel 1608 (Ausschnitt)

Reitbahn, eingenommen. Die willkürlich gestaffelten Gebäude mit unterschiedlichen Geschoßhöhen werden allein durch die einigermaßen einheitlich ausgebauten großen Schieferdächer zusammengefaßt.

Daß er sich bisher nur im ursprünglichen Vorburgbereich aufgehalten hat, wird dem Besucher erst bewußt, wenn er durch den Mittelbau den ursprünglichen Schloßhof, den sogenannten Rosengarten, betritt, den eine Dreiflügelanlage, die eigentliche Hofburg mit dem Mittelbau als Haupttrakt, dem Küchenflügel als westlichem und dem Kammerflügel als östlichem Seitentrakt umschließt. (Die Gebäudebezeichnungen sind der detaillierten baugeschichtlichen Untersuchung von Hartnack entnommen, deren zahlreiche Einzelergebnisse hier nur teilweise angesprochen und diskutiert werden können.)

Die erste Darstellung der Wittgensteiner Gesamtanlage, der Kupferstich Wilhelm Dilichs in seiner „Hessischen Chronica" (Cassel 1608), die den Zustand um 1595 wiedergibt, bestätigt diese Zweiteilung in überzeugen-

47

der Weise und beantwortet zugleich die Frage nach dem Typus der Burg. Bei dem auf drei Seiten steil abfallenden Berggelände erübrigt sich eine Ringmauer. Dafür erscheint die Umbauung des Berggipfels allseitig geschlossen und die Außenfront der Hauptburggebäude schildmauerartig überhöht. An der Angriffsseite im Norden, im flachen Vorgelände der Vorburg, hat der Zeichner den heute noch als „Schloßdelle" bezeichneten Graben deutlich verbildlicht. Die Annahme, daß auch die auf Dilichs Zeichnung verdeckten Nord- und Westseiten schon von Bauten umsäumt waren, die auf der Nordseite nur einen schmalen Durchlaß in Höhe des heutigen Schloßtores freiließen, bestätigen alte Fundamente und eine topographische Aufnahme aus der Zeit um 1725. Auch an der Nord- und an der Ostflanke wurden ungewöhnlich starke, bis zu 2 m mächtige ältere Fundamente festgestellt, die nach Hartnacks Meinung ursprünglich schwerere Bauten als die heute vorhandenen getragen haben.

Auf Dilichs Stich ist ferner ein nicht mehr vorhandenes Gebäude zu erkennen, das auf der heute offenen Südseite des Rosengartens die Lücke zwischen den beiden Seitenflügeln der Hofburg schließt. Nach allem haben wir es hier — nach Werner Meyers Typologie — mit einer Hausrandburg zu tun, deren Gebäude so nahe an den Rand des schroffen Berggipfels gerückt sind, daß sie allein durch ihre Lage vor feindlicher Annäherung geschützt sind. Auch die Erstreckung der Burg war beeindruckend genug. Die geschlossene Ostflanke des nord-südlich ausgerichteten Schlosses vom Alexanderplatz im Süden bis zur Schloßwache im Norden mißt 125 m. Der heutige um das Schloß führende Fahrweg und der Alexanderplatz sind erst in neuerer Zeit angelegt worden.

Den Querriegel zwischen Vorburg und Hofburg, denen heute der Mittelbau als Kernstück der Gesamtanlage gemeinsam ist, bildete ursprünglich an seiner Stelle eine starke, Vor- und Hauptburg trennende Quermauer zur Sicherung der Hauptburg. Hartnack weist die etwa 9 m hohe Mauer im älteren Befund des heutigen Mittelbaus nach. In einer Bauakte des Wittgensteinschen Archivs aus dem Jahre 1599 ist erstmals von dem „Newen Zwerchbau" die Rede, mit dem nur der heutige Mittelbau, freilich in einer früheren Form, gemeint sein kann.

Im Westteil des Mittelbaus steckt ein quadratischer Turm, den Hartnack als „Verlies oder Gefängnis" bezeichnet. Seine Lage als westlicher Eckpfeiler der ursprünglich an Stelle des Mittelbaus anzunehmenden Mauer, seine Ausmaße (etwa 15 x 15 m), die besondere Mächtigkeit seiner Mauern auf der Angriffsseite (2 m), die erhöhte Lage seines Zuganges, das früher noch vorhandene „Angstloch", durch das die Gefangenen aus dem ersten

Obergeschoß in das Verlies hinabgelassen wurden, alle diese Merkmale eines ganz bestimmten Typus, können nur schwerlich davon abhalten, diesen Bauteil als den ursprünglichen Bergfried der Hauptburg anzusehen, zumal er auch richtig orientiert, d. h. gegenüber der ungeschützten Schwertseite des Angreifers, errichtet ist. Hartnack vermeidet die Bezeichnung „Bergfried" bewußt oder unbewußt und sucht das „ältere Verlies" an anderer, nicht mehr nachweisbarer Stelle, weil er das flachbogige Gewölbe des mittleren Gefängnisraumes für einer späteren Zeit zugehörig hält.

Da der ursprüngliche Grundriß der Vorburg im wesentlichen mit dem heutigen übereinstimmt, erscheint der im Hauptblickpunkt stehende breite Mittelbau auch heute noch als Kernstück der Anlage, um so mehr, als auch das Bodenrelief Haupt- und Vorburg im Sinne einer Ober- und Unterburg zuordnet und den hochgelegenen Mittelbau gegenüber dem überhohen, aber tiefergelegenen jüngeren Residenzbau begünstigt. Die aus nördlicher Sicht ebenerdigen Räume des Mittelbaus sind auf der Südseite unterirdische Kellerräume. Die Bedeutung des Mittelbaus im Gesamtgefüge der Baugruppe wird durch den großen barocken Dachreiter als Uhren- und Glockenturm und an der Nordfront durch den Mittelrisalit mit beschieferter Lukarne betont.

Die drei Flügel des Hauptbaus waren ursprünglich selbständige Gebäude, die erst um 1700 zu einer symmetrischen Einheit verbunden und später noch oftmals verändert wurden. Eine genauere Datierung der einzelnen Teile ist wegen der vielen Umbauten und des Mangels an stilgebundenen Architekturstücken nicht möglich. Der älteste Teil aus der Zeit um 1100 ist wahrscheinlich der Westflügel, der Küchenflügel, wie Hartnack aus der unregelmäßigen, den gewachsenen Fels mit einbeziehenden, offensichtlich romanischen Bauweise schließt. Das klobige, teils schiefwinklige Mauerwerk hat eine Mächtigkeit von bis zu 1,50 m. Der Küchenflügel steht auf der in den Bau einbezogenen Kuppe des Schloßberges, dem sogen. Wittekind-(Wedigen-)stein, der 484 m über NN mißt. Als einziger Bauteil des Schlosses ist er daher nicht unterkellert. Das 6 m hohe Erdgeschoß ist teilweise von einem halbzylindrischen Tonnengewölbe überspannt, der übrige Teil des Erdgeschosses ist umbauter Fels und unbenutzbar. In dem südwestlichen Anbau soll sich mündlicher Überlieferung zufolge die älteste Burgkapelle, die 1325 urkundlich erwähnte Katharinenkapelle, mit einer Grablege befunden und an seiner Stelle noch früher ein Turm gestanden haben. Auf dem Dilichschen Stich gibt es dafür keinen Anhaltspunkt. Der an der Südfront eingezeichnete Spitzhelm gehört offensichtlich nicht zum Küchenflügel, sondern zu einem Gebäude, das früher die heutige Lücke zwischen den beiden Flügeln füllte. In der Form gleicht er der Spitze der zwischen Küchenflügel und Mittelbau gelegenen Wendelstiege, die in das Obergeschoß des Küchenflügels führt.

Für den Ostflügel, den Kammerflügel, weist Hartnack zwei Bauabschnitte nach, den älteren nördlichen und den jüngeren südlichen, der erst nach 1738 an Stelle des bei Dilich dargestellten südlichen Eckturmes entstand. Die Einbeziehung der gewachsenen Felspartien in das Mauerwerk spricht auch hier für eine frühe Bauzeit. Am Südende entstand später ein Anbau nach Osten. Beide Flügel sind ohne Bauzier.

Der Mittelbau tritt auf dem Stich von Dilich noch nicht in Erscheinung, da der 1599 erwähnte „Neue Zwerchbau" noch nicht errichtet war. Hartnack tritt dafür ein, daß damals aber bereits in Anlehnung an die Quermauer zwischen Vor- und Hauptburg die von einem mächtigen Tonnengewölbe überspannte Erdgeschoßhalle des Mittelbaus, der Weinkeller (jetzt Internatsspeisesaal) bestanden hat, und vielleicht auch noch ein Stockwerk darüber, in dem sich die jetzt leergeräumte Schloßkapelle von 1632 befindet. Die mit einem flachbogigen Stichkappengewölbe überspannte Kapelle entspricht in ihrer Schmucklosigkeit dem reformierten Bekenntnis der Wittgensteiner. Nur eine große barocke Wappenkartusche in Stuck mit dem Hauswappen und der Deckenstuck im Muschelstil fordern Beachtung. Auch der Vorraum der Kapelle hat eine stuckierte Decke und das Wappen über dem Eingang. Von der Kapelle führte früher eine Tür in das westlich anschließende Archiv, das räumlich mit dem von Hartnack als Verließ bezeichneten Turm identisch ist und in dem erst vor kurzer Zeit der Zugang zu einem gemauerten unterirdischen Geheimgang entdeckt wurde, der in der Evangelischen Kirche in Laasphe endete.

Im Obergeschoß, über der Kapelle, befindet sich der gut erhaltene, jetzt als Internatsaula benutzte große Bildersaal mit illusionistischer Deckenmalerei und den Wappen bekannter Adelsgeschlechter als Decken- und Wandfüllungen. Die als vertikale Wandgliederung dienenden Pilaster sind teils gemalt, teils in Holz mit aufgemalten ionisierenden Kapitellen ausgeführt. Die Ahnenbilder wurden 1950 beim Auszug der fürstlichen Familie ausgelagert.

Nicht zu identifizieren ist die von Dilich eingezeichnete welsche Haube über dem perspektivisch verzeichneten alten Zwischenbau, die weder zum Zwischenbau, noch zum Mittelbau gehören kann. In dieser Höhe, südlich an die Mauer anschließend, könnte ein Torhaus gestanden haben. Ein „neuer Pfortenbau" ist in den Bauakten von 1586 bezeugt. Ein „Bau" ist gewiß nicht ein einfacher Mauerdurchlaß, sondern ein widerstandsfähiges

Bauwerk mit dem üblichen turmartigen Aufbau gewesen. Merian, der sich im übrigen an die Dilichsche Vorlage gehalten hat, hat die Turmhaube nicht übernommen.

Das Niveau des vorderen Schloßhofes mit der rampenartigen Auffahrt neben der tiefgelegenen Reitbahn hat offenbar im Lauf der Zeit viele Veränderungen durchgemacht. Wahrscheinlich ist der Boden vor dem Mittelbau stark aufgefüllt worden, wodurch der ursprünglich wehrhafte Charakter der Hauptburgfront eingeschränkt wurde. Der den Vorplatz beherrschende viergeschossige Bau, der als Eckpavillon des Mittelbaus in Erscheinung tritt, entstand 1782 mit Mansarddach und vollverschieferten Außenwänden. Die heutigen Fassaden vereinigen neobarocke und neuhistorisierende Gliederungselemente. Den verbindenden Zwischenbau hatte bereits Graf Henrich Albert im Jahre 1704 erstehen lassen. Der Marstall wurde 1736 errichtet. Die nördliche und westliche Ummauerung und die Gartenanlagen mit der Hirschplastik sind jüngeren Datums.

Schwierig war auf dem hochgelegenen Schloß von jeher die Wasserversorgung. Da der Brunnen nicht die erforderliche Menge lieferte, waren täglich Wasserfuhren aus dem Lahntal notwendig. Für die Wäsche stand ein Waschhaus am Fluß zur Verfügung. 1736 entstand die Wasserkunst, ein Radpumpwerk mit einem Röhrengraben, in dem das Flußwasser einem Sammelbassin zugeleitet wurde. Von dort wurde es in hölzernen Röhren in die Küche, den Marstall und das Treibhaus weiterbefördert. 1846 legte Fürst Alexander neben anderen Verbesserungen die große Wasserleitung an.

Die Außenwände an den Seitenflügeln der Hofburg befinden sich in einem erneuerungsbedürftigen Zustand. Ihr Neuverputz ist für die nächste Zeit vorgesehen. Glasgang und Flur im Rosenhof, beide noch notdürftig blechgedeckt, sollen eine Schieferdeckung erhalten.

Wilhelm Hartnack: Schloß Wittgenstein. In: Wittgenstein, Blätter des Wittgensteiner Heimatvereins. Jahrg. 50. 1962. Bd. 26 H. 1, 2, 3. / Wilhelm Weyer: Sayn-Wittgenstein-Hohenstein. In: Siegerland, Blätter des Vereins für Heimatkunde im Siegerland. 7. Bd. Jahrg. 1925 H. 4.

5 Berleburg

Schloß   Berleburg   Kreis Siegen

Wo heute das Schloß der Fürsten zu Sayn-Wittgenstein-Berleburg wie eine Krone über der auf einem Ausläufer des Rothaargebirges malerisch gelegenen Berleburger Oberstadt mit dem Schieferblau ihrer Bürgerhausdächer steht, begann 1506, nach der ersten Teilung Wittgensteins der Ausbau der im 13. Jahrhundert gegründeten Burg (vgl. Kapitel Schloß Wittgenstein). Mit der Erhebung Berleburgs zur Residenz der Nordgrafschaft war in diesem Jahr die erstmalige Trennung von der Südgrafschaft endgültig vollzogen. Nach dem Bericht des Chronisten Cornelius fand Graf Johann VII. auf dem bis dahin vorwiegend als Jagdhaus benutzten Burgsitz nur wenige Gebäude vor. Sicher aber war die 1258 errichtete Burg und die gleichzeitig mit ihr ausgebaute Stadt, die zusammen eine Art Großburg bildeten, bereits mit Wall und Mauer umgeben. Wie heute noch

leicht zu erkennen ist, bedurften Stadt und Burg mit Ausnahme der Westseite, an der sich der 450 m hohe Berg 35 m tief besonders steil in das Tal
des Berlebaches senkt, einer solchen Sicherung.

Gleich nach der Übernahme begann Graf Johann VII. († 1551) mit dem
Bau eines „hölzernen" Hauses, eines Marstalls, einer Schmiede und eines
Backhauses. Aus den Jahren 1531 und 1536 berichtet der Chronist vom
Bau eines Steinhauses „bei der Wendeltreppe", eines „Frauenzimmers"
(Kemenate) und einer Küche. 1547 wurden Schmiede, Backhaus und
Scheunen durch Brand zerstört. Johanns Bruder, Wilhelm d. Ä. (†1570)
machte in seinen letzten Lebensjahren den Anfang mit dem heute noch
vorhandenen Erweiterungsbau der nordwärts von einem Graben umgebenen Kernburg, dem heutigen Nordflügel des Dreiflügelschlosses mit einbezogenem Turm. Sein Sohn Ludwig d. Ä. († 1605), der als Alleinerbe die
Nord- und die Südgrafschaft wieder vereinigte, nahm 1576 mit der Grund-
steinlegung zur neuen Küche im Nordflügel den Ausbau des Schlosses
wieder auf. 1587 entstand das noch vorhandene Torhaus mit dem Allianzwappen Ludwigs und seiner zweiten Gemahlin Elisabeth zu Solms-Laubach. Nach einem Inventar von 1587 umfaßten die Bauten mit Wirtschafts-
und Verwaltungsgebäuden damals 15 Gemächer und 36 Kammern. An
Ausstattungsstücken werden u. a. schon 37 Gemälde, Porträts usw.
genannt. (1741 wurden 110 Porträts und Schildereien und 55 Pferdebilder
gezählt.) Im „neuen Gebäude neben dem Garten" wurde die kostbare
Bibliothek des gelehrten Grafen untergebracht. Bei einer nicht näher
bezeichneten Baumaßnahme des Jahres 1591 handelt es sich wahrscheinlich um die „Alte Münze", die heute von der fürstlichen Familie bewohnt
wird.

Noch zu Lebzeiten Ludwigs d. Ä., 1603, wurde die durch ihn wiederver-
einigte Grafschaft Wittgenstein erneut geteilt. Die Nordgrafschaft mit
Stadt und Schloß Berleburg und die Herrschaften Homburg und Neumagen
erhielt der älteste Sohn Georg, der die Linie der Grafen von Sayn-Wittgenstein-Berleburg begründete. Sein Sohn Ludwig Casimir († 1643) wurde ein
Opfer des Dreißigjährigen Krieges, dessen Härte seine Grafschaft bis zum
äußersten zu spüren bekommen hatte. In der Gegend von Marburg wurde
er von Marodeuren ermordet. Sein Sohn und Nachfolger Georg Wilhelm
heiratete die Gräfin Amélie Marguerite de Machaut. Daß auch ihr Vater
keines natürlichen Todes starb — er wurde ein Opfer der Bartholomäus-
nacht — war gewiß mitbestimmend für die Toleranz, die im Wittgensteiner
Land bewußt geübt wurde. Sie starb bei der Geburt des siebten Kindes, und
die ungewöhnlich hohe Mitgift, die sie mit in die Ehe gebracht hatte, reichte

gerade für die Ausstattung der vierzehn Kinder, die aus dieser und zwei weiteren Ehen des Grafen Georg Wilhelm hervorgingen, nicht für wesentliche Baumaßnahmen; ebensowenig wie die zehn Regierungsjahre, die Georg Wilhelms Sohn Ludwig Franz beschieden waren.

Bei dessen Tod (1694) war sein Sohn Casimir noch unmündig. Bis 1712 führte die Gräfin Hedwig Sophie zu Lippe-Brake, seine Mutter, für ihn die Regierungsgeschäfte, eine Frau von großer Tatkraft und Frömmigkeit, die Berleburg zu einem Treffpunkt der pietistischen Bewegung machte und auch ihren Sohn, den künftigen Regenten, in dieser Richtung bestimmte.

Graf Casimir, der als Student in Halle August Hermann Francke kennengelernt hatte, der unter der Leitung des Straßburger Magisters Haug ein sechsköpfiges Gelehrtenteam um sich sammelte, um die 1742 in Berleburg gedruckte, von Luther unabhängige achtbändige Bibel zu erarbeiten, der Wittgenstein zu einem anderen Herrnhut machte, aber auch jede andere Glaubensrichtung duldete und nach Hugenotten, Waldensern, nun auch Schwärmern und Inspirierten aus Schwaben, Pietisten und Quietisten, Wiedertäufern und Quäkern, Menoniten und anderen ihres Glaubens wegen Verfolgten eine neue Heimat gab, dieser tiefreligiöse Mensch, der auch ein guter Landesvater sein wollte, indem er seinem an Bodenschätzen armen Land neue Industrien erschloß, war auch ein Kind seiner an Widersprüchen reichen Zeit, des welt- und prachtliebenden Barock, wie es sich in seinen Bauten zu erkennen gibt.

Auf seinen Bildungsreisen in den Niederlanden und in England fand die Architektur sein besonderes Interesse, und immer mag ihm dabei das wenig repräsentative elterliche Schloß vor Augen gestanden haben. Auch die späteren Besuche in der süddeutschen Verwandtschaft seiner ersten Ehefrau Marie Charlotte zu Isenburg-Büdingen und vor allem die Ansprüche seiner zweiten Ehefrau Maria Esther Polyxena von Wurmbrand, Tochter des Reichshofratspräsidenten in Wien, die von den Chronisten als eine ebenso gebildete wie energische Frau geschildert wird, mögen den Anstoß zu der 1721 beginnenden umfassenden Bautätigkeit im Berleburger Schloßbereich gegeben haben.

Im Jahre 1731 legt Graf Casimir endlich den Grundstein zum Bau des neuen großen Mittelflügels, der in den nächsten drei Jahren, wahrscheinlich nach Plänen von Julius Rothweil, entsteht. An der führenden Mitwirkung Rothweils ist auf Grund charakteristischer Stilmerkmale kaum zu zweifeln, zumal die Besichtigung von Bauten dieses damals in Arolsen ansässigen Architekten in Hilchenbach und Hachenburg dem

Berleburg um 1600. Rechts die Oberstadt mit dem Schloß. Kupferstich aus „Hessische Chronica anfenglisch beschrieben durch Wilhelm Dilich", Cassel 1608

Baubeginn des sorgfältig und mit großen Erwartungen geplanten Hauptschlosses vorausgegangen war. Im Innern hatte neben dem Meister Johann Grahl aus Hachenburg, der außer Stuckaturen einen Kamin und figürliche Schnitzarbeiten an der Treppe lieferte, Johann Baptist Wicko aus Mainz den handwerklichen Hauptanteil an der Stuckierung von Decken und Wänden. Auch zwei Kamine und Tischblätter sind mit seinem Namen belegt. Die Entwürfe für Wickos Stuckarbeiten lieferte der berühmte Carlo Maria Pozzi.

Nördlich und westlich des stattlichen Neubaus wurde in den folgenden Jahren eine Parkanlage geschaffen und mit einer Mauer umgeben, die durch zwei Dutzend Steinputten belebt wurden. Als westlicher Abschluß des Parkgeländes entstand das Lusthaus mit den vier großen Sandsteinfiguren und Wasserkünsten. Neben Scheffer war an diesen Arbeiten der Marburger Hofbildhauer Johann Friedrich Sommer beteiligt, der auch die beiden wappentragenden Löwen auf den Torpfeilern der Haupteinfahrt zum Schloßhof geschaffen hat. Unterhalb des Schlosses, im Tal des Berlebaches, der zu einem Teich gestaut wurde, entstand ein Tiergarten, mit einem „chinesischen Lusthaus", das später verschwand; geblieben sind angenehme Spazierwege.

Die segensreiche Zeit, die sich in allem spiegelt, was Graf Casimir hinterließ, nahm 15 Jahre nach seinem Tode mit dem Siebenjährigen Krieg ein
jähes Ende. Im September 1760 lagerten 13 000 Franzosen in und um
Berleburg, dessen Regent Graf Johann Ludwig († 1796) wie sein Vetter
Graf Ludwig Ferdinand von Sayn-Wittgenstein-Hohenstein auf der Seite
Österreichs stand. Nicht nur, daß sich die Heimsuchungen des Dreißigjährigen Krieges in noch schlimmerer Form wiederholten, das Wittgensteiner Land hatte auch zwei Kontingente Soldaten gegen den Preußenkönig ins Feld zu stellen.
Neue dunkle Wolken zogen mit den Heeren Napoleon Bonapartes heran.
1792 bzw. 1801 lohnte Franz Josef II. die Kaisertreue der Grafen Christian
Heinrich zu Sayn-Wittgenstein-Berleburg († 1800) und Friedrich Karl zu
Sayn-Wittgenstein-Hohenstein mit der Erhebung in den Reichsfürsten-
stand. Aber das 1806 kommende Ende der selbständigen Staaten zeichnete
sich bereits ab. Beide Grafschaften wurden dem Großherzogtum Hessen
einverleibt. In den napoleonischen Kriegen machte Graf Ludwig Adolf
Peter zu Sayn-Wittgenstein-Berleburg als kaiserlich-russischer Feldmar-
schall und Staatsrat am Zarenhof von sich reden. Unter seiner Heer-
führung wurde Napoleons Armee in der Schlacht an der Beresina entscheidend geschlagen. In Rußland wird er noch heute als Nationalheld gefeiert.
Durch den Wiener Kongreß und den Anschluß an Preußen wurden die
beiden Wittgensteiner Grafschaften 1816 im Kreise Wittgenstein mit der
Kreisstadt Berleburg wieder vereint. Bei dem großen Brand von 1825,
durch den fast die ganze Stadt vernichtet wurde, blieb das Schloß verschont.
Mit der letzten größeren Baumaßnahme, einer Umgestaltung des Schlosses, wurde 1912 der Münchener Architekt Friedrich von Thiersch, der
Erbauer des Münchener Justizpalastes, beauftragt. Nicht nur im Innern
wurde durchgreifend umgebaut, u. a. das Treppenhaus mit der doppel-
läufigen Treppe einläufig verändert, auch der Außenbau erhielt ein neues
Gesicht. Die Hoffassade des Mitteltrakts, die durch Blenden und farbige
Felder in den Fensterachsen zusätzlich gegliedert war, aber reichlich Spuren der Verwitterung zeigte, wurde der überflüssigen Zierglieder entklei-
det und auf ihre eigentliche architektonische Wirkung zurückgeführt. Insbesondere wurden die Flanken des Haupttraktes auf der Westseite durch
Ecktürme mit schweren Barockhauben wesentlich verstärkt.
Die ausgedehnten Anlagen und das Schloß mit einem großen Teil seines
reichen Kunstbesitzes wurden in neuerer Zeit der Öffentlichkeit zugänglich
gemacht. Auf diese Weise blieb das Schloß wie eh und je der lebendige

Der Weiße Saal

Mittelpunkt der zu einem aufstrebenden Kneippheilbad entwickelten Stadt.

Sieht man von den zeitbedingten Veränderungen, vor allem der Vergrößerung der Unterstadt, ab, so zeigt die älteste Ansicht Berleburgs auf dem Kupferstich von Wilhelm Dilich in seiner „Hessischen Chronika" von 1608 bereits in ziemlicher topographischer Übereinstimmung dasselbe Weichbild, das sich heute dem Betrachter aus östlicher Richtung darbietet. Deutlich hebt sich der Schloßberg mit der von einer Ringmauer umgebenen Oberstadt mit dem Schloß von der damals schon ziemlich umfangreichen unbefestigten Unterstadt ab. Der Berghang ist, wie heute noch größtenteils, unbebaut. Das Schloß, das durch die Höhe seiner Bauten deutlich gekennzeichnet ist und offensichtlich keine zusätzliche Ummauerung aufweist, bildet mit der Oberstadt eine Einheit und kann somit typologisch als Stadtburg angesprochen werden. Die Vorburg mit dem noch vorhandenen Südtor von 1587 ist auf der Zeichnung perspektivisch zu stark nach Norden verschoben. Der Graben, der einer Nachricht von 1782 zufolge eingeebnet wurde, und die gleichzeitig abgebrochene zugehörige Zugbrücke lassen sich nicht mehr mit Sicherheit lokalisieren.

Das Stadttor ist auf dem Dilichschen Stich offenbar durch zwei markante Bauwerke an der Südostecke der Ringmauer dargestellt. Mauerwerk, vielleicht ein schmaler Zwinger, verbindet das Stadttor mit einem torartigen Bau am Fuß des Schloßberges und mit der nach dem großen Brand der Oberstadt im Jahre 1547 als Vorstadt entstandenen Unterstadt („Struth"). Ein hoher kräftiger Wehrturm, der das südliche Vorgelände, den flacher abdachenden Berghang zwischen Unter- und Oberstadt, beherrscht und gegen Angreifer schützen soll, ist an der Südwestecke in die Ringmauer eingelassen. Weitere Mauerverstärkungen sind im ganzen sichtbaren Mauerzug festzustellen.

Der zweigeschossige Nordflügel, der älteste Teil der heutigen Dreiflügelanlage, in dem sich der mittelalterliche Kernbau verbirgt, stellt sich auf der Dilichschen Ansicht als Hauptgebäude, schon mit einbezogenem Rechteckturm, aber mit einem heute nicht mehr nach außen als solcher hervortetenden Treppenturm an der Südostecke und mit zwei heute nicht mehr vorhandenen Lukarnen an der Südfront dar. Die übrigen Gebäude und ein großer achteckiger Turm lassen sich nicht mehr identifizieren; sie mußten 1731 dem Neubau weichen, mit Ausnahme des Südtores von 1587, das der Besucher auf der steil ansteigenden Schloßstraße und nach Passieren des idyllischen, von schieferverkleideten Bürgerhäusern und alten Bäumen bestandenen Goetheplatzes erreicht.

Mit dem Neubau war eine Verschiebung der Hauptfront verbunden. War die Achse des ursprünglichen Schloßhofes nordsüdlich ausgerichtet, so öffnet sich der Ehrenhof des Dreiflügelschlosses nach Osten. Das frühere Hauptgebäude flankiert den Hof als Nordflügel. Die neue Ausrichtung der Baumassen wurde nach barockem Muster an der nach Osten gerichteten Eingangsfront durch ein genau in der Mittelachse errichtetes kugelbekröntes Torpfeilerpaar und in einigem Abstand durch zwei saynsche Löwen auf pfeilerartigen Postamenten betont.

Von dort fällt der Blick direkt auf den siebzehnachsigen Mitteltrakt, der dreigeschossig mit hohem Mansarddach und dreiachsigem Mittelrisalit auch nach der Restaurierung durch Thiersch noch einen großartigen Abschluß des Ehrenhofes darstellt. Die untere Mansarde des Mittelrisalits ist zu einem vollen vierten Stockwerk und das Dach darüber mit einer mit Voluten und Segmentgiebel verzierten Lukarne ausgebaut. Segmentgiebel zieren auch die von stuckierten Pilastern flankierten Fenster der unteren Mansarde, während die mit Vorzug gestaltete Fenstertür zum Balkon mit einem Dreiecksgiebel mit Wappenfüllung gekrönt ist. Der Balkon springt mit vasengeschmückter Balustrade über dem relativ einfachen Hauptportal vor. Aufwendiger sind hier die Seitenportale mit ornamentierten Pilastern und Muschelfüllung in den gesprengten Giebeln. Das stark hervortretende Kranzgesims ist mit dem Mittelrisalit verkröpft. Die Ecken des Mitteltrakts und des Mittelrisalits sind durch rustizierte Quaderlisenen verstärkt. Die strenge Regelmäßigkeit der Fensterachsen verleiht der Fassade einen klassizistischen Zug, den auch die beim Umbau 1912 ergänzten unterschiedlichen Ecktürme nicht zu stören vermögen.

Der Südflügel wurde in seiner Baumasse dem alten Nordflügel, in seiner Dachform dem Mittelflügel angepaßt. Den Nordflügel deckt ein einfaches, auf der Ostseite abgewalmtes Satteldach, aus dem der einbezogene Rechteckturm mit welscher Haube herausragt. Von den Portalen an seiner Hofseite, die jeweils einen Bauabschnitt dieses Traktes kennzeichnen, ist das Renaissanceportal an der Ostecke, ein kleines Säulenportal mit Segmentgiebel und pilasterumrahmten Fenstern in den Stockwerken darüber besonders beachtenswert. Inschriften von 1555 bis 1557 und der Eisenanker von 1711 im Westteil bezeichnen die Zeitspanne, in der die mittelalterliche kleine Wasserburg im Nordtrakt schrittweise erweitert wurde. Ein Konsolgesims faßt die Bauphasen zusammen. Durch einen kurzen Verbindungstrakt mit dem Nordflügel verbunden, entstammt der „Rote Turm", ein zweigeschossiger Rundturm mit Rundbogendurchfahrt, gewiß noch dem 16. Jahrhundert. Seine welsche Haube ist von 1736.

Die Flügel sind, wie alle anderen Gebäude im Schloßbereich, je nach Stilzugehörigkeit farbig geputzt. Im Zuge der Restaurierung von 1954—1961 wurde auch die Dachdeckung erneuert. Der ortsübliche Schiefer versammelt die weit auseinanderliegenden Bauten und Baugruppen wie unter einer gemeinsamen Haube.

Durch das Hauptportal an der Hofseite des Nordflügels wird man bei den regelmäßig stattfindenden Führungen in das Schloß eingelassen, zunächst durch den Vorraum in die Kapelle, einen Raum mit einem niedrigen Gewölbe des 14. oder 15. Jahrhunderts. Man vermutet an dieser Stelle eine ältere Taufkapelle der Grafschafter Mönche. Der mit Putten als Trägerfiguren geschmückte Taufstein von 1683 wird heute noch für Taufen der fürstlichen Familie benutzt. Als Sehenswürdigkeit wird eine durch Blitzschlag geborstene Glocke von 1503 aus der Werkstatt eines Berleburger Meisters gezeigt. An die Kapelle schließen sich die Ausstellungsräume des Schloßmuseums im Nordflügel und dem „Neuen Schloß", dem Mittelflügel, an.

In einer langen Folge von Räumen, die durch ihre ortsfeste Ausstattung mit Kaminen und kostbaren Wandbekleidungen, großartigen Stuck- und schweren Kassettendecken, mit kunstvollen Türgestellen und Fensterumrahmungen, Galerien und Nischen allein schon Bewunderung erheischen, präsentiert sich Mobiliar, Gerät, Gebrauchs- und Kunstgut von höchster Qualität, größter Vielfalt und — nicht selten — Originalität in einer Fülle, wie sie als geschlossen überlieferter Familienbesitz nur noch in wenigen adligen Häusern anzutreffen ist. Die Aussteuern nach Berleburg verheirateter Frauen aus Paris, Wien, Frankfurt und berühmten süddeutschen Geschlechtern, um nur von der älteren Zeit zu sprechen, haben nicht wenig dazu beigetragen, wie das Fürstin-Madeleine-Zimmer zu exemplifizieren vermag. Der an dieses Zimmer anschließende Damensalon stellt einen Raum dar, in dem die Zeit stehengeblieben zu sein scheint, seit 1743 ist alles unverändert gelassen. Dagegen ist in dem kleinen Musikzimmer der Gräfin Charlotte durch Können und Geduld moderner Restauratoren soeben eine Raumausstattung aus dem gleichen Jahr in erlesen Farben und Formen des Kamins, der Stuckdecke, Friese und Türfassungen unter sieben Schichten freigelegt und in seiner ursprünglichen, etwas kühlen Frische wiedergewonnen worden.

Die übrigen zugänglichen Räume umfassen eine umfangreiche Waffen- und Jagdgerätesammlung, darunter eine seltene eiserne Jagdstandarte, Uniformen des Berleburger Hauses, wertvolle Möbelstücke, darunter ein Intarsienschrank mit biblischer Darstellung vom Ende des 16. Jahrhun-

Alte Ansicht von R. Fresenius

derts und ein reich intarsierter Sekretär, eine Wiener Spezialanfertigung für den Grafen Casimir aus dem Jahre 1719, seltene Porzellan- und Glasmanufakturstücke des 18. Jahrhunderts, und eine Gemäldegalerie mit Porträts aller Ahnen der fürstlichen Familie, u. a. das Bildnis der Fürstin Karoline von Wittgenstein, der Schwiegertochter des kaiserlich-russischen Feldmarschalls Graf Ludwig Adolf Peter zu Sayn-Wittgenstein-Berleburg, die mit Franz Liszt zusammenlebte, ihm nach Weimar und später nach Rom folgte und bei Künstlern und Gelehrten als eine der geistreichsten und merkwürdigsten Frauen ihrer Zeit galt. Die 10 000 Bände umfassende Schloßbibliothek enthält Frühdrucke und alte Handschriften, darunter die mit vielen farbigen Initialen illuminierte Papierhandschrift des „Jüngeren Titurel" von Albrecht von Scharfenberg aus dem Jahre 1479.

Als einer der wenigen im alten Zustand erhaltenen Räume des Haupttraktes vermittelt der zweigeschossige „Weisse Saal" im Obergeschoß noch unmittelbar heitere Rokokogegenwart, hauptsächlich durch den prunkvollen, mit abstrakten, gegenständlichen und figürlichen Motiven angereicherten Stuck an Decken und Wänden, den Wicko 1735 nach den Entwürfen von Pozzi ausführte. Über der in halber Raumhöhe umlaufenden Empore wölbt sich die illusionistisch gestaltete Decke über einem quadratischen Raum, in dem die Architektur — etwa durch die Rundfüllung der Ecken — in ein anmutiges Bewegungsspiel versetzt ist, insbesondere wenn im Kerzenschein der Glaslüster die festliche Raumstimmung noch gesteigert wird.

Das mit einem Wappenstein von 1585 gekennzeichnete, dem Südflügel seitlich vorgelagerte zweigeschossige Torhaus hat einen dreistöckigen Mittelrisalit ohne besondere Gliederung und eine rundbogige Durchfahrt. Schwer beschädigt wurde im letzten Krieg die „Alte Münze". Sie wurde 1951/52 mit dem früheren Mansarddach wiederhergestellt.

Ein Schmuckstück der Berleburger Unterstadt ist die Ludwigsburg, der ehemalige Stammsitz einer Nebenlinie des Berleburger Hauses, der auch der hier mehrfach genannte Graf Ludwig Adolf Peter zu Sayn-Wittgenstein-Berleburg entstammt. Baumeister des reich mit Balkenschnitzereien und farbiger Gestaltung ausgezeichneten Fachwerkbaus ist Mannus Riedesel aus Raumland. Dem 1707—1709 entstandenen Bau wurde 1724 ein Seitenflügel, später noch ein Anbau mit Außentreppe angefügt. 1959—1961 wurde die farbige Bemalung erneuert.

Herbert Koch: Schloß Berleburg. (Große Baudenkmäler H. 217) München-Berlin 1972. / Friedrich Schunder: Die Entstehung Berleburgs. In: Westfälische Forschungen Nr. 13, 1960.

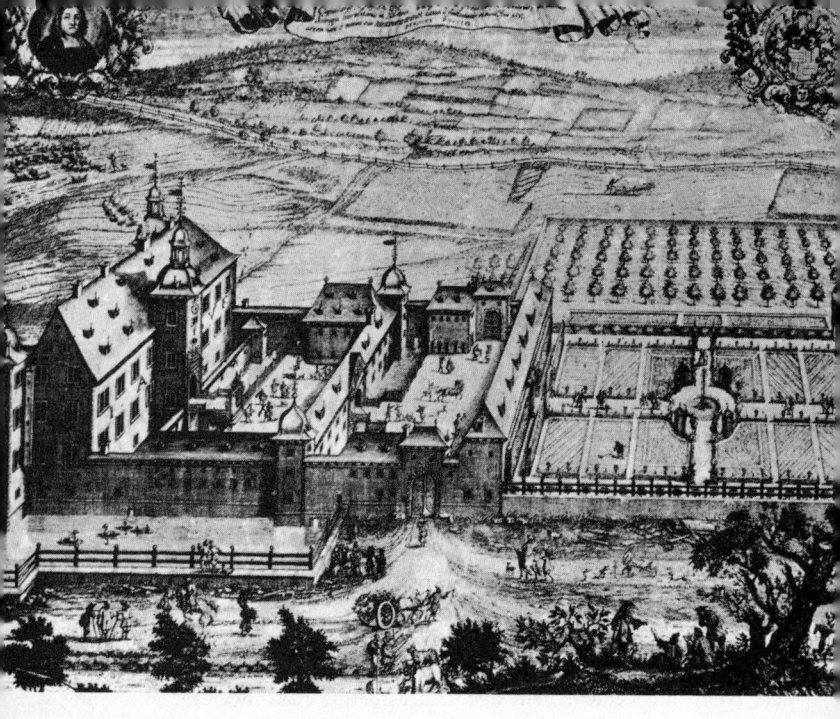

6 Adolphsburg

Schloß Oberhundem Hochsauerlandkreis

Der im Hohen Sauerland seltene Fall einer Wasseranlage, wie ihn die Adolphsburg ehemals darstellte, erklärt sich aus ihrer Lage in einem Talkessel der oberen Hundem, zu der viele Bäche entwässern. Das Rothaargebirge ist hier durch viele Bergkuppen, Ergebnisse vulkanischer Förderung, gekennzeichnet. Die für die Weidewirtschaft geeigneten feuchten Talgründe sind erst verhältnismäßig spät, seit Mitte des 10. Jahrhunderts, durch Rodung erschlossen worden. Die Kirche des Kirchspiels Oberhundem hat einen romanischen Turm. Zur Zeit der Besiedlung gehörte das Oberhundemer Gebiet wahrscheinlich zum Herrschaftsbereich der Werler

Grafen, der späteren Grafen von Arnsberg. Im 14. Jahrhundert gab es eine Vogtei Oberhundem, die vermutlich von den Grafen von Arnsberg an die Edelherren von Bilstein und von diesen an die Grafen von der Mark überging. 1393 wurde Degenhard von Hundem zu Bruch mit der Vogtei belehnt.

Die von Hundem waren Nachfahren der ursprünglich im Raum von Marburg angesessenen Ritter von Anzefahr und hatten einige Jahrzehnte vorher ihr Burghaus in Kirchhundem verlassen, um sich auf einem Gut im Bruch bei Würdinghausen anzusiedeln, nach dem sie sich künftig von Bruch nannten. Aus Schutzbedürfnis hatten sie sich zu Lehnsträgern der Edelherren von Bilstein machen lassen. Sowohl unter den Grafen von der Mark bzw. Cleve-Mark als auch später unter den Kölner Erzbischöfen waren sie Burgmannen auf der Burg Bilstein und hatten dort in der „Freiheit" unterhalb der Burg eine Hofstatt. Johann von Bruch hielt 1445 als cleve-märkischer Burgmann mit einer kleinen Mannschaft fünf Wochen lang einer Belagerung durch kurkölnische Truppen stand und kapitulierte erst, als das erwartete Entsatzheer ausblieb. Das war der Beginn der kurkölnischen Herrschaft im Bilsteiner Land. Mitglieder der Familie von Bruch zu Bruch hatten weltliche und geistliche Ämter in der Nachbarschaft inne. Bela von Bruch († 1494) war Äbtissin des Stiftes Keppel.

Wilhelm von Bruch verkaufte 1673 Haus und Hof Bruch an den Erbdrosten der Ämter Bilstein, Fredeburg und Waldenburg, Johann Adolf von Fürstenberg, der drei Jahre später an diesem Platz mit dem Bau eines Schlosses begann, dessen Stattlichkeit ihn als Inhaber bedeutender geistlicher und weltlicher Ämter bestätigen konnte. Johann Adolf von Fürstenberg (geb. 1631), ein Bruder des kunstfreundigen Fürstbischofs Ferdinand II. von Paderborn und Münster, war Dompropst in Paderborn, Mitglied des Domkapitels in Münster und Domherr und Propst zum Heiligen Kreuz in Hildesheim, außerdem Geheimer Rat in Münster und Paderborn. Neben dem Erbdrostenamt in Bilstein, Fredeburg und Waldenburg, das er von 1662—1684 versah, hatte er als fürstenbergisches Erbe die Vogtei Grafschaft und das Gericht in Oberkirchen zu verwalten. Volkstümlichen Ruhm erwarb sich der in der Diplomatie erfahrene sauerländische Adelige im Holländischen Krieg, als er 1677 nach Wien reiste und durch die Hergabe einiger hundert Schweineschinken den Bewohnern des Herzogtums Westfalen die drohende Einquartierung der Kaiserlichen und ihrer Verbündeten ersparte.

Für die Wahl des Ortes, der im Bereich des Amtes Bilstein lag, war das Vorhandensein einer weitläufigen Wildbahn ausschlaggebend, die Johann

Adolf von Fürstenberg den Herren von Bruch abgekauft hatte und durch den Ankauf weiterer Jagdgebiete und Jagdgerechtsame erweiterte. Wie an den großen Höfen stand auch beim Landadel die Jagd im Mittelpunkt aller gesellschaftlichen Ereignisse. Als der Bauherr den Grundstein legte, war er 45 Jahre alt; das Jagdschloß sollte sein Alterssitz werden und als Endstation eines erfüllten Lebens seinen Namen tragen, wozu ihn ein kaiserliches Privileg ermächtigte.

Haus Bruch war eine Wasserburg mit Gräften und Wällen. Umgebende Wasserflächen gehörten auch für den Barockbauherrn noch zu den unerläßlichen Attributen adeliger Häuser. Wassergräben riegelten auch auf der Adolphsburg das auf der Hauptachse errichtete Herrenhaus und den umbauten Schloßhof von der Vorburg ab, an die sich in der verlängerten Achse ein geometrischer Garten anschloß. Ecktürme und Eckpavillons sowie seitliche Torhäuser markierten die symmetrische Komposition der in einem Zuge entstandenen Anlage. 1677 war das Herrenhaus, 1680 die Vorburg vollendet. Obwohl Belege fehlen, besteht heute kein Zweifel mehr, daß der Architekt des ähnlich komponierten Schlosses Eringerfeld, das mit der Adolphsburg das Jahr des Baubeginns gemeinsam hat, auch die Entwürfe für den Schloßneubau in Oberhundem geliefert hat: Ambrosius von Oelde, der seit dieser Zeit immer wieder als die rechte Hand der „westfälischen Schönborne", wie Richard Klapheck die baulustigen Fürstenberger genannt hat, erscheinen. Fast gleichzeitig mit der Adolphsburg und mit Eringerfeld — 1677 — wurde unter dem Komtur Franz Wilhelm von Fürstenberg mit dem Bau der Deutschen Ordenskommende Mühlheim begonnen, für die der Kapuzinerbruder Ambrosius nachweislich ebenfalls die Pläne entwarf. Dem aufwendigen Äußeren folgte die überaus reiche und kostbare Innenausstattung. Auch hier ist die Hand des Ambrosius von Oelde — neben anderen Händen — unverkennbar.

Ein rundes Vierteljahrhundert konnte sich der Bauherr der Adolphsburg noch seines neuen Besitztums erfreuen. Er starb 1704 und wurde in der Franziskanerkirche zu Attendorn in der fürstenbergischen Familiengruft beigesetzt. Erst 1758 erwählte ein Fürstenberger, Clemens Lothar (1725 bis 1791) die Adolphsburg mit seiner Familie wieder zu seinem ständigen Wohnsitz. Er war ein gebildeter Mann und großer Bücherfreund, der die von Caspar von Fürstenberg auf Schloß Schnellenberg begründete Bibliothek nach der Adolphsburg holte und sie durch Ankäufe auf angeblich 35 000 Bände brachte, darunter viele seltene Drucke, Inkunabeln, frühe Karten- und Kupferstichwerke. Eine ansehnliche Bibliothek zusammenzutragen, war der Stolz nicht nur der Gelehrten, sondern auch eine geradezu gesellschaftliche Verpflichtung des Adels. Nach Corvey war die fürstenbergische gewiß eine der größten Adelsbibliotheken Westfalens. Es wird berichtet, das ganze Erdgeschoß des Hauptgebäudes und ein Teil der Anbauten sei mit Büchern angefüllt gewesen. Daß Clemens Lothar nicht nur eifrig Bücher sammelte, sondern sich auch in sie vertiefte, hatte zur Folge, daß er die eigentlichen Geschäfte eines Gutsbesitzers vernachlässigte, so daß Mißwirtschaft einriß, namentlich seit seine erwachsenen Söhne das Haus verlassen hatten. Die durch unehrliches Gesinde verursachten Verluste, auch Verluste an kostbarem Familiengut, bewogen Friedrich Leopold von Fürstenberg, den vierten, damals noch auf Schloß Schnellenberg wohnenden Sohn (geb. 1766), schließlich zu energischem Einschreiten.

Friedrich Leopold wohnte von 1819 an mit seiner Familie dauernd auf der Adolphsburg. Im Gegensatz zu seinem Vater nahm er sich mit Fleiß und Erfolg der Gutsgeschäfte, der Land- und Forstwirtschaft und der Pferdezucht an und vermehrte den Besitz durch Neuerwerbungen, u. a. des Gutes Würdinghausen und des Hauses Bruch. Mit dem Kauf von Bruch ging das mit diesem Hause verbundene Kirchenpatronat über die Pfarrkirche Oberhundem an die Familie von Fürstenberg über, die es noch heute inne hat. Als Zeichen seiner Verbundenheit mit der Pfarrei stiftete Friedrich Leopold 1835 eine auf dem Gut Adolphsburg fundierte Vikarie. Sie wurde erst in diesem Jahrhundert abgelöst.

Friedrich Leopold von Fürstenberg, der nach seinem Tode im Jahre 1835 auf dem Friedhof neben der Oberhundemer Kirche beigesetzt wurde, und seine Ehefrau Klara Ferdinandine von Weichs waren die letzten Dauerbewohner der Familie auf der Adolphsburg. Danach diente das Schloß den Mitgliedern der Familie von Fürstenberg nur noch zu gelegentlichem Aufenthalt als Jagdschloß, als welches es von Anfang an geplant war. Die Zueignung der Schloßkapelle an den hl. Hubertus und ein Relief an der Rückwand der Kapelle mit der Darstellung des Hubertuswunders zeugen für diese Bestimmung des Schlosses. Wie auf den im Auftrag des Bauherrn entstandenen zwei Kupferstichen von Theyßen hat sich bis in die neueste Zeit in und um Schloß Adolphsburg zwischen den Wildschonzeiten noch regelmäßig jagdliches Leben und Treiben abgespielt.

Mit einem Teil der kostbaren Raumausstattungen wurde zu Beginn dieses Jahrhunderts auch die große Schloßbibliothek nach Herdringen übertragen, von wo sie nach dem Ersten Weltkrieg an die Akademie in Paderborn ausgeliehen wurde. Der 1931 aufgestellte Katalog umfaßt 15 000 meist mehrbändige Werke. Davon gingen 90 Prozent im Luftkrieg des

Zweiten Weltkrieges verloren. Der glücklicherweise wertvolle Rest von etwa 3000 Bänden wurde 1975 nach Herdringen zurückgegeben.

1919 pachteten die Patres von der Hl. Familie das Schloß und richteten die Räume für eine Studienanstalt ein. Innerhalb des Hauptgebäudes entstand ein neuer Kapellenraum. Seit geraumer Zeit wartet die wieder verwaiste Adolphsburg auf eine neue Bestimmung, die zugleich auch ihrer Erhaltung förderlich sein könnte.

Das abgebildete, von S. Theyßen nach einer Zeichnung von F. C. König O. S. F. R. gestochene Vogelschaubild, wahrscheinlich bald nach Vollendung der Anlage entstanden, vermittelt eine genaue Vorstellung von der ursprünglichen Grundform der Gesamtanlage. Das west-östlich ausgerichtete Rechteck ist zwischen dem Herrenhaus und der äußeren Gartenmauer durch zwei die Vorburg begrenzende quergestellte Gebäude in drei allseitig umbaute und ummauerte und durch die Mittelachse verbundene Freilichträume, den Ehrenhof, den äußeren Hof und den geometrischen Garten, unterteilt. Der Ehrenhof wird an der Feldseite in ganzer Breite von dem zweistöckigen Herrenhaus abgeschlossen, dessen Giebel noch der früheren Stilstufe angehören. An den Ecken der Feldseite springen dreistöckige quadratische Pavillontürme vor, denen der in der Achse der Hofseite vorgelegte quadratische Treppenturm in gleicher Höhe, ebenfalls mit einer welschen Haube, antwortet. Auch der durch niedrige Seitenflügel und Laufgänge mit dem Herrenhaus verbundene Querriegel, der entgegen barocker Übung den Ehrenhof gegen den äußeren Hof abschließt, hat Eckpavillons. Diese tragen geschweifte Hauben und markieren mit den Ecktürmen des Herrenhauses die Kastellform der Hauptschloßinsel. Die Einheit dieser Baugruppe wird durch den Wassergraben bestätigt, der sie allseitig umgibt. Der äußere Hof, eine Erinnerung an die Vorburg, ist seitlich durch Torhäuser zugänglich und eröffnet in der Achse eines langgestreckten quergerichteten Wirtschaftsgebäudes den Zugang zum Garten, dessen äußerer Mauerabschluß durch zwei weitere quadratische Eckpavillons gesichert ist, wodurch auch die Gesamtanlage kastellartig in Erscheinung tritt.

Infolge der seitlichen Toreinfahrten, bedingt durch die vorgegebene Straßenführung, entstand ein dynamischer, als Kunstmittel forcierter Gegenzug zur Mittelachse, die durch die transitorische Steigerung der ihr unterworfenen Baumassen und durch eine Folge von prächtig gestalteten Brücken, Toren und Portalen entsprechend stärker betont wurde. Der Querriegel zwischen äußerem und innerem Hof war in diesem Falle unerläßlich, weil bei allem Planen dieser Zeit der festliche Zuschnitt, das

Südliche Toreinfahrt

Empfangszeremoniell berücksichtigt werden wollte und es undenkbar gewesen wäre, daß die Karossen der Gäste anders als auf der Hauptachse den Ehrenhof und die Freitreppe des Herrenhauses erreicht hätten. Nach der Durchfahrt durch das seitliche Torhaus zwang der Querriegel mit seiner Durchfahrt zum „Einfädeln" in die gefällige Richtung. Daß Ambrosius von Oelde durchaus mit den fortschrittlichen Ideen vertraut war, zeigt seine etwa gleichzeitige Planung für das Schloß Eringerfeld, wo der Ehrenhof sich — bis auf das Torhaus in der Mittelachse — an der dem Herrenhaus gegenüberliegenden Seite weit öffnet.

Bei der Betrachtung des heutigen Zustandes sind gegenüber der alten Ansicht wesentliche Veränderungen und Verluste festzustellen. Bis auf den nördlichen Giebel, der durch einen Walm ersetzt wurde, und die ursprünglich geschlossene Westfront, die zum heutigen Garten hin durch eine Tür geöffnet wurde, blieb das Herrenhaus in seiner Grundform unverändert. Die Zahl der Fensterachsen an der Hofseite ging durch Anbauten von 8 auf 6 zurück. Der einachsige Treppenturm zeigt noch die ursprüngliche Stellung der Turmuhrscheibe zwischen den beiden oberen Fenstern und das querovale Ochsenaugenfenster über dem prächtigen Rundbogenportal, dessen mehrschichtiger Türrahmen durch je zwei rustizierte Lisenen gegliedert ist. Über dem Sturz ein hoher Aufbau mit dem Wappenschild der Familie. Quer über die Fassade zwischen den beiden Fensterreihen der oberen Stockwerke sind die Initialen des Bauherrn angebracht. Die ursprüngliche Stellung der Schornsteine und Gauben, die den Umriß und die Fläche des steilen Satteldaches belebten, ist verändert. Auf dem Vogelschaubild bezeichnen die beiden mittleren Schornsteinköpfe die Breite des Rittersaales, der durch zwei künstlerisch gestaltete Kamine in den Innenwänden beheizt wurde und nach mittelalterlicher Bauart die ganze Tiefe des Hauses beherrschte.

Hinter einer Zwingermauer in der Fluchtlinie des Treppenhauses mit kleinen Wachttürmen an den Ecken trennte ein kunstvoll überbrückter innerer Graben das Herrenhaus vom Ehrenhof. Er stand nur durch unscheinbare Mauerdurchlässe mit dem Außengraben in Verbindung. Diese dem Wehrbau entlehnten Vorbauten, die schon damals nur noch einen Erinnerungswert hatten, aber das alte Herkommen des hochgestellten Bauherrn gleichsam nachträglich bestätigen sollten, wurden später mit dem Graben beseitigt, ebenso der Querriegel und die Grabenanlage zwischen den beiden Höfen. Das schöne Mittelportal des Querriegels wurde in die Außenfront des südlichen Torhauses eingebaut. Wahrscheinlich gleichzeitig mit dieser Maßnahme wurde die Fassade dieses Torhauses durch den Einbau eines Zwerchgiebels um ein wesentliches Zierstück bereichert. Der Aufsatz über den kugelbesetzten Pilastern des Rundbogenportals zeigt unter dem von Löwen präsentierten Wappen ein eingeprägtes Etikett mit der Devise und den Amts- und Ehrentiteln des Bauherrn, das der Zeichner der Vogelschauansicht als Bandlegende übernommen hat. Das nördliche Tor ist nicht mehr vorhanden.

Der durch ein Wegkreuz unterteilte quadratische Garten hatte ein zentrales Rondell mit einem Springbrunnen, um den ein Kranz von Lauben und Freiplastiken gelegt war. Die Kreuzenden waren mit freistehenden Torbögen und Torpfeilern geschmückt. Die beiden Gartenpavillons sind, teils verändert, erhalten. In dem Garten wurde ein modernes Kurmittelhaus errichtet. Nach Norden schloß sich früher ein Baumgarten an.

Wenn auch die Symmetrie der Anlage gestört, die eigene Atmosphäre eines Wasserschlosses und die Schönheit des Barockgartens längst Vergangenheit sind, so läßt sich an den Dimensionen und Proportionen der erhaltenen, aus einheimischem Bruchstein, rotem Porphyr und Rotsandstein, errichteten Baukörper immer noch etwas von der Größe und dem Glanz der früheren Adolphsburg nachempfinden.

Ihre eigentliche Bedeutung für die Kunstgeschichte beruhte auf den höchst künstlerischen Raumausstattungen des Herrenhauses, an denen die Attendorner Bildhauerwerkstatt des Johann Sasse ausführend beteiligt war. Die Wandbekleidung bestand teils aus kostbaren Ledertapeten. Die Balkendecken sind in derselben Weise wie in anderen Schlössern des Ambrosius von Oelde (Schnellenberg, Mülheim an der Möhne, Herdringen) aus Modeln stuckiert. Einzelne Kamine und Türgestelle vermitteln noch eine Vorstellung von dem Prunk der Ausstattungen, deren größter Teil 1902 nach Schloß Herdringen, dem Fürstenbergschen Stammsitz, verbracht wurde; im Rittersaal vor allem zwei große Kamine mit Gebälkträgern aus dem Jahre 1681, von denen der eine über dem Sturz einen Fries mit den Wappen von 16 Ahnen (u. a. von Hörde, Plettenberg, Westphalen, Spiegel, Brandenburg, Schwarzenberg) und im gesprengten Giebel die von Roll- und Knorpelwerk und zwei Putten gerahmte Büste des Bauherrn (bez. Johann Mauritz Gröninger) trägt, der andere die Wappen des Kaisers, des Kurfürsten von Köln und des Fürstbischofs von Paderborn mit der Widmung: „His tribus post deum obedio" (Nächst Gott huldige ich diesen Dreien). Die mächtige stuckierte Balkendecke des Saales gilt als Prototyp der nach ihr benannten „Adolphsburger Decken", die im kölnischen Sauerland am häufigsten anzutreffen sind. Das Deckengemälde mit einer Himmelfahrt Mariens und die Heiligenfiguren an den Wänden der schlichten Schloßkapelle im Nordflügel sind weniger anspruchsvoll.

Die übrigen Raumausstattungen sind jedoch in ihrem künstlerischen Rang ebenso hoch einzuschätzen wie die verwandten Stücke der Burg Schnellenberg. Um die Restarchitektur voll zu würdigen, muß man die Vogelschaubilder aus dem 17. Jahrhundert zu Hilfe nehmen. Mit dem daraus ersichtlichen Grundriß der Gesamtanlage mit mehreren achsial zugeordneten geschlossenen Binnenhofräumen und Querriegeln nimmt Ambrosius von Oelde hier Planungen des Hoch- und Spätbarock, etwa des vergleichbaren Schlosses Fasanerie bei Fulda, vorweg.

Günther Becker: Zur älteren Geschichte des Kirchspiels Oberhundem. / Theo Hundt: Die Adolphsburg. In: Oberhundem. Beiträge zur Geschichte von Kirchspiel und Gemeinde. Herausg. Aloys Klein. Oberhundem 1972.

7 Bilstein

Burg   Kirchveischede   Kreis Olpe

Wie das gesamte Oberlennebergland ist das engere Bilsteiner Wald-
gebirgsland durch hohe Berge über oder wenig unter 600 m und viele Täler
gekennzeichnet. Im wichtigsten dieser Täler, im Veischedetal, und an
seiner Einmündung in das Lennetal sind wohl auch die ältesten Siedlungen
dieses Gebietes zu suchen. Wallburgen auf dem Weilenscheid und dem
Hofkühl südwestlich von Kirchveischede weisen auf bereits größere Besiedlung gegen Ende der jüngeren Eisenzeit hin. Im Mittelalter kamen weitere
wallartige Befestigungen, u. a. auf dem Jäckelchen bei Kirchveischede, auf
dem Hohen Lehnberg und der Kahle bei Meggen hinzu, nachdem um 800
in Attendorn ein Missionszentrum und vermutlich nicht viel später in
Elspe, dem urkundlich ältesten Ort des Raumes (1000), ein Königshof mit

einer Kapelle entstanden war. Der Königshof und die genannten mittelalterlichen Befestigungen dienten dem Schutz der ersten christlichen Kristallisationspunkte und der Sicherung der beiden vom Rhein kommenden Straßen, der Heidenstraße und des Römerweges.

Heute binden zwei Bundesstraßen den Raum an die Fernverkehrswege an. Die B 55 (Köln—Olpe—Meschede—Wiedenbrück) führt durch das Veischedetal und an der Burg Bilstein vorbei über Kracht nach Grevenbrück, kreuzt dort die B 236 (Schwerte—Altena—Winterberg), den Verkehrsträger des oberen Lennetals, und stellt als Zubringer die Verbindung zur Autobahn Sauerlandlinie her. Sie und die Ruhr—Sieg-Bahn sind für die hauptsächlich auf Eisen- und Metallverarbeitung ausgerichtete industrielle Entwicklung des Raumes von größter Bedeutung. Das Eisengewerbe hat im Südsauerland eine lange Tradition. Allein im Gebiet Oberveischede wurden in letzter Zeit 20 Rennfeuerstätten des 12. und 13. Jahrhunderts freigelegt. Weitbekannt waren später die im Eisenhandel tätigen Bilsteiner Fuhrleute. „Wer sich dem Überlandhandel widmete, blieb meist das ganze Jahr mit Ferntransporten zwischen den großen Städten des Reiches unterwegs" (Becker).

Bevor die Erzbischöfe von Köln politischen Ehrgeiz entwickelten, beherrschten die von dem mächtigen Geschlecht der Ezzonen abstammenden rheinischen Pfalzgrafen das südliche Sauerland. Im 11. Jahrhundert wurden sie von ihren nun auch politisch engagierten Gegenspielern auf dem Kölner Erzstuhl nach Süden an den Oberrhein abgedrängt. Mit dem Gebiet an der oberen Lenne belehnten sie die Grafen von Sayn, die ihrerseits die Herren von Gevore (Förde) mit dem Südsauerland belehnten. Die Stammburg dieses Edelherrengeschlechtes, die Peperburg, stand im Mündungswinkel der Veischede und der Lenne auf hohem Felsen über dem heutigen Dorf Förde bei Grevenbrück. Als erster Vertreter dieser Familie wird 1140/41 der nobilis Henricus de Givore faßbar. Derselbe Name erscheint in der Zeit von 1170 bis 1195 noch zwölfmal unter den Urkundszeugen der Kölner Erzbischöfe. 1196 treten Hermann de Vore, 1202 Theodericus de Gevore und 1192 Widekindus de Vore, Kanonikus am Domstift zu Köln, als Zeugen in Kölner Urkunden auf. Dietrich von Gevore († 1255) nennt sich später von Bilstein. Er muß zwischen 1217 und 1225 die Peperburg verlassen und auf dem Felssporn des Rosenberges die Burg Bilstein erbaut und mit seiner Ehefrau, vermutlich einer Tochter des Grafen Gottfried II. von Arnsberg, bezogen haben.

Als curtis Billenstein wird der Standort der neuen, etwa 8 km von der Peperburg entfernten Burg im Veischedetal erstmals in einem Verzeichnis der Gütererwerbungen des Kölner Erzbischofs Philipp von Heinsberg aus dem Jahre 1190 erwähnt. Als Eigentümer wird Henrich von Gevore genannt. Offenbar hatte die Familie von Gevore diesen Hof in Eigenbesitz, der auch bei Belehnten nie auszuschließen ist.

Auch an ihrem neuen Wohnsitz blieben die von Gevore/Bilstein unter der Lehnshoheit der Grafen von Sayn, die sie allein daran hinderte, den Grafentitel zu führen, den sie auf Grund ihrer tatsächlichen Stellung verdienten. Ihre Herrschaft erstreckte sich im Lennegebiet vom Kahlen Asten bis vor die Tore von Plettenberg und über das gesamte Biggegebiet. In diesem Großraum lagen alle Grafenrechte einschließlich der obersten Gerichtsbarkeit in ihrer Hand.

Ihre Ebenbürtigkeit mit den großen Nachbarn, den Grafen von der Mark, von Arnsberg, von Waldeck, von Wittgenstein und von Siegen kam auch dadurch zum Ausdruck, daß Johann I., Dietrichs Sohn, 1283 vom Kölner Erzbischof Siegfried von Westerburg zum Marschall von Westfalen ernannt wurde. Er war die herausragende Persönlichkeit nicht nur innerhalb seiner Familie, sondern auch unter den Trägern dieses hohen Amtes, in das nur die Besten aus den angesehensten Geschlechtern berufen wurden. In ihm verkörperte sich das „Ideal hochmittelalterlichen Rittertums" (Becker). Weniger ritterliche Tugenden werden seinen Nachfolgern nachgesagt. Sein Sohn Dietrich III. († 1335) wird als ein Hitzkopf dargestellt, der gelegentlich Unrecht mit dem Schwert verteidigte, auch er ein Prototyp seiner Zeit, die durch endlose, nur selten ritterlich geführte Adelsfehden gekennzeichnet ist. Dagegen setzte er mit der Namengebung für die von ihm gegründete Burg Fredeburg (Friedensburg) ein Zeichen der Befriedung, vielleicht auch seiner eigenen Widersprüchlichkeit.

Sein ältester Sohn Johann II., der im Volksmund als „Lowwerhannes" (Hans mit der Halskrause) und in der Sage als Schloßgespenst fortlebt, scheint ein Eigenbrötler gewesen zu sein, der die Regierungsgeschäfte vernachlässigte. Auf seine Interessenlosigkeit ist wahrscheinlich auch der Verlust der Fredeburg zurückzuführen, die in den Besitz der Grafen von Arnsberg überging. In zwei Ehen blieb er kinderlos, weshalb nach seinem Tode um 1363 Graf Engelbert III. von der Mark, der 1359 von den Grafen von Sayn die Lehnshoheit über Bilstein erworben hatte, Burg und Herrschaft als heimgefallenes Lehen einzog und die Burg mit einem Amtmann besetzte. Die Burgmannen hatten sich z. T. in der stadtähnlichen Siedlung Bilstein, u. a. auf dem Bilsteinschen Haupthof Bredenbeck, niedergelassen. Die Herrschaft Bilstein, die damit ihre Selbständigkeit verloren hatte, war längst nicht mehr das geschlossene Gebilde, als welches sie entstanden war, sondern durchlöchert und eingeschlossen von planvoll gegründeten Stützpunkten der Kölner Erzbischöfe (Attendorn und die Schnellenburg seit 1220/22, Waldenburg 1248, Olpe 1311, Burg Nordenau 1346). Mit dem Erwerb der Grafschaft Arnsberg nach dem Tode des kinderlosen Grafen Gottfried schloß sich 1368 der kölnische Ring. Die Folge dieser Umklammerung zeigte sich bald. 1445, in der Soester Fehde, in der Erzbischof Dietrich von Moers zu einem großen Schlag gegen die Grafschaft Mark ausholte, konnte die vier Wochen lang von kölnischen Truppen eingeschlossene kleve-märkische Besatzung in der Burg Bilstein nicht auf Entsatz hoffen und ergab sich den Belagerern, nachdem die Kölner schon im Jahr zuvor das Fredeburger Land an sich gebracht hatten. Wenn sich die hochfliegenden Pläne des Erzbischofs am Ende der Fehde nicht verwirklichten, so war es ihm doch gelungen, das südliche Sauerland geschlossen in das neue Herzogtum Westfalen einzugliedern, das jetzt in vier Verwaltungsbezirke (Quartiere) unterteilt wurde. Bilstein wurde Sitz des südlichen Quartiers unter der Leitung eines Amtmanns oder Drosten. Dem Bilsteiner Drosten unterstanden die drei Ämter Bilstein, Fredeburg und Waldenburg. Zum Amt Bilstein gehörten die Einzugsgebiete der Veischede, Hundem und Repe und das Lennetal von Fleckenberg bis Maumke. Der Bürgerschaft Bilstein wurden 1445 die Rechte einer „Freiheit" bestätigt. Um 1450 erfolgte der Ausbau der Burg mit dem Neubau des Herrenhauses. Einer der ersten kölnischen Drosten in Bilstein war seit 1556 Friedrich von Fürstenberg aus dem bekannten, nach ihrem Stammsitz auf dem Fürstenberg bei Neheim benannten Geschlecht, das zu dieser Zeit das Schloß Waterlappe bei Werl bewohnte. Mit einem Betrag von 10 000 Goldgulden, mit dem er dem Erzbischof von Köln zur Begleichung einer Schuld aus der Verlegenheit helfen konnte und für den ihm die beiden Ämter Bilstein und Waldenburg als Pfand übertragen wurden, begründete er den Aufstieg einer Familie, der nicht nur materiellen Reichtum, sondern auch das Erbteil überragender Geistesgaben zur Voraussetzung hatte. Bis 1680, als Kurköln das Pfand endlich wieder einlösen konnte, brachten die Einkünfte aus den beiden genannten Ämtern das fürstenbergsche Familienvermögen auf einen im nächsten Umkreis unvergleichlichen Stand. Über Friedrichs Nachfolger im Drostenamt, seinen Sohn Kaspar von Fürstenberg, den Erbauer der Burg Schnellenberg, wird an gegebener Stelle dieses Buches berichtet. Auf dem Bilstein wurden auch sein Bruder Dietrich, der 1585 Bischof von Paderborn wurde und die Rekatholisierung seines Bistums durchsetzte, und Ferdinand von Fürstenberg, der Sohn des Drosten Friedrich von Fürstenberg, der spätere Bischof von Paderborn und Münster und

Verfasser der „Monumenta Paderbornensia", geboren. Ferdinands Bruder war der Bilsteiner Erbdroste Johann Adolf von Fürstenberg, der Erbauer der Adolphsburg bei Oberhundem.

Der Letzte in der seit 1556 ununterbrochenen Reihe der Bilsteiner Erbdrosten aus der Fürstenberg-Familie, der 1766 auf der Schnellenburg geborene Friedrich Leopold, dem der Titel eines Reichsfreiherrn zuerkannt wurde, hatte das Amt nur 15 Jahre inne, bis 1807, als die Regierung des Landgrafen von Hessen-Darmstadt, dem das Herzogtum Westfalen durch den Hauptdeputationshauptschluß von 1803 als Ersatz für seine an Frankreich abgetretenen linksrheinischen Gebiete zugesprochen war, die Bilsteiner Drosteiverwaltung aufgehoben wurde. Schon seit 1660 hatten die Fürstenbergschen Erbdrosten, die seitdem auf ihren neuen Schlössern Schnellenberg und Adolphsburg und in Herdringen wohnten, die Verwaltung der Drostei Bilstein an ihre Stellvertreter, Amtmänner oder Quästoren, übertragen, die auf dem Bilstein ihren Wohnsitz hatten.

Durch den Wiener Kongreß fiel das Bilsteiner Land an den preußischen Staat, der das Herrengut zu einer Domäne machte. In der Burg richtete sich die preußische Forstverwaltung ein. Seit 1927 dient sie als Jugendherberge, nach dem Kriege bekannt geworden durch Freizeiten und Spiellehrgänge eines Arbeitskreises für Jugendbegegnung. Fast alle Räume der Burg stehen heute der wandernden Jugend zur Verfügung. Eigentümer ist das Land Nordrhein-Westfalen.

„Bilstein" bezeichnet nicht nur hier, sondern auch an vielen anderen Orten einen schroffen Felsvorsprung. Blickt man im Veischedetal zu dem steilen, aus hartem Keratophyrgestein bestehenden Felssporn auf, so stellt sich die Burg Bilstein als eine typische, noch vom Fluidum der Romantik umgebene Höhenburg dar, wie sie der Maler Carl Schlickum in den 40er Jahren des vorigen Jahrhunderts auf seiner Vorzeichnung für einen Stahlstich gesehen hat. Und sie büßt von diesem Eindruck nichts ein, nähert man sich auf einem der steilen Zugangswege dem wappengeschmückten Torhaus mit dem neuen schmiedeeisernen Tor, durch das man den Hof der Vorburg betritt. Hier treten rechterhand die beiden mächtigen Rundtürme, die das Tor zur Hauptburg flankieren, beherrschend ins Blickfeld. Zugleich öffnet sich der Durchblick auf den Innenhof und das langgestreckte zweiflügelige Herrenhaus mit den hohen Walmdächern. Vor- und Hauptburg sind deutlich durch den teilweise angefüllten Halsgraben getrennt, den eine Steinbrücke überquert. Die Steigung der Zugangswege setzt sich im Burgbereich fort.

Bilstein gehört nach der Typologie von Werner Meyer zu den Hausrand-

Ansicht um 1840 nach einem Stahlstich von Winkles/Payne nach einer Vorlage von Carl Schlickum.

burgen, die ein Felsrelief voraussetzen, das den Angriff nur von einer Seite gestattet. An den übrigen drei Seiten werden die Gebäude so nahe an den Rand des Burggeländes gerückt, daß ihre Rückfronten Schildmauern bilden und somit eine Ringmauer ersetzen. Auf dem Stahlstich nach der Aufnahme von Schlickum lassen sich diese typischen Merkmale gut erkennen. Daß schon die erste Burganlage des 13. Jahrhunderts diese Gestalt hatte, läßt sich nur vermuten. Das heute zweiflügelige Herrenhaus aus der Zeit um 1450 war ursprünglich vierflügelig. Die Seitenflügel verbanden das Hauptgebäude mit dem Torflügel, der beiderseits der Durchfahrt an die älteren Wehrtürme anschloß. Nach einem Brand im Dreißigjährigen Krieg wurde der südöstliche Seitenflügel ebenso wie der Tortrakt nicht wiederaufgebaut. Der Ansatz des abgebrannten Seitentraktes wurde in Form eines kurzen Anbaus abgebunden. Auch die früher vorhandenen zweiten Obergeschosse wurden mit Ausnahme des durch eine Baunaht gekennzeichneten Westflügels, der als Rest des Tortraktes erhalten blieb, nicht wiederhergestellt. Der gotische Charakter des Herrenhauses wurde dadurch stark beeinträchtigt. An der Stelle des Südostflügels wurde eine Brüstungsmauer gezogen, wodurch der ehemals kleine Innenhof wesentlich erweitert wurde. Der weiße Putzbau läßt nur noch an wenigen Stellen den einheimischen Bruchstein hervortreten, der an allen älteren Bauteilen der Burg als Baustoff Verwendung fand. Das durch zwei Gaupenreihen gegliederte Mansarddach ist, wie alle übrigen Bauten, mit sauerländischem Schiefer gedeckt. Heute führt eine hohe Freitreppe über dem Untergeschoß vorgesetzte Arkaden direkt in das Obergeschoß, das früher die Dienst- und Wohnräume des Drosten enthielt und in den 20er Jahren für die Zwecke der Jugendherberge eingerichtet wurde. Durch den Tagesraum betritt man den „Söller", einen ummauerten kanzelartigen Felsklotz, der wohl nicht ohne Absicht mit einer Linde, dem symbolischen Baum der alten Gerichtsstätten, bestanden ist. In der Tat ist der Platz als Standort eines Freistuhles urkundlich verbürgt. Seine Lage erinnert an den Freistuhl im Arnsberger Schloßbereich. Wo sich heute eine weite Aussicht in das mit schmucken Fachwerkbauten bestückte Veischedetal anbietet, rief in früheren Jahrhunderten der Burghornist die Bilsteiner Bürger zu Diensten verschiedenster Art. Der Rittersaal erstreckte sich im Westflügel über die ganze Länge des Obergeschosses. Das Herrenhaus in seiner heutigen Erscheinung läßt auf spätere bauliche Veränderungen, vor allem im 17. Jahrhundert, schließen.

Die Frage, ob der Grundriß der Vierflügelanlage aus der Zeit um 1450 auf ältere Bauten der ersten Bauphase nach 1200 zurückgeht, läßt sich vielleicht doch mit dem Hinweis bejahen, daß schon die Stammburg, die Peperburg, eine Vierflügelanlage war, allerdings mit der Einschränkung, daß die erste Anlage wahrscheinlich ein viel weniger regelmäßiges Rechteck bildete als der Neubau des 15. Jahrhunderts. Aus der Gründungszeit der Burg stammen bestimmt die beiden viergeschossigen Rundtürme. In dem Torflügel des Herrenhauses könnte ein älteres Torhaus verbaut gewesen sein, das nach üblichem Schema von den Türmen flankiert wurde. Im Nordturm, dem „Hexenturm", lag die Burgkapelle, heute wird er von den Herbergseltern bewohnt. Beide Türme waren durch einen noch teilweise erhaltenen unterirdischen Gang verbunden. Weitläufigere unterirdische Geheimgänge, wie es einen auch unter dem Südosthang des Burgberges gegeben haben soll, sind meistens in das Reich der Sage zu verweisen. Realistischer ist die Überlieferung, daß der jetzt nur noch 7 m tiefe Schacht des Ziehbrunnens im Burghof bis auf die Talsohle gereicht haben soll.

Die Bauten der Vorburg sind mit Ausnahme des Torhauses jüngeren Datums. An der Angriffsseite auf halber Höhe des auslaufenden Bergsporns war die Burg zusätzlich durch eine vorwerkartige Mauer gesichert, die auf einer Darstellung von Renier Roidkin aus der Zeit um 1730 noch deutlich eingezeichnet ist. Bei Roidkin ist auch die Andeutung eines mauerumwehrten Suburbiums zu erkennen.

Günther Becker: Wanderführer der Burg Bilstein. Hagen 1968.

Vorburg mit Jugendherberge

8 Schnellenberg

Burg   Attendorn   Kreis Olpe

Bevor die Bigge, der bei Römershagen im Siegerland entspringende Nebenfluß der Lenne, nach dem Verlassen der nach ihr benannten Talsperre in ihrem Unterlauf bei Ahausen noch einmal gestaut wird, durchfließt sie unterhalb Attendorns eine eindrucksvolle Landschaftspartie, in der sich die Burg Schnellenberg als der bestimmende architektonische Blickpunkt darstellt. Auf der Südseite des zu den Attendorn-Elsper Kalksenken gehörigen Flußtales steht der Massenkalk auf einem Sporn des Rappelsberges in einem mehrfach gestuften Massiv an, das sich für die Anlage einer monumentalen Höhen- und Abschnittsburg geradezu anbot. In der Reihe stattlicher Schlösser, die mit dem Namen des Geschlechts von Fürstenberg verbunden sind, ist keines so sehr zum Wahrzeichen einer Landschaft geworden wie die Schnellenberg.

Die überschaubare Geschichte dieser historischen Stätte beginnt in der Zeit nach der Konstituierung des Herzogtums Westfalen und Engern, als die Kölner Erzbischöfe im südlichen Westfalen ihre seit der Christianisierung um 800 errichteten religiösen Zentren auch zu Stützpunkten politischer Macht auszubauen begannen. In Attendorn, wo die Heidenstraße, die von Köln über Meinerzhagen, Grevenbrück und Schmallenberg nach Kassel führende, aus vorgeschichtlicher Zeit stammende Fernhandelsstraße, die Bigge überquerte, war eines der ersten Missionszentren des sauerländischen Berglandes entstanden. Mit dem Erwerb der Lehnshoheit über die wenige Kilometer südwestlich über dem Biggetal gelegene Waldenburg, einer wahrscheinlich schon im frühen 11. Jahrhundert von dem rheinischen Pfalzgrafen Ezzo erbauten, später an die Grafen von Sayn gelangten Burg, hatte der Kölner Erzbischof Philipp von Heinsberg (1168—1190) den ersten Schritt zur Festigung der kölnischen Landeshoheit im südwestfälischen Raum getan. Die Befestigung Attendorns im Jahre 1222 durch den Kölner Erzbischof und der gleichzeitige Bau der 2 km ostwärts gelegenen kölnischen Landesburg auf dem Schnellenberg dienten sowohl der Verstärkung der Waldenburg als Verwaltungssitz der gleichnamigen Herrschaft als auch der doppelten Sicherung der Heidenstraße, die, von Attendorn kommend, auf der Südseite des Biggetals auf einem Bergsattel um die Burg herum in Richtung Dünschede verlief.

Die erste urkundliche Erwähnung der Burg Schnellenberg stammt aus dem Jahre 1225, als der Kölner Erzbischof Engelbert von Berg dem ihm verwandten Grafen von der Mark die Lehen für zwei Burghäuser auf dem Schnellenberg verlieh. Unter den Burgmannen erscheinen von Anfang an Mitglieder der Familie von Schnellenberg. Vermutungen, daß dieses Geschlecht bereits vor 1222 an dieser Stelle eine Burg besessen habe, lassen sich urkundlich nicht belegen. Entsprechend dem in jenen unruhigen Zeiten schnellen Wechsel der Bündnisse finden wir in den Jahren 1275 bis 1288 den Grafen von der Mark auf der kriegerischen Gegenseite des Kölner Erzbischofs Siegfried von Westerburg, der in der Schlacht bei Worringen in die Gefangenschaft des mit der Mark verbündeten Grafen von Berg geriet und für seine Freilassung die Waldenburg an diesen verpfändete. Damit hatte Köln vorübergehend eine strategisch wichtige Grenzposition gegenüber der Grafschaft Mark verloren. Als Ersatz wurde die Burg Schnellenberg erneuert und ausgebaut. Mit dem Ausbau war der kölnische Landmarschall in Westfalen, Johann von Plettenberg, beauftragt. Aber schon im Jahre 1300, nach ihrer Wiedereinlösung durch den

Erzbischof Wigbold, war die Waldenburg wieder der wichtigere kölnische Stützpunkt, von dem aus die Burg Schnellenberg durch Amtmänner mitverwaltet und mit Burgmannen besetzt wurde. 1387 erscheint neben der Familie von Schnellenberg der Knappe Wilhelm Vogt von Elspe als Burgmann auf Schnellenberg, nachdem die Herren von Plettenberg bereits 1333 als Burgmannen ausgeschieden waren. „Er scheint von seinem Landesherrn den Auftrag erhalten zu haben, für 4000 Gulden einen Bau auf der Burg auszuführen." (Enste) 1411 erhielt seine Witwe Grete nebst Kindern die Erlaubnis, ein zusätzliches eigenes Burghaus zu errichten.

Rund 150 Jahre lang haben die Familien von Schnellenberg und Vogt von Elspe nebeneinander die Burg Schnellenberg bewohnt, nicht immer in heiratswilliger Eintracht, wie die in einer von 1490 datierten Urkunde niedergelegte Klage des mit einer Tochter des Wilhelm Vogt von Elspe verheirateten Johann von Schnellenberg bezeugt, der von seinen Schwägern „wegelagernd gefangen" und so lange festgehalten wurde, bis Köln den Befehl gab, ihn ohne Lösegeld freizulassen. In dieser Urkunde ist auch von einem Hausbau Johannes von Schnellenberg die Rede, ohne daß sich — ebenso wenig wie bei den meisten früheren Erwähnungen — Anhaltspunkte für die Situierung der neuen Anlage gewinnen ließen. 1541 ging der Lehns- und Eigenbesitz der von Schnellenberg durch Heirat an die Familie von Schüngel über.

Ein bedeutsamer neuer Abschnitt begann für die Burg Schnellenberg im Jahre 1594, als der kurkölnische Drost der Ämter Bilstein und Waldenburg, Caspar von Fürstenberg, von Hennecke Schüngel zu Berninghausen und seiner Frau Anna, geb. von Cloidt sowie von Bernhard Vogt von Elspe zu Borghausen und seiner Frau Margarete, geb. von Melschede mit Zustimmung des Erzbischofs für 4000 bzw. 1400 Reichstaler erwarb. Caspar von Fürstenberg stammte aus einem westfälischen Rittergeschlecht, das 1295 mit Hermann von Fürstenberg als freiem Burgmann der kurkölnischen Landesburg Fürstenberg bei Neheim in die Geschichte eintrat und nach der Zerstörung dieser Burg in der ersten Hälfte des 14. Jahrhunderts auf die Burg Waterlappe bei dem Dorf Bremen übersiedelte. Hier wurde Caspar von Fürstenberg 1545 als Sohn des kurkölnischen Drosten zu Werl, Friedrich von Fürstenberg und seiner Frau Anna von Westphalen geboren. Friedrich von Fürstenberg, dessen Vorfahren seit dem 15. Jahrhundert zu den angesehensten landadeligen Familien des kurkölnischen Herzogtums Westfalen aufgerückt waren, hatte seinem Landesherrn, dem Erzbischof von Köln, zur Begleichung von Schulden einen namhaften Geldbetrag zur Verfügung stellen können, für den er die laufenden Einkünfte seines

Amtsgebietes zugesprochen erhielt. 1567 übernahm Caspar von Fürstenberg den Familienbesitz und die Ämter seines Vaters, der zuletzt Erbdrost der Ämter Bilstein und Waldenburg und Amtmann des Amtes Fredeburg gewesen war. 1522 erwarb er noch die Erbdrostei Grafschaft hinzu. 1588 wurde ihm vom Kurfürsten von Mainz die Verwaltung der Ämter Fritzlar und Naumburg übertragen, nachdem er an den Höfen in Köln und Paderborn als Geheimer Rat bereits maßgebenden politischen Einfluß gewonnen hatte. 1585 war sein Bruder Dietrich (Theodor) zum Fürstbischof von Paderborn gewählt worden.

Der auf der Burg Bilstein amtierende neue Burgherr auf dem Schnellenberg glaubte seinem in solchem Maße gewachsenen Ansehen auch ein entsprechend ansehnliches bauliches Anwesen schuldig zu sein. Dazu trug noch der Umstand bei, daß er, gestützt auf die glaubwürdig nachgewiesene reichsritterschaftliche Tradition der früheren Bewohner der Burg Schnellenberg, auf seinen Antrag hin in die Reichsritterschaft aufgenommen wurde. Von der alten Bausubstanz bezog man zwei Burghäuser, den viereckigen Torturm und den nördlichen Rundturm mit einem zugehörigen Gebäudeteil, dem sogenannten „Alten Weib", der in den 30er Jahren einstürzte, in den Um- und Neubau ein.

Enste, der lange Jahre das Fürstenbergsche Archiv in Herdringen verwaltete, hat anhand der in Herdringen aufbewahrten Tagebücher Caspars von Fürstenberg Einzelheiten über die sehr persönliche Anteilnahme des Bauherrn am Fortschritt der Bauarbeiten und über einzelne Vorgänge mitgeteilt: „Eine Wasserleitung wurde angelegt, Eichenstämme wurden geschlagen, Kalk und Ziegelsteine gebrannt. Hausteine kamen von Andernach, Anröchte und Oelinghausen, Schiefer wurde in der Engelsbecke gebrochen und auch von Antfeld bezogen. Bildhauer, Maler und Künstler wurden von weit hergeholt und nichts wurde gespart, um die Burg glänzend herzustellen. Auf der Reise zum Reichstage nach Regensburg bestellt Caspar in Frankfurt das Brunnenwerk und die Kamine bei dem dortigen Bildhauer Johannes Hocheisen und ebenso für den Garten auf der Burg die Figur des Satyr." Verwandte und Freunde, so den früheren Kurfürsten Salentin von Isenburg und seinen Bruder, den Fürstbischof von Paderborn, lud er zur Besichtigung des Neubaus ein. Aber auch Ärger blieb dem Bauherrn nicht erspart. Der Bildhauer Hocheisen verletzte im Streit seinen Gesellen durch einen Degenstich. Auf solche Blutrunst stand der Tod des Schuldigen. Der Schloßherr, der auf Grund seiner Reichsunmittelbarkeit für das gerichtliche Verfahren selbst zuständig war, begnadigte Hocheisen „wegen seiner raren Kunst", statt ihn in loco delicti zu decaptivieren. Als Buße wurde ihm die Ausführung des Altars für die im Obergeschoß des mittelalterlichen Torturms neueingerichtete Schloßkapelle auferlegt.

Zur Altarausstattung dieser von des Bauherrn fürstbischöflichem Bruder als Familienstiftung eingebrachten und nur für den engsten Familienkreis bestimmten Kapelle gehörte der von dem Warburger Meister Anton Eisenhoit geschaffene Silberschatz, ein Ensemble von 18 kostbaren liturgischen Geräten, dessen Hauptstücke heute auf dem Fürstenbergschen Schloß Herdringen aufbewahrt werden.

Nachdem Meister Adam und seine Mitarbeiter Johann Heissen und Johann Hobein aus Werl 1606 das Vierflügelschloß in seiner Grundform vollendet hatten, konnte Caspar von Fürstenberg an den Einzug denken. Von 1608 bis 1612 wohnte er ununterbrochen auf dem Schnellenberg und hat gewiß bei den noch im Gang befindlichen Arbeiten zur Gestaltung der Schloßumgebung, bei der Anlage von Gärten und Wasserspielen, Obst-, Wein- und Hopfenkulturen, bei der Regulierung von sechs südlich und östlich des Schlosses gelegenen Fischteichen mitgesprochen. Der Bach, der die Teiche speiste, trieb seit 1596 auch eine Mühle.

Als 1612 auf Verlangen der Landstände die frühere Regierung unter einem Landdrosten in Arnsberg wiederhergestellt war, wurde Caspar von Fürstenberg vom Kurfürsten als Verweser und 1613 als Landdrost eingesetzt. Wenige Monate nach der kurfürstlichen Bewilligung seines Ruhestandes, den er auf dem Schnellenberg zu verbringen gedachte, starb er 1618 in Arnsberg, wo er in der Klosterkirche Wedinghausen beigesetzt wurde.

1661, ein Jahr nachdem die Fürstenberger in den Reichsfreiherrenstand erhoben waren, wurden eingreifende Baumaßnahmen am Südflügel des Hauptschlosses beendet, zu denen Caspars Sohn Friedrich von Fürstenberg den Auftrag und dessen Onkel Wilhelm von Fürstenberg, Dompropst zu Münster, einen finanziellen Zuschuß gegeben hatte. Friedrich von Fürstenberg führte 1660 die Teile der Burg, die immer noch der kölnischen Lehnshoheit unterstanden, in freies Eigentum über, indem er zum Ausgleich anderweitigen Fürstenbergschen Besitz als Lehen anerkannte.

Unter Caspars Urenkel, Ferdinand Freiherr von Fürstenberg, der mit seinem Patenonkel, dem Fürstbischof von Paderborn, nicht nur den Namen, sondern auch die Baulust gemeinsam hatte, wurde die Burg Schnellenberg durch die Errichtung des imposanten Pavillonturmes an der Südwestecke des Hauptschlosses und der in den Ausmaßen großartigen Vorburg zu ihrer heutigen Gestalt ergänzt. Für den Entwurf kommt allein der Kapuzinerbruder Ambrosius von Oelde in Frage, obwohl sein Name in den

*Burgkapelle
mit Thronsessel
des Stifters*

Bauakten bisher nicht nachgewiesen ist. Dieser berühmte Architekt war in den letzten zehn Jahren bereits für drei exponierte Mitglieder der Familie von Fürstenberg tätig gewesen, für den Komtur Franz Wilhelm von Fürstenberg an der Kommende Mülheim an der Möhne, für Johann Adolf von Fürstenberg an der Adolphsburg und für dessen Bruder Fürstbischof Ferdinand von Paderborn an der dortigen Kapuzinerkirche und anderen nicht minder namhaften Bauten. Auch Stilmerkmale, vor allem in den Raumausstattungen, verweisen auf Ambrosius von Oelde, den damaligen Dombaumeister in Paderborn. Mit diesen Bauten, die zwischen 1686 und 1694 entstanden, gingen zeitweilig bauliche Veränderungen an der Oberburg einher. Die Arbeiten an der Innenausstattung konnten 1704 abgeschlossen werden.

Friedrich Leopold von Fürstenberg, der später zur Adolphsburg bei Oberhundem übersiedelte, nahm, einer Inschrift über dem Haupteingang der Oberburg zufolge, 1791 gewisse Restaurierungen vor. Nach seinem Wegzug war das Schloß nur noch teilweise von Pächtern und Rentmeistern bewohnt und vom Verfall bedroht, zu dem ein Großbrand 1889, dem die Dächer und Innenräume der Vorburg zum Opfer fielen, noch das Seine beitrug. Da das Wasserschloß Herdringen nach der Errichtung des Zwirner-Neubaues seit 1848 seine frühere Bedeutung als Hauptsitz der Familie wiedererlangt hatte, blieb die Burg Schnellenberg bis auf weiteres in weitgehend desolatem Zustand liegen.

Erst seit 1931, als Wenemar Freiherr von Fürstenberg Burgherr auf Schnellenberg geworden war, wurde die Wiederherstellung betrieben, nachdem die Gräfin Pia von Fürstenberg 1902 einen Teil der wertvollen Raumausstattungen zusammen mit Ausstattungsstücken aus Schloß Adolphsburg hatte restaurieren und in Schloß Herdringen einbauen lassen. Nach der mit großem Kostenaufwand restaurierten Oberburg wurde von 1949 an bis in die 60er Jahre hinein die Vorburg einem neuen Verwendungszweck entsprechend wiederhergestellt. Der heutige Besucher findet in der Vorburg ein Hotel mit Pension und Burggaststätte, das sich schon im Terrain des Vorwerks mit Parkplatz und Garagen ankündigt. Das letzten Endes der Erhaltung der Burg und ihrer Schätze dienende geschäftliche Anliegen und die musealen Absichten sind in den Räumen der Vorburg in glücklicher Weise vereinigt. Mit welchen Schwierigkeiten und finanziellen Opfern die Erhaltung solcher Baudenkmäler verbunden ist, zeigte sich noch in den letzten Jahren, als der felsige Grund unter der Vorburg nachgab und die Standfestigkeit des Bauwerks bedrohte und nur durch eine kostspielige Betonierung die Gefahr behoben werden konnte. Im Zuge der beabsichtigten Restaurierung der Oberburg besteht die Aussicht, daß auch dieser Teil der Burg für die Öffentlichkeit zugänglich gemacht wird. Obwohl verschiedene Generationen von Bauherren und Architekten an der Gesamtanlage beteiligt waren, erscheint die Burg Schnellenberg in ihrer wohlbedachten Anpassung an das Bergrelief und in ihrem perspektivischen Beziehungsverhältnis wie aus einem Guß. Das Gemälde von Heinrich Deiters, das den Zustand vor dem Brand von 1889 darstellt, gibt die drei Abschnitte Vorwerk, Vorburg und Oberburg von der auf die Stadt Attendorn gerichteten Schauseite her gut zu erkennen. Die Querriegel des Vorwerks und der Vorburg erinnern an die Querachsen der Adolphsburg-Gesamtanlage. Das Vorwerk läßt die monumentale Front des Vorburg-Hauptflügels stark hervortreten und diese wiederum legt sich wie der Stirnreif einer Krone vor die Oberburg, die mit ihren Türmen als Kronzinken die bewaldete Höhe krönt.

Den sehr engen, entsprechend intimen Burghof umschließt ein zweigeschossiger Vierflügelbau, dessen sehr unregelmäßiger Grundriß durch die Einbeziehung alter Bausubstanz, der beiden Burghäuser an der Nordwest- und Südostecke, eines an der schmalen Nordseite gelegenen, mit dem alten Wehrturm verbundenen, wahrscheinlich ebenfalls mittelalterlichen Baukörpers und des alten Torturmes an der Rückseite des Hauptflügels entstand. Die Baunaht zwischen dem mittelalterlichen Mauerwerk und dem der Neubauten nach 1595 ist noch an mehreren Stellen deutlich erkennbar. Der an der Nordseite angesetzte runde Turm, in dem sich der alte Burgbrunnen befindet, stürzte um 1800 ein und wurde durch Beschuß 1945 erneut verkürzt. Auch der mit einem Schleppkegeldach gedeckte Rundturm an der Südecke, dem — nach Enste — ursprünglich ein Rundturm an der Westecke entsprach, dürfte zwei Geschosse höher gewesen sein. Mummenhoff vermutet, daß an seiner Stelle zugunsten der Symmetrie ein Gegenstück des westlichen Pavillonturmes von 1686 geplant war. In der jetzigen Frontansicht führt der viergeschossige Pavillonturm ein ziemliches Eigenleben, zumal er nicht mehr in der früheren Weise mit dem Torturm korrespondiert, der statt des Zeltdaches früher ebenfalls eine stattliche welsche Haube trug.

In Übereinstimmung mit der Bezeichnung des Baujahres (1686) am Pavillonturm muß die gesamte Frontgestaltung des Hauptschlosses auf Grund stilistischer Indizien Ambrosius von Oelde zugeschrieben werden. Das gilt insbesondere von dem prächtigen Werksteinportal der Durchfahrt in der Frontmitte. Die dem doppelschichtigen rustizierten Gewände vorgelegten rustizierten Pilaster und der gesprengte Giebel mit dem von Löwen präsentierten Hauswappen sind als eine Kombination von charakteristischen Formelementen nachweislich ambrosianischer Bauten, etwa vom Hauptportal der Deutschordenskommende in Mülheim a. d. Möhne und vom Portal der ehemaligen Kapuzinerkirche in Rüthen (jetzt als Einzelstück auf dem dortigen Kirchhof) zu erkennen. Über dem Wappen der doppelte Reichsadler mit der Kaiserkrone steht als Zeichen der Schnellenberger Reichsunmittelbarkeit. Anstelle der ursprünglichen Zugbrücke führt eine gleichzeitig mit der neuen Hauptfront erbaute, mit Eisengeländern versehene Steinbrücke zwischen dem Portal und einem schmiedeeisernen Torbogen über den tieferen Halsgraben, der die Oberburg von dem zur Vorburg hin stark abfallenden Hof der Vorburg trennt.

Von den Innenräumen des Hauptschlosses muß die aufwendige Schloßkapelle im Obergeschoß des Torturmes an erster Stelle genannt werden. Auf kleinem Raum hat sich hier unter der Hand namhafter Künstler und dank der Spendefreudigkeit Dietrichs (Theodor) von Fürstenberg, ihres

*Tor der
Hauptburg*

fürstbischöflichen Stifters, große Kunst entfaltet. Hocheisens Altar zeigt
weiße Alabasterreliefs auf dunklem Marmor, in der Mitte eine Darstellung
des Abendmahls, darüber den hl. Georg, dem schon die alte Burgkapelle
geweiht war. Vor den schlichteren, aus Holzwerk gefertigten Betstühlen
des Hausherrn, seiner Ehefrau und seiner Schwester ist der Thronsessel
des Stifters durch flankierende Marmorsäulen, Alabasterschmuck und
seinen Wappenschild ausgezeichnet. Eine zweiseitige Empore ist für Gäste
bestimmt. Das Gestühl und die übrige Holzausstattung sind eine höchst
beachtliche Gemeinschaftsarbeit des Bildhauers Hocheisen, des Schreiners
Hans Miltenberger und des Holzschnitzers Meister Bernhart. Im Kontrast
wechselnder Holzfarben, in den Modifikationen des Beschlag- und Roll-
werks kommt manieristischer Stilwille zum Ausdruck, ebenso wie in der
verschränkten Körperlichkeit der mit den Leidenswerkzeugen dargestellten Engel in den sieben, von Augustinus Jodefeld gemalten Feldern der
geschlossenen Emporenbrüstung, nicht minder in den teils von Sinnsprü-

chen begleiteten Emblemata und im Bewegungsrhythmus der Wandbemalung. An venezianischen Manierismus erinnert die Gewölbemalerei mit der gedrängten, aber im Bildaufbau streng nach Gruppen (Apostel, Propheten, Heilige) gegliederten Fülle der in den geöffneten Himmel versetzten Figuren. Eine Restaurierung im Jahre 1837 scheint dem Deckenbild nicht besonders dienlich gewesen zu sein. Das Kreuzrippengewölbe stammt noch von der älteren Kapelle, vermutlich aus dem 15. Jahrhundert. Der Eigentümer der Burg Schnellenberg und der Schlösser Adolphsburg und Herdringen, Engelbert Eberhard Freiherr von Fürstenberg, läßt die Kapelle zur Zeit mit großem Kostenaufwand restaurieren.

Von den ortsfesten Ausstattungsstücken in den übrigen Räumen der Oberburg verdient ein Kamin vorrangig Erwähnung. Er schmückt als Hauptstück den großen Festsaal im Obergeschoß des Nordflügels. Obwohl nicht mehr vollständig – das Orpheus-Relief über dem von Hermen getragenen Sturzgebälk ging verloren – bezeugt er das große bildnerische Vermögen Johann Hocheisens. Von der Hand des Ambrosius von Oelde stammen zweifellos die Entwürfe zu den beachtenswerten Türgestellen. In gutem Erhaltungszustand befinden sich noch die Stuckarbeiten in den verschiedenen Repräsentationsräumen, als deren Schöpfer Meister Plisterer aus Köln genannt wird. Der Stuck der Balkendecken wurde aus Modeln in den landläufigen Zierformen gegossen. Mummenhoff zählt die Raumdekorationen der Schnellenburg mit denen der Adolphsburg „zum besten, was in der Stilstufe am Ende des 17. Jahrhunderts in ganz Nordwesteuropa geschaffen worden ist".

Die zweiflügelige Vorburg erscheint auf dem an der Nordwestseite offenen Hof um ein Stockwerk niedriger als an der tiefer gelegenen Feld- und Schauseite, deren dreigeschossige, elf Fensterachsen breite Front durch fünfgeschossige einachsige Ecktürme begrenzt wird, die jetzt wieder beide gekurvte Helme tragen. Auf dem Gemälde von Deiters sind noch die beiden Reihen querovaler Ochsenaugenfenster in den beiden unteren Geschossen zu erkennen, die in diesem Jahrhundert durch Kreuzfenster ersetzt wurden. Durch das wegen der Bodenverhältnisse aus der Mitte auf die linke Frontseite gerückte marmorne Barockportal betritt man den ehemaligen Marstall, dreischiffige hallenartige Räume, deren Kreuzgewölbe auf farbigen Marmorsäulen ruhen. Heute befindet sich hier neben hotelgewerblich genutzten Räumen ein kulturgeschichtliches Museum. Das erste, an der Hofseite ebenerdige Obergeschoß diente vor allem der Unterbringung der Gäste, später, nach der Gründung der Fürstenbergschen Bierbrauerei, als Küferei. Im zweiten Obergeschoß befand sich neben dem geräumigen Saal die Bibliothek. Die im vorwiegend wirtschaftlich genutzten Seitenflügel befindliche Kapelle war für Personal und Gäste bestimmt. Ihr aus dem Brand von 1889 geretteter wertvoller Schnitzaltar wurde in der Windhauser Kapelle aufgestellt. Vom Binnenhof betritt man den Durchgang zum Hotel-Restaurant durch das vom 1962 abgebrochenen Haus Stirpe (Kr. Soest) übertragene Portal.

Die ursprüngliche Raumdisposition der Vorburg deutet darauf hin, daß auch sie den gehobenen gesellschaftlichen Verpflichtungen ihres Besitzers, die in den mehrmals im Jahre stattfindenden großen Jagdvergnügungen gipfelten, entsprach. Für einen Teil der Funktionen, die bis dahin einer Vorburg zukamen, wurde daher die Anlage eines Vorwerks mit Wirtschaftsgebäuden, Schafstall und Hundezwinger erforderlich. Als der am Zugang zum Bergsporn gelegene und somit am wenigsten natürlich geschützte Abschnitt der Gesamtanlage war das Vorwerk durch Gräben und hohe Mauern, ein Torhaus und zwei Ecktürme gesichert. Die Stirnmauer an der Eingangsseite ist von ebensolchen Kuhaugenfenstern durchbrochen wie die Vorburgfront. Das alte Torwächterhaus, das man über eine Steinbrücke betritt, dient heute als Pförtnerpavillon. Zwischen hohen Mauern, hinter denen sich früher die Wirtschaftsgebäude befanden, führt der Weg in geradem Zug auf das Tor der Vorburg.

Auf dem Schnellenberg ist in keiner Bauphase die Idealvorstellung des Bauherrn verwirklicht worden. Wie Kaspar von Fürstenberg sich mit einem sehr unregelmäßigen Grundriß begnügen mußte, kam Ferdinand von Fürstenberg beim Bau der Vorburg nicht über zwei Flügel hinaus, wo drei Flügel dem zeitüblichen Prinzip der Symmetrie eher entsprochen hätten. Auch beim Bau des Vorwerks beließ er es bei zwei über Eck gestellten Ecktürmen statt des Idealschemas mit vier Ecktürmen. Im Herdringer Archiv liegen unausgeführte Pläne von S. Sarto, dem Baumeister des Schwetzinger Schlosses, für einen größeren Neubau der Oberburg Schnellenberg, einen Vierflügelbau mit runden Ecktürmen, vom Anfang des 18. Jahrhunderts. Für Ferdinand von Fürstenberg war wohl die Tatsache mitbestimmend, daß sich seit 1661 Herdringen wiederholt als Hauptresidenz ins Blickfeld der Planungen schob. Die Herdringer Vorburg war bereits im Bau und die dortige großzügige Gartenanlage mit dem Lusthaus gerade vollendet, als er den Grundstein zur Vorburg auf der Burg Schnellenberg legte, die damit vorerst wieder den Vorrang vor Herdringen erlangte. Die gleichzeitige Ausführung so großer Projekte hat auf die Länge vermutlich nicht nur die Finanzierung, sondern auch die verfügbaren Arbeitskräfte überfordert.

Was somit an Allerletztem unausgeführt blieb und was in der Folgezeit abging, vermag das Erscheinungsbild der Burg in unseren Augen nicht sonderlich zu mindern. Ihre schon genannten Vorzüge, vor allem ihre einzigartige Lage, machen das Fehlende vergessen. Für die Architekturgeschichte hat die Burg Schnellenberg einen hohen Stellenwert sowohl in der Reihe der großen westfälischen Schloßanlagen des Frühbarock als auch in der Entwicklung seines planenden Architekten Ambrosius von Oelde, die von Schnellenberg weiterführt zu namhaften Kirchen und Kapellen und zu seinem hochbarocken Hauptwerk, dem Schloß zu Ahaus.

Gesamtanlage nach einem Gemälde aus der Zeit vor dem Brand 1889

Karl E. Mummenhoff: Burg Schnellenberg (Reihe Große Baudenkmäler, Heft 269) München-Berlin 1973 / Anton Enste: Die Burg Schnellenberg. Herdringen 1961.

9 Neuenhof

Schloß   Lüdenscheid   Märkischer Kreis

2 km südlich der Stadt Lüdenscheid erreicht der Wanderer das Schloß
Neuenhof auf einer Hauptwanderstrecke des Sauerländischen Gebirgs-
vereins, der Autofahrer auf einem Abzweig der Bundesstraße 229. Die
Elspe, in deren Talung das reizvoll gelegene Schloß noch ein ziemliches
Eigenleben führt, entspringt auf der Lüdenscheider Hochfläche mit
vielen anderen Bächen, deren Wasserkraft für zahlreiche Eisenwerke,
Osemund-, Reck- und Breitehämmer schon frühzeitig genutzt wurde. Die
Besitzer von Neuenhof waren führend in diesem Gewerbezweig tätig,
weshalb sie wohl auch eine Kette im Wappen führten. Wo das Elspewasser
gerade genügend Schubkraft erreicht, durchfließt es bis zur Pöppelsheimer

Mühle Neuenhofsches Besitztum. Hier, ober- und unterhalb des Schlosses, lagen zu Anfang des vorigen Jahrhunderts sieben Neuenhofer Hammer- werke, dazu kamen zwei Hämmer an Verse und Volme.

Für die erste Ansiedlung eines Hofes war gewiß die Lage an dem auch Königsstraße genannten Heer- und Handelsweg von Köln über Lüdenscheid nach Arnsberg ausschlaggebend. Hostert, der die Geschichte des Hauses Neuenhof erforscht hat, weist darauf hin, daß Neuenhof Mittelpunkt einer ausgedehnten Grundherrschaft war und daß sich die Neuenhofer zu Herren eines umfassenden Lehnsverbandes machten, beides Argumente für seine Auffassung, daß die bisher vor allem als Drosten von Altena bekannten Neuenhofer auf ein mittelalterliches Adelsgeschlecht zurück- zuführen sind, das seit dem 13. Jahrhundert im Elspetal ansässig ist. Die Existenz eines adeligen Gutes Altenhof im Bereich des Rittersitzes Neuen- hof läßt die Vermutung zu, daß dieses Gut die Urzelle des Neuenhofes war.

Nach Hostert waren die ersten urkundlich faßbaren Herren von Neuenhof (drei mit dem Namen Engelbert und ein Rötger zwischen dem zweiten und dritten Engelbert) Cellarii (Kellner), im damaligen Sprachverständnis Vorsteher von Tafelgütern, der Grafen von der Mark, bzw. von Höfen, die den Haushalt der Burg Altena zu versorgen hatten. Es ist nicht ungewöhn- lich, daß der niedere Adel sich in die Dienste des hohen, bzw. des landes- herrlichen Adels begab. Ungeklärt ist das Gewicht von Urkunden, die bald den Erzbischof von Köln, bald den Herzog von Kleve als Lehnsherrn von Neuenhof ausweisen. Gegen ein solches Abhängigkeitsverhältnis spricht die Fehde, die Hermann von Neuhoff 1466–1470 gegen den Herzog von Jülich-Berg führte, da nach geltendem Fehderecht nur Freiadelige fehdefähig waren. Hermanns Vater, Rötger gen. dey Duve, war der erste Neuhofer in der Reihe der märkischen Drosten. Er heiratete 1400 Elisa- beth von Plettenberg und gelangte damit in den Besitz von Pungelscheid. In der Fehde des Grafen Adolf IV. von Kleve-Mark mit Herzog Wilhelm von Berg tat er sich entscheidend hervor und wurde — nach v. Steinen — zum Dank zum Amtmann von Lüdenscheid, Neustadt und Breckerfeld berufen. Graf Gerhard von der Mark machte ihn 1434, nach Beendigung des märkischen Bruderkrieges, zum Amtmann über sämtliche ihm im Ver- trag zugesprochenen Gebietsteile des Sauerlandes.

Seit 1423 war Rötger von Neuhoff mit Hildburg Ovelacker, einer Tochter des Drosten von Schwarzenberg, verheiratet. Aus dieser Ehe stammt Her- mann von Neuhoff, der als Erbe von Pungelscheid die Linie Neuhoff zu Pungelscheid begründete. Aus ihr ging der abenteuerliche, aber vermutlich hochbegabte Theodor von Neuhoff hervor, der es 1736 zum ersten und einzigen König von Korsika brachte und dessen Kampf um die Freiheit der Korsen im Schuldgefängnis endete, aus dem er erst nach sechs schmachvollen Jahren 1755 entlassen wurde. Er soll, auch in den ihm danach noch verbliebenen letzten Lebensjahren, nie seine königliche Würde und Haltung abgelegt haben.

Von den vier Söhnen Rötgers aus seiner ersten Ehe, die sich in den Besitz teilten, scheint Johann dey Duve Neuenhof besessen zu haben. Von den zwei folgenden Generationen, die in normaler Erbfolge vom Vater auf den Sohn das Stammhaus und das mit ihm verbundene Drostenamt übernahmen, ist nicht viel mehr als die Namen Georg und Jakob bekannt. Nach dem Tode des letzteren (1578) trat wieder eine Erbteilung ein. Der älteste Sohn Steffen erhielt Neuenhof, mußte aber ein Viertel des Besitzes an seinen Bruder Georg abgeben, der das adelige Haus Elbruch bei Düsseldorf erwarb und damit in enge Beziehung zum dortigen Hof trat. Beide Brüder hatten schon an der berühmten „badischen Hochzeit" Johann Wilhelms von Kleve, Jülich und Berg mit der Markgräfin Jakobe von Baden im Jahre 1585 teilgenommen, eine Tatsache, die für das Ansehen der Familie spricht. Auf Steffens Sohn Leopold folgte auf Neuhof dessen ältester Sohn, der den Vornamen seines Großvaters trug. Als der zweite Steffen von Neuhoff sein Drostenamt an seinen Sohn Leopold übertrug, dieser sich aber weigerte, auf der Burg Altena Wohnung zu nehmen, kam es zu einem Zerwürfnis zwischen beiden, so daß der Vater seinen Platz auf Neuenhof räumte und bei seinem Sohn Steffen Franz, dem Deutschordensritter in Marburg, Zuflucht suchte. Steffen selbst, der 1633 das Drostenamt von Altena und Iserlohn angetreten hatte, hatte sich auf der Burg Altena durch einen Burggreven vertreten lassen. Johann Leopold († 1701) ist der Bauherr des Schlosses Neuenhof, das wahrscheinlich auf den Fundamenten einer 1693 abgebrannten älteren Anlage als Neubau entstand.

Nach von Steinen hatte Johann Leopold das europäische Ausland kennengelernt, wurde mit 25 Jahren kurbrandenburgischer Hauptmann und später kleve-märkischer Justiz- und Hofgerichtsrat. Nach der kinderlosen Ehe mit Anna Maria von Carben zu Staden brachte seine zweite Ehe mit Ida Elisabeth Elbertine von und zu Laer fünf Töchter und einen Sohn hervor, der aber in jungen Jahren verstarb. Erbin von Neuenhof wurde die älteste Tochter Elisabeth Josina († 1741), die 1714 den bergischen Freiherrn Friedrich Wilhelm Leopold Christian von Bottlenberg gen. Kessel zu Hackhausen heiratete. Die verwitwete Mutter behielt für sich u. a. das

Turmzimmer im Erdgeschoß

Rittergut Ödenthal, das sie mit in die Ehe gebracht hatte. Die zweitälteste Tochter erhielt den münsterländischen Rittersitz Laer. Die übrigen drei Töchter, die sich in Stifte hatten einkaufen lassen, wurden mit Geldbeträgen abgefunden.

Es ist bemerkenswert, daß trotz der vielen Erbteilungen und Abfindungen der Stammsitz Neuenhof immer gut fundiert gewesen zu sein scheint, auch trotz der durchweg großen Zahl an Kindern. Steffen von Neuhoff beispielsweise hatte deren zwölf. In erster Linie waren es wohl glückliche Heiraten, durch die der Güterfundus immer wieder neu aufgefüllt wurde. Außerdem ermöglichten die Erlöse aus den Hammerwerken den Besitzern auf Neuenhof den planmäßigen, der Abrundung ihres Besitzes dienenden Ankauf einer ansehnlichen Zahl von Grundstücken und Bauernhöfen und den Erwerb von Jagd-, Fischerei-, Mühlen- und Markengerechtsamen. Das mit Neuenhof verbundene Stilkinger Lehnsgericht war wirtschaftlich von geringer Bedeutung. Für die Erhaltung der Besitzmasse war es ferner wichtig, daß viele Söhne geistliche Berufe wählten und darin teils zu hohen Würden gelangten und viele Töchter ihre Versorgung in Klöstern und Stiften fanden.

Die nach dem Aussterben der männlichen Linie von Neuhoff in das Haus im Elspetal eingezogenen Bottlenberger, Nachkommen eines der ältesten rheinischen Adelsgeschlechter, starben nach drei Generationen 1820 mit dem ledig gebliebenen Leopold Friedrich Wilhelm Franz aus. Durch Testament wurde der älteste Sohn seiner Kusine Amalie Philippine Franziska (†1809), die seit 1804 mit Georg Eberhard Ernst Clamor Friedrich von dem Bussche-Ippenburg († 1853) verheiratet war, Julius Clamor Freiherr von dem Bussche-Ippenburg, zum Erben von Neuenhof eingesetzt. Der neue Herr auf Neuenhof fügte seinem Namen und Wappen Namen und Wappen der Familie von dem Bottlenberg genannt Kessell hinzu und führte den Namen Freiherr von dem Bussche-Ippenburg genannt Kessell, wie das Testament es verlangte. Er wurde 1840 in den preußischen Grafenstand, nach dem Recht der Erstgeburt, erhoben. Die Witwe seines Enkels Hermann († 1943), Vera Margarethe geborene von der Decken zu Ringelheim, übertrug 1955 Neuenhof auf Alhard Freiherr von dem Bussche-Ippenburg genannt von Kessell, den ältesten Sohn ihres Adoptivsohnes Albrecht Freiherr von dem Bussche-Ippenburg gen. von Kessell, nachdem dieser Erbverzicht geleistet hatte. Die vier Nebenlinien der Neuhoffs — Ahausen, Pungelscheid, Elbruch und Wenge — sind im 17. und 18. Jahrhundert ausgestorben.

Durch ein kunstvolles schmiedeeisernes Abschlußgitter betritt man auf der den Gesamtkomplex beherrschenden Zentralachse den von mehrgeschossigen Wirtschaftsgebäuden des späten 18. und frühen 19. Jahrhunderts gesäumten Hof der Vorburg und erreicht über eine einfache Steinbrücke das rings von Wassergräben eingeschlossene Herrenhaus, das auf seiner nach der Vorburg gerichteten Schauseite signifikante Elemente des barocken Schloßbaus in eigenwilliger blockhafter Verkürzung zusammenfaßt. Kräftige zweistöckige Eckpavillons mit achteckigen welschen Hauben flankieren in direktem Anschluß, ohne den üblichen mehrachsigen Abstand, den risalitartigen dreiachsigen Eingangsvorbau, dessen Dreiecksgiebel durch den großen geschnitzten Wappenschild mit dem Allianzwappen Bottlenberg-Neuenhof und einer Inschriftkartusche bestimmt wird. Der Risalit tritt hinter den Stirnseiten der Ecktürme nur wenig zurück, als hinterste Schicht vollendet der hohe Giebel des Grundbaus das in den Maßverhältnissen harmonisch abgestimmte Schichtenrelief der Schauseite. Der durch eckige und geschweifte Formen bestimmte Umriß wird durch die großen kugelbesetzten Schornsteinköpfe zusätzlich

belebt, ferner durch die hochgezogenen Wetterfahnen auf den Giebel-
und Turmspitzen, deren spielerische Formen mit den Rokokoelementen
des eisernen Abschlußgitters und des wappengeschmückten Gittertores
korrespondieren. Das kleinteilige Sprossenwerk der schlicht verdachten
Fenster und des geschweift abschließenden Haustüroberlichtes verleiht
der nobel zurückhaltenden Front einen eigenen Reiz. Die Dachlaternen
auf den Flankierungstürmen sind farbig gefaßt. Alles an der Hoffront des
gepflegten Putzbaus spricht den Besucher freundlich und einladend an.

Im Erdgeschoß teilt ein auf der Symmetrieachse durch die ganze Tiefe
geführter Korridor das Haus in gleiche Hälften von nahezu gleicher Beschaffenheit der Raumaufteilung und schließt auf der Gartenseite mit
einer Oberlichttür ähnlich der auf der Hofseite ab. Daß die Mittelachse
ursprünglich über die überbrückte Gräfte hinaus in einer barocken Gartenanlage weitergeführt wurde, kann nur vermutet werden. Das vorhandene geometrische Gartenparterre ist erst in der Nachkriegszeit angelegt worden, ebenso der in der Verlängerung des zuletzt mit Obstbäumen
bestandenen Gartens gelegene große Fischteich, in dem sich der beiderseits anschließende Bergwald spiegelt. Der früher verunkrautete Teich
könnte ursprünglich Zubehör eines der Neuhoffschen Hammerwerke
gewesen sein.

Vier Bauabschnitte lassen sich an dem erhaltenen Bau unterscheiden. In
einer Binnenwand des vorwiegend mit altertümlichen Rundtonnen gewölbten Kellers ist eine Schießscharte vermauert, die den Verlauf der
weiter östlich gelegenen Westseite der Vorgängeranlage andeutet. Die
Mauerstärken lassen vermuten, daß nach dem Brand von 1693 nicht nur
auf den alten Fundamenten wiederaufgebaut wurde, daß man vielmehr
auch das aufgehende Mauerwerk des alten Hauses weitgehend wieder-
benutzen konnte. Dafür sprechen mehrere Scheitelbögen alter Gurte, die
in die Decke des Erdgeschoßkorridors einbezogen wurden. Der so wieder-
hergestellte Kernbau, der an der Westseite gewiß mit einem Dreiecksgiebel in der Form des erhaltenen hohen Ostgiebels abschloß, wurde auf
der Hofseite durch die beiden Ecktürme erweitert. Als nächster Abschnitt
ist eine Erweiterung nach Westen mit einem in der Breite durchgehenden
Gartensaal im Erdgeschoß anzunehmen, der später von dem erweiterten
Korridor durchkreuzt und geteilt wurde. Statt eines Dreiecksgiebels erhielt
dieser neue Bauteil ein zeitgemäßes Walmdach. Der risalitartige Vorbau
an der Hofseite ist nach Ausweis der an ihm angebrachten Maueranker
1746 unter den Bottlenbergern entstanden, deren Wappen im Allianzwappen des Giebelfeldes zu sehen ist. Etwa gleichzeitig wurden wahr-

scheinlich alle Fenster im Stil der Zeit neugestaltet, auch die an der sonst schmucklosen Gartenfront. Wie neuerdings die mit Schnitzwerk ausgezeichneten Haustüren an der Hof- und Gartenseite ihren Vorgängern von 1773 nachgebildet wurden, erneuerte man in jüngster Zeit auch die große Wappenkartusche im kleinen Schmuckgiebel der Hoffront; das Original befindet sich im Burgmuseum Altena.

Auch im Innern erschwert der Umstand wiederholter Umbaumaßnahmen die echte Datierung mancher Details. In der wandfesten Ausstattung mehrerer Innenräume gibt es noch eindrucksvolle Beispiele der Raumgestaltung des frühen bis mittleren 18. Jahrhunderts. Der Deckenstuck und die Wandverkleidungen in den beiden Erdgeschoßräumen an der Gartenseite sind nicht ursprünglich, dafür entschädigen mit Supraporten versehene Türgestelle und tiefe Fensternischen mit beachtlichen Schnitzereien und hervorragenden Zeugnissen der in diesem Jahrhundert aufblühenden Intarsienkunst. Die für die Zeit bezeichnende Einheitlichkeit der Dekoration ist in dem nördlichen Turmzimmer noch weitgehend bewahrt. Alte Stukkaturen von beachtlicher Qualität schmücken die Decke, Ofen- und Fensternischen.

Das gegenwärtige Mobiliar des Hauses stammt durchweg aus verwandten Familien und Häusern. Namhaftestes Stück aus verwandtem Familienbesitz ist ein mehrteiliger gewirkter Bildteppich aus den berühmten Webereien von Aubusson (Auvergne) aus dem Anfang des 18. Jahrhunderts mit Darstellungen der Alexanderschlacht, die seit dem riesigen Alexandermosaik aus Pompeji vom 3. Jahrhundert v. Chr. immer wieder Gegenstand großformatiger Bildwerke war. Der Teppich hing bis 1945 im Dohnaschen Schloß in Schlobitten (Ostpreußen).

Walter Hostert: Aus der Geschichte des Hauses Neuenhof und seiner Bewohner. In: Der Märker. 7. Jahrg. (1958) H. 1.

10 Martfeld

Haus   Schwelm   Ennepe-Ruhr-Kreis

Haus Martfeld liegt im Ostteil der Stadt Schwelm, nahe der Bundesstraße
Düsseldorf—Wuppertal—Hagen. Diese Straße bildet mit zwei ihr parallel
zugeordneten Hauptbahnlinien, einer Nebenstrecke nach Witten und der
Autobahn Köln—Kamener Kreuz eine erstrangige Verkehrsachse. Geographisch vermittelt die Wupper-Ennepe-Mulde mit dem Schwelmer Sattel
zwischen dem Niederbergischen Hügelland bzw. den Bergischen Hochflächen und dem Unteren Sauerland. Der Wechsel von reizvoller Natur-
und dichtbesiedelter Kulturlandschaft hat einen für die menschlichen
Bedürfnisse zuträglichen Raum entstehen lassen.

Haus Martfeld muß im Rahmen der Entwicklung Schwelms betrachtet
werden, das als Ortschaft schon im 9. Jahrhundert, als vom Erzbischof
von Köln abhängige Kirche erstmals 1085 erwähnt wird. 1392 verpfändete
Erzbischof Friedrich III. den mit einem Hofverband und Gerichtsrechten
ausgestatteten Herrenhof Schwelm dem Grafen Adolf von Kleve-Mark.
Diese Pfandherrschaft wurde nie wieder rückgängig gemacht. Anders wie
für das Haus Göckinghof, das wie der Herrenhof und das Haus Martfeld

in der Flur vor der befestigten „Freiheit" Schwelm lag und ursprünglich im Besitz der Ritter von Hagen war und später zeitweilig den Herren von Volmarstein unterstand, sind für Martfeld keine älteren Besitzer bekannt. Erst im 15. Jahrhundert erscheint das Haus im Besitz der Familie Wandhoff. Über die Familie von Ascheberg, die 1546 auf dem Erbweg folgte, ging Martfeld 1591 durch Kauf an den kurfürstlich kölnischen Marschall, Rat und Amtmann von Bonn, Arnold Raitz von Frentz zu Schlenderhan. Sein Sohn Adolf und seine Ehefrau Johanna von Illem ließen die mittelalterliche Anlage um den Nordflügel und das Torhaus erweitern. Als kurkölnischer Rat, pfalzneuburgischer Kämmerer, Kriegskommissarius der Grafschaft Mark und Drost zu Hörde und Lünen war der Bauherr seinen hohen Ämtern offenbar größere Repräsentation schuldig. Die von Frentz waren in der kritischen Zeit Träger der gegenreformatorischen Bewegung in Schwelm. Die Erbtochter Kunigunde folgte Robert Werner Stael von Holstein nach dem Hause Steinhausen. Martfeld wurde an den vermögenden Unternehmer Frowein verpachtet. Dessen Tochter Maria Magdalena, verwitwete Ahlhausen, ging mit Wolfgang Friedrich Stael von Holstein die Ehe ein, nachdem sie durch hohe Anleihen die Pfandschaft über Martfeld erlangt hatte. Was ihr Ehepartner durch seine Heirat erreichte, die Rettung Martfelds für die Familie Stael, besorgte 1724 noch einmal der Hildesheimer Domherr Adolf Arnold Robert von Gysenberg, indem er das heruntergewirtschaftete und jetzt zum öffentlichen Verkauf stehende Gut kaufte. Er vermachte es seinem Neffen Werner Ferdinand Elbert von der Brüggeney gnt. Hasenkamp mit der Klausel, daß der Besitz künftig in Händen des katholischen Adels bleiben solle. Dessen ungeachtet verkaufte der Eigentümer Martfeld 1745 an den reichen Barmer Kaufmann und Handelsherrn Johann Peter Hochstein († 1759), der nicht nur bürgerlich, sondern auch evangelisch war. Gegen den heftigen Widerspruch eines engagierten katholischen Adeligen gab der auf eine gedeihliche Wirtschaftsentwicklung des Landes bedachte Landesherr, der Preußenkönig Friedrich II., dem Kauf seinen Segen, weil Hochstein die Wiesen des Gutes für das in Schwelm seit Jahrhunderten blühende Gewerbe der Garnbleicherei zu nutzen versprach. Hochstein nahm einen umfassenden Umbau vor und gab der Anlage im wesentlichen ihr heutiges Aussehen.

Über seine Ehefrau († 1771), eine geborene Wichelhaus, und ihre Brüder Johann und Caspar kam das Gut an Johanna Wilhelmine Wichelhaus, geborene Wülfing, Witwe des Peter Wichelhaus, die es als eine der Erbberechtigten erwarb. Ihr Sohn Kaspar, an den es nach ihrem Tode überging, vernachlässigte die Bewirtschaftung und mußte es seinen Kindern

Hofseite des Mittelflügels

übertragen. Von diesen ging es 1839 wieder in adligen Besitz, an die Freifrau Friederike von Elverfeldt, geborene von Schwachenberg auf Steinhausen, über, Ende des 19. Jahrhunderts durch Erbgang an die Familie von Hövel. Die Stadt Schwelm, Eigentümer seit 1954, brachte 1962 in Haus Martfeld das Städtische Heimatmuseum unter, in dem neben dem allgemeinen Museumsgut auch alte Ansichten von Martfeld, Familienbildnisse und Gedächtnisschilde früherer Besitzer des Hauses zu sehen sind. Ein Jahr später fand ein Speicher von 1583, ein sogenannter Kornkasten, von einem Schwelmer Bauernhof im Garten Aufstellung.

Die geläufige Meinung von einer ursprünglichen Vierflügelanlage um einen geschlossenen Hof ist noch nicht hinreichend gestützt. Das einzige bekannte Beweisstück, eine Hochstein zugeeignete Dilettantenzeichnung, kann als ein ungenaues Idealbild betrachtet werden, mit dem — dem Begleittext zufolge — dem Empfänger offenbar geschmeichelt werden sollte. Eine geschlossene Vierflügelanlage mit einem angeblich Ende des 18. Jahrhunderts abgebrochenen Westflügel müßte auch dem Prinzip der durch eine Mittelachse bestimmten Barockplanung widersprochen haben, die Hochstein bzw. seinem Architekten bei den nach 1745 ausgeführten Baumaßnahmen vorschwebte. Grundmauern eines vierten Flügels wurden nicht freigelegt.

Als älteste Bauteile in der erhaltenen Baugruppe sind der massige Rundturm und der Unterbau des angeschlossenen Mittelflügels bis zur hofseitigen Fluchtlinie des späteren Südflügels zu betrachten. Sie stammen offenbar aus der Gründungszeit der ersten Burganlage. Der 29 x 8,5 m große Mittelflügel ist ein ursprünglich selbständiges Zweiraumhaus mit gewölbtem ebenerdigen Kellergeschoß bzw. Erdgeschoß. Für das später eingebaute Treppenhaus wurde die Wölbung beseitigt. An der Feldseite befand sich früher ein Abtritterker. Der jetzt zweigeschossige Turm kann früher höher gewesen sein. Bei einem Durchmesser von 8 m und einer Mauerstärke von 1,5 m und seiner Innenausrüstung nach war er kein ausgesprochener Bergfried, hatte hier an dem ursprünglichen Zugang von der heutigen Milsper Straße her aber doch wohl die Funktion eines solchen, mit Schießscharten, durch die man sowohl das östliche Vorgelände als auch die Außenfront des Mittelflügels bestreichen konnte. Auch der Wasserschlag deutet auf eine Zeit, in der keine Bergfriede mehr errichtet wurden. Das schöne barocke Kuppeldach mit Laterne wiederholte sich früher in einem Dachreiter auf der Firstmitte des Mittelflügels. Im Obergeschoß hatte der Rundturm einen Kamin.

Die nächste Bauphase erstreckt sich dem Baubefund zufolge auf eine Erweiterung des Mittelflügels in südlicher Richtung, für die es auch einen archivalischen Indizienbeweis gibt.

Nach den Wappensteinbezeichnungen entstehen sodann 1618 der Nordflügel und 1627 der Torturm. An beiden findet sich über dem Portal das Allianzwappen der Raitz von Frentz und der von Illem. Bis auf den Wappenstein ist der Nordflügel völlig schmucklos und ohne Stilmerkmale. Der 7 x 7 m große quadratische Torturm weist noch Schießscharten und Eintiefungen für die Halterung der Zugbrücke auf, die später durch eine feste Brücke ersetzt wurde. An der Westseite sind drei kugelige „Neidköpfe" von ungeschlachter Machart vermauert, wie sie sich an anderen ähnlichen Bauten auch finden. Sie sind auf alten Abwehrzauber zurückzuführen.

Mit dem zweigeschossig abgetreppten schieferbekleideten Aufbau mit ebenso gedeckter Zwiebelhaube erhielt der Torturm später sein dominierendes Gepräge, vermutlich im Rahmen der von Hochstein nach 1745 durchgeführten Um- und Erweiterungsbauten. In ihnen gibt sich ein Programm zur Abrundung der Gesamtanlage nach barocken Grundsätzen zu erkennen. Von Westen her leitete ein neuer Zugang in Form einer Allee als Hauptachse durch ein mit Eisengitter versehenes Pfeilertor in den inneren Schloßbereich. Um die für den idealen barocken Schloßbau verbindliche Hufeisenform herzustellen, entstand der Südflügel als Pendant zum Nordflügel. Er erhielt als Abschluß einer geräumigen Durchfahrt in der Mitte der Hofseite ein schönes Portal mit dem für das bergisch-märkische Bürgerhaus dieser Zeit typischen Pfeilerbündelornament im Oberlicht. Das gleiche Motiv findet sich im Oberlicht des Torturmportals. Darüber hinaus verzichtete der Baumeister auch am Südflügel auf plastische Schmuckelemente.

Dafür wurde die auf den Mittelflügel ausgehende Mittelachse an der Hofseite um so stärker betont, durch eine große dreiachsige Lukarne mit geschweiftem Giebel und einer Uhrenscheibe inmitten. Diese Giebelform entspricht einem im bergisch-märkischen Raum häufigen Typ (vgl. u. a. Haus Harkorten und Haus Heilenbeck). Leider wurden bei der jüngsten Restaurierung die für den Typ bezeichnenden Eckpilaster, die auf älteren Ansichten noch zu erkennen sind, durch Beschieferung verdeckt. Auf der Firstmitte des Mittelflügels wurde die Mittelachse noch zusätzlich durch einen dem Rundturmdach nachgebildeten großen Dachreiter markiert, der später wieder entfernt wurde. Auf einem Ölbild von Lange von 1835 und einem etwa gleichzeitigen Stahlstich, beide im Museum, ist diese imposante Dachdekoration, die vielleicht auch einen Glockenstuhl hatte, noch dargestellt.

Es ist vielleicht bezeichnend für das Selbstverständnis des reichen Handelsherrn Peter Hochstein, der sich durch die obenerwähnte Klausel herausgefordert fühlen mußte, daß er sich in der Verwirklichung eines großzügigen Konzepts als Bürgerlicher mit adligen Bauherren messen, gleichzeitig aber mit der Anleihe beim Wohnhaus des unternehmerisch namhaft gewordenen Bürgertums bekennen wollte, woher er kam und wohin er gehörte.

Inwieweit er dem in der Raumausstattung Rechnung trug, läßt sich schwerlich rekonstruieren, weil die späteren Eigentümer Änderungen sowohl in der Raumfolge als auch in der ortsfesten Ausstattung vorgenommen haben. So entstanden die beachtenswerten Stukkaturen im Rittersaal zur Silberhochzeit des Freiherrn Balduin von Hövel im Jahre 1897.

Mit der Übernahme von Haus Martfeld durch die Stadt Schwelm setzte mit Hilfe des Landeskonservators eine noch andauernde durchgreifende Restaurierung ein, in deren Zug zunächst fast alle Dächer neugedeckt, die Bruchsteinwände verputzt, der Rittersaal und die angrenzenden Räume sowie das Treppenhaus im Mittelflügel erneuert wurden. Zur Zeit wird der Südflügel baulich gesichert und umgebaut. Wenn in nächster Zeit die Entwürfe des Landschaftsarchitekten Professor H. Birkigt, Erkrath-Aachen verwirklicht sein werden, wird Haus Martfeld in ein weitläufiges Freizeitzentrum mit Sport- und Spielstätten in der Westhälfte und einem Landschaftsgarten in der intimeren Osthälfte eingebettet sein. Der vorhandene alte Baumbestand wird durch Randbepflanzung, vor allem durch die Neupflanzung der wesentlich erweiterten hauptachsialen Allee ergänzt. Um die Baugruppe des Hauses Martfeld und eine dem Binnenhof symmetrisch vorgelagerte Terrasse mit Springbrunnen wird die alte Gräfte mit dem Mauerring auf drei Seiten wiederhergestellt.

In der Nutzung der Flügel sind gewisse Veränderungen vorgesehen. Das bisher auf das Hauptgeschoß des Mittelflügels und Turmräume beschränkte Museum dehnt sich im Erdgeschoß des Mittelflügels, im Obergeschoß und Dachraum des Südflügels mit Ausstellungs-, Vortrags- und Diensträumen weiter aus. Als Magazin dient ein Teil des südlichen Nebengebäudes, das baugeschichtlich keinen besonderen Rang einnimmt. Im Erdgeschoß des Südflügels richtet sich das Stadtarchiv mit Dienst- und Seminarräumen wieder ein. In einem so umfassenden Erholungspark, wie ihn die Umgebung des Hauses darstellen wird, darf nach Meinung der Planer eine Gaststätte nicht fehlen. Für sie ist das Erdgeschoß des Nordflügels bestimmt. Für die Umfunktionierung der Räume ist ein Mindestmaß an baulichen Veränderungen vorgesehen, beispielsweise die neue Führung einer Außentreppe an der östlichen Außenwand zum ersten Obergeschoß des Torturmes und ihre Anbindung an eine geplante Wendeltreppe in die oberen Turmgeschosse. Die Gräfte soll in der Zentralachse und in Richtung auf den Torturm überbrückt werden. Die stille Zone um die neugotische Kapelle vor 1860 mit dem Familienfriedhof der Familie von Hövel bleibt in der Neuplanung erhalten.

Die Stadt Schwelm gibt mit Haus Martfeld ein Beispiel, wie einem erhaltungswürdigen Baudenkmal eine neue, den Bedürfnissen der Zeit entsprechende Funktion gegeben und damit seine Bausubstanz gesichert werden kann.

Emil Böhmer: Haus Martfeld und seine Geschichte. In: Jahresgabe des Vereins für Heimatkunde. 2. Heft (1935); Gerd Helbeck: In oppido Swelme. Entstehung und Struktur der mittelalterlichen Kleinstadt Schwelm zwischen dem 10. Jahrh. und 1496. Sonderdruck aus: Beiträge zur Heimatkunde der Stadt Schwelm und ihrer Umgebung. Neue Folge. 23. Heft (1973); K. Albert Siepmann: Martfeld, Erbe und Aufgabe. Ebendort 20. Heft (1970).

11 Altena

Burg   Altena   Märkischer Kreis

Die Lenne, der zweitgrößte Entwässerer des Sauerlandes nächst der Ruhr, durchbricht bei Altena die Gebirgsschwelle des Remscheid-Altena-Arnsberger Sattels, so daß steile Berghänge eine nur schmale Talsohle flankieren. Sie nimmt in der Stadt Altena außer der Rahmede den Nettebach auf, mit dem sie den 320 m hohen Klusenberg einschnürt, auf dessen nach Norden vorspringendem Bergsporn die Burg der ehemaligen Grafen von Altena steht.

Bei der für die Nutzung ungeeigneten natürlichen Beschaffenheit begann im Raum von Altena — wie im gesamten westlichen Sauerland — erst im frühen Mittelalter die eigentliche Besiedlung. Gleichzeitig setzte auch die Erschließung der Erzlagerstätten ein. Nach den von Manfred Sönnecken registrierten Fundstätten wies der Raum Altena im südlichen Westfalen einschließlich Siegerland die größte Dichte an Rennfeuerhütten auf. Bis heute ist die Eisenverarbeitung der wichtigste Erwerbszweig des Raumes geblieben und Altena der bedeutendste deutsche Drahtproduzent.

Dem Schutz der mittelalterlichen Waldschmiedeleute könnte vielleicht auch die älteste Burganlage in Altena gedient haben, denn gewiß war auch den Landesherren viel daran gelegen, sich das für die Waffenherstellung wichtige Eisen zu sichern. Wer in der ersten Hälfte des 12. Jahrhunderts, in der nach dem Baubefund die Anfänge der Burg anzunehmen sind, im Altenaer Raum die Territorialherrschaft besaß, ist noch nicht geklärt. Obwohl die Echtheit der Kopialurkunde von 1122, in der in der Zeugenreihe erstmals ein Graf von Altena erscheint, durch die jüngste Untersuchung Manfred Petrys stark erschüttert wurde, ist die Annahme, daß Altena sich schon vor der um die Mitte des Jahrhunderts erfolgten Eingliederung in die Oberhoheit der Kölner Erzbischöfe im Besitz der Grafen von Berg befand, nicht von der Hand zu weisen, zumal nach der quellenkritischen Feststellung Bauermanns, daß Altena damals kein Anhängsel der weite westfälische Gebiete beherrschenden Grafen von Arnsberg war. Als 1161 nach dem Tode Adolfs VI. von Berg die bergischen Besitzungen geteilt wurden, erhielt der ältere Sohn Eberhard Burg und Grafschaft Altena und urkundete seitdem als Graf von Altena. An den jüngeren Sohn Engelbert fiel die Grafschaft Berg. Bis dahin hat man sich Berg-Altena als ein komplexes, von einer Hand regiertes Hoheitsgebiet vorzustellen. Obwohl Graf Eberhard noch in der bergischen Familiengruft zu Altenberg begraben wurde, war er wahrscheinlich der erste der bergischen Grafen, der dauernd auf der Burg Altena wohnte. Unter ihm ist daher auch die erste Phase der Burgerweiterung anzunehmen. Mit dem Bergfried, dem erhaltenen „Dicken Turm", der Wohnmöglichkeiten für den Burgkommandanten bot, mit den notwendigen Unterkünften für die Mannschaft, einem für den Stand der Ritter nicht wegzudenkenden Raum für den Gottesdienst, einem Brunnenhaus, Wirtschaftsgebäuden und Ställen, alles in einem durch Tore gesicherten Mauerring, dürfte sich der ältere Baubestand erschöpft haben. Die reine Wehrburg wird jetzt unter dem Grafen Eberhard zu einer Wohnburg ausgebaut worden sein, ohne daß das vermehrte Sicherheitsbedürfnis der gräflichen Familie dabei zu kurz gekommen wäre. In seiner kurzen Regierungszeit (1161—1180), die zudem durch Kriegszüge in Anspruch genommen war, konnte in dieser Hinsicht nur das Notwendigste ausgeführt werden, wahrscheinlich ein Saalbau, der für die Hofhaltung unentbehrlich war, und zwar der nördliche Teil des Alten Palas, dessen Kellerräume tonnengewölbt sind, an der Stelle der heutigen Burgschenke. Der Saalbau enthielt auch die erforderlichen Wohn- und Schlafräume für die gräfliche Familie.

Die nächste Bauphase ist wahrscheinlich nach der bald erfolgten Erbteilung anzusetzen. Graf Eberhard I. von Altena hatte drei Söhne, von denen einer, Adolf, Erzbischof von Köln wurde. Die beiden anderen, Arnold und Friedrich, teilten sich in den Besitz, indem jeder einzelne Bezirk für sich geteilt und somit eine Spaltung in zwei Großräume vermieden wurde. Diese Regelung findet ihre Entsprechung darin, daß die beiden Brüder noch Jahrzehnte, bis nach 1200, die Burg Altena gemeinsam bewohnt haben. Unter diesen Umständen bedurfte es einer Vermehrung der für die doppelte Hofhaltung erforderlichen Gebäude. Es entstand jetzt vermutlich der südliche Teil des Alten Palas und der zweite Bergfried.

Im ersten Viertel des 13. Jahrhunderts verliert die Burg Altena ihren Residenzcharakter. Friedrich, Graf Arnolds Sohn, zunächst Domherr in Köln, übernimmt nach dem Tode seines ältesten und erbberechtigten Bruders Eberhard 1207 die Isenburg und nennt sich seit 1216 nach ihr, nachdem er zunächst noch den Grafentitel von Altena geführt hat, während sich sein Vetter Adolf, der 1203 das Erbe der Grafschaft Altena und der 1198 erworbenen Burg Mark antritt, sich zuerst 1203 und von 1228 an ausschließlich comes de Marca nennt.

Friedrich von Isenburg wurde nach dem tödlich verlaufenen Überfall auf seinen Verwandten, den Reichsverweser und Erzbischof Engelbert von Köln, mit dem er in der Verteidigung seiner Rechte auf die Essener Stiftsvogtei zerstritten war, in die Reichsacht getan und 1226 in Köln zu Tode gerädert. Sein Sohn Dietrich gewann mit Hilfe seines Oheims Heinrich von Berg im Lauf eines dreizehnjährigen Krieges gegen den Grafen Adolf I. von der Mark, der die Besitzungen seines geächteten Vetters an sich gerissen hatte, einen kleinen Teil des einst umfangreichen isenburgschen Territoriums zurück. In dieser langen Kriegszeit könnte zur Verstärkung der Burg Altena der Zwinger mit der Torschleuse entstanden sein. Im Friedensvertrag von 1273 wurde praktisch die Erbteilung von 1173 zugunsten des Grafen von der Mark annulliert. Dietrich von Isenburg behielt lediglich Burg und Grafschaft (Hohen-)Limburg, nach der er sich künftig Graf von Limburg nannte.

Das Vorgehen des Grafen Adolf I. von der Mark gegen die mit ihm so engverwandte Linie ist oft mit Abscheu beschrieben worden, es darf aber auch nicht übersehen werden, daß er als naher Verwandter des Isenbergers auch für sich vernichtende Folgen befürchten konnte, die er auf diese Weise abzuwenden glaubte, vielleicht sogar in der Hoffnung, im Zusammenspiel mit den Gegnern Gnade für den Geächteten erwirken zu können.

Sein Sohn Engelbert übernahm 1249 das väterliche Erbe, mußte aber gewisse Gebiete im südlichen Teil der Grafschaft, u. a. Altena, an seinen

Bruder Otto abtreten, der bereits hohe geistliche Würden in Lüttich und Utrecht erworben hatte, dann aber in den weltlichen Stand zurückgetreten war und seinen Erbanteil verlangte. Otto, der den Titel eines Grafen von Altena wieder aufnahm, starb bereits 1262 kinderlos, so daß seine Besitzungen wieder mit der Grafschaft Mark vereinigt wurden.

Nach Otto von Altena wurde die Burg von Drosten verwaltet. Fern von ihrer Stammburg Altena machten die Grafen von der Mark auf Grund einer geschickten Bündnis- und Heiratspolitik Geschichte. Fünfmal stellte die Linie Berg-Altena-Mark den Kölner Erzbischof und mehrere Bischöfe. Ihre Brüder und Söhne begleiteten die deutschen Kaiser auf ihren fernen Kriegszügen. Adolf II. von der Mark heiratete die Erbtochter Margarete von Kleve und bahnte damit die Vereinigung der großen niederrheinischen Grafschaft mit der Mark an. 1417 kam der Herzogstitel hinzu. Johann III. von Kleve-Mark gelangte durch seine Ehe mit Maria von Jülich-Berg 1511 auch in den Besitz der Länder Jülich, Berg und Ravensberg. Diese große Ländermasse fiel ebenso schnell, wie sie zusammengekommen war, wieder auseinander, nachdem 1609 der geisteskranke Herzog Johann Wilhelm kinderlos gestorben war. Pfalz-Neuburg und Kurbrandenburg waren unter den erbberechtigten Verwandten am schnellsten bei der Hand und teilten die Lande unter sich auf. Jülich und Berg fielen an Pfalz-Neuburg, Kleve, Mark und Ravensberg an Kurbrandenburg.

Aber noch zweimal waren zuvor direkte Nachkommen der Grafen von Altena bzw. Mark, zwei Brüder des Grafen und späteren Herzogs Adolf IV. von Kleve-Mark, Graf Diedrich von der Mark (1393–1398) und Graf Gerhard von der Mark (1425–1461), auf der Burg Altena ansässig. Bei den Fehden, die Graf Diedrich gegen den Herzog von Berg und Graf Gerhard gegen seinen Bruder führte, ist anzunehmen, daß unter ihnen die Burg wesentlich überholt und erweitert, insbesondere die Vorburg weiter verstärkt wurde. Dabei ist auch an eine Nachricht aus dem Jahre 1455 zu denken, derzufolge die Burg schwer beschädigt wurde.

Es ist anzunehmen und für gewisse Zeitabschnitte bezeugt, daß die Burg in der Folgezeit ständig mit einer Besatzung belegt gewesen ist. Die Grafen von der Mark hatten durch gelegentliche Besuche und Aufenthalte auf ihrer Stammburg noch eine gewisse Anhänglichkeit bewiesen, wie man vor allem von Engelbert III. weiß, der 1367 den Altenaer Bürgern die Rechte einer „Freiheit" verlieh und oft auf der Burg und dem benachbarten Schwarzenberg weilte. Seltener verstanden sich gewiß die Herzöge von Kleve, die auf der Burg eine Verwaltungsstelle unterhielten, zu einer so weiten Reise in den Südzipfel ihres Territoriums. 1463 wurde der uneheliche Sohn des Grafen Gerhard von der Mark, Eberhard von der Mark, von Herzog Johann von Kleve zum Amtmann von Schloß und Amt Altena ernannt. Aus der Ernennungsurkunde erfahren wir auch die Stärke der damaligen Besatzung: vierzehn „wehrhafte Mannen", darunter zwei Pförtner, zwei Turmhüter und drei Wächter.

In der frühen brandenburgischen Ära besuchte der Große Kurfürst Friedrich Wilhelm die Burg (1647) und hielt sich mehrere Tage in ihr auf. Als angestammte Burg von ihren mütterlichen Ahnen her fand Altena das verstärkte Interesse der Prinzen und Regenten des preußischen bzw. deutschen Herrscherhauses, das schließlich auch für die Erneuerung der Burg im 20. Jahrhundert entscheidend war. Der Verteidigungszustand der Burganlagen scheint allerdings schon beizeiten viel zu wünschen übrig gelassen zu haben, wenn auch, bis auf eine längere Besetzung im Dreißigjährigen Krieg durch die Spanier (1622) Nachrichten darüber fehlen, daß die Widerstandskraft der Burg Altena ernsthaft auf die Probe gestellt worden wäre. Die kriegerischen Auseinandersetzungen der späteren Jahrhunderte spielten sich vorwiegend um die Burgen im Gebiet der Ruhr ab. Als 1672 der Altenaer Rentmeister Richard Hövel auf Anforderung des brandenburgischen Generals von Spaen Vorschläge zur Befestigung der Burg machte, scheint sie wieder in einem schlechten Zustand gewesen zu sein. Alle Dächer und Teile der Ringmauer mußten repariert werden. Dem Marstall drohte der Verfall. Unter den „Vorschlägen zur Fortifikation" stehen die Erhöhung der Ringmauer und die Errichtung von Schilderhäusern durch „Zumetzelung" der Abtrittserker vornean. Im alten Bergfried, der zum Zeughaus umfunktioniert wird, sollen Fenster und Türen abgebrochen werden. Neues Dach und Kappe soll der Pulverturm, der jüngere Bergfried, erhalten. Für die meisten Gebäude werden neue Fenster verordnet. Am Rande des Manuskripts stehen die Genehmigungsvermerke des Generals, so daß die Vorschläge auch verwirklicht worden sein dürften. Im nächsten Jahr wies die Burgbesatzung zusammen mit den Bürgern von Altena einen französischen Angriff erfolgreich ab. Ein großer Brand im Jahr 1750 richtete auch auf der Burg Schäden an.

Keine wesentlichen baulichen Veränderungen, aber neue Funktionen für einzelne Gebäude brachte 1766 die Einrichtung eines Kriminalgerichtes für die Grafschaft Mark auf der Burg Altena mit sich. Der alte Bergfried wurde auch in seinen oberen Stockwerken als Gefängnis eingerichtet, ebenso der Neue Palas mit seinen drei unteren Geschossen und einige Räume im sogenannten Kommandantenhaus, dem An- und Überbau des mittleren Tores.

Mit Ausnahme der genannten Gebäude ging die Burg 1771 in den Besitz der Stadt Altena über mit der Verpflichtung, in ihrem Bereich ein Kranken- und Armenhaus einzurichten. Das bedeutete das Ende der Garnison. Als der erste Oberpräsident der Provinz Westfalen, Ludwig Freiherr von Vincke, die gesamte Burganlage für das Königshaus zurückerwarb, waren die meisten Gebäude dem Verfall nahe, weshalb er sich für eine durchgreifende Erneuerung einsetzte. Vinckes Initiative stand unter dem Einfluß der Ende des 18. Jahrhunderts durch die Landschaftsmalerei begründeten Burgenromantik, die nach den Befreiungskriegen ihre Hochblüte erlebte, und der nach der Restaurierung des Deutschordensschlosses Marienburg zuerst am Rhein einsetzenden Bewegung der Burgenerneuerung. Die preußischen Prinzen, die die Burgen Rheinstein und Stolzenfels neu erstehen ließen, bestärkten auch Vincke in seinem Wiederaufbauplan. Nachdem der Kronprinz, den man als König Friedrich Wilhelm IV. den „Romantiker auf dem Thron" genannt hat, 1817 in Begleitung des Oberpräsidenten die Burg besichtigt hatte und 1819 Prinz Wilhelm seinem Beispiel gefolgt war, wiederholte der Kronprinz 1833 seinen Besuch, wieder in Vinckes Begleitung. Aber die Ausführung der bald darauf von ihm angeforderten Wiederaufbaupläne des Bauinspektors Ritter in Münster, die bereits von Schinkel genehmigt waren, scheiterten, da Vinckes Spendenaufruf nicht den erwünschten Erfolg hatte, zum Glück, muß man heute sagen, denn der romantisch-gotisierende Entwurf müßte in dieser Landschaft als unausstehlich empfunden werden. Auf Privatkosten des Königs entstanden lediglich Gartenanlagen nach Plänen des Düsseldorfer Hofgartendirektors Maximilian Weyhe, deren Spuren noch an einigen Stellen des Burgbergs zu erkennen sind. A. W. Castringius, ehemaliger Kriminalrichter der Grafschaft Mark auf der Burg Altena, der eine Burgbeschreibung aus den ersten Jahrzehnten des 19. Jahrhunderts hinterlassen hat, hat noch „vorn am Eingang" ein Lusthaus mit Garten, den „Batteriegarten", und ein „Gärtchen" in der Südwestecke des oberen Burghofes gekannt. Er erwähnt auch einen Aussichtspavillon auf der Ringmauer neben dem „Kapellenhaus" und eine kleine Pforte unterhalb desselben, die „Hammelpforte", die ins Freie führte. 1856 richtete sich der Johanniterorden mit einem Krankenhaus auf der Burg ein.

Im Hinblick auf die Feier der 300jährigen Zugehörigkeit der Grafschaft Mark zu Brandenburg-Preußen griff der Landrat des Kreises Altena, Dr. Fritz Thomée, die früheren Wiederaufbaupläne und eine entsprechende Anregung des Dortmunder Oberbürgermeisters Schmieding, des früheren Landrats von Altena, wieder auf, allerdings mit einem ganz neuen Pro-

*Neuer Palas
mit Pulver- und
Treppenturm*

gramm, mit dessen Planung ein aus Vertretern der märkischen Städte und
Kreise gebildeter Ausschuß nach einer Sitzung am 12. Juni 1906 in Dort-
mund den Aachener Architekten und Hochschulprofessor Georg Frentzen
beauftragte. Der u. a. durch den Wiederaufbau des Aachener Rathauses
bekannte Architekt wurde angehalten, die vorhandene Substanz nach
Möglichkeit zu erhalten und darauf aufzubauen. Nach den Vorstellungen
Thomées, der selbst ein profilierter Kenner und Sammler alter Kunst war,
sollte die Burg mehr als ein historisches Anschauungsobjekt, sondern ein
Kulturmittelpunkt des märkischen Sauerlandes werden. Damit kam er den
Wünschen des Vereins für Orts- und Heimatkunde im Süderlande entgegen, der schon früher den Wunsch geäußert hatte, seine Sammlungen
im Burgbereich unterzubringen. Schon im Dezember legte Frentzen seine
vorläufigen Pläne vor, denen die Konzeption einer Wehrburg zu Beginn
der brandenburgischen Herrschaft zugrunde lag. Es fehlte nicht an Gegnern, zu denen auch der Hagener Kunstmäzen K. E. Osthaus gehörte. Entscheidend war die Zustimmung des Kaisers, dem Thomée und Frentzen
während eines Manövers im August 1907 in Münster ihre Pläne vor-
trugen. Alle Städte und Kreise der Grafschaft Mark wurden Mitglied des
zur Beschaffung der Mittel gegründeten Märkischen Burgvereins, auf den
auch die Eigentumsrechte an der Burg Altena übertragen wurden.

1907 begannen die Wiederaufbauarbeiten. Als Hauptmaterial entschied man sich erneut für Altenaer Grauwacke und sauerländischen Schiefer, die mit den schlichten Bauformen gut zusammenstimmen. Wie die seit der Mitte des 19. Jahrhunderts rekonstruierten Burgen, u. a. Schloß Burg an der Wupper, dessen Wiederaufbaukonzept die Altenaer Planung mitbeeinflußte, blieb auch hier der Naturstein stilgerecht unverputzt. Die Restaurierung erstreckte sich auf die gesamte Anlage, vor allem auf den Neuen Palas, dessen aufgehendes Mauerwerk völlig erneuert wurde, auf Teile des Alten Palas, auf die Obergeschosse des Kapellenhauses, den Abschluß des alten Bergfrieds und den Pulverturm, der nach seinem Zusammenbruch während der Restaurierung ganz neu erstellt werden mußte. Innenräumlich blieben die alten Grundrisse nach Möglichkeit erhalten. Der Rittersaal im Alten Palas hatte schon im 17. Jahrhundert seine große Form eingebüßt. Nach rund zehn Jahren und einem Gesamtkostenaufwand von rd. 560 000 Mark konnten die Arbeiten beendet werden.

Konservatoren von heute halten mit ihrem Urteil über diesen Wiederherstellungsversuch gern zurück. Man beläßt Burgruinen heute lieber in einem Pflegezustand und ergänzt die Substanz nur insoweit, als es zur Kenntlichmachung der Grundrisse erforderlich ist. (Beispiele: Burg Altendorf an der Ruhr und die siegerländische Ginsburg.) Aus der Sicht der Zeit nach der Jahrhundertwende und im Vergleich mit anderen Burgerneuerungen darf man die Altenaer Lösung freundlicher betrachten, zumal eine erst 1937 wiederentdeckte große Zeichnung von Burg und Stadt Altena, die der Holländer Abraham Begeyn 1695 im Auftrag des Kurfürsten Friedrich III. geschaffen hat, die Feststellung einer erstaunlichen Übereinstimmung mit dem Restaurierungskonzept erlaubt.

Bei der Beschreibung der Anlage konzentriert sich das Hauptinteresse auf die ältere Bausubstanz, wie sie sich aus der Zeit vor der Restaurierung in den Jahren 1907—1915 darstellt. Gute Hilfe leistet dabei die im Eingangsraum des Museums ausgestellte Zeichnung von Begeyn, die den mittelalterlichen Baubestand von der Westseite aus noch vollständig zu erkennen gibt. Eine willkommene Ergänzung dazu stellt die von dem Bauinspektor Ritter gezeichnete Bestandsaufnahme aus der Zeit um 1834 von der Südostseite her dar, die gegenüber der Begeynschen Darstellung schon einige Veränderungen zeigt; vor allem fehlen hier bereits der Pulverturm und die nördliche Hälfte des Alten Palas. Beide Ansichten verdeutlichen die naturbegünstigte Lage der Burg, deren Vorburg in der Gestalt einer fünftorigen Wehrschleuse in Westfalen einmalig ist.

Die sattelartige Senke, die die Wulfsegge, den nördlichen Ausläufer des

Klusenberges von dem höheren Berggelände trennt, war der ideale Ort für einen Halsgraben und den Zugang zu einer auf den übrigen drei Seiten durch steile Abhänge geschützten Burg, so ideal, daß man hier den Angelpunkt der Planung annehmen kann. Wie ein Keil stellt sich die nur wenige Meter breite Spitze der Vorburg dem Angreifer entgegen. Die Steigung des Bergrückens, die auf dem 190 m langen Weg vom unteren Tor bis an die Nordseite der Ringmauer 15 m beträgt, war ein weiterer Vorteil für die Verteidiger. Die unteren Tore des äußeren Zwingers, Friedrichstor, Dorotheenpforte und Philippstor, sind nach der Restaurierung nach Mitgliedern des kurbrandenburgischen Hauses benannt. An das letztgenannte Tor schloß sich in der Breite ostwärts die alte Brustwehr, der wahrscheinlich als Batterieplateau benutzte sogenannte Kanonenboden, an, der zusammen mit dem Torhaus einen starken Querriegel vor dem 60 m langen, aber nur 8 m breiten inneren Zwinger bildete und heute mit der neuen Jugendherberge überbaut ist. Auf der Zeichnung von Begeyn ist in Höhe dieses Tores, das das eigentliche Burgtor gewesen zu sein scheint, an der Westseite noch ein turmartiger Ausbau zu erkennen. Das Tor war durch ein eisernes Fallgatter verstärkt und enthielt die Wachtstube.

Den nördlichen Abschluß des inneren Zwingers und einen zweiten Sperrriegel bildet das mit dem sogenannten Kommandantenhaus überbaute mittlere Tor. Außer dem 43 m tiefen Brunnen, der noch einen gleichmäßigen Wasserstand von 21 m hat, sind in dem Anbau die Reste eines mit dem Kammertor gekoppelten Turmes zu vermuten. Das Kommandantenhaus, zeitweilig Amtssitz des Drosten, wird bald als Kanzlei, bald als Rentei bezeichnet und barg seit 1766 Wohnung, Verhörzimmer und Gefängnis des märkischen Kriminalgerichts. Heute beherbergt das Kommandantenhaus das Deutsche Drahtmuseum. In den freien Raum zwischen dem mittleren und dem oberen Tor, das mit starken Über- und Anbauten eine letzte Sperre darstellt, springt der Bergfried weit vor, so daß sich der Weg wieder schluchtartig zu einem schmalen Zwinger verengt, bevor durch die 7,5 m tiefe Durchfahrt der obere Burghof erreicht wird. Wenigstens die drei oberen Tore waren bewohnt. Nach einer Urkunde von 1420 erhält Wilhelm von Ohle die „niederste Pforte, wie sie Detmar von Altena hatte", zu Burgmannsrecht, und 1463 wird urkundlich festgelegt, daß der Priester Wilhelmus, der auf dem Schloß die Messen hält, seine Schlafstätte in der untersten Pforte haben soll, wo er bis dahin die Stelle des Pförtners versah. Welchem der heutigen Tore die Stelle der „niedersten Pforte" zukommt, läßt sich nicht mit Bestimmtheit sagen.

Der 70 m lange, von 17 auf 26 m sich verbreiternde obere Burghof liegt auf seiner Ostseite rd. 4 m über dem Niveau des äußeren Ringmauerumganges. Bodenproben bestätigten, daß das felsige Relief durch künstliche Auffüllung in ein bebauungsfähiges Plateau verwandelt werden mußte, bevor mit der Bebauung begonnen werden konnte. An mehreren Stellen tritt der Fels noch schroff zutage, so an den beiden Türmen, deren Fundamente mit den Klippen vermauert wurden. Caspar Rump, ein Altenaer Bürger († 1699), hat in seinem „Carmen vom Ursprung des Casteels Altena" diesen Befund in folgende Verse gefaßt: „Der erste Stein, der ward gelagt / Als Himmel und Erden ist gemacht. / Am dicken Thurm kann man ihn sehen, / Er soll so leicht wohl nicht vergehen." Wohl nur diesem natürlichen Sockel zuliebe, der ihn vor jeder Unterminierung schützte, ist der Bergfried gegen die Regel an der rechten Seite des inneren Tores, also gegenüber der Schildseite des Angreifers, situiert. Wie die Türme von Wildenburg und Schönstein im Siegerland und die rheinischen Burgen Runkel und Cleeberg, gehört er dem seltenen Typus der Halbkreisbergfriede an, deren halbkreisförmige Seite immer gegen den Angreifer gerichtet ist.

Von allen Burggebäuden hat der Bergfried am meisten seinen ursprünglichen Zustand bewahrt. In vier Geschossen mit Verlies, Küche, Kemenate und Söller erhebt er sich zu stattlicher Höhe. Die Mauerstärke von 2,30 m in den untersten Geschossen verringert sich im Söller auf 1,20 m. Im vorigen Jahrhundert war noch das gewölbte Verlies im Erdgeschoß mit der Öffnung zum ersten Obergeschoß, dem sogenannten Angstloch vorhanden, durch das die Gefangenen in einem Stuhl hinabgeseilt wurden. Das Verlies diente zu anderen Zeiten als Lagerraum für Vorräte. Oft wurden Verliese auch als Archiv benutzt. Die Gruselgeschichten von jahrelang eingekerkerten Gefangenen haben nur in den Fällen einen realen Hintergrund, in denen die Gefangennahme nicht mit der Hoffnung auf Lösegeld oder der Nötigung zu einem speziellen Zugeständnis verbunden war, wie beispielsweise im Falle des Arnsberger Grafen Heinrich I., der seinen Bruder im Turm verhungern ließ. Im ersten Obergeschoß befand sich, wie üblich, der Eingang, der später durch den vorgebauten Turm mit Wendeltreppe ersetzt wurde. Von diesem an der Burghofseite fast 6 m über dem Erdboden befindlichen Eingang aus führte eine in die Nordwand eingelassene Steintreppe von knapp einem halben Meter Breite aus der Küche in die oberen Geschosse bis in den Söller, der sich als Beobachtungsraum des Turmwächters in zehn breiten, im Halbkreis überwölbten Fenstern nach allen Seiten hin öffnet. Die kleinen schießschartenartigen Öffnungen in den übrigen Geschossen ließen nur spärliches Licht ein. Im Küchengeschoß befindet sich ein großer Kamin mit einem bis obenhin durchgeführten

Rauchfang, der auch die darüberliegende Kemenate beheizte. Der Wohncharakter der mittleren Geschosse ist durch Entlüftungsanlagen und Wandnischen ausgewiesen. Die Kemenate ist überwölbt. Die heutige Plattform ist eine Zutat der Restaurierung, bei der eine Dachform gewählt wurde, die erstaunlicherweise wörtlich mit der damals noch nicht bekannten Zeichnung von Begeyn übereinstimmt. Ein herrlicher Ausblick in das Lennetal und auf die umliegenden, den Schloßberg noch wesentlich überragenden Höhenzüge lohnt die etwas beschwerliche Turmbesteigung. Auch alle übrigen Gebäude des oberen Burghofes, mit Ausnahme der Diensträume, und die bei der Restaurierung erneuerten Wehrgänge können von den Besuchern des überregional bedeutenden „Museums der Grafschaft Mark" betreten werden.

Außer von der Ringmauer und den schon genannten Baukörpern auf der Südseite, dem Bergfried und dem oberen Torgebäude, wird das unregelmäßig verschobene, mehrfach geknickte Rechteck des Burghofes im Westen von der Remise, dem Neuen Palas mit der Burgschenke und dem vorgesetzten Pulverturm, im Norden von dem Kapellenhaus und im Osten vom Neuen Palas und den ehemaligen Wirtschaftsgebäuden, in denen sich heute die Schmiede, die Burgwartwohnung und Werkstätten befinden, eingeschlossen. Die Rückwände sitzen entweder auf der Ringmauer auf oder fluchten weit vor wie der Neue Palas, der mit seiner Rückseite eine regelrechte Schildmauer darstellte, und das auffällig entblößte Kapellenhaus, das sich mit seiner gesamten Masse über die Mauerflucht vorwagt. Für die Wahrscheinlichkeit, daß die Mauerflucht ursprünglich ununterbrochen verlief, sprechen — abgesehen von der Regel — alte Fundamente in Höhe des Kapellenhauses, von denen Castringius berichtet, und ein sonst unmotivierter Maueransatz im Souterrain des Neuen Palas. Vermutungen über das Alter der einzelnen Baukörper wurden bereits im geschichtlichen Teil angesprochen, doch bleibt alles Spekulation, solange keine Spezialuntersuchung über die Mauerungstechnik der mittelalterlichen Teile und Ergebnisse möglicher Grabungen vorliegen. Frentzen soll im Rahmen seiner Vorstudien bereits Grabungen nach älteren Grundmauern vorgenommen haben, leider ist aber sein gesamtes Material nicht mehr auffindbar. Zierglieder, die eine genauere Datierung ermöglichen könnten, sind kaum vorhanden. Die drei aus Backsteinen gebildeten Zickzackfriese am Südgiebel des Alten Palas weisen in die ausgehende Gotik des 16. Jahrhunderts und stehen vermutlich im Zusammenhang mit wiederherstellenden Baumaßnahmen, wie das gesamte Erscheinungsbild des Alten Palas auf der Hofseite auf mehrfache Renovierung deutet. Auf

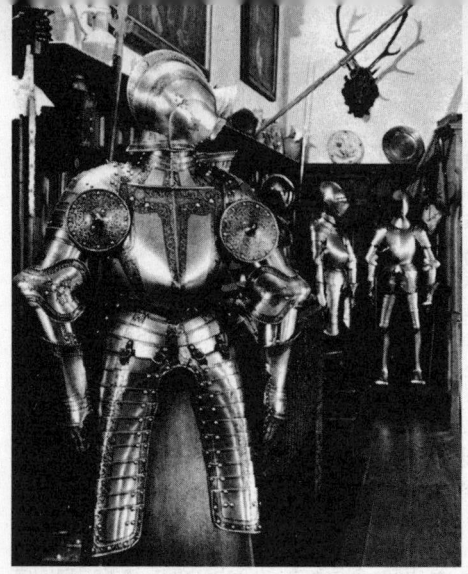

*Prunkharnisch v. 1556
in der Waffenkammer
des Burgmuseums*

der Talseite ist auf der Abbildung von Begeyn zwischen den beiden Hälften des Alten Palas eine deutliche Baunaht zu erkennen, wobei der Nordteil mit Maschikulis und Abtrittserker als der ältere, bereits der Stützmauern bedürfende Teil gekennzeichnet ist. An der Außenwand des Nordteils ist auch ein hoher Schornstein zu erkennen, der offenbar mit dem gewölbten Keller in Verbindung steht, der somit als Küchenkeller identifiziert wäre. Bei der Restaurierung wurden die Innenräume der 5 bzw. 4 m hohen Geschosse ihrer musealen Bestimmung angepaßt. Die Großräumigkeit der Säle war schon früher verlorengegangen. In einer Reihe von Stilzimmern lernt der heutige Besucher des Alten Palas die Wohnkultur verschiedener Zeiten und Stände kennen.

Der an der Hofseite dem Alten Palas vorgesetzte Pulverturm, der nach seiner ursprünglichen Funktion als der zweite Bergfried anzusehen ist, wurde bereits der Ganerbenzeit zugeschrieben. Eben damals, in der zweiten Hälfte des 12. Jahrhunderts, kamen bei uns die ersten Rundbergfriede auf, später nicht selten, wie hier, durch einen Treppenturm gekoppelt mit dem Palas. Wie am südlichen Bergfried ist auch hier das untere Mauerwerk mit einer Felsklippe, dem höchsten Punkt des bis hierher ansteigenden Burghofes, verklammert. Mit 9 m ist sein äußerer Durchmesser durchaus respektabel, die relativ geringe untere Mauerstärke

(1,30 m) ließ ihn jedoch mehrmals, zuletzt während der Restaurierung, einstürzen, so daß die ursprüngliche Höhe und Einrichtung des jetzt dreistöckigen und in den Museumsrundgang einbezogenen Turmes unbekannt sind.

Auf der Begeynschen Zeichnung ragt noch die Bekrönung eines weiteren Turmes über die Dachumrisse hinaus. Dabei handelt es sich zweifellos um den Treppen- und Glockenturm des Kapellenhauses. Wegen der für eine Burgkapelle relativ großen Abmessungen (15 × 9 m) hat man lange die gottesdienstliche Bestimmung dieses auf der Nordseite des Burghofes gelegenen Gebäudes angezweifelt; durch die Abbildung von 1695 wird sie eindeutig bestätigt. Der nicht immer nur sakral angewandte Bogenfries darf hier in seiner an Bauornamenten armen Umgebung als eine besondere Auszeichnung angesehen werden, die immer der Burgkapelle zukam. (Die Bogenfriese am Bergfried und Neuen Palas sind Zutaten der Restaurierung.) Das Haus wurde über dem zweiten Brunnen der Burg errichtet. Ist die Nachricht von einem Brunnenbau im Jahre 1619 auf ihn zu beziehen — und das muß sie wohl sein, weil der andere, im älteren Teil der Burg gelegene Brunnen sicher der ältere ist — so ergibt sich aus ihr ein Anhaltspunkt für die Datierung der Burgkapelle bald nach der Anlage des Brunnens, somit im zweiten Viertel des 17. Jahrhunderts. Die Gesamterscheinung des Hauses auf der Zeichnung von Begeyn, das Walmdach mit Firstzierat, der Treppen- und Glockenturm und die regelmäßige Anordnung der Fenster, vermögen diese Annahme hinreichend zu stützen. Das kreuzförmige Stichkappengewölbe im anderthalbjochigen Keller, dessen Grate auf Wandkonsolen auslaufen, bestätigen nur die allgemein noch lange zu beobachtende Nachwirkung gotischer Formen in der Renaissance. Der wulstig profilierte korbbogige Werksteinrahmen eines großen Waschbeckens im Erdgeschoß ist dagegen durchaus zeitbezogen. Der Rundbogenfries, der auf der Zeichnung unterhalb der Gebälkzone zu erkennen ist, vermag nichts zur Datierung beizutragen, da er auf keine Stilstufe festzulegen ist. Für die späte Datierung spricht auch die für das Gebäude um 1700 nachweisbare Bezeichnung „Neuer Saal". Sicher diente nur eines der beiden Stockwerke als Kapelle, während dem oberen Geschoß vermutlich die Rolle des herkömmlichen Rittersaales zukam. Die an der Brunnenanlage vorbeiführende, in den gewachsenen Fels getriebene ungefüge Kellertreppe führt in einen hallenartigen Raum, der nur aus einem kleinen Mauerdurchbruch in der Nordwand spärliches Licht empfängt. Seine ursprüngliche Verwendung ist unbekannt. Bei der Restaurierung wurde das 1831 abgetragene Obergeschoß ergänzt und mit einem Halbgeschoß

und einer komplizierten Dachkonstruktion überbaut. Auch das Glocken-
dach über dem Treppenturm wurde wiederhergestellt. Die neue Kapelle
ist mit dem Hochaltar aus Herscheid (um 1540), einer Pfingstdarstellung
vom Meister des Fröndenberger Altars (1. Hälfte 15. Jh.) und anderen
bedeutenden Museumsstücken ausgestattet.

Wie das Kapellenhaus sprang ursprünglich auch der Neue Palas mit seiner
gesamten Masse, einem Rechteck von 24 × 9 m, über die Fluchtlinie der
östlichen Ringmauer vor. Auf der Abbildung von Ritter aus dem Jahr 1835
stellt er sich von der Hangseite aus zweigeschossig über einem sehr hohen
ebenerdigen Kellergeschoß, mit Anbauten auf der Hofseite, dar. Daß aus-
gerechnet hier, ebenerdig mit dem Gelände unter der Ringmauer unter
erheblichen technischen Schwierigkeiten eine Unterbringung für die Pferde
geschaffen wurde, muß einen besonderen Grund gehabt haben, der vermutlich darin bestand, daß das starke Gefälle der Zwingerschleuse (15 m)
nicht nur für die ursprünglich gewiß innerhalb des Burghofs untergebrachten Reittiere, sondern auch für den Reiter sehr unbequem war und Abhilfe
geschaffen wurde, sobald Sicherheit nicht mehr oberstes Baugesetz war.
Zwar führte, wie Castringius berichtet, eine Rampe aus dem Marstall in
den Burghof, doch wird man sie wahrscheinlich nur im Notfall dem später
vermauerten Eingang unter der Ringmauer vorgezogen haben. Mit Ausnahme des Tiefgeschosses verfiel der Bau 1845 dem Abbruch. Beim Wiederaufbau nach der Jahrhundertwende dominierten die dem Gebäude
zugedachten Funktionen vor der möglichen Wiederholung des Vorgänger-
baus. Während die Außenfront im unteren Teil abweisenden Burgcharak-
ter wahrt, im oberen mit heterogenen Formen imponieren möchte, öffnet
sich die Hofseite betont gastlich in mehreren Zugängen, Treppen und Lau-
bengängen dem Besucher. Das Tiefgeschoß, der frühere Marstall, beherbergt seit 1960 das Deutsche Schmiedemuseum. In den beiden darüberliegenden, von der Hofseite aus unterirdischen Geschossen richtete Richard
Schirrmann, der Wegbereiter des Jugendherbergswesens, 1910 die erste
Jugendherberge ein, deren Tagesräume und Schlafsaal jetzt als Jugend-
herbergsmuseum dienen. Die beiden oberen Geschosse enthalten große
Ausstellungssäle des Museums der Grafschaft Mark, u. a. eine sehr sehens-
werte Waffensammlung. Von 1920 bis 1934 wurden auf dem Burghof
weithin beachtete Freilichtspiele aufgeführt.

Die Burg hatte mehrere Zugänge vom Lennetal und vom Nettetal her. Der
Hauptzugang im Zuge der heutigen Thoméestraße war durch eine brust-
hohe Mauer gesichert, wie alten Darstellungen zu entnehmen ist, und
stellte als eine Verlängerung des Zwingers — nach dem Beispiel anderer

Burgen, z. B. der Burg Münzenberg — die Verbindung mit der Freiheit Altena her. Die am Südfuß des Schloßberges (Thoméestraße 8) stehende Mückenburg, in der sich ein überbauter Turm verbirgt, ist als Vorwerk vorstellbar, ebenso das sogenannte Netter Dömchen am Osthang des Burgberges.

Wer in alten Flurnamen einen gleichwertigen Ersatz für schriftliche Quellen erkennt, kann unterhalb der Burg auf dem östlichen Lenneufer ein früher „In der Bals" (von lat. palatium) benanntes Stadtviertel als die Pfalz, die ehemalige Stadtwohnung der Grafen von Altena, annehmen, an die sich nach einer im vorigen Jahrhundert noch lebendigen mündlichen Überlieferung ein Baumgarten, der heutige „Bungern", die „Rcitwiese" und der „Hofgarten" im ältesten Altenaer Stadtteil, der „Freiheit", anschlossen. Der Gedanke, daß die Grafen sich bei der Enge des Burgterrains für ruhige Zeiten einen Wohnsitz im Tal schufen, mit einer Wiese zum Reiten und Turnieren, hat viel für sich, zumal es im Bungern 8 ein historisches Haus mit zweigeschossigen Kellergewölben gibt, das Haus Gerdes, das als ein Rest dieser Pfalz angesehen wird. Einen urkundlichen Nachweis gibt es für diese Überlieferung allerdings nicht.

Genau dagegen ist die Geschichte einer anderen historischen Anlage im Altenaer Stadtbereich, des mit drei Ecktürmen versehenen Hauses Holtzbrink, bekannt, das 1673—1689 über älterer Bausubstanz des 16. Jahrhunderts errichtet wurde. Ein schlichter Bruchsteinbau, der dem calvinistischen Bekenntnis seines Bauherrn, des Märkischen Anwalts Stephan Johann Holtzbrink, entsprach.

Die Bedeutung der Burg Altena, die Thomée 1943 in das Eigentum des Landkreises Altena (im heutigen Märkischen Kreis) überführte, wird heute vorwiegend in den reichen Sammlungen des Burgmuseums und des in Burgnähe untergebrachten Burgarchivs gesehen. Ihre Wichtigkeit als überaus reich ausgebildeter Typ einer Abschnittsburg sollte dabei nicht unbeachtet bleiben und weiter erforscht werden.

Uta Varenhold-Huland: Grundlagen und Entstehung des Territoriums der Grafschaft Mark. Dortmund 1968. / Johannes Bauermann: Altena - von Reinald von Dassel erworben? In: Beitr. zur Geschichte Dortmunds und der Grafschaft Mark. Bd. 67 (1971). / Manfred Petry: Die ältesten Urkunden und die frühe Geschichte des Prämonstratenserstiftes Cappenberg in Westfalen (1122—1200) 1. Teil. In: Archiv für Diplomatik. 18. Bd. Köln 1972) / Hans H. Diedrid: Burg Altena, in: Altena, Porträt einer Stadt, Altena 1974. Zur Abbildung auf S. 103: Burg und Stadt Altena um 1695 (Ausschnitt). 1937 wiederaufgefundene Zeichnung von Begeyn (Museum der Grafschaft Mark, Burg Altena).

12 Hohenlimburg

Schloß   Hagen-Hohenlimburg

Das enge untere Lennetal verbreitert sich nach dem Durchbruch durch den Hagen-Iserlohner Massenkalkzug bei Letmathe und Hohenlimburg und geht am Fuß der Hohensyburg in die breite Ruhrniederung über. Auf dem Schleipenberg, einem der letzten Ausläufer des sauerländischen Berglandes zwischen Volme und Lenne erhebt sich in talbeherrschender Höhenlage (224 m) das Schloß Hohenlimburg. Von Levin Schücking in dem Reisebuch „Das malerische und romantische Westphalen" (1841) stammt der schwärmerische Vergleich des Lennetalortes mit Heidelberg, nicht ganz zutreffend in bezug auf den Maßstab und den unterschiedlichen Kunstwert.

Die Limburg, für die sich erst später — ebenso wie für den Ort — zur Unterscheidung von Limburg an der Lahn der Name Hohenlimburg, von 1879 an auch amtlich, durchsetzte, hatte eine um 800 entstandene Turmhügelburg als Vorgängerin auf demselben Bergrücken, etwa 800 m südlich und oberhalb des heutigen Schlosses. Über die Gründung dieser älteren Limburg, die beim Bau der neuen Limburg um 1230 abgebrochen wurde und deren Erbauern wahrscheinlich als Steinbruch gedient hat, ist nichts bekannt. Mauerreste und ein noch erkennbares System von Wällen und Gräben lassen vermuten, daß es sich, wie bei der nahen Hohensyburg, um eine alte Wallburg und somit um eine der ältesten Burganlagen des Landes handelt. Im benachbarten Elsey, wo die Lennestraße von der alten Straße Soest—Köln gekreuzt wird, befand sich vermutlich ein karolingischer Königshof. Die Kölner Erzbischöfe gründeten nahebei auf dem Raffenberg, auf dem Boden einer vorgeschichtlichen Fliehburg, eine Burg, die 1288 im Limburger Erbfolgekrieg zerstört wurde. Die alte Limburg war somit von Anfang an ein strategisch wichtiger Punkt in einem Durchzugsgebiet.

Als Teil des ursprünglich zur Grafschaft Altena gehörigen Limburger Gebietes gelangte sie durch die Erbteilung des Grafen Eberhard von Altena 1173 in den Besitz des Grafen Arnold von Altena, der vor allem die Grafschaft Isenburg erbte, während sein Bruder Friedrich die Grafschaft Altena erhielt und die Altenaer Linie, die der späteren Grafen von der Mark, fortsetzte. Nach dem tödlich verlaufenen Überfall des Limburger Grafen Friedrich von Isenburg, eines Sohnes des Grafen Arnold, auf seinen mit ihm wegen der Stiftsvogtei Essen streitenden Verwandten, den Erzbischof Engelbert von Köln (1225), war die Limburg von Truppen des Grafen Adolf von der Mark besetzt, der sie mit den übrigen Gütern des geächteten und 1226 in Köln zu Tode geräderten Isenbergers, seines Vetters, an sich gerissen hatte. Friedrichs inzwischen erwachsener Sohn Dietrich I. erstürmte 1230 die alte Limburg und gewann mit Hilfe seines Onkels Heinrich von Berg, des späteren Herzogs von Limburg a. d. Maas, im Lauf eines dreizehnjährigen Krieges einen kleinen Teil des einst umfassenden Isenbergschen Territoriums, die spätere Grafschaft Limburg, zurück. Da die kleine frühmittelalterliche Burg für die voraussichtliche Dauer der Fehde keine ausreichende Sicherheit bot, begannen Dietrich und Heinrich von Berg im Schutz der vereinigten Truppen auf dem nördlichen Ausläufer des Schleipenberges mit dem Bau einer neuen Wehranlage, der Kernburg der heutigen Hohenlimburg. Der Platz hatte den Vorteil eines an drei Seiten abfallenden Geländes, das nur an der Halsseite durch einen Graben gesichert werden mußte.

Erich Nordmar hat das Schloß maßstäblich aufgenommen und in einer umfassenden Monographie seine Baugeschichte geklärt, der auch die folgende Darstellung ihre wesentlichsten baugeschichtlichen Hinweise verdankt. Nach seiner Vorstellung waren markante Bestandteile der heutigen Anlage bereits in der Kernburg enthalten. Die Burgstraße führte durch den Mauerdurchlaß eines ersten Zwingers und den Gang des zweistöckigen Torhauses in starker Steigung auf den durch eine hohe Wehrmauer geschützten Burghof, auf dem sich an der Zugangsseite in geringem Abstand vom Torbau der runde Bergfried erhebt. Links vom Torhaus, auf der Verteidigungsseite, schlossen sich die Burgmannenhäuser an. An der ihnen gegenüberliegenden Langseite des Hofes stand der zweigeschossige Palas, die Wohnung des Burgherrn. Auf dieser Seite ist in der Ringmauer noch die Schlupftür eines heimlichen Ausganges zu sehen. Für Ställe und Wirtschaftsgebäude bot der hintere Teil des Hofes noch Raum genug. Ein an der Nordostecke der Wehrmauer vorspringender runder Turm bot zusätzliche Verteidigungsmöglichkeiten. Damals wurde auch bereits der bis auf die Sohle des Wesselbaches hinabreichende, heute noch wasserführende Brunnen angelegt. Mit Ausnahme der Burgmannenhäuser und der Stall- und Wirtschaftsgebäude sind die Bauten der ursprünglichen Burg, von zeitbedingten Veränderungen abgesehen, heute noch vorhanden. Die im 13. Jahrhundert mehrfach urkundlich erwähnte St. Georgskapelle befand sich wahrscheinlich im später umgebauten Obergeschoß des Torhauses.

Im Friedensvertrag von 1243 erwirkte Graf Dietrich das Zugeständnis, die neue Limburg weiter ausbauen zu können. Außerdem wurde ihm die Anlage einer neuen Burg unterhalb der Burg Blankenstein, die der Graf von der Mark inzwischen aus dem Material der zerstörten Isenburg hatte errichten lassen, zugestanden. Er nannte sich künftig Graf von Limburg, ließ sich aber noch im gleichen Jahr von seinem Oheim Heinrich von Berg seinen gesamten Besitz als erbliches Lehen — gleichsam förmlich — übertragen. Dabei spielte wahrscheinlich nicht nur Dankbarkeit für Beistand in der Not, sondern auch die Überlegung eine Rolle, sich auch für die Zukunft durch einen starken Protektor gegen künftige Gegner abzuschirmen. Dietrich konnte sich auf der Hohenlimburg noch einer Friedenszeit von mehr als drei Jahrzehnten erfreuen, in denen er die neue Isenburg auf einer Ruhrhöhe bei Essen erbaute, bis er sich erneut in einen Krieg einließ, der 1280 um die Nachfolge der Herzöge von Limburg (an der Maas) entbrannte. Wieder standen sich die Grafen von der Mark und von Limburg (an der Lenne), als Verbündete von Brabant auf der einen und Gelderns und des Erzbischofs von Köln auf der anderen Seite, gegenüber. Im Jahr der Entscheidung dieses sogenannten Limburger Erbfolgekrieges, in der Schlacht auf der Worringer Heide, besetzten Truppen des Grafen von der Mark vorübergehend die Hohenlimburg, die neue Isenburg wurde, wie die Raffenburg, völlig zerstört.

Auch Dietrichs Nachfolger — er selbst starb hochbetagt 1299 — mußten kurze Besetzungen der Hohenlimburg über sich ergehen lassen. Dietrich IV. erwarb durch Heirat die Herrschaft Broich. Nordmar vermutet, daß unter ihm bis 1377 im Bereich des ursprünglichen Zwingers die Vorburg entstand und mit einem neuen Zwinger umgeben wurde, nachdem Dietrich II. 1318 den Baubestand durch eine Marienkapelle unterhalb der Burg nahe der Lenne erweitert hatte. Dabei entstand an der Stelle der alten Zwingermauer eine Wehrmauer mit einem starken viereckigen Halbturm und ein vorgerücktes zweigeschossiges Torhaus, dessen Gang genau auf das alte Torhaus ausgerichtet ist. Die Fachwerkbrustwehr wurde wahrscheinlich später ergänzt. Eine Zugbrücke ermöglichte das Überqueren des dem Torbau vorgelagerten tiefen Trockengrabens. In verändertem Zustand sind die genannten Bauten noch erhalten. Was die weitere Bebauung des Vorburgkomplexes, Mauer und Tor des neuen Zwingers betrifft, sind wir auf die früheste Darstellung der Hohenlimburg, den Hogenbergschen Kupferstich von 1584 angewiesen, der, von einigen perspektivischen Mängeln, insbesondere in der Lokalisierung der Marienkapelle, abgesehen, als brauchbares Dokument zu betrachten ist. Das dort abgebildete zweigeschossige Fachwerkhaus im Vorburgbereich, das wie üblich Unterkünfte für das Personal, Ställe, Remisen und Lagerräume enthielt, und die ebenfalls dargestellte Mauer des neuen Zwingers mit Turm und Tor sind nicht mehr vorhanden. An der Stelle des Zwingertores steht jetzt ein Eisentor mit steinernen Pfeilern.

In den nächsten 200 Jahren hat sich der Baubestand der Hohenlimburg nicht wesentlich vermehrt. Erst nachdem nach dem Erlöschen des Isenberger Mannesstammes die Grafen von Neuenahr durch Heirat das Erbe der Grafschaft Limburg übernommen hatten und nach einer Erbteilung mit dem Broicher Grafenhaus Gumprecht IV. von Neuenahr wieder alleiniger Besitzer der Grafschaft Limburg geworden war, konnte an die dringend notwendige Erweiterung der Hauptburg gedacht werden. Das Torhaus der Hauptburg erhielt ein zweites Obergeschoß. Das mit Stabwerk ausgeführte Portal des Torbaus trägt oben die Jahreszahl 1549. Danach entstand im Anschluß an die Burgmannenhäuser ein neuer Palas, dreigeschossig und in der Traufenhöhe dem Torgebäude angepaßt, so daß eine spätere Ergänzung durch einen verbindenden Mittelteil an der Stelle der Burgmannenhäuser offensichtlich damals schon vorgeplant war. Das an der Verteidigungsseite nur von wenigen kleinen Fenstern durchbrochene Mauerwerk des neuen Palas wurde auf die Wehrmauer aufgesetzt. Ein Teil des Kellergeschosses enthielt die Küche, das Erdgeschoß Empfangs- und Festsaal, die Obergeschosse dienten als Wohn- und Schlafräume. Für die bis zum Dachgeschoß durchgeführte Holztreppe wurde der noch vorhandene Fachwerkanbau erstellt.

Unter Gumprechts Nachfolger, Graf Adolf von Neuenahr-Limburg, brachen für Burg und Grafschaft erneut schwere Zeiten an. Gebhard Truchsess von Waldburg, der als Erzbischof von Köln die Sache der Reformation vertrat und 1583, vom Papst in den Bann getan, vor den Truppen des neuen Erzbischofs Ernst von Bayern aus offener Feldschlacht nach Holland fliehen mußte, zog auch den ihm verbündeten reformatorisch gesinnten Grafen Adolf mit ins Verderben. Während Adolf auf einem anderen Kampfplatz weilte, spielte sich auf der Hohenlimburg die auf dem Hogenbergschen Stich dargestellte Szene ab. Die Burg wurde von den Kölnischen belagert, ihre Wehrmauer unterhalb der Burgmannenhäuser durch Minen gesprengt und nach wochenlanger Belagerung, nachdem auch das Trinkwasser ausgegangen war, am 12. November 1584 übergeben. 26 Jahre hielten die Truppen des Erzbischofs von Köln die Burg besetzt. Graf Adolf starb nach einer Regierungszeit von nur 14 Jahren, fern seiner Residenz, in Arnheim kinderlos.

Über seine seit 1573 mit dem Grafen Arnold von Bentheim-Tecklenburg verheiratete erbberechtigte Schwester Margarethe fiel die Grafschaft an dieses Grafengeschlecht, das heute noch Eigentümer des Schlosses Hohenlimburg ist. Graf Arnold besaß außerdem die Grafschaften Bentheim und Tecklenburg und die Herrschaften Rheda, Steinfurt und Alpen. Nach seinem Tode (1606) teilten seine Söhne den Besitz unter sich auf. Die Grafschaft Limburg fiel an Konrad Gumprecht. Allerdings vergingen noch vier Jahre, bis endlich die kölnische Besatzung 1610 die Hohenlimburg räumte.

Konrad Gumprecht blieben nur noch acht Jahre für die Wiederinstandsetzung der stark angeschlagenen Anlagen und Gebäude und für den notwendigen Ausbau. Die Ringmauer wurde wiederaufgebaut. Die sieben Burgmannen, deren Wohnungen eingestürzt waren, erhielten im Wesselbachtal neue Unterkünfte, Fachwerkhäuser, die heute noch unter der volkstümlichen Bezeichnung „Die sieben Kurfürsten" erhalten sind. Dem alten Palas wurde in südwestlicher Richtung ein dreistöckiger Anbau, wahrscheinlich für Verwaltung und Gericht, angegliedert, im neuen Palas wurden Umbauten vorgenommen. Das Torhaus der Vorburg wurde, der

Schloßhof mit Brunnen

Jahreszahl auf dem Wappenstein über dem gotischen Torbogen zufolge 1615, durch einen Anbau auf die doppelte Tiefe gebracht, im ersten Obergeschoß und im ausgebauten Dachgeschoß entstanden Wohn- und Schlafräume, die für Konrad Gumprechts Ehefrau Johanna Elisabeth bestimmt waren. Die Bezeichnung „Nassauer Schlößchen" für diese Neuanlage bezieht sich auf die Herkunft der Gräfin als einer geborenen von Nassau-Katzenellenbogen. Hier standen der Gräfin 36 Witwenjahre bevor, als Graf Gumprecht, erst 33 Jahre alt, 1618 kinderlos starb. Sein Bruder Adolf, dem das Limburger Erbe zufiel, regierte in Rheda über die gleichnamige Herrschaft und die Grafschaft Tecklenburg. Sein Sohn Moritz, der ihm 1629 als Erbe nachfolgte, war erst 13 Jahre alt, als der kaiserliche Oberst Bönninghausen 1633 die Hohenlimburg besetzte. Erst im Herbst 1636, nach einem großen Brand, der vom „Niederhaus" her wohl auf alle übrigen Gebäude der Burg übergriff, wurde die Hohenlimburg wieder frei.

Nach dem Krieg der dreißig Jahre gab es viel zu reparieren und zu erneuern. An Stelle des abgebrannten Niederhauses in der Vorburg wurde ein massives Kanzlei- und Wirtschaftsgebäude errichtet, das 1814 baufällig war und abgerissen wurde. Unter Graf Moritz wurde 1666 die Lösung der von Berg auf Pfalz-Neuburg übergegangenen Lehnshoheit gegen Zahlung von 10 000 Talern vollzogen.

Unter dem neuen Brandenburger Landesherrn hatten es die Limburger Grafen schwer, ihre Selbständigkeit zu behaupten, weil Brandenburg Limburg als einen Teil der Grafschaft Mark betrachtete. Als nach einem durch mehrere Generationen geführten Erbrechtsstreit zwischen den Grafen von Tecklenburg-Rheda und den Grafen von Solms-Braunfels Konrad von Solms seine vermeintlichen Rechte für 300 000 Taler an König Friedrich I. von Preußen verkaufte, kam es 1729 zwischen dem Grafen Moritz Casimir I. von Tecklenburg-Rheda und dem Preußenkönig zu einer vertraglichen Einigung. Für 175 000 Taler erkannte der Graf die Abtretung Tecklenburgs als rechtens an und ließ sich das Besitzrecht an der Herrschaft Rheda bestätigen. Preußen gab seine angeblichen Rechte an der Grafschaft Limburg auf und stellte für sie die Erhebung zur Reichsgrafschaft durch den Kaiser in Aussicht.

Im Jahre dieses für die Zukunft wichtigen Vertrages wurde Hohenlimburg nach 111 Jahren wieder Hauptresidenz der gräflichen Familie, Grund genug, sie den gewandelten Zeitverhältnissen mit ihrem Bedürfnis für größere Behaglichkeit und höfische Repräsentation anzupassen. Nicht mehr der Wehrgedanke dominiert, größere Wohn- und Gesellschaftsräume verdrängen die Enge des Zweckbaus. Man sieht ruhigere Zeiten kommen, öffnet die Mauern, und die Lebensfreude ergeht sich in stilvollen Gärten.

In Hohenlimburg wird mit der Errichtung des Verbindungsteiles zwischen dem hochgegiebelten inneren Torhaus als dem vorausgeplanten ersten Abschnitt des neuen Palas und dem unter Gumprecht IV. erstellten Renaissancebau der erste bewußte Schritt im Wandel von der Burg zum Schloß getan. Die weiten, lichten Räume, die man haben wollte, ließen im neuen Mittelteil nur zwei Geschosse zu. Ein Teil wird unterkellert. Die Fassade an der Hofseite wird durch das zweiflügelige Barockportal mit Freitreppe und große unachsial gerichtete Fenster — wie im Nachbarteil mit Sandsteinfassung — bestimmt. Das Glanzstück, der heute „Fürstensaal" genannte 12 x 8 m große Empfangssaal, und der anschließende kleinere Saal (8 x 8 m), der im Bedarfsfall mittels großer Flügeltüren den großen Saal ergänzte, erstreckten sich über das ganze Erdgeschoß. Die Räume im Obergeschoß wurden wohnlich gestaltet, mit großen Fenstern auch an der Gartenseite, so daß der Talblick voll zur Geltung kommt.

Leichtere Formen setzten sich in einem in malerischem Fachwerk gehaltenen erkerartigen Zwischenbau im Winkel zwischen Bergfried und Neuem Palas und sogar am Bergfried durch, der eine welsche Haube mit zwei Laternchen und einer Wetterfahne, dazu eine Turmuhr erhielt. Eine Wetterfahne mit den Initialen des Grafen Moritz Casimir und der Jahreszahl 1749 trägt auch der unverändert erhaltene neue schmiedeeiserne Aufbau des Ziehbrunnens. Auf Schloßansichten aus dem 18. Jahrhundert ist eine geometrisch gegliederte Gartenterrasse mit Steinfiguren und Gartenhaus zu erkennen, die an der Nordwestseite unterhalb der Ringmauer angelegt wurde.

Damit ist das — hier nicht unbedingt chronologisch behandelte — Bauprogramm Moritz Casimirs I. bei weitem noch nicht umrissen. Der Alte Palas wurde durch das Kastellanhaus erweitert. Im unteren Schloßhof entstand in Fachwerk und in Anlehnung an den Westteil der Ringmauer ein langgestrecktes eingeschossiges Wirtschaftsgebäude, das sich in einem zweigeschossigen, auf das Nassauer Schlößchen auslaufenden Wohnteil fortsetzte. Hinter der Einfahrt zum Zwinger wurde die heute noch vorhandene Wagenremise errichtet. 1749 begann man im Stadtinnern mit dem Bau der Hof- und Schloßkirche, einer äußerlich schlichten Saalkirche mit Westturm. Der Innenraum zeigt mit dem illusionistischen Deckengemälde von J. J. Kleiner, dem Orgelprospekt und der Kanzel spätbarockes Gepräge. Mit Beginn des Siebenjährigen Krieges verlor die Hohenlimburg ihre Rolle als Residenz. Graf Moritz Casimir glaubte sich in Rheda weniger der Wetterfront des Krieges ausgesetzt und überließ die Verwaltung in Hohenlimburg einem Drosten. 1760—1762 hielten Franzosen das Schloß und die Stadt besetzt. Raubzüge in die Nachbarschaft waren an der Tagesordnung. Moritz Casimir starb 1768. Sein Nachfolger, Graf Moritz Casimir II. ersetzte 1748 die Zugbrücke am unteren Torhaus durch eine feste Brücke. Unter Graf Emil wurde 1801 auf dem noch freien Gelände im oberen Schloßhof ein Gefängnis erbaut, das später abgebrochen wurde. Der 1811 durch Blitzschlag verursachte Schaden am Bergfried wurde nur teilweise behoben. Der um zwei Geschosse verkürzte Turm mit dem kleinen Spitzhelm geht geduckt in den umgebenden Gebäudemassen unter.

Von augenfälligen baulichen Veränderungen des 19. Jahrhunderts ist vor allem der kleine, vom Fürstensaal zugängliche Anbau an der Gartenseite des neuen Palas zu nennen, der über einem Untergeschoß das Biedermeierzimmer (um 1850) aufnahm. Um 1873 wurden die Mauertürme über dem oberen Schloßhof zu anmutigen schieferbekleideten Aussichtspavillons ausgestaltet. Um dieselbe Zeit erhielten die Außenwände mehrerer Gebäude Schieferbekleidung.

Graf Emil hatte den Verlust der Limburger Eigenständigkeit erlebt, mit der auch die jahrhundertealte Limburger Eigengerichtsbarkeit endete. Napoleon verleibte die Grafschaft dem Großherzogtum Berg ein. Die Verleihung des erblichen Fürstentitels an Graf Emil im Jahre 1817 durch den Preußenkönig war vorläufig kein Ersatz für die zwei Jahre vorher vollzogene Umwandlung der Reichsgrafschaft in eine Standesherrschaft. Erst sein Sohn Fürst Moritz Casimir I. wurde 1844 mit 500 000 Talern für die Verluste seines Hauses abgefunden.

Die seit 1756 nicht mehr ständig bewohnten Räume im Schloß wurden 1903 von dem Prinzen Karl von Bentheim und seiner Ehefrau wieder bezogen. Nach dem Tode des Prinzen (1939) bewohnte seine Witwe bis zu ihrem Tode im Jahr 1952 allein das Schloß. Nachdem 1947 die Räume im Neuen Palas musealen Zwecken zugeführt und damit der Öffentlichkeit zugänglich gemacht waren, steht das Nassauer Schlößchen der fürstlichen Familie bei ihren gelegentlichen Aufenthalten zur Verfügung.

Dank einer so bewegten Geschichte als Residenz namhafter westfälischer Grafengeschlechter und seines in der Grundlage erhaltenen mittelalterlichen Baubestandes zählt das Schloß Hohenlimburg heute zu den interessantesten Bau- und Geschichtsdenkmälern des Landes. Dazu kommt seine großartige Lage. Dem Besucher entgeht selbst, wenn er sich im Kraftfahrzeug von der Stadt her dem Schloß nähert, nicht das starke Gefälle, in dem sich der Schloßberg zur Talsohle senkt. Schon von der Terrasse des Zwingers, den man durch die von kugelbesetzten Pfeilern flankierte Einfahrt betritt, bietet sich eine eindrucksvolle Fernsicht über die Stadt und das Lennetal bis zum Höhenzug des Ardey, der sich als letzte Barriere vor die große Ebene schiebt.

In drei, auch niveaumäßig gegeneinander abgesetzten Abschnitten gibt sich die Gesamtanlage als das Muster einer hervorragend an die Geländeverhältnisse angepaßten Ausläuferburg zu erkennen. Vom Zwinger, dessen Mauer auf Terrassenhöhe reduziert ist, gelangt man durch den ansteigenden Durchgang des äußeren Tores in die ummauerte Vorburg, die den von Wirtschaftsgebäuden und Schuppen umfaßten äußeren Schloßhof bildet. Von hier aus wird das Blickfeld bereits durch die gedrungene Gestalt des Bergfrieds auf der Oberburg beherrscht, zu der der in der Achse des äußeren Tores liegende tiefe und tonnenüberwölbte Durchgang des inneren Tores ansteigt. Auf der Nordseite ist noch der Grundriß der 70 x 30 m großen barocken Gartenanlage zu erkennen. Der Weg von der Einfahrt des Zwingers bis zur Ostecke der Oberburg beträgt 130 m. Der ungefähr rechteckige innere Schloßhof mißt einschließlich der bebauten Fläche etwa 50 x 20 m.

Nordmar untersucht in seiner Monographie, inwieweit der erste Bauherr, Graf Dietrich, Anregungen, welche die Nachbarburgen Raffenburg, Altena und die frühere Isenburg boten, bei der Wahl des Standortes und der weiteren Planung der Gebäude und Befestigungsanlagen verwerten konnte. Die während der Bauarbeiten abgebrochene alte Limburg konnte dem Grafen lediglich als Anschauungsobjekt für mehrere Mängel dienen. Auffällige Parallelen in der Gebäudegruppierung stellt Nordmar zwischen der neuen Limburg und der nur noch in ihren Grundmauern erhaltenen Raffenburg fest, die mit einer vollen Burgausstattung innerhalb der von Verteidigungsgräben umgebenen Ringmauer die der Limburg gegenüberliegende Bergkuppe krönte.

Im Nebeneinander von Bauteilen verschiedener Stilepochen, die durchaus nicht den Eindruck der Geschlossenheit verwischen, herrscht auf der Hohenlimburg noch das mittelalterliche Gepräge vor und vermittelt echte Burgenstimmung, die der Besucher um so mehr ausschöpfen kann, als nicht nur die Sammlungen des im Neuen Palas und im Bergfried untergebrachten Städtischen Heimatmuseums, sondern auch die Wehrgänge und Ecktürme auf der Ringmauer mit ihren herrlichen Rundblicken den Besuchern zugänglich sind.

Am Neuen Palas, der fast die ganze nordwestliche Langseite des inneren Schloßhofes einnimmt, ist der mit Zierformen der ausgehenden Gotik ver-

Lennetal mit Hohenlimburg, Lithographie um 1860

sehene Werksteinrahmen der zur steinernen Wendeltreppe führenden Tür bemerkenswert. Die in die Sammlungen des Museums einbezogenen Säle des Erd- und ersten Obergeschosses demonstrieren mit ihrer Ausstattung aus dem fürstlichen Familienbesitz die gehobene Wohnkultur des 17. und 18. Jahrhunderts. An den bis zur Decke mit weißen Delfter Kacheln verkleideten Wänden des Empfangssaales sind künstlerisch hochwertige Porträts von Mitgliedern des Hauses Bentheim-Tecklenburg-Rheda und für die Baugeschichte aufschlußreiche alte Totalansichten des Schlosses zu sehen. Besonders reichhaltig ist die in mehreren Räumen untergebrachte Sammlung von Waffen, Jagdgeräten und Uniformen des fürstlichen Hauses.

Der schmucke Fachwerkerker an der Südecke des Neuen Palas und das schmiedeeiserne Brunnenhaus setzen kunstvolle, spielerische Akzente gegen die rustikale schwere Baumasse des Bergfrieds, der zur Verstärkung der Torseite in die Ringmauer eingepaßt ist, hier allerdings, der Regel entsprechend, zur Linken des Torhauses gegenüber der ungeschützten Schwertseite des Angreifers. Bei einem Turmdurchmesser von 10 m beträgt die Mauerdicke 3—3,50 m. Die Gliederung des Bergfrieds entspricht dem üblichen Schema; über dem 7 m hohen Verlies befindet sich das durch eine Tür von außen zugängliche 4,50 m hohe Obergeschoß, von dem aus eine steinerne, in das Mauerwerk eingelassene Wendeltreppe zu wahrscheinlich zwei weiteren Obergeschossen und einer zinnengeschmückten, spitzüberdachten Brustwehr führte. Bis zu den Zinnen dürfte der Turm eine Höhe von 24 m gehabt haben. Ein Blitzschlag verkürzte ihn im Jahr 1811 um die Hälfte. Ein Kamin mit Rauchabzug läßt auf Bewohnbarkeit schließen. Durch eine Öffnung im Gewölbe des Erdgeschosses wurden die Gefangenen aus dem ersten Obergeschoß an einem Seil in das Verlies hinabgelassen. Im Bergfried wird das Gefängnis mit Dokumenten des landesherrlichen Gerichtswesens und Gegenständen des Strafvollzugs gezeigt. Eine Münzsammlung des Museums zeugt für die Tatsache, daß der 1252 zur Freiheit und 1709 zur Titularstadt erhobene Ort Limburg bis ins 15. Jahrhundert landesherrliche Münzstätte war.

Die Abgeschlossenheit läßt den allseitig umbauten oberen Schloßhof für die sommerlichen Freilichtspiele besonders geeignet erscheinen, während der Fürstensaal für öffentliche Konzerte ein festliches Raumbild stellt.

Hermann Esser: Schloß Hohenlimburg. In: Heimatblätter für Hohenlimburg. Jahrgang 13 1952 Nr. 8 / Erich Nordmar: Schloß Hohenlimburg. Die Baugeschichte einer westfälischen Höhenburg. Hagen 1960.
Zur Abbildung S. 118: Schloß Hohenlimburg um 1800 nach einer alten Ansicht im Schloßmuseum.

13 Villigst

Haus   Schwerte-Villigst   Kreis Unna

Etwa auf der Mitte der Mündungsorte der Lenne und der Hönne in die Ruhr gelegen, hat Haus Villigst beiderseits eine an früheren Burgen und noch vorhandenen Herrensitzen reiche Nachbarschaft. Von den Ruinen der Hohensyburg, einer altsächsischen Volks- und mittelalterlichen Turmburg, und Westhofen, dem ehemaligen Sitz eines karolingischen Reichshofes, von der Hansestadt Schwerte mit ihren Erinnerungen an eine Wasserburg und ein späteres Schloß der Grafen von der Mark über die durchweg auf alte Wasseranlagen zurückgehenden Häuser Husen, Ruhr, Ruthenborn, Gerkendahl, Altendorf und Dahlhausen bis Fröndenberg, der Stätte eines ehemals berühmten adeligen Damenstifts, erstreckt sich eine vorwiegend von den Grafen von der Mark beeinflußte Geschichtslandschaft, an der die ehemalige Grafschaft Limburg seit 1226 nur noch westlich des Hauses Villigst bei Ergste Anteil hatte. Obwohl diese von den Ausläufern des Niedersauerlandes und der Ardeyhöhen begrenzte Talaue im Industriezeitalter in der Nähe der alten Wohnorte eine bauliche Verdichtung und Anschluß an den Straßen- und Eisenbahnverkehr erhalten hat, ist ihr Landschaftscharakter noch vorwiegend agrarisch bestimmt.

Das Haus Villigst steht unweit der Schwerter Ruhrbrücke auf einer schmalen Bodenterrasse zwischen dem nur wenig tiefer gelegenen Flußbett der Ruhr und der Straße, die zwischen Villigst und Hennen die Bundesstraßen 233 und 236 verbindet. Nur ein kleiner Vorplatz trennt die Einfahrt von der Straße, auf die die Mittelachse der Gesamtanlage ausgerichtet ist. Nur wenig größer ist auf der Ruhrseite der Abstand des Hauses von dem vor der Ruhrregulierung oft über seine Ufer tretenden Fluß. Nordwärts reicht der Blick über die Ruhr und ein weites Wiesen- und Weidegelände bis an den Rand der Schwerter Oststadt.

Seit 1070, der ersten urkundlichen Erwähnung, bis ins 16. Jahrhundert erscheint Villigst in der Namensform Vilgeste. 1170 wird ein Ritter Wernerus de Vilgeste im Dienst des Grafen Rabodo und der Richezza von Hegeninghausen in einer Kölner Urkunde erwähnt. 1229 ist für Villigst eine curia (Oberhof) des Stiftes Herdecke nachgewiesen. 1298 wird das Altenaer Rittergeschlecht Sobbe als Besitzer von Villigst genannt. Ob die Sobbe, die auch über die Burg und das Gericht zu Schwerte verfügten, in die Ministerialenfamilie von Villigst eingeheiratet haben oder durch Belehnung nach Villigst kamen, ist nicht zu ermitteln. Auf Verwandtschaft mit dem Limburger Grafenhaus ist wahrscheinlich der früher zum Hause Villigst gehörende ausgedehnte Grundbesitz auf Limburger Gebiet, vor allem im Kirchspiel Ergste, zurückzuführen, das im 18. Jahrhundert durch Geschwisterabfindungen wieder weitgehend für das Haus verlorenging. Durch die Erbvereinigung von Kleve und Mark (1368) wurde Villigst märkisches Lehen, nachdem der Ritter Sobbo von Altena sich im Jahre 1300 durch Übereignung seines Gutes in den Schutz der Grafen von Kleve begeben und nach dem üblichen Modus der Zeit Villigst als klevisches Lehen zurückerhalten hatte. Eine Tochter Johann Sobbes heiratete Dietrich von der Recke, der bis zu seinem Tode (1434) Eigentümer des Hauses Villigst war.

Später gehörte das Haus zu den Gütern des Grafen Gerhard von der Mark, des Bruders des regierenden Grafen und späteren Herzogs Adolf IV. von Kleve und Mark. Da Graf Gerhard unverheiratet blieb und ohne legitime Nachkommen starb, fiel Villigst 1461 mit den übrigen Gütern an den Herzog von Kleve-Mark zurück. Eberhard von der Mark, ein unehelicher Sohn des Grafen Gerhard, der das Amt des Erbmarschalls zum Schwarzenberg innehatte, trat im selben Jahr sein Burghaus auf dem Schwarzenberg an

Herzog Johann I. von Kleve-Mark ab und erhielt dafür das Haus Villigst, das er zu seinem Stammsitz machte, auf dem seine Nachkommen, die Herren (nicht Grafen) von der Mark, fast drei Jahrhunderte in ununterbrochener männlicher Erbfolge gelebt haben. Als Zeichen seiner unehelichen Herkunft ist auf seinem Siegel der geschachtete märkische Balken durch ein schmales Band diagonal geteilt.

Eberhard I. von der Mark blieb auch nach seiner Übersiedlung nach Villigst Erbmarschall zum Schwarzenberg, 1462 wurde er auch Drost zu Hörde und 1477 Drost zu Altena. Sein Urenkel Johann Friedrich (†1599) wird unter den Gästen der glanzvollen „Düsseldorfer Hochzeit" des Jungherzogs Johann Wilhelm von Kleve mit der Markgräfin Jakobe von Baden und als Teilnehmer des aus diesem Anlaß veranstalteten siebentägigen Turniers genannt. Dieser wurde in der Schwerter Kirche begraben. Der letzte Herr von der Mark zu Villigst, Henrich Friedrich Wilhelm, starb 1749. Nach dem vorzeitigen Tod seines einzigen Sohnes hatte er seinen Enkel Friedrich Wilhelm von Elverfeldt, den ältesten Sohn seiner mit Adolf Ferdinand Friedrich von Elverfeldt-Herbede verheirateten Tochter Henriette, zum Universalerben eingesetzt. Von dem letzten Vertreter dieser Linie gelangte Villigst 1889 durch Übertrag an seinen Vetter Victor Freiherrn von Rheinbaben, dessen Tochter Elisabeth Hans Dietrich Freiherrn von Gemmingen heiratete. Auf diese Weise ging der Gutshof nach 1900 in den Besitz der Familie von Gemmingen über. Die Landeskirche Westfalen, die hier das Evangelische Studienwerk, das Sozialamt und das Katechetische Amt unterbrachte, nahm das Haus nach dem Zweiten Weltkrieg in Pacht. Die Familie von Gemmingen lebt seitdem auf Haus Kotten bei Bösperde.

Die in einem guten Erhaltungszustand befindliche klassizistische Anlage hatte wahrscheinlich drei Vorgänger. 1298 ist bereits von einer Burg, 1390 von einem „Nyehus to Velliste" die Rede. Eine perspektivisch verzeichnete Ansicht von 1722 zeigt eine geschlossene unregelmäßige Vierflügelanlage, die von einem von der Ruhr abgeleiteten Graben umgeben und an der Westseite von der Ruhr selbst begrenzt wird. Neben Vorburggebäuden, einem geometrisch eingeteilten Garten, einer Mühle, für die Herzog Johann II. von Kleve 1492 das Mahlrecht erteilt hatte, ist ein hölzerner Brückensteg über die anscheinend an dieser Stelle seichte Ruhr zu erkennen. Das über hohem Sockelgeschoß errichtete zweistöckige Hauptgebäude hat einen kleinstufigen Treppengiebel, der auf das 15. Jahrhundert verweist, und einen Abtritterker an der Ruhrseite. Die barocke Zwiebelhaube darüber gehört gewiß zu einem verdeckten Gebäude, vielleicht einer

Kapelle. Die um ein Stockwerk niedrigeren Nebenflügel mit einem als Torhaus zu denkenden Überbau in der Nähe der festen Gräftenbrücke können Erweiterungsbauten, aber ebensogut älteren Datums sein. Sie umfangen einen geräumigen Binnenhof. Die Brückenpfeiler sind mit Steinkugeln besetzt. Die ganze Anlage macht einen großzügigen Eindruck und entspricht offenbar der Bedeutung, die der ursprünglich mit ihm verbundene große Grundbesitz dem Hause Villigst verlieh.

Die Baugeschichte des bisher von der Kunstgeschichte wenig beachteten neuen Hauses Villigst ist jüngst von Ulrich Barth eingehend untersucht und dargestellt worden. Als Architekt wurde von ihm Engelbert Kleinhanz, damals in Elberfeld ansässig, ein gebürtiger Tiroler, ermittelt, der 1819 mit dem Bauherrn Ludwig von Elverfeldt vertraglich übereinkam. Kleinhanz hat zahlreiche Kirchen (Erlöserkirche in Lüdenscheid), Herrenhäuser (Berge, Dahlhausen), öffentliche Gebäude (Museum in Elberfeld), Brücken (Hohenlimburg, Wuppertal, Werden), Fabriken und Privathäuser gebaut.

Sein Villigster Bau, eine in der Mittelachse auf die ungefähr nord—südlich verlaufende Straße Schwerte—Hennen ausgerichtete symmetrische Anlage, entstand in Abständen in der Zeit von 1819 bis 1831. Der allseitig von Gebäuden umgebene Hof ist nach Osten zwischen den beiden symmetrischen Torhäusern, die den Haupteingang flankieren, geöffnet. An die Torhäuser schließen sich langgestreckte Ostflügel an. An den Südflügel ist rechtwinklig noch ein Westflügel angelegt, der den Hof an dieser Stelle einengt. Auf der Nordseite schließt der Remisenflügel den Hof ab. Ohne Verbindung mit den genannten Ökonomiegebäuden bildet das Herrenhaus den westlichen Abschluß. Der Niveauunterschied zwischen dem Hof und der tiefer liegenden Ruhrterrasse wird durch ein hohes Sockelgeschoß ausgeglichen, an das sich auf der Ruhrseite früher in gleicher Höhe eine vor dem Ruhrhochwasser schützende Futtermauer anschloß. Alter Baumbestand umrahmt die Baugruppe und setzt gegen die nahe Verkehrsstraße einen Akzent der Ruhe.

Die mit laternenartigen Türmchen ausgestatteten Torhäuser spielen mit ihrer Gliederung an der dreiachsigen Straßenfront, den Flachgiebeln und den Rundbogenfenstern über den Kranzgesimsen auf den Mittelrisalit des Herrenhauses an, der aus der Straßensicht genau im Blickfeld zwischen den Torhäusern steht, allerdings jahreszeitlich unterschiedlich durch die hohen Rondellbäume in der Mittelachse des Hofes verdeckt wird. Auf der Hofseite ist jedem Torhaus ein Portikus vorgesetzt.

Das in der Tradition des Rechteckbaues stehende Herrenhaus erhielt durch eine durchdachte strenge Gliederung seine zeitübliche Prägung. Den neun Fensterachsen auf der Ost- und Westfassade entsprechen nach dem Prinzip der Dreiteilung je drei Achsen auf den Schmalseiten und diesen wiederum der dreiachsige Mittelrisalit der Ostfassade. Ein zweiter Mittelrisalit mit Flachgiebel gliedert einachsig die Südseite. Die Mittelachse der Westfassade unterlag in ihrer andersartigen Gestaltung der besonderen Form der dahinterliegenden Innenräume. Der wie alle Gebäude ockerfarbig verputzte Bau erfährt durch die Gliederungselemente des hellen einheimischen Werksteins eine wirkungsvolle Kontrastierung. Ecklisenen fassen die beiden Wohngeschosse und das durch Rundbogenfenster gegliederte Attikageschoß in Kolossalordnung zusammen. Die bevorzugte Hoffassade weist auch im wenig hervortretenden Sockelgeschoß Rundbogenfenster auf. Der Flachgiebel über dem Mittelrisalit findet hier seine formale Entsprechung in den Ädikulaverdachungen des Portals und der Untergeschoßachsen 2 und 8. In der einfachen, der Breite des Mittelrisalits angepaßten Freitreppe befinden sich Kellereingänge. Über einem starken Kranzgesims, das mit dem Attika- und dem Sockelgesims die Horizontalgliederung unterstützt, setzt das flache Walmdach mit vier Dachgauben und drei Schornsteinköpfen an.

Die Westfassade unterscheidet sich von der Hoffassade durch ein wesentlich höheres Sockelgeschoß mit rechtwinkligen Fenstern, durch eine andere

Behandlung der Mittelachse und durch eine feinfühlige Steigerung der Fensterabstände zur Mitte hin. Der Vergleich einer lithographischen Ansicht von P. P. Klein aus der Zeit bald nach Vollendung der Anlage mit dem heutigen Zustand läßt Veränderungen, vor allem im Mittelteil der ruhrseitigen Fassade, erkennen. Nach Beseitigung der Hochwassergefahr konnte das Sockelgeschoß durch eine Glastür mit Trumeau zur Ruhr hin geöffnet werden. So gut wie unverändert hat sich die als Hauptblickpunkt der Fassade in der Form des Venezianischen Fensters bevorzugt gestaltete, nach ihrem Theoretiker auch Serliana genannte porte-fenêtre erhalten, die die dahinterliegenden Erdgeschoßräume mit dem Balkon verbindet. Der offensichtliche Versuch, die Ädikulaverdachung des dreiteilig gekoppelten Obergeschoßfensters zwischen dem Blendbogen der Serlina und dem Flachgiebel über dem Attikageschoß vermitteln zu lassen, läßt Schwierigkeiten bei der Proportionierung so verschiedener eklektischer Elemente erkennen, Schwierigkeiten, deren Ursache in der Raumdisposition des Hauses zu suchen ist.

Im Innern nämlich überrascht das Herrenhaus mit zwei als querovale Rotunden gestalteten Festräumen im westlichen Mittelteil des Unter- und Obergeschosses. Die dazugehörige Westfassade mit ihrem geraden Wandverlauf läßt dieses Raumbild nicht vermuten. Im Barock, der kurvige Raumentfaltung liebte, wäre eine solche Lösung ohne organische, konvexschwingende Ummantelung der Rotunden undenkbar gewesen. Jetzt, in Kenntnis der Raumform, erklärt sich das Verfahren des Architekten, die Intervalle zwischen den Fensterachsen zur Mitte hin zu steigern, als ein notwendiger Kunstgriff. Auch ein Mittelrisalit, wie an der Hoffront, ließ sich nicht einplanen, so daß der Flachgiebel über dem Mittelteil ziemlich unmotiviert erscheint.

In der gediegenen, aber keineswegs üppigen innerräumlichen Ausstattung zeichnet sich der charakteristisch klassizistische Dekor in den Rotunden und den angrenzenden Sälen, die heute der Seminararbeit der Landeskirche dienen, durch beachtliche Qualität aus. Aus dem Model geschaffene und frei gearbeitete Stukkaturen an Decken, Wänden und Nischen, als deren Verfertiger französische Stukkateure, Martin und Arnold Souheur, und Jacob Spicoux aus Aachen genannt werden, wechseln mit teils illusionistischer Malerei.

Ulrich Barth: Die Baugeschichte des Hauses Villigst. In: Der Märker. 22. Jahrg. 1973, H. 2.

14 Melschede

Haus   Sundern-Melschede   Hochsauerlandkreis

Auf dem Weg vom romantischen Hönnetal zum Sorpesee führt ein
Abzweig der Bundesstraße 229 durch die Gebirgs- und Waldlandschaft
zwischen Hövel und Langscheid vorbei an Haus Melschede, dessen Gebäudegruppe sich behäbig in dem abgelegenen tiefen Talgrund eines zur Orle
fließenden Baches ausbreitet. Das gewässerreiche Gebiet um den See ist
alter geschichtlicher Boden. Die reichen Funde, einige tausend Werkzeuge
der älteren Steinzeit, in der Balver Höhle, der größten Kulturhöhle
Deutschlands, lassen auf früheste Besiedlung schließen. Das Balova des
9. Jahrhunderts spielt in einer schriftlichen Fassung der Wielandsage eine
Rolle. Südlich des Schlosses Wocklum finden sich Reste einer karolingischen Ringwallanlage ähnlich der auf dem Fürstenberg bei Neheim. Auf
eine der ältesten Burgen des Sauerlandes, schon im 11. Jahrhundert Zentrum einer größeren Grundherrschaft, gehen die Ruinen der Burg Hachen
auf einem Bergkegel über dem Zusammenfluß von Röhr und Sorpe

zurück. Als ehemalige Herrensitze, durchweg von Ministerialen und Lehns-
leuten der Grafen von Arnsberg, sind noch Amecke, Langenholthausen,
Mellen, Volkringhausen, Binolen und Hövel zu nennen, auf der Gegenseite die Burg Klusenstein, 1353 als Grenzfeste der Grafen von der Mark
gegen das Herzogtum Westfalen, den Nachfolger der Arnsberger Grafschaft seit 1368, errichtet.

Melschede wird urkundlich erstmals 1281 erwähnt. Einem Vlecke wird die
Vogtei über einen dortigen Besitz übertragen. Schon früh gibt es urkund-
liche Belege für das Vorhandensein zweier Häuser mit ursprünglich verschiedenen Besitzern. Ein Rittergut, vermutlich das später als freies Eigen
(Allodialgut) ausgewiesene „Oberste Haus", ist seit dem 14. Jahrhundert
im Besitz der Familie Wrede. Daneben erscheinen 1437 und 1482 die
Ritter Lambert, Johann und Heinrich von Melschede, die vom Erzstift
Köln mit einer wahrscheinlich von den Arnsberger Grafen an Köln gelang-
ten und vermutlich mit dem „Niedersten Haus" verbundenen kleinen
Freigrafschaft belehnt waren. Das Niederste Haus kam Ende des 15. Jahr-
hunderts an die Familie von Kobbenrode. Durch die vor 1530 erfolgte
Heirat des Dietrich von Wrede mit Margaretha von Kobbenrode, Erb-
tochter zu Melschede, gelangte auch dieser Besitz an die Familie von
Wrede.

Als Lehnsnachfolger auf dem Untersten Haus erscheint in einer Urkunde
von 1609 Stephan von Wrede zu Melschede, Droste zu Balve, Statthalter
des „Vestes Limburg" und seit diesem Jahr westfälischer Hofmeister des
Kölner Erzbischofs. Daß es sich dabei um eine erbrechtliche Lehnserneue-
rung — wie 1650 für Ferdinand von Wrede zu Melschede — handelt, geht
wohl auch daraus hervor, daß Johann Wredes Ehefrau Anna und ihr
minderjähriger Sohn durch Vormünder vertreten werden, als sie im gleichen Jahr mit Heinrich von Wrede zu Melschede das hochverschuldete
Oberste Haus mit Zubehör an den vorgenannten Stephan von Wrede zu
Melschede verkaufen. Das Verwandtschaftsverhältnis der Beteiligten kann
durch die vorliegenden Urkunden nicht geklärt werden. Sicher ist nur, daß
durch diesen Kaufabschluß die beiden Häuser wieder in einer Hand vereinigt wurden. Angehörige der Familie von Wrede erscheinen früh als
Burgmannen und spätere Besitzer der Burg Hachen und des Hauses Brü-
ninghausen bei Affeln. Von 1497 ist ein Frerick Wrede gnt. Supetut ohne
Besitzangabe bekannt. Sein wahrscheinlich direkter Nachkomme Melchior
Wrede gnt. Supetut erscheint 1538 als Besitzer des Hauses Mellen bei
Neuenrade, Dietrich Wrede im gleichen Jahre als Besitzer von Amecke.
Auch das Gut Reigern war zeitweilig im Besitz der Familie von Wrede.

1660 wurde das baufällige und wegen seiner Enge nicht erhaltungswürdige „uralte niederste Haus", wie einer Urkunde aus diesem Jahre zu entnehmen ist, abgebrochen. Zu diesem Zeitpunkt hatten Ferdinand von Wrede und seine Frau Maria, geb. von der Horst zu Hellenbracht und Wittlinghofen bereits mit dem Neubau des erhaltenen, ursprünglich vierflügeligen Hauses begonnen, und zwar, wie es in der Urkunde heißt, auf Allodialgrund. Das Lehnsgebiet des Untersten Hauses lag jetzt — einem Vermessungsprotokoll von 1660 zufolge — zwischen dem Obersten Haus und der Neuanlage und war „in circuitu et conferentia" (ringsum und zusammenhängend) von dem Wredeschen Allod umgeben. Eine Gräfte des Untersten Hauses, und zwar die an der „großen neuen Pforte" des Neubaus, wurde in das Gräftensystem dieses Neubaus einbezogen. Den Urkunden zufolge hatten alle drei Häuser Gräften und müssen daher im Talgrund zwischen dem 335 m hohen Ballberg und der Krähenbrinke (418 m) lokalisiert werden. Diese Auffassung wird durch altes Mauerwerk mit mittelalterlichen Schießscharten an einer Scheune und unterirdische Gebäudereste im östlich des Herrenhauses sich anschließenden weitläufigen Wirtschaftshof bestätigt. Geht man erfahrungsgemäß davon aus, daß die Bezeichnungen Oberstes und Unterstes Haus sich oft an einem Fluß- oder Bachlauf orientierten, so dürfte das Oberste Haus am Oberlauf, das Unterste Haus weiter westwärts am unteren Lauf des in Ost-West-Richtung vorbeifließenden Mühlbaches zwischen dem Obersten Haus und dem Neubau, wie das Vermessungsprotokoll besagt, gelegen gewesen sein. Auch die einzige Ansicht der Vierflügelanlage, ein im Besitz des Hauses befindliches Gemälde aus dem 18. Jahrhundert, kann als Bestätigung des Gesagten betrachtet werden. Das auf der Schauseite dargestellte Brückenportal ist mit der im Vermessungsprotokoll erwähnten „großen neuen Pforte" identisch. Der rechts anschließende Nordflügel verfiel 1823 mit den beiden Ecktürmen und den mit ihren Turmspitzen angedeuteten hofseitigen Treppentürmen dem Abbruch. An der Stelle des Obersten und des Untersten Hauses sind die neuen Gebäude des Wirtschaftshofes errichtet worden, wobei die alten Gebäude bis auf die erwähnten mittelalterlichen Reste üblicherweise als Steinbruch dienten. In den älteren Lehnsurkunden ist vom „niedersten Haus Melschede und der Mühle belegen in seinem Wassergraben" die Rede. Man muß annehmen, daß bei der Trockenlegung des für die spätere Ökonomie erforderlichen Bodens die Mühle mitbetroffen und an die jetzige Stelle unterhalb des heutigen Schlosses, wo sich eine gute Staumöglichkeit bot, verlegt wurde.

Der Bauherr des frühbarocken verputzten Bruchsteinhauses, dessen größte

Wirkung von den vier Ecktürmen und ihren kunstvollen, mit Wetter- fahnen besetzten welschen Hauben ausgeht, hatte die ehrenvolle Stellung des Landdrosten von Westfalen inne und besaß von 1654 bis 1685 die ihm von seinem Landesherrn verpfändete Amtsmannschaft des Amtes Balve. Die Einkünfte aus diesen Ämtern ermöglichten ihm wahrscheinlich den Bau des 1669 vollendeten zweigeschossigen Herrenhauses.

Vorbild für das wahrscheinlich schrittweise ausgebaute und nicht von Anfang an so großzügig geplante neue Haus war wohl das etwas später begonnene, ein Jahr früher vollendete kölnisch-kurfürstliche Jagdschloß Hirschberg, das bis auf kleine Rudimente und das nach Arnsberg über- tragene „Hirschberger Tor" im Anfang des 19. Jahrhunderts beseitigt wurde. Hier wie dort waren der Kapuzinerbruder Bonitius aus Trier für den Entwurf und der Steinhauer Nikolaus Dentel aus Volkmarsen für die Bauleitung verantwortlich. Das in der gleichen Bauzeit entstandene Vier- flügelschloß Westerwinkel kommt dem ursprünglichen Herrenhaus Mel- schede am nächsten. Sie sind die letzten Vertreter dieses Schloßbautyps. In Melschede wurde der Hausteich völlig trockengelegt.

*Innenhofportal
des Westflügels*

Ein Gewölbekeller im Westteil des Südflügels mit einem mächtigen mittelalterlichen Rundpfeiler, der sich eindeutig von den im 17. Jahrhundert gebräuchlichen Gewölbeformen der übrigen Kellerräume unterscheidet, läßt vermuten, daß ein kleines älteres Gebäude in den Vierflügelbau einbezogen wurde. Die leicht aus dem rechten Winkel verschobenen quadratischen Ecktürme weisen am Turmfuß Schießscharten in Schlüssellochform auf, die aber wohl nur symbolische Bedeutung haben.

Wie die Inschrift am Westflügel ausweist, wurde 1823 der Arnsberger Baumeister F. Hunzinger mit dem Umbau und der Erneuerung des Hauses Melschede beauftragt. Mit der Beseitigung des Nordflügels und seiner Eck- und Treppentürme entstand eine hufeisenförmige Anlage, die auch eine Richtungsänderung der Hauptachse bedingte. Die rundbogige Durchfahrt im Ostflügel wurde geschlossen. Das aufwendige, von dreischichtigen rustizierten Pilastern gerahmte Portal Wolfgang Stiblers, eines oberdeutschen Steinmetzen, versetzte man auf die Feldseite des Westflügels, von wo es nach 1923 an seinen jetzigen Platz auf den Vorbau an der Hofseite desselben Flügels übertragen wurde. Seitdem markiert es die Mitte dieses für die Wohnbedürfnisse bedeutsam gewordenen Flügels. Die verbliebenen Ecktürme erhielten Mansarddächer, alle Dachböden, auch die unter den Walmen, wurden durch Gauben belichtet. An der Hofseite der Seitenflügel baute man die Dächer mit laternengeschmückten Dacherkern aus. In den ersten zwanziger Jahren unseres Jahrhunderts wurden erneut bauliche Veränderungen vorgenommen. Der Mitteltrakt erhielt ein Mansarddach, der südliche Eckturm eine mehrfach gestufte geschweifte Haube. Im Innern wurde die Schloßkapelle von 1670 nach Westen erweitert. Sie zeigt noch die ursprüngliche beachtenswerte Stuckdecke, die die gleichen nahezu vollplastischen Stukkaturen wie die katholische Pfarrkirche in Hirschberg aufweist und an deren Ausführung den Bauakten zufolge Mathias Heiß, Simon Erlacher und Urban Schiffecker, wie Dentel und der 1662 in den Akten genannte Zimmermeister Hans Roßbach wahrscheinlich alle oberdeutscher Herkunft, beteiligt waren. Der Barockaltar zeigt größte Übereinstimmung mit Altären des Rüthener Bildhauers Paul Gladbach († 1688) und ist vor allem an den Engelsköpfen, für die der Künstler meistens dasselbe Modell benutzte, mit Sicherheit als ein Werk Gladbachs zu erkennen. Die Ädikula wird von einer Statue des Christus triumphans mit jubelndem Engelschor bekrönt. Als weitere Assistenzfiguren erscheinen die gekrönte Gottesmutter mit dem Kind und der hl. Antonius als Hauspatron. Auf dem von je zwei Spiralsäulen flankierten Altarblatt ist die Anbetung der Könige dargestellt. Neben Engelsköpfen in den Zwickeln war das

Herrenhaus von der Hofseite

Retabel mit zahlreichen Wappen besetzt, die bis auf das Allianzwappen des Stifterehepaares an eine Wand der Kapelle versetzt wurden.

Durch die Anlage einer Balkonterrasse auf der Gegenseite des Hofportals hat die früher nüchterne und verschlossen anmutende Außenfront des Westflügels einen freundlichen Akzent erhalten, dem der Ausblick in ein reizvolles Wald- und Wiesengelände entspricht. In der Südostecke des Binnenhofes wurde, zusätzlich zu der in der Mittelachse liegenden Freitreppe des Mittelflügels, eine zweite Freitreppe in gefälligen Formen angelegt.

Das durch Umbauten veränderte Innere des Herrenhauses erfreut in den bewohnten Räumen durch reiches Mobiliar solider westfälischer Machart und Kunstgegenstände aus allen Stilepochen seit der Gotik.

Margarete Pieper-Lippe: Oberdeutsche Bauhandwerker in Westfalen. In: Westf. Forschungen 20/1967; Eberhard Henneböle: Steinhauer, Bildschnitzer und Maler in Rüthen nach dem 30jährigen Kriege bis um 1750. Rüthen als Bauzentrum. Lippstadt 1974.
Zur Abbildung S. 135: Ursprüngliche Vierflügelanlage nach einem Ölgemälde aus dem 18. Jahrhundert.

15 Herdringen

Schloß   Arnsberg-Herdringen   Hochsauerlandkreis

Schloß Herdringen, der Hauptsitz der Freiherren von Fürstenberg-Herdringen, steht in einer der großen, von kleinen Waldungen unterbrochenen Feldmarken, die von den westlichen Ausläufern des Arnsberger Waldes zwischen Ruhr und Hönne ausgespart werden und auf eine frühe, für das Umland relativ dichte Besiedlung schließen lassen. Das Hetrungun der „Corveyer Traditionen" des 9. und 10. Jahrhunderts bildete im Mündungswinkel zwischen Ruhr und Röhr eine der fünf Röhrmarken, deren Mittelpunkt das seit dem 12. Jahrhundert nachweisbare, 1618 von der Familie von Fürstenberg erworbene Gut bildete.

Als ältester Vertreter dieses Geschlechtes ist Hermann von Fürstenberg, wahrscheinlich aus dem Geschlecht von Binolen im Hönnetal, urkundlich (1295) bekannt. Er war wahrscheinlich der erste Lehnsträger der im letzten Viertel des 13. Jahrhunderts in der Nähe einer zerstörten karolingischen Wallburg gegen die Grafen von Arnsberg errichteten kölnischen Landesburg auf dem Fürstenberg über der Ruhr bei Neheim. Nach der

Zerstörung der Burg durch die Grafen von der Mark (1344) bauten die Fürstenberger die Burg Waterlappe bei dem Dorf Bremen zu ihrem neuen Hauptsitz aus. Auch diese Anlage wurde wiederholt stark beschädigt, umgebaut und um 1680 abgebrochen.

Inzwischen hatte der Paderborner Fürstbischof Dietrich von Fürstenberg das Gut Herdringen von einer Erbtochter der Familie von Hanxleden angekauft und Friedrich von Fürstenberg, dem derzeitigen Inhaber des erst kurz vorher gestifteten fürstenbergschen Fideikommisses, übertragen. Zum Gutskomplex gehörte auch der Besitz der am Wege nach Herdringen auf einer Höhe über der Röhr als Ruine erhaltenen Kettelburg, des Stammsitzes der Familie von Ketteler. Auf Herdringen wurde 1729 Franz von Fürstenberg († 1810) geboren, der sich als Staatsminister des Fürstentums Münster vor allem als Gründer der Westfälischen Landesuniversität hervortat.

1659 erhob Kaiser Leopold die von Fürstenberg in den Reichsfreiherrenstand. Danach wurde 1661 mit der Planung eines großzügigen Schloßbaus für Ferdinand von Fürstenberg begonnen. Von den Plänen des Ambrosius von Oelde wurde aber nur die große dreiflügelige Vorburg ausgeführt. Erst nachdem der Freiherr Franz Egon von Fürstenberg, der damalige Fideikommißinhaber, 1843 vom preußischen König, dem späteren deutschen Kaiser Wilhelm I., in den Grafenstand erhoben worden war, entstand 1844 bis 1852 der Neubau des Herrenhauses nach Plänen des Kölner Dombaumeisters Ernst Friedrich Zwirner. Der Grafentitel stand dem jeweiligen Inhaber des Fideikommisses zu. Da bei Inkrafttreten des Titelgesetzes nach dem Ersten Weltkrieg, durch das in Deutschland die Titel zu Namensbestandteilen erklärt wurden, der heutige persönliche Besitzer — wie auch schon sein Vater — nicht Inhaber des Fideikommisses war, ging für den jetzigen Inhaber und seine Nachfolger der Titel bzw. die Namensbezeichnung „Graf" verloren. Seit 1902, als die fürstenbergschen Schlösser Schnellenberg und Adolphsburg ihre frühere Bedeutung verloren hatten, wurden von dort große Teile der kostbaren Raumausstattungen nach Herdringen verbracht und hier vor allem im umgebauten Erdgeschoß des Neuen Schlosses eingebaut. Heute dient das Neue Schloß einem Aufbaugymnasium mit Internat als Unterkunft.

Aus einer Lithographie von Herle ist der Gebäudebestand der Gesamtanlage Herdringen um 1840 bekannt. Sie stimmt mit dem Inhalt mehrerer Lithographien überein, die der Bauherr während der Arbeiten am Zwirnerbau machen ließ. Auf einer dieser Darstellungen aus dem Jahre 1846 ist neben dem alten Herrenhaus bereits der halbe Ostflügel des Neubaus mit dem nordöstlichen Eckturm und dem Mittelrisalit abgebildet. Vermutlich war um diese Zeit schon der gesamte Ostflügel fertiggestellt. Das ältere Herrenhaus stand in geringem Abstand östlich des neuen Schlosses in einem Hausteich, der heute noch in Resten vorhanden ist. Auf der rund ein Jahrzehnt späteren Dunckerschen Ansicht ist das ältere Herrenhaus nicht mehr zu sehen.

Erhalten blieben allein die von Ambrosius von Oelde entworfenen Vorburggebäude und das Gartenhaus. 1680 war mit dem Bau des Westflügels mit dem Reithaus und dem Reitstall begonnen worden. Eines der beiden kurvig rustizierten und einfach verdachten Rundbogenportale trägt die Bezeichnung 1694. Aber erst 1713, mit dem Mitteltrakt, in dem das Viehhaus untergebracht wurde, war die nach außen wehrhaft anmutende Vorburg vollendet. Aufwendig sind nur die Portale auf beiden Seiten der rundbogigen Torhausdurchfahrt. Auf der Hofseite sind der rustizierten Einfassung Säulen mit Blattmasken vorgesetzt. Das Portal an der Straßenseite ist von Rustikabändern eingefaßt, die in zwei Schichten aufliegen. Im großen, mit Zierkugeln besetzten Dreiecksgiebel halten Löwen das Fürstenbergsche Wappen. Seitlich des Portals verstärken risalitartig vorspringende Vorbauten, deren Flachgiebel mit dem Dreiecksgiebel des Mittelteils harmonieren, den festungsartigen Charakter der Straßenfront. Ein vasenbekröntes Doppeldach und ein Schornsteinkopf mit Wetterfahne bilden den oberen Abschluß eines reichen architektonischen Aufbaus. Gleichzeitig mit den Portalen des Torhauses wurde an den Westflügel nach Süden der „Alte Turm", ein dreigeschossiger quadratischer Bau mit Mansarddach angefügt. Der Ostflügel der Vorburg wurde erst zehn Jahre später errichtet.

Nach einem Lagerbuch von 1766 umfaßte der ältere Haupt- und Vorburgkomplex drei Morgen und 65 Ruten. An dieses Terrain schloß sich nach Osten der geometrisch unterteilte Lustgarten mit dem 1686 nach einem Entwurf von Ambrosius von Oelde erbauten Gartenhaus an, das noch erhalten ist. Die im Lagerbuch erwähnten Wasserkünste, Statuen, steinernen Treppen und Sonnenuhren erhielten andere Standorte.

Gegenüber den schweren lagernden Baumassen der Vorburg tritt das Neue Schloß mit schönen, ablesbaren Maßverhältnissen geradezu festlich in Erscheinung, wozu die Ruhe des weitläufigen englischen Gartens mit Wiesen- und Wasseranlagen, altem Baumbestand und vereinzelten Skulpturen nicht wenig beiträgt. Die um einen Innenhof aufgeführte, fast quadratische Vierflügelanlage hat an der Ostfront zwei flankierende quadratische Ecktürme und einen Rundturm an der Südwestecke und ist auf der

Speisezimmer

Nordseite durch einen Zwischenbau mit dem Eckbau der Vorburg verbunden.

Die nach Osten und Süden gerichteten beiden Schauseiten, die dem von Osten sich nähernden Besucher zugewandt sind, haben zwischen den Türmen Mittelrisalite und werden horizontal durch einen Kellersockel, ein Kaffgesims unter der oberen Fensterreihe und einen leicht abgesetzten Zinnenkranz mit einem Rundbogenfries gegliedert. An den eckigen Türmen, deren Abstand vom Mittelrisalit auf der Ostseite durch drei, auf der Südseite durch zwei Fensterachsen gekennzeichnet ist, und am Mittelrisalit der Südfront verläuft der Zinnenkranz über einem dritten, am Rundturm über einem vierten Geschoß. Während also der südliche Mittelrisalit mit Zinnen abschließt und von schmalen, vom Sockel aufgehenden quadratischen Ziertürmen flankiert und überragt wird, hat der östliche Mittelrisalit vor dem zweiten Obergeschoß einen Stufengiebel, der den Zinnenkranz unterbricht. An den Ostseiten der eckigen Türme unterbrechen große Rundfenster den Lauf des Rundbogenfrieses. Da der Haupteingang im Zwischentrakt liegt, ist keine der in der Mittelachse der Fassaden angeordneten, in den Park führenden Türen mehr als durch eine zweiläufige Freitreppe markiert. Über ihnen und in gleicher Höhe an den eckigen Türmen befinden sich drei Achsen breite Balkons, an der Ostseite des Südostturmes mit Erker und Maßwerkfenstern. Die Balkontüren sind mit den sie flankierenden Fenstern durch überfangende plastische Bänder zu Gruppen zusammengefaßt, ein vom Schloß Windsor bekanntes Motiv, das sich auch an anderen Fenstern der Herdringer Fassaden findet. Auf den ebenfalls auf altenglische Schloßbauten zurückgehenden Mittelrisalit der Südfront, der in Herdringen durch eine eigene, bis in den Innenhof durchgeführte Dachkonstruktion hervorgehoben ist, wird später noch zurückzukommen sein. Charakteristisch für den Gesamteindruck beider Schauseiten ist der bewegte Kontur der oberen Wandabschlüsse, der durch die mit einem sicheren Gefühl für Proportionen situierten Türme und Mittelrisalite abgefangen wird.

Viel sparsamer und wenig ausgewogen ist die Westfront behandelt. In Haustein, wie die beiden beschriebenen Fronten, ist hier nur der Kellersockel gebaut; die Geschosse darüber wurden in Bruchstein aufgeführt und verputzt. Außer den Gesimsen, dem erkerartigen Vorbau des großen Saales in der Mittelachse, der aus der Wandfläche vorspringenden, mit fialengeschmückten Strebepfeilern versehenen Apsis der Schloßkapelle und dem umlaufenden Bogenfries ist kein nennenswerter architektonischer Schmuck vorhanden. Mit dem Rundturm an der Südwestecke, der wie ein mittelalterlicher Bergfried alle anderen Bauteile überragt, beabsichtigte der Architekt offenbar ein Stakkato in der leicht zu perfekt anmutenden Symmetrie der Teile und Formen und setzte damit zugleich einen markanten Akzent gegen die Baumassen der Vorburg. Ursprünglich hatte der Turm noch einen aufgesetzten zweigeschossigen Zierturm, der im letzten Krieg beschädigt und beseitigt wurde. 1963 wurden auch die auf den alten Ansichten dargestellten zierenden Ecktürme der beiden ostseitigen Türme sicherheitshalber entfernt.

Die Nordseite wird durch den in der Mitte an ihn anschließenden Zwischenbau mit der hallenartigen Tordurchfahrt und einem Verbindungsraum im Obergeschoß bestimmt, der in Gliederungs- und Kleinformen an den Hauptbau anknüpft. Sein wie das Westtor von je einer Fensterachse flankiertes, aber etwas aufwendigeres Osttor ist durch zwei Steinfiguren in Ritterrüstung als äußerer Eingang gekennzeichnet. Figürlicher Schmuck findet sich am Außenbau sonst nur noch als Bartmasken und Tierköpfe an Konsolen der Ostfassade. Der von schmucklosen Putzwänden begrenzte Innenhof weist keine Besonderheiten auf, außer daß ihm die Aufgabe zufällt, einen umlaufenden Korridor im Innern mit Tageslicht zu bedienen.

Die Raumkonzeption im Innern ist in beiden Geschossen wie im Kellergeschoß durch diesen um den Innenhof herumgeführten Korridor geregelt, von dem aus die meisten Räume zugänglich sind. Die ursprüngliche Raumverteilung ist allerdings durch den Umbau von 1902 wesentlich verändert. Der aus dem Zwischenbau auf den Korridor führende Gang wurde zu einer doppelgeschossigen Eingangshalle umgestaltet und mit dem neuen Treppenhaus, in dem die von Zwirner entworfene gußeiserne Treppe einer Holztreppe weichen mußte, anstelle des früheren gotischen Gewölbes mit einer hölzernen Kassettendecke abgeschlossen. Die noch vorhandene gußeiserne Nebentreppe im Treppenturm des Innenhofes, ein ehrgeiziger Versuch, die neuen industriellen Konstruktionsmethoden des 19. Jahrhunderts für die dekorativen Künste zu nutzen, läßt den mit dem Abbruch der ehemaligen Haupttreppe verbundenen Verlust ermessen. Das gesamte Gefüge der Treppe ist von lichtdurchlässigen Maßwerkformen durchbrochen, die den Treppenturm in einen phantastischen Lichtschacht verwandeln. Durch Zusammenlegung mehrerer Räume entstanden im Ost- und Südflügel des Erdgeschosses die großen Säle, in denen die Ausstattungen aus den Schlössern Adolphsburg und Schnellenberg untergebracht wurden, schwere Ledertapeten, geschnitzte Wandtäfelungen, Stuckdecken, prunkvolle Kamine und Türgestelle, die in höchster Qualität Raumstimmungen des 17. und 18. Jahrhunderts beschwören. Gleicher Herkunft sind die kostbaren Türgestelle im Korridor des Erdgeschosses. Vom Umbau am wenigsten betroffen sind die Repräsentationsräume des Westflügels mit dem Königssaal in der Mitte und der Kapelle in der Nordwestecke. Der Königssaal erinnert an Friedrich Wilhelm IV., der 1853 Zwirner auf Schloß Herdringen empfing und ihn zum Geh. Regierungs- und Baurat ernannte. Wie im benachbarten Bildersaal ist auch hier die Holztäfelung der Wände durch Bildfelder aufgelockert. Supraporten und Schnitzwerk zeichnen die Türen aus. Die Stuckdecke ist erfindungsreich kassettiert.

In der dreijochigen, mit Kreuzrippen gewölbten Kapelle mit polygonalem Chor und inneren Strebepfeilern erweist sich im verkleinerten Format die reiche Erfahrung des im Kirchenbau sehr gefragten Architekten in seinem eigensten Fachbereich. Wie das mit Schnitzereien versehene Gestühl stammt auch der Altar mit dem Lamm Gottes in der Gloriole aus der Erbauungszeit. Im ursprünglich als Schlaf-, Fremden- und Kinderzimmer eingerichteten Obergeschoß ist mit der Veränderung der Raumfolgen, vor allem im Ost- und Südflügel, wo in den Sälen Zwischenwände eingezogen wurden, auch die alte Ausstattung bis auf einige Stuckdecken, wenig aufwendige Wandgestaltungen und Kamine beseitigt worden.

Die auf fast alle Räume verteilten Tafelgemälde vorwiegend alter westfälischer und niederländischer Meister, auch Bildnisse berühmter Ahnen, wurden in jüngster Zeit restauriert. Glanzstücke der Kunstsammlung sind acht silberne und vergoldete Geräte aus der Altarausstattung der Schnellenberger Burgkapelle, namentlich ein reich reliefiertes vergoldetes Silberkreuz und ein mit getriebenen Reliefs verzierter Einband eines Kölner Missale, Stücke aus dem im Auftrag des Paderborner Fürstbischofs Theodor (Dietrich) von Fürstenberg entstandenen sogenannten „Silberschatz" des Warburger Goldschmiedes und Kupferstechers Anton Eisenhoit.

Torhaus der Vorburg

Gewisse Erscheinungen unserer Zeit können dem Eigentümer wenig Mut machen, diese Schatzkammer zu öffnen. Um so mehr konzentriert sich das Besucherinteresse auf Zwirners Architektur, die im Zeichen des wachsenden Interesses an der Baukunst des Historismus wieder starke Beachtung findet.

Das Herdringer Schloß ist neben der Apollinariskirche in Remagen ein Höhepunkt im sehr umfangreichen freien Schaffen, das Zwirner neben

147

seiner verantwortungsvollen Tätigkeit als Leiter der Kölner Dombau-hütte entfaltete. Seine Eigenart kommt vor allem in der Vielfalt der Details, wo er sich von seinen stilistischen Vorbildern freimachte, und in der Innenraumgestaltung zum Ausdruck. Stilgeschichtlich ist seine Herdringer Schöpfung als ein wichtiges Glied in einer langen, gleichwohl überschau-baren Tradition einzuordnen. Wer ihre Provenienz genauer erkunden will, wird zuerst an Karl Friedrich Schinkel, Zwirners Lehrer, Förderer und ersten Auftraggeber, denken müssen, der den aus Schlesien kom-menden Schüler der Berliner Bauakademie in die königliche Oberbaudepu-tation, das damals höchste Staatsbauamt, berief und ihm schon 1829 die Bauleitung an dem von ihm entworfenen Kolberger Rathausbau über-trug. Mehr als dieser bald nach Schinkels Englandreise begonnene Bau hat offensichtlich Schinkels Schloß Kamenz in Schlesien (beg. 1838) Zwir-ners Herdringer Pläne beeinflußt. Nicht nur der Grundriß stimmt weit-gehend — einschließlich des umlaufenden Korridors — mit Herdringen überein, auch die Fassadengliederung der Herdringer Südfront mit dem von Ziertürmen flankierten Mittelrisalit und Ecktürmen ist in Kamenz vorweggenommen. Aber auch Schinkels Kamenzer Schloß ist ein Rück-griff. Dabei sind vor allem die nach 1720 nach älteren Schloßbauten, na-mentlich der Tudorzeit, entstandenen neugotischen Schlösser Englands ins Auge zu fassen, namentlich das 1732 von William Kent geschaffene Westtorhaus von Hampton Court Palace, dessen vom Windsorschloß entlehnte Fassade sich in vielen zeitgenössischen Bauten Englands wieder-findet. Durch Schinkel nach seiner Englandreise in Deutschland einge-führt, fand der Typ u. a. über Zwirners Schloßbauten Herdringen und Moyland (1854) weiteste Verbreitung. Als namhafte Bauten, in denen er tradiert und weiterentwickelt wurde, seien nur das Schloß Sibyllenort in Schlesien von dem braunschweig-lüneburgischen Baurat Wolff, Waese-manns Rotes Rathaus in Berlin, Hansens Wiener Waffenarsenal, Junker-Hausers Schloß Miramar bei Triest und das Parlamentsgebäude von West-minster im Ursprungsland England genannt. In den Jahrzehnten nach der Jahrhundertmitte fand der beschriebene Typ auch in Westfalen beim Bau öffentlicher Gebäude noch oft Anwendung.

Theodor Rensing: Das Geburtshaus von Franz von Fürstenberg in Herdringen. In: West-falen. Bd. 39 (1961) H. 1/2; Günther Grundmann: Karl Friedrich Schinkel/Schlesien. Berlin 1941; Willy Weyres: Ernst Friedrich Zwirner. In: Rheinische Lebensbilder. Bd. 3. Düsseldorf 1968. Die ungedruckte Dissertation „Herdringen — Arenfels — Moyland. Drei Schloßbauten Ernst Friedrich Zwirners". Frankfurt 1973 von Hartmut Kahmen wurde dem Verfasser erst während der Drucklegung bekannt.

16 Laer

Haus   Meschede   Hochsauerlandkreis

Die Ausläufer des Arnsberger Waldes im Norden, der Hunau im Osten, des Rothaargebirges im Süden und der Homert im Westen sparen im Tal der Ruhr eine breite Niederung aus, in der sich zwei alte Fernstraßen, die karolingische Königsstraße von Köln über Hagen, Iserlohn, Balve, Brilon, Obermarsberg und die Straße Olpe—Lippstadt kreuzten. Beide sind heute verkehrsreiche Bundesstraßen (B 7 und B 55). In ihrem Kreuzungspunkt liegt die Stadt Meschede, deren wirtschaftlicher Aufschwung durch den Bau der Ruhrtalbahn in den 70er Jahren des vorigen Jahrhunderts gefördert wurde. Nördlich der Stadt wurden die Reste der Hünenburg, einer 240 x 120 m großen Wallburg, freigelegt. In den Sachsenkriegen war der Ort ein karolingischer Stützpunkt. In der Folgezeit gab das 913 königlich bestätigte adlige Frauenstift dem Ort sein Gepräge. Die Äbtissinnen, vorwiegend aus dem Geschlecht der Grafen von Werl bzw. Arnsberg, entfalteten ein Hofleben von fürstlichem Zuschnitt. Die Arnsberger Grafen, die das Gebiet des ehemaligen Lochtropgaues im oberen Sauerland beherrschten, hatten auch die Stiftsvogtei inne, bis 1368, als Graf Gottfried IV. die Grafschaft dem Kurfürsten von Köln überantwortete. Von der vorromanischen Stiftskirche sind in der Pfarrkirche St. Walburga noch Reste erhalten. Zu den zahlreichen Stiftsgütern gehörte auch der nur wenige Kilometer entfernt gelegene Wulfeshof, das spätere Haus Laer. Wie die zahlreichen anderen Güter im Umkreis von Meschede, auf denen sich schon früh adelige Familien nachweisen lassen, ist also auch dieser später so stattliche Herrensitz aus einem Gehöft hervorgegangen.

Als erster Namensträger von Laer wird Bernolf von Lare in einer Urkunde von 1268 erwähnt, in der die Äbtissin Agnes zu Meschede bekundet, daß die Stiftskellnerin Adelheid von ihm gewisse Liegenschaften in Laer für das Stift erworben habe. Im 14. und 15. Jahrhundert waren die von Hückelheim vom Stift mit dem Wulfeshof belehnt. Als die Familie im Mannesstamm ausstarb, wurde der Schwiegersohn des letzten Hückelheim, Hennecke von Berninghausen, vom Stift Meschede mit Laer belehnt. Hennecke und seine Ehefrau Margareta von Hückelheim schenkten den Dominikanerinnen ihr freiadeliges Gut Hückelheim, aus dem das Kloster Galiläa hervorging, das bis 1811 bestand. Im 15. Jahrhundert werden die von Hanxleden als Besitzer von Laer genannt, dann wieder die von Berninghausen. Die Erben Johanns von Berninghausen stritten sich um den Besitz und einigten sich schließlich 1582 in einem Vertrag, in dem Laer dem Johannes von Ovelacker zu Gevelinghausen zuerkannt wurde. Mit Genehmigung des Stiftspropstes — das Damenstift Meschede war inzwischen in ein Kollegiatstift für Kanoniker umgewandelt worden — verkaufte dessen Sohn Kaspar Haus und Hof Laer 1602 an den Paderborner Hofmeister Heinrich von Westphalen. Seitdem ist Laer im Besitz dieser Familie. Heinrich von Westphalen ließ 1608 auf älterer Bausubstanz, die sich im Innern des heutigen Herrenhauses in ungewöhnlichen Wandstärken von Binnenwänden, ursprünglicher Außenwände, zu erkennen gibt, einen dreigeschossigen Neubau mit vorgestelltem Treppenturm und einem Pavillonanbau an der Ostseite und die Johannes d. T. geweihte Kapelle errichten. Das neue Herrenhaus wurde 1669 in der Weise umgebaut, wie wir es von einem im Speisezimmer des Hauses hängenden großen Gemälde aus dem 18. Jahrhundert kennen. Der vierstöckige quadratische Treppenturm wurde mit dem stattlichen Barockportal und der welschen Haube ausgezeichnet. Das Dachgeschoß war teilweise zu einem Taubenschlag ausgebaut; die Haltung von Tauben war noch ein adeliges Vorrecht. Gleichzeitig wurden die Innenräume umgebaut und anspruchsvoll ausgestattet. Umfassende Veränderungen wurden im 18. Jahrhundert, wahrscheinlich ungefähr gleichzeitig mit dem Bau der Vorburg (1764) vorgenommen. Das zweite Obergeschoß des Herrenhauses wurde in die untere Dachzone des neuen hohen Mansarddaches einbezogen, die Stockwerkzahl des Treppenturmes jedoch beibehalten, wahrscheinlich, um die schöne welsche Haube nicht demontieren zu müssen. Der Ostpavillon erhielt ein durch eine Baunaht kenntliches Gegenstück auf der Westseite, so daß dem neuen hufeisenförmigen Vorburguntergebäude eine zeitgemäße symmetrische Anlage gegenüberstand. Mit einer Zentralachse, die vom Mittelportal des Herrenhauses durch die Durchfahrt des neuen Torhauses verläuft und im rückwärtigen Teil in einer zum Klausenberg und der stiftischen Kapelle St. Michael führenden Allee endet, stand die neue Gesamtanlage vollkommen auf der Höhe der Zeit. Der im Haus Laer geborene und aufgewachsene Friedrich Wilhelm von Westphalen, Fürstbischof zu Paderborn und Hildesheim, ließ 1767 die Kapelle innen und außen erneuern. 1890—1893 wurde das Herrenhaus einer durchgreifenden Erneuerung unterzogen.

In den vierziger Jahren des vorigen Jahrhunderts machte der Reichsgraf Clemens von Westphalen (1805—1885) im Zuge der „Kölner Wirren" von sich reden. Der Kölner Erzbischof Clemens August von Droste Vischering war am 20. November 1837 wegen seines Widerstandes gegen die staatliche Mischehengesetzgebung auf der Festung Minden gefangengesetzt worden. Als Mitglied des Westfälischen Provinziallandtages in Münster hatte der Graf aus dem Hause Laer 1841 auf der Ständeversammlung den Antrag gestellt, den König um Freilassung des Erzbischofs zu bitten, ohne eine Minderheit dafür zu finden. Kurzerhand reiste er daraufhin nach Berlin, um sich mit seinem Ersuchen „vor die Stufen des Thrones zu stellen". Er hoffte beim König, der als Kronprinz Haus Laer besucht hatte, ein offenes Ohr zu finden, wurde aber von ihm ungnädig beschieden, „ungesäumt wieder nach Münster zurückzukehren". Er kehrte aber nicht in seine Mission als Landstand zurück, sondern ließ den König wissen, daß er nicht länger in Preußen zu leben gedenke, und verzog mit seiner Familie ins Nassauische. 1842 kehrte er auf Wunsch des auf Versöhnung dringenden Königs nach Westfalen und in den Landtag zurück. 1864 bzw. 1866, nachdem er noch zum Landtagsmarschall ernannt und mit einem Erbsitz im preußischen Herrenhaus ausgezeichnet worden war, legte er beide Ämter nieder. Kaulbach porträtierte den unabhängig denkenden und handelnden Mann.

Haus Laer ist mit Ausnahme der Nachkriegsjahre von Angehörigen der Besitzerfamilie bewohnt gewesen. 1945 wurde es total ausgeplündert.

Danach diente es als Erholungsheim für Rußlandheimkehrer und bis 1963 als Kindererholungsheim.

Vor dem westlichen Stadtrand von Meschede, wo die Bundesstraße 7 die Ruhr überquert, führt ein südlicher Abzweig an der Schloßkapelle vorbei quer zur Zentralachse der Gesamtanlage direkt auf den Schloßhof. Die Querachse führt in den weitläufigen Park, der das west-östlich orientierte Herrenhaus und seine von der Ruhr gespeiste Gräfte an drei Seiten mit herrlich hohen Ulmen und Rhododendrongruppen umgibt. Dem vom Herrenhaus und dem nach Norden geöffneten dreiflügeligen Untergebäude gebildeten Schloßhof entspricht auf der Rückseite, durch die Tordurchfahrt verbunden, ein vom Mitteltrakt des Untergebäudes und symmetrisch angeschlossenen seitlichen Ökonomiegebäuden begrenzter großer Wirtschaftshof.

Die durch dreiteilige Fenster betonte breite Lagerung des Herrenhauses wird durch die Überhöhe des schlanken Treppenturmes mit der Wetterfahne als Dachbekrönung vertikal durchkreuzt, so daß der ganze Baukörper wohlausgewogen erscheint, woran die angenehmen Maßverhältnisse der geschieferten Doppeldachzone mit den umrißbelebenden Schornsteinköpfen und Giebelzierden nicht geringen Anteil haben. Bis auf die Fensterumrahmungen, die Eckquadern und die Maueranker mit dem Baujahr und den Initialen des Bauherrn sind die verputzten Wandflächen ohne weitere Zier- und Gliederungselemente, so daß sich der

Halle

Blick auf das aufwendige Treppenturmportal konzentrieren kann. Auf der Lithographie von Herle ist noch die große holländische Zugbrücke abgebildet, deren Pfeilerarkade die Form des Rundbogenportals wiederholte. Heute führt eine dreibogige Steinbrücke mit eisernem Geländer über die breite Gräfte, von der sich der Bau auf der Hofseite durch eine Futtermauer und einen schmalen Vorgartenstreifen mit Geländer absetzt. Rustizierte Ecklisenen, denen gestühlte Säulen vorgesetzt sind, flankieren den reich profilierten und mit Blenden gezierten Türrahmen.

Im wiederholt umgebauten Innern sind die verschiedenen Abschnitte allein auf Grund der Stilmerkmale nicht immer leicht zu unterscheiden, da mehrere Räume in neuerer Zeit auf alt verändert wurden. Das Erdgeschoß des Treppenturmes, durch das man die Eingangshalle betritt, erhielt nach der Beseitigung der Wendeltreppe im Zuge der symmetrischen Umgestaltung einen rotundenartigen Abschluß mit reicher Stuckierung. Die heutige ins Obergeschoß führende schwere Holztreppe ist wie die wandfeste Ausstattung der Halle neueren Datums. Im dahinterliegenden Raum findet sich eine alte Balkenstuckdecke mit den sehr plastischen Ornamenten, die uns von der Decke der Schloßkapelle Melschede und vom Saalkamin in Eggeringhausen bekannt sind. Die von alten Decken kaum zu unterscheidende Saalstuckdecke ruht auf Eisenträgern, die zur Erhöhung des Raumes Ende des vorigen Jahrhunderts eingezogen und nach dem Muster der „Adolphsburger Decken" mit Stuck bekleidet wurden. Auch für die hölzernen Türgestelle und Wandbekleidungen des Saales stellte die Adolphsburg die Vorbilder. Alt sind der Wandstuck an den Fenstern und der Kamin mit dem Wappen Westphalen-Ledebur (Ende 17. Jh.). Ein großformatiges, auch kostümgeschichtlich interessantes Familiengruppenbild, das ursprünglich das Feld über dem Kamin schmückte, stellt Heinrich von Westphalen, den Käufer und Bauherrn des Hauses, seine Ehefrau, eine geborene von Löwenstein, und ihre sechs Kinder dar. Das interessanteste Stück des Mobiliars, zur Zeit in der Halle gegenwärtig, ist eine reich mit Schnitzereien versehene Sitzbank im Renaissancestil. Sie zeigt auf der Rückenlehne eine höfische Szene mit Vogelmenschen, möglicherweise Kranichleuten aus dem Sagenkreis des Herzogs Ernst, der über das Mittelalter hinaus eine der beliebtesten deutschen Heldengestalten war.

Unsymmetrisch im Gesamtplan steht östlich des Herrenhauses die noch gottesdienstlich genutzte Schloßkapelle, ein fünfseitig geschlossener Saal mit Strebepfeilern und Dachreiter. Die Fassade hat heute über dem Barockportal einen geschweiften Giebel. Noch um 1840 war der Bau, der Lithographie von Herle zufolge, mit einem Mansarddach mit Rundfenster an der Schauseite gedeckt. Auf dem Gemälde mit der Gesamtansicht des Schlosses vor dem Umbau von 1764 ist ein einfacher, in einem Dachreiter endenden Dreiecksgiebel zu sehen. Stichkappen im gemuldeten Gewölbe lassen große Fenster und gute Durchlichtung des gerade (1973) durch die Firma Ochsenfahrth, Paderborn, restaurierten Innenraumes zu, so daß die Feinheit der reichen Stuckdekoration, insbesondere der durch subtilste Detailarbeit ausgezeichneten Decke, voll zur Geltung kommt. Am 1768 geweihten Altar wurden die überstrichenen Gold- und Marmorfassungen freigelegt und erneuert. Die auf dem Altarblatt dargestellte Taufe Christi erinnert an das nicht nur thematisch verwandte Altarbild des Münsteraners Gerhard Koppers in Klosterbrunnen. Als Assistenzfiguren wählte der fürstbischöfliche Stifter seine Diözesanheiligen Liborius (Paderborn) und Godehard (Hildesheim). Beachtenswert sind noch zwei Statuen, der Muttergottes und des hl. Joseph, von J. Th. Axer aus Paderborn. Der Stifter der gesamten Ausstattung dokumentiert sich in einer lateinischen Inschrift seines Wappens von 1767. Das ältere Wappen Westphalen-Löwenstein spricht dafür, daß der Grundbau der Kapelle auf dieses bereits erwähnte Besitzerpaar zurückgeht.

Das Torhaus des Untergebäudes hat sowohl nach dem Schloßhof als auch nach dem Wirtschaftshof einen flachen Dreiecksgiebel mit Hofuhr und trägt ein Mansarddach. Als technisches Kulturdenkmal verdient die aus Gußeisen gefertigte Hängebrücke über die am Schloßpark vorbeiführende Ruhr Beachtung. Sie stammt aus dem Jahre 1833 und scheint von dem technisch interessierten damaligen Schloßbesitzer als Modell in Auftrag gegeben worden zu sein, worauf ein Bündel erhaltener Entwürfe schließen läßt. Die Kapelle auf dem Klausenberg, zu der die Schloßallee hinaufführt, gehört seit dem 19. Jahrhundert zum Eigentum des Hauses Laer.

Magdalena Padberg: Preußenkönig als Kronprinz zu Gast. Westfalenpost v. 29. 8. 1974; Friedrich Keinemann: Das Kölner Ereignis, sein Widerhall in der Rheinprovinz und in Westfalen. 2 Bände. Münster 1974.
Zur Abbildung S. 149: Hoffront nach einer Lithographie aus der Sammlung A. Duncker (1860–1880).

17 Antfeld

Schloß   Antfeld   Hochsauerlandkreis

Mit Eversberg, Ostwig, Gevelinghausen, Bigge und Antfeld drängen sich
fünf alte Burgflecken zwischen Meschede und Brilon an der alten Durch-
gangsstraße, die heute durch die B 7 dargestellt wird, und im Gebiet der
oberen Ruhr auf engem Raum zusammen und stehen für die frühe politische Bedeutung dieses Talabschnittes, der auf Grund seiner Bodenschätze
im ausgehenden Mittelalter auch einen aktiven Wirtschaftsraum bildete.
In Bigge wird ein fränkischer Königshof vermutet, Ausgangspunkt der
Freigrafschaft. Auch Olsberg war Sitz einer weitläufigen Freigrafschaft, zu
der auch der nahe Burgsitz Bruchhausen gehörte. Im 16. Jahrhundert
entstand ein regelrechtes Industriegebiet mit Bergwerken, Eisenhütten und
-hämmern und einer zentralen Bergbehörde in Brilon. Der Dreißigjährige

Krieg brachte, bis auf wenige weiterbestehende Roteisensteingruben und Hüttenwerke in Olsberg und Bestwig, fast alles zum Erliegen. Bis heute blieb das Gebiet um Nuttlar und Antfeld jedoch ein Schwerpunkt des sauerländischen Schieferbergbaus. Schon 1355 wird ein „stenberg to antvelde" erwähnt, aber erst seit dem 16. Jahrhundert, als sich die Bedachung mit Schiefer durchzusetzen begann, wird hier der wetterbeständige blaue Dachschiefer planmäßig abgebaut.

Außer den Grafen von Waldeck und dem Propst des Stiftes Meschede treten bis 1368, als die Grafschaft Arnsberg an Köln fiel, vorwiegend die Arnsberger Grafen als Lehnsherren der Burgen dieses Raumes auf. Auch Antfeld, das seit 1259 Sitz einer Ministerialenfamilie war, gehörte zu den Arnsberger Lehnsgütern. Denen von Antvelde folgten im 14. Jahrhundert die von Berninghusen. Dietrich von Berninghusen, der in Urkunden aus der zweiten Hälfte des 15. Jahrhunderts erscheint, hatte zwei Söhne, Heidenreich und Johann. 1495, bei der Erbteilung nach Heidenreichs Tod, ist von zwei Häusern, dem alten und dem neuen, die Rede. Heidenreichs Witwe und ihre Kinder erhielten beide, während der Anteil für Heidenreichs Bruder Johann als „Viehstall" bezeichnet ist, der aber gewiß als Wohngebäude im Gebrauch war. Beide Linien haben noch rd. 200 Jahre Antfeld bewohnt, die Linie des Johann in ununterbrochener männlicher Folge.

Hoffront des Herrenhauses

Heidenreichs Sohn Hermann vererbte sein Gut an seine Tochter Anna, die Witwe des Jasper Ovelacker zu Gevelinghausen, die ihren Sohn Dietrich als Erben einsetzte. Nachdem die Ehe des letzteren mit Beatrix von Galen kinderlos geblieben war, erscheint 1648 Alexander von Galen zu Ermelinghof, ein Vetter der Beatrix, als einer der beiden Herren zu Antfeld. Von dessen Sohn Dietrich Ludolf ging eine Hälfte von Antfeld 1686 an Reinhard Caspar von Schade zu Blessenol über, der 1691 auch die Besitzung der anderen Linie von Johannetta Maria Vogt von Elspe, der Witwe Johann Georg Philipps von Berninghausen, erwarb und somit die beiden getrennten Rittergüter wieder vereinigte. Christoph Bernhard, der Sohn des Reinhard Caspar von Schade, und seine erste Gattin Johanna Dorothea Bernardine von Ense, die als Erbteil Westernkotten einbrachte, entschlossen sich zu einem Neubau. In den Jahren 1716—1719 entstand das heutige Schloß.

Die nach dem Verzicht ihrer Schwester zur Erbtochter erklärte Anna Sophia von Schade heiratete den Werler Erbsälzer Joseph von Papen-Lohe († 1795). Seine Nachfolger auf Antfeld gingen mit Töchtern aus den Familien von Fürstenberg-Herdringen, von Romberg, von Boeselager u. a. Ehen ein. Die Herren von Papen-Lohe sind heute noch im Besitz des Schlosses. An der Industrialisierung waren die Besitzer von Antfeld mit Schieferbrüchen, einer Eisenhütte auf dem Schledorn bei Grimlinghausen (erw. 1621), einem Eisenhammer im Ruhrwinkel (1578) und einem Wappenhammer bei der Schloßmühle (1751) beteiligt.

Über die Gestalt der mittelalterlichen Burg ist so gut wie nichts bekannt. Man nimmt an, daß das ältere Burghaus an höher gelegener Stelle, etwa 500 m vom Schloß entfernt, gestanden hat. Es ist auch nur zu vermuten, daß das heutige Schloß ursprünglich eine Wasseranlage gewesen ist. Heute führen mehrere Abzweige von der Straße nach Brilon auf das am Nordrand des Dorfes Antfeld gelegene, südwest-nordöstlich ausgerichtete Schloß, dessen rechteckiger Binnenhof frontal von dem Herrenhaus und dem gegenüberliegenden, ansteigenden Parkgelände, seitlich von der Kapelle und zwei symmetrisch angeordneten Nebengebäudetrakten begrenzt wird. Das weiträumige Rechteck des ummauerten Gartens, in den das Herrenhaus dreiseitig eingebettet ist, bildet den südlichen Abschluß der regelmäßigen Gesamtanlage. Im Westen schließt sich der Wirtschaftshof an.

Das zweigeschossige Herrenhaus ist ein Dreiflügelbau mit kurzen Seitenflügeln auf der Hofseite und quadratischen Ecktürmen auf der Gartenseite. Mit den sieben Fensterachsen des Mitteltraktes und den je drei Achsen der Seitentrakte entsteht auf der Hofseite der Eindruck breiter Lagerung, der auf der Gartenseite mit den schlanken einachsigen Ecktürmen durch den Wegfall ursprünglich vorhandener schmaler Abortausbauten beiderseits der Freitreppe noch gesteigert wurde. Wie alle Bauten des aus Bruchstein errichteten und verputzten Schlosses ist das Herrenhaus mit einem hohen geschieferten Walmdach mit Gauben gedeckt. Die Ecktürme tragen welsche Hauben mit achtseitiger Laterne. Vier große kugelbesetzte Schornsteinköpfe aus Werkstein sind wesentliche Bestandteile im Umriß des wohlproportionierten Baukörpers. Aus Werksteinen bestehen auch die Gliederungselemente, Portale, Eckquader, Tür- und Fensterumrahmungen, letztere beim Neuanstrich des Hauses nicht ganz stilgerecht überstrichen. Blickpunkt in der Gliederung der barock-klassizistischen Hoffront ist der dreiachsige Mittelrisalit mit flachem Dreiecksgiebel und gequaderter Eckverstärkung und aufwendigem Portal (bez. 1717). Die doppelläufige Freitreppe, die die ganze Breite des Risalits einnimmt, ist hervorragend der Breite des Herrenhauses angepaßt. Der schwere Portalaufsatz mit dem von Löwen gehaltenen Wappen derer von Schade und von Ense und die Zierformen des Portalrahmens zeigen große Übereinstimmung mit dem Gartenportal des Schlosses in Alme, auch in der Technik der Ausführung. In einfacheren Formen, mit einfacher Verdachung über der Türumrahmung, ist das Portal der Gartenfront gehalten. Die doppelläufige Freitreppe ist das Ergebnis wiederholter Veränderungen. Das Gemälde von Nora Dahlen zeigt den Zustand um 1890.

Das Innere des Herrenhauses entspricht nicht mehr dem ursprünglichen Grundriß. Von den weitgehenden Umbauten blieben die große Eingangshalle mit vier schönen Wappenportalen in Sandstein, der gleichgroße, mit Familienbildnissen geschmückte Gartensaal und der östlich anschließende Raum, beide mit Stuckdecken verziert, verschont. Ein Sandsteinkamin trägt die Bezeichnung 1710. Zu den Kunstschätzen des Hauses zählt eine wertvolle Kupferstichsammlung.

Die Schloßkapelle, ein Saal mit 3/8 Chorschluß und großem Dachreiter ist durch das Torhaus über der rundbogigen Durchfahrt mit dem Herrenhaus verbunden. Das Hofportal (bez. 1723) trägt das Wappen Schade-Wolff-Metternich. Auf dem Dachreiter fällt eine schöne schmiedeeiserne Arbeit mit Wetterhahn auf. Das Innere ist in einem schlechten Zustand. Das wertvollste Ausstattungsstück, die Tafel des Barockaltars mit der Darstellung der Kreuzabnahme vor dem Landschaftshintergrund der Bruchhäuser Steine, einem nicht bekannten Maler aus dem Kreis Lucas Cranachs d. Ä. (um 1520) zugeschrieben, wurde daher im Herrenhaus untergebracht. Die

*Hoffront
der Kapelle*

Holzkanzel mit den vier sitzenden Evangelisten ist höchstwahrscheinlich in der Giershagener Papen-Werkstatt entstanden. Die Vorgängerin der jetzigen Kapelle wurde 1720 abgebrochen.

In den Bauakten ist Nikolaus Wurmstich aus Lippstadt, der auch beim Bau von Schloß Erpernburg und Haus Erwitte nachgewiesen ist, als Maurermeister genannt. Ob er auch den Entwurf geliefert hat, ist ungewiß. Eine gewisse Abhängigkeit von Justus Wehmers einige Jahre vorher in der Nachbarschaft entstandenen Schlössern (Herringhausen und Körtlinghausen) ist nicht auszuschließen.

Dank seiner Randlage in einem fast allseitig von bewaldeten Höhen umgebenen Talkessel atmet das Schloß eine von Wasserspielen durchpulste Stille, die durch die Ruhe des großen Gartens und die Naturbelassenheit des Schloßparks absichtsvoll vertieft erscheint.

Zur Abbildung S. 155: Gartenansicht nach einem Gemälde von Nora Dahlen (1890).

18 Canstein

Schloß   Heddinghausen-Canstein   Hochsauerlandkreis

Auf der mittleren Wegstrecke zwischen dem westfälischen Niedermarsberg und dem hessischen Arolsen grüßt die mächtige, auf der einen Seite durch eine Schildmauer, auf der anderen durch den schroffen Kalksteinfelsen des „Canstein" wie durch einen Bergfried abgeschlossene Baugruppe des Schlosses von luftiger Höhe. Das gleichnamige Dorf macht den Eindruck abgelegener, beschaulicher Ländlichkeit, und die Geographen haben denn auch diesen Grenzzipfel den „toten Winkel Westfalens" genannt. Aus historischer Sicht ist er aber, zumindest seit den Sachsenkriegen Karls des Großen, immer ein richtiges Wetterloch gewesen, dessen rauhe Stürme auch die noch in eindrucksvollen Relikten vorhandene mittelalterliche Grenzburg bestrichen haben. Wie die benachbarte, westlich von Canstein gelegene, längst untergegangene Burg der streitlustigen Herren von Padberg war auch Canstein lange in die unruhige hessische Geschichte einbezogen.

Schinkel notierte am 5. Juli 1824, als er zum zweiten Mal Westfalen bereiste, auf dem Weg von Arolsen nach Brilon: „Kanstein mit seinem Felsen sahen wir im Vorbeifahren. Die Lage, welche uns damals unfreundlich und mehr schauerlich schien, ist durch schöne Wiesen am Fuß der Berge freundlich, besonders wenn die Sonne schön darauf scheint." Wegen eines Achsenbruches auf der ersten Reise im Jahre 1816 hatte er die genannte Wegstrecke nicht in bester Erinnerung.

Der Canstein ist einer der Muschelkalkrücken, die mit vielfach verworfenen Buntsandsteinschichten die zuweilen von Basaltkegeln unterbrochene wellige Oberfläche des Hessischen Hügellandes bilden. Der Name wird von dem keltischen can = Stein abgeleitet und ist somit eine der häufigen synonymen Doppelformen im Flurnamenvokabular. Eine der Hochflächen, die seit dem frühen Mittelalter eine ergiebige landwirtschaftliche Nutzung gestatteten und daher Gegenstand dauernder Grenzstreitigkeiten waren, ist die sogenannte Cansteiner Börde mit den Dörfern Canstein, Borntosten, Leitmar, Heddinghausen und Udorf, dem Raum einer alten Freigrafschaft. Als „castrum Cahenstein" wird der alte Burgsitz um 1125, als ihn der Mainzer Erzbischof Adalbert von Reginbaldus, einem Bruder Gumperts von Warburg, erwarb, erstmals erwähnt. Der an der alten Heerstraße Marsberg—Arolsen gelegene Ort muß aber schon viel früher, vielleicht in der Sachsenära, eine zentrale Bedeutung gehabt haben, wenn die noch gebräuchliche Bezeichnung „Güthing" für eine Flur unterhalb des Schlosses als Stätte einer Gauversammlung oder eines Gaugerichts richtig gedeutet ist.

Vorübergehend waren die Grafen von Everstein, die nach 1180 die zu beiden Seiten der Diemel gelegene Grafschaft Donnersberg beherrschten, im Besitz der Burg. Im 13. Jahrhundert näherten sich die Kölner Erzbischöfe in dem Streben nach Abrundung ihres Herrschaftsbereiches auch diesem Gebiet, und in den neunziger Jahren wurde Canstein mit der Freigrafschaft gleichen Namens endgültig kölnisch. Weil der streitbare Nachbar, der Graf von Waldeck, Anspruch auf Canstein erhob, veranlaßte der Landesherr in Köln 1342 die Herren Rabe zu Pappenheim, das castrum Canstein zu einer festen Grenzburg auszubauen und sie zu Lehen zu nehmen. Die Pappenheimer nannten sich seitdem Rabe von Canstein und führten einen gekrönten Raben im Wappen.

Wahrscheinlich entstanden bei dieser Gelegenheit das rechteckige Burghaus, das im 16. Jahrhundert zum Renaissanceschloß ausgebaut und im 18. Jahrhundert als Nordwestteil in den Neubau des Oberen Schlosses einbezogen wurde, der halbrunde Turm, der heutige Nordteil und weitere

Bauteile des Unteren Schlosses. Zu dieser Vermutung berechtigt die Tatsache, daß sich sowohl im Oberen als auch im Unteren Schloß mit Halbkreistonnen überdeckte Kellerräume mit Stützpfeilern in der Mitte finden, die auf eine in etwa gleichzeitige Entstehung im 14. Jahrhundert schließen lassen. Die als castrum erwähnte früheste Anlage beschränkt sich vermutlich auf eine noch in unterirdischen Resten erhaltene Wehrburg auf dem turmförmigen Kalksteinkegel, auf der sich gewiß ursprünglich allein die Bezeichnung „Cahenstein" bezog.

Südlich der neuen Burg errichtete Waldeck gleichzeitig die Gegenburg Grimmenstein, die aber bereits im nächsten Jahr wieder aufgegeben wurde, als Köln sich dazu verstand, die Grafen von Waldeck mit der Hälfte der Burg Canstein zu belehnen, die ihren Anteil als Unterlehen an die Raben von Canstein ausgaben. Diese verstanden es durch geschickte Parteinahme — bald für den einen, bald für den anderen ihrer Lehnsherren —, weitgehend Selbständigkeit und die Bildung einer umfassenden eigenen Herrschaft mit voller Gerichtsbarkeit zu erreichen.

Von ihrem Machtbewußtsein zeugt der stolze Renaissancebau, von dem uns zwei 1831 von F. E. Klein nach älteren Stichen gemalte Ansichten und eine plastische Darstellung der Hubertuslegende in der Kirche zu Heddinghausen mit den Burgen Canstein und Grimmenstein im Hintergrund eine genaue Vorstellung vermitteln. Der Bauherr ließ das mit Stufengiebeln versehene Schloß am Schaugiebel mit einer kugelbesetzten Radzinne schmücken und darüber hinaus noch mit einer zweiten Schauseite auszeichnen, indem auf der Talseite zwei ebenfalls mit Radzinnen gezierte Lukarnen aus dem steilen Satteldach vortraten. Die Baujahreszahl 1549 auf der Wappentafel am Unteren Schloß läßt darauf schließen, daß um dieselbe Zeit auch hier bauliche Veränderungen vorgenommen wurden, wahrscheinlich von Rave von Canstein, dessen Tod 1544 die erste Teilung der Herrschaft Canstein zur Folge hatte. Von nun an unterschied man zwischen dem alten Oberen Haus, das Raves Witwe und ihre Kinder erhielten, und dem neuen Unteren Haus, das Raves Bruder Lippold bezog. Die Kapelle sollte beiden Häusern zur Verfügung stehen. Ihr Standort kann im Erdgeschoß des Zwischenbaues zwischen Tor und Oberem Schloß vermutet werden, der in den oberen Bauteilen neugotische Stilmerkmale, im Ostteil des Erdgeschosses aber neben Schießscharten ein altes Dreipaßfenster aufweist. Der Fußboden hat Riemchenbelag. Bald nachdem Lippolds Tochter Katharina einen Angehörigen der katholisch gebliebenen Familie von Spiegel zum Desenberg geheiratet und dieses einflußreiche Grafengeschlecht 1558 auf dem Oberen Haus Fuß gefaßt hatte, dürfte sich

Westfälischer Kredenzschrank (17. Jh.) darüber Bildnisse des Franz Sigismund Frhr. von Elverfeldt und seiner Ehefrau Theresia geb. von Galen

jedoch bald das Bedürfnis für eine zweite Kapelle herausgestellt haben, die nach dem Befund eines der beiden Gemälde von Klein in dem zuletzt als Pferdestall dienenden, an der Stelle des heutigen Westflügels des Oberen Schlosses stehenden Gebäude zu erkennen ist, wenn man die auf der Hofseite dargestellten Maßwerk- und Vierpaßfenster und eine Figurennische in der Mittelachse als sakrale Architekturelemente betrachtet. Die zum neuen Glauben übergetretenen Rabe von Canstein büßten in den jahrzehntelangen, durch die konfessionellen Gegensätze geschürten Streitigkeiten der beiden Linien nach und nach ihre Vormachtstellung ein, zumal Waldeck 1663 seine Rechte an der Herrschaft Canstein an Kurköln abtrat, das damit die frühere alleinige Oberhoheit zurückgewann und verständlicherweise die katholische Seite begünstigte. Die von Canstein verlegten ihr Betätigungsfeld in andere Regionen. Raban von Canstein avancierte beim Großen Kurfürsten zum Hofmarschall in Berlin und Königsberg und zum Ersten Minister. Sein Sohn Karl Hillebrand von Canstein übertrug 1719 den Cansteinschen Anteil auf das Franckesche Waisenhaus in Halle (Cansteinsche Bibelanstalt) und machte sich u. a. durch die Herausgabe der Volksbibel einen Namen.

Für den kurkölnischen Landdrosten Otto Hermann von Spiegel wurde um 1765 das Obere Schloß durch einen großen siebenachsigen Bau erweitert, dessen Westhälfte der Osthälfte des Renaissancegebäudes an der Südseite vorgesetzt wurde und dessen Stilmerkmale den alten Ansichten zufolge auf Schlaun hinweisen. Dadurch war eine unregelmäßige, wenig harmonische Baugruppe entstanden, aus der nach 1804 durch ein Architektenkunststück ein hufeisenförmiger Bau mit offenem Hof nach Süden wurde. Zuerst riß man den Pferdestall ab, der auf der Westseite an den Renaissancebau anschloß, und baute an seiner Stelle einen mit der Nordwand des Renaissancebaues und der Südwand des vermutlichen Schlaunbaues fluchtenden Westflügel an, dem die Gliederungselemente des Schlaunbaues, namentlich die Rundecke an der Binnenhofseite, verliehen wurden. Danach brauchte nur noch die überstehende Osthälfte des Schlaunbaues abgetragen zu werden.

Nachdem der kurkölnische Kammerpräsident Franz Wilhelm von Spiegel 1791 das untere, der Franckeschen Stiftung vermachte Haus in seinen Besitz gebracht hatte, sind auch die Bauteile dieses Hauses vereinheitlicht, erweitert und im Innern umgebaut worden.

Nach dem Frieden von Lunéville (1801) fiel das Großherzogtum Westfalen an Hessen-Darmstadt, die Rechtsame der Burgherrschaft über die Cansteiner Börde gingen auf die Kommunalverwaltung des Amtes Stadtberge (Niedermarsberg) über. Aber schon 1815, durch den Wiener Kongreß, ging die Hessen-Darmstädter Ära mit dem Anschluß an Preußen zu Ende. Die Spiegel saßen noch bis 1837 auf dem Schloß. Friedrich von Spiegel, Kammerpräsident seines kurfürstlich-kölnischen Bruders, stiftete 1834 die Cansteiner Dorfkirche St. Laurentius, die als klassizistische Saalkirche bemerkenswert ist. Das ziemlich heruntergekommene Burggut mit der ganzen Herrschaft wurde auf kurze Zeit von dem Grafen Spee zu Alme erworben, ging aber dann, wieder nur für wenige Jahre, 1846 an den Prinzen Ferdinand von Croy über und von diesem 1853 an die bis dahin auf Haus Steinhausen bei Witten ansässigen Freiherren von Elverfeldt, in deren Familienbesitz Schloß und Gut Canstein sich heute noch befinden. Gleich nach der Übernahme ließ der neue Schloßherr, Ludwig Johann Freiherr von Elverfeldt, das Obere Schloß umbauen. Mit der Verbindung der beiden Seitenflügel durch eine Halle gab er ihm im wesentlichen die heutige Gestalt.

Hinter der Brücke über den Kleppebach, der das Dorf Canstein durchfließt, biegt die Schloßstraße in scharfer Kehre von der Straße Marsberg—Arolsen ab und führt nach einem weiteren Knick in starker Steigung zwischen dem großen Schloßgarten und der durch das Außenmauerwerk des Unteren Schlosses dargestellten hohen Schildmauer um den halbrunden Nordabschluß herum zu der spitzbogigen Tordurchfahrt. Dahinter bilden die Hofseite des Unteren Schlosses und eine hohe Stützmauer einen Zwinger, der sich ansteigend zum Vorhof des Oberen Schlosses öffnet. In den höher gelegenen Schloßhof führt eine Treppe im Zuge einer mit neugotischer Balustrade versehenen zweiten Stützmauer. Die Höfe werden auf der Nordseite durch das zweieinhalbgeschossige Obere Schloß und die östlich anschließenden Nebengebäude eingefaßt, auf der Südseite geht der Blick über eine hohe Böschung mit Terrassengarten auf den weiträumigen Gutshof mit Meierei und Geflügelhaus.

Die beiden auf einem Lageplan von 1830 noch in Verbindung dargestellten Teiche am Fuß des Schloßberges dürften als Reste einer Außengräfte im sonst ungeschützten nordöstlichen Vorgelände der früheren Wehranlage zu betrachten sein. Im inneren Schloßbereich ist das ursprüngliche Niveau des heutigen Vorhofes durch Auffüllung verändert worden. Hinter dem Tor stieg das felsige Gelände steil an. Was heute in der zwingerartigen Auffahrt als Stützmauer des Vorhofes erscheint, ist das östliche Außenmauerwerk eines ehemaligen Gebäudes, in dem sich bei genauem Zusehen vermauerte Fenster mit Entlastungsbögen erkennen lassen. Brände und Feindeinwirkungen haben in der Torzone offenbar manchen Wandel bewirkt. Auf dem bereits erwähnten Hubertusrelief mit den Schlössern Canstein und Grimmenstein, das von letzterem zweifellos ein Idealbild gibt, zeigt die durchaus als realistisch zu bewertende Darstellung von Canstein neben dem Renaissancebau des 16. Jahrhunderts und dem halbrunden Turm des Unteren Schlosses einen einfachen Holzbau als Torhaus und einen Palisadenzaun, vermutlich einen Zwischenzustand, der die Realistik der Darstellung erhärtet. Das Renaissancebauwerk ist mit Fachwerk notdürftig „geflickt".

Aufmessungen, die 1938 im Keller des Oberen Schlosses vorgenommen wurden, haben den Nachweis erbracht, daß der 24 x 12 m große Grundriß des Renaissancebaues als Nordostteil in den neuen Grundriß einbezogen wurde. Ihm wurde nach Süden der dreiachsige Westteil des siebenachsigen Barockgebäudes als Ostflügel vorgesetzt. Diesen Schluß erlaubt der Vergleich der alten Ansicht mit dem heutigen Zustand. Die westliche Rundecke an der Fassade des früheren Gebäudes ist identisch mit der Rundecke am

Ostflügel des neuen Schlosses, dessen äußere Ecken nicht abgerundet, sondern eckig sind. Die Fassade des neuen, an der Stelle eines 1804 abgebrochenen Pferdestalles errichteten Westflügels wurde der Fassade des Ostflügels dreiachsig und mit abgerundeter Südostecke und in der typisch Schlaunschen Wandbildung mit Blenden und eingetieften Feldern angepaßt. Die durch Blenden geordnete rhythmische Stellung der Fensterachsen auf dem höchstwahrscheinlich Schlaunschen Vorgängerbau entspricht dem Vorlagensystem des Hauses Beck in Kirchhellen und des ehemaligen Hauses Lohburg in Ostbevern. Durch ein stark vortretendes verkröpftes Konsolgesims, Wasserschläge und Fensterverdachungen und -umrahmungen wurde dem neuen Putzbau eine Sandsteingliederung mit lebhafter Schattenwirkung verliehen. Hier ist anzumerken, daß der vermutliche Schlaunbau zweistöckig war und somit das obere Halbgeschoß eine selbständige Zutat des späteren Baumeisters ist. 1853 verband man die Flügel durch eine zweigeschossige flachgedeckte Halle mit drei Achsen, die durch Säulen gestützt wird und seit etwa 1920 oben mit einer Attika abschließt. Über dem Portal mit von Pfeilern flankierter Freitreppe ist das Wappen der Freiherren von Elverfeldt angebracht. Die ursprünglich dem italienischen Villenstil nachgebildeten flachen Zeltdächer der Seitenflügel und das Dach des Mitteltraktes wurden kurz vor dem Zweiten Weltkrieg durch einen wesentlich höheren Dachstuhl mit beschieferten Walmdächern ersetzt. Auch im Innern unterlag das Obere Schloß in den verschiedenen Um- und Ausbauphasen weitgehenden Veränderungen. Möbelstücke vorwiegend des 16. und 17. Jahrhunderts, Bildnisse aus den verschiedenen Besitzerfamilien und die hier mehrfach zitierten Gemälde mit alten Ansichten des Schlosses sind die besonderen Blickpunkte der Ausstattung.

Der langgestreckte bruchsteinerne Baukörper des Unteren Schlosses, dessen hochragende Ostflanke dieser von Natur aus schwächsten Stelle der Burg Schutz bieten sollte, stellt ein Gefüge verschiedener Bauabschnitte dar. An den durch eine Baunaht gekennzeichneten Nordteil mit halbrundem Abschluß, einem bergfriedartigen Wehrturm zum Schutz des Burgtores, schließen sich der siebenachsige, im 18. Jahrhundert um ein drittes Geschoß aufgestockte und in Dachhöhe mit dem Turm verbundene Südteil mit der neuen Kapelle und als Nebengebäude die Remise und der neue Pferdestall an. Der Südteil ist durch regelmäßige Stellung der Fensterachsen gekennzeichnet. Bis auf die mit einer Dachterrasse gedeckte Remise sind die unterschiedlich geformten Dachzonen aller Bauteile mit Gauben ausgebaut.

Die Kapelle enthält vorwiegend Ausstattungsstücke, die die Familie von

Elverfeldt bei ihrem Einzug aus der Kapelle des Hauses Steinhausen, ihres früheren Wohnsitzes, mit den Glocken übertragen hat, insbesondere eine Kreuzabnahme des deutsch-römischen Bildhauers Carl Voß und zahlreiche Totenschilde, mit denen die früher nicht besonders vorteilhaft neugotisch verkleidete Altarwand ansprechend neugestaltet wurde. Aus der Cansteiner Pfarrkirche wurden als Gegengabe für den Tauftisch aus der Schloßkapelle Teile der dortigen Ausstattung, u. a. eine schöne nachbarocke Kanzel, übernommen. Über dem Burgtor befindet sich ein gedeckter Gang, der die Verbindung zwischen dem Oberen und Unteren Schloß herstellt. Auf der Plattform des Cansteinfelsens sind von der alten Befestigung nur noch zwei getrennte unterirdische Räume erhalten. In den einen führt eine Wendeltreppe, in den anderen, ein gewölbtes Verlies, eine einfache Steintreppe hinab. Auf den alten Ansichten sind noch Mauerstümpfe und ein Torbogen zu erkennen. Im Terrassengarten unterhalb der Plattform ist das Wappen der Rabe von Canstein über einer Muschelnische aus dem Kreidefelsen herausgemetzt.

Theodor Rensing: Nachlese zum Werk von Joh. Conr. Schlaun. In: Westfalen. Band 26 (1941).

Ansicht von 1831, nach einem Gemälde von F. E. Klein nach einer älteren Stichvorlage

19 Niederalme

Schloß   Alme   Hochsauerlandkreis

Die Alme, in deren Quellgebiet das gleichnamige Dorf mit dem ebenfalls nach ihr benannten Wasserschloß liegt, vermittelte von jeher zwischen den Orten der Briloner Hochfläche und dem Bürener Land bis hin zum Hellweg bei Geseke und Paderborn. Auf halber Strecke zwischen Büren und Alme erheben sich über dem Tal die Ruinen von Ringelstein, dem Jagdschloß der Herren von Büren, und das Stift Geseke hatte schon im 10. Jahrhundert Besitz in Almundoraf (Alme). Heute führen eine Straße und die Bahnstrecke Brilon-Büren über Alme durch das landschaftlich reizvolle Almetal.

Im 12. Jahrhundert werden Howard und Godfrid von Almena als Vasallen des Grafen Siegfried von Nordheim genannt, der in Alme über Güter aus ursprünglich arnsbergischem Besitz verfügte. Die erste Burg befand sich auf der „Tinne" (Zinne) in Oberalme und stand im 14. Jahrhundert unter kölnischer Lehnshoheit, die 1370 an das Bistum Paderborn und 1375 an die Herren von Büren überging. In der Folgezeit wechselten sich die Erzbischöfe von Köln, die Herren von Schorlemer, von Padberg und von Büren im Besitz der Burg ab, bis Erzbischof Dietrich von Köln 1430 die Hofstätte Godert von Meschede „um treuen Dienstes willen" als Lehen auftrug. Mit Godert, der bereits zwei Jahre vorher von Evert von Thülen und seinem Sohn Friedrich „Haus und Steinwerk" zu Niederalme käuflich erworben hatte, wurde Alme Hauptsitz der seit 1191 in Meschede nachweisbaren Ritterfamilie von Meschede. 1465/1466, kurz bevor er starb, übergab Godert von Meschede beide Burgsitze an seine Söhne Gerd und Lippold zu gemeinsamem Besitz. 1493 nahm Dietrich die Stelle seines verstorbenen Bruders Lippold ein.

Zu einer Teilung kam es erst 1506 unter den Söhnen der genannten Brüder, nachdem auf der Burgstätte in Niederalme ein Neubau errichtet worden war. Gerds Söhne Godert und Volmar erhielten Oberalme, Dietrichs Sohn Heinrich bekam das alte und das neue Haus zu Niederalme. Durch weitere Teilungen wurde der Besitz weiter aufgesplittert. Das 1560 südwestlich von Alme von Wilke von Bodenhausen, einem Schwiegersohn Goderts von Meschede, erbaute Haus Bruch ging an die von Hanxleden und um 1700 an die von Westphalen über. Gleichwohl war es den Herren von Meschede gelungen, die Herrschaft Alme mit weitläufigem Lehns- und Eigenbesitz aufzubauen und die hohe Gerichtsbarkeit an sich zu ziehen. Dem Senior von Haus Niederalme stand auch das Präsentationsrecht für die Pfarrkirche in Alme zu, die, wie die Schloßkapelle, unter dem Patrozinium des hl. Jodokus (außer dem des hl. Ludgerus) stand.

Das alte und das neue Haus in Niederalme, durch eine hohe Mauer getrennt, wurden zeitweilig von Mitgliedern zweier Linien bewohnt. Erst um 1684, unter Wilhelm Rötger von Meschede, wurde der Besitz von Niederalme wieder in einer Hand vereinigt. Unter Rötgers Sohn Dietrich Adam, zu dessen Gunsten sein älterer Bruder Ferdinand Franz 1705 verzichtet hatte, wurde der Neubau des Schlosses in seiner heutigen Erscheinung durchgeführt. Seine Tochter Maria Therese, seit 1765 Alleinerbin, trug das gesamte Besitztum von Niederalme ihrem Gatten Caspar Arnold von Bocholtz (zu Störmede) zu, der 1769 auch Haus Bruch erwarb. 1821 ging auch das Haus Tinne in Oberalme, das vor 1689 an die von Gaugreben, später an die von Ketteler und von Fürstenberg gelangt war, in den Besitz der Familie Bocholtz über. Seit 1912 sind Niederalme, Tinne und das 1738 auf dem Meschedeschen Hof Weißinghausen errichtete Haus Almerfeld im Besitz der Grafen Spee. Seitdem wird das Schloß von der gräflichen Familie von Spee, Heltorf, bis 1918 unregelmäßig und seit

Tordurchfahrt

1919 regelmäßig von Graf Wilderich von Spee bewohnt, der 1920 die Gräfin E. von Kinsky ehelichte.

Das mit der Mittelachse nordsüdlich orientierte Schloß Niederalme steht am Nordeingang des Dorfes Alme an der Straße Brilon-Wünnenberg, die von Westen kommend vor dem Schloßkomplex in scharfem Knick nach Süden abbiegt. In der Nähe der Toreinfahrt überbrückt die Straße die in Südnordrichtung vorbeifließende Alme, die im nahen Mühlental entspringt. Die Gräften des Schlosses werden jedoch von der Moosspringquelle gespeist. Der südliche Teil der Gräfte wurde schon im vorigen Jahrhundert eingeebnet. Nördlich des Schlosses schließen sich Wiesen an.

Das Herrenhaus und die Seitenflügel umschließen einen nach Norden geöffneten Innenhof. Die aus verputztem Bruchstein mit Werksteingliederung gefügten Gebäude gehören durchweg der ersten Hälfte des 18. Jahrhunderts und dem folgenden Jahrzehnt an. Die Dächer sind mit sauerländischem Schiefer gedeckt.

Das schlichte elfachsige Herrenhaus erhebt sich mit zwei Geschossen über einem hohen Untergeschoß. Die Flächen des Walmdaches sind durch Gaupen gegliedert, vier markante Schornsteine beleben den Umriß. Der Westteil mit dem Aborterker an der Stirnseite wurde von dem älteren Bau aus dem Anfang des 16. Jahrhunderts übernommen. Das Portal auf der Hofseite mit dem Allianzwappen Dietrich von Meschede–Adriana von Schorlemer ist 1719 entstanden. Die heutige Freitreppe wurde 1962 nach dem Entwurf des Rüthener Architekten Eduard Bufé erbaut und mit dem Allianzwappen Graf Spee–Gräfin Kinsky versehen. Reste der ehemaligen Barocktreppe befinden sich im Schloßpark. Bei dem schon früher an der Freitreppe angebrachten Steinrelief eines küssenden Liebespaares soll es sich um ein zeitgenössisches Spottbild auf den kölnischen Kurfürsten Truchseß von Waldburg und die Äbtissin Gräfin von Mansfeld handeln, die nach ihrem Abfall vom alten Glauben 1582 die Ehe eingingen.

Besondere Beachtung verdient der dreiachsige Mittelrisalit der Gartenfront, der in der Zusammenfassung der beiden Geschosse durch Kolossalpilaster korinthischer Ordnung an den niederländischen Klassizismus anknüpft. In der Bekrönung des reich skulpierten Portals präsentieren zwei Löwen eine große Kartusche mit dem Wappen Meschede-Bruch. Auf dem Sturz findet sich die Zahl 1744 als Jahr der Vollendung. Fruchtgehänge, Rosetten, Muschel- und Palmettenmotive zieren Portal und Fensterrahmen, ebenso minutiös behandelt wie das begleitende Rankenwerk, das sich als Füllung im großen Giebelfeld des Risalits neben Rundfenstern und einer Kartusche wiederholt. In den plastisch bereicherten Fensterumrahmungen und -verdachungen verrät sich die Nähe des Bürener Jesuitenkollegs. Die auf 21 Stufen gegründete Freitreppe vergegenwärtigt die ungewöhnliche Höhe des Sockelgeschosses.

Im Grundriß des Herrenhauses sind die beiden verschiedenen Bauteile leicht zu unterscheiden. Die durch die Mitte des Hauses gezogene Längswand ist im älteren Westteil mehrfach gebrochen. Im Mittelteil grenzt sie das sehr geräumige Treppenhaus gegen den großen Gartensaal ab, dem im zweiten Geschoß ein Saal gleicher Größe entspricht, und verläuft im Ostteil in gerader Linie weiter. Die Säle wie fast alle Räume des Westteils und zwei Erdgeschoßräume des Ostteils tragen reichen Deckenstuck. Die Einrichtungsstücke sind aus anderweitigem Besitz der Grafen Spee hierher übertragen worden.

Die langgestreckten Seitenflügel sind eingeschossig und mit Krüppelwalmdächern gedeckt. Das Giebelfeld über dem runden Torbogen an der Straßenseite des Westflügels füllt ein großes, von zwei Löwen gehaltenes Doppelwappen von Meschede—von Bruch mit der Bezeichnung 1756. Je zwei Wappensteine finden sich noch in den Bogenzwickeln auf der Hofseite desselben Tores und an der Westwand des Ostflügels. Die ersteren mit der Bezeichnung 1601 erinnern an Philipp von Meschede, der kurkölnischer Rat und Droste zu Brilon war, und an seine Gattin Anna von Büren, die letzteren mit der Zahl 1750 an die Verbindung Meschede—Bruch.

Der Meister des Südportals hat zweifellos auch den sandsteinernen Bildstock in der Nordostecke des Gartens geschaffen. Auf der achtseitigen Kuppel steht die Widmung an den in der Nische im Relief dargestellten Heiligen: In honorem Santi Joannis Nepomuc (gez. 1745, erneuert 1924). Eine lebensgroße Freiplastik mit der Darstellung desselben Heiligen steht in der Mittelachse der offenen Nordseite des Schloßhofes, mit dem Rücken zur Gräfte, an deren Ausfluß sie ursprünglich postiert war. Am Sockel das Allianzwappen Meschede—Bruch mit der Bezeichnung 1739.

20 Körtlinghausen

Schloß   Rüthen-Kallenhardt   Kreis Soest

Nordwestlich der Bergstadt Kallenhardt bildet das tiefe Glennetal eine breite Mulde, wie geschaffen für eine einheitliche und großzügige barocke Schloßkonzeption. In einem abgelegenen Waldgelände endet der stark abschüssige Fahrweg, zu dem der Wasserspiegel der teichartig weiten Gräften durch das hohe Randgebüsch heraufschimmert. Ein Bild der Zeitentrücktheit.

Auf den umgebenden Raum am Nordostrand der vorwiegend waldlosen Warsteiner Hochfläche konzentrierten sich mehr als in dem weiteren waldreicheren und weniger dicht besiedelten Höhenrücken- und Hügelland zwischen Ruhr und Möhne von jeher die politischen Spannungen. Funde beweisen, daß das Gebiet schon in der vorrömischen Eisenzeit besiedelt war. Östlich von Kallenhardt wurden Reste einer Wallburg freigelegt. Kallenhardt (kalte oder kahle Haar) wird als curtis (Haupthof) Ostervelde schon im 9. Jahrhundert in einem Register der Abtei Werden genannt. Im späteren Mittelalter trafen hier die Interessen dreier weltlicher und geistlicher Machthaber aufeinander. Die Erzbischöfe von Köln hatten sich im 13. Jahrhundert nach zwei Seiten hin abzusichern, im befestigten Warstein gegen die Grafen von Arnsberg, in Kallenhardt errichteten sie ihre östlichste Grenzfeste gegenüber den Bischöfen von Paderborn. Auch die Stötenburg bei Suttrop und die im 14. Jahrhundert bereits durch Mauern, Gräben, Türme und eine Vorburg gesicherte Burg Körtlinghausen standen gewiß von Anfang an unter kölnischer Oberlehnsherrschaft. Als 1410 Kallenhardt von den Truppen des Paderborner Bischofs eingenommen und zerstört wurde und 1447 in der Soester Fehde ein ähnliches Schicksal erlitt, wurde die Burg Körtlinghausen jedesmal mitbetroffen. Bei seiner Aufteilung im 15. Jahrhundert wurde der Burgsitz Kallenhardt zum Teil mit Körtlinghausen vereinigt.

Der Rittersitz Körtlinghausen gehörte ursprünglich zu den Stammbesitzungen der auf der Rüthener Stadtburg residierenden Herren von Rüdenberg, die Lehnsleute der Kölner Erzbischöfe waren. Im 14. Jahrhundert war ein Familienzweig der Herren von Schorlemer im Besitz des Hauses. Remfried von Schorlemer und seine Schwester Mette verpfänden 1398 das große Haus Körtlinghausen ganz, alles andere halb, an Diderik Lurwald. Mitherr von Haus und Hof sind Heinrich van dem Rodenberge und sein Sohn Andreas. 1430 verkaufen die Brüder Johann und Diederich Lurwald und ihre Schwester Elseke Körtlinghausen an ihren Stiefvater Goswin van dem Roedinberge, der 1447 den ganzen Besitz wieder an Diderik Lurwald verkauft. Letzterer tritt Körtlinghausen 1449 für 4000 rheinische Gulden an den Ritter Johann von Hanxleden ab. 1613 erbt Winold von Westrem Körtlinghausen über seine Mutter Agnes, geborene von Hanxleden, doch wurde der Besitz durch weitere Erbanteile so belastet, daß er 1645 an den kurkölnischen Kämmerer, Forst- und Jägermeister Gaudenz von und zu Weichs verkauft werden mußte. Die von Weichs hatten ihre Dienststelle im Jagdschloß Hirschberg und von dort aus die Aufsicht über die kurfürstlichen Forsten und das Wild auszuüben und aus letzterem die Tafel des Kurfürsten zu beschicken. Unter dem Oberjägermeister Franz Otto Freiherr von Weichs wurde 1714–1743 nördlich der mittelalterlichen Burgstätte der erhaltene stattliche Schloßneubau errichtet.

Die Töchter des Clemens August von Weichs verkauften 1830 ihr Erbteil Körtlinghausen an den Erbdrosten Friedrich Leopold Frhr. von Fürstenberg-Herdringen, der es als Fideikommiß seinem Sohn Johann Friedrich († 1846) vermachte. Dieser begründete die Linie von Fürstenberg-Körtlinghausen, in deren Besitz sich das Schloß heute noch befindet.

Die Lage gestattete alle Register einer barocken Baukomposition zu ziehen. Nur für eine Allee als Auftakt der im übrigen streng auf Achse konzipierten symmetrischen Anlage bot das vorgegebene Wegesystem keine Möglichkeit. Die Auffahrt führt auf der von Kallenhardt kommenden Straße oberhalb des breitgelagerten Schlosses in einer Schleife auf das Torhaus, durch das man, quer zur Hauptachse, die Vorburginsel betritt. Von dort sind der durch eine dreiflügelige Bebauung gebildete Vorburghof und der große, durch randständige Nebenbauten und das Herrenhaus ebenfalls hufeisenförmig umklammerte Ehrenhof als eine nur durch die Gräfte getrennte Einheit überschaubar. Die Hauptachse setzt sich hinter dem Herrenhaus und dem Südarm der Gräfte in dem weitläufigen Hanggelände des ehemaligen Terrassengartens fort. Die vom Gang des Torhauses ausgehende Querachse im Verlauf der beide Höfe trennenden Gräfte ist durch einen kniehohen Mauerzug und ein Brückentorpfeilerpaar als Pendant zum Torhaus verdeutlicht. Torpfeiler mit kugeligen Knäufen flankieren auch die Brücke von der Vorburg zur Hauptinsel, wodurch der Gegenzug der beiden Achsen zusätzlich akzentuiert ist. Der Raum zwischen der Rückfront des Herrenhauses und der pfeilerbestückten Gräftenbrücke zum ehemaligen Terrassengarten hin ist als naturintimes Refugium gedacht, das sich in einem Laubengang seitlich des Terrassengartens fortsetzt. Hier hat das Vorgängerschloß mit nördlich angeschlossener Vorburg gestanden. In der Gräfte zwischen beiden wurde das heutige Herrenhaus errichtet.

Mit je zwei vorgezogenen kurzen Flügeln an beiden Längsseiten und übergiebelten Mittelrisaliten auf allen vier Seiten erinnert es in seinem H-förmigen Grundriß an die Schlösser Vinsebeck und Welda, mit seinen dreiachsigen Mittelrisaliten und namentlich mit dem vor dem Mansarddach hochgezogenen hofseitigen Risalit an das Schloß Herringhausen. Architekt der genannten Schlösser und des Schlosses Körtlinghausen war der Hildesheimer Baudirektor Justus Wehmer. Infolge der Personalunion zwischen dem Erzbistum Köln und den Bistümern Münster, Paderborn, Osnabrück und Hildesheim bestanden vielfache kulturelle Beziehungen zwischen Westfalen und der Domstadt an der Innerste.

Die Mansarde des Haupttraktes wird durch große Dachgauben in der Achse der Erd- und Obergeschoßfenster belichtet. Vier markante Schornsteinköpfe und Firstzierden auf den Seitenflügeln beleben den Umriß. Die Fassaden der Längsseiten weisen eine ähnliche Grundstruktur, in Einzelheiten jedoch Unterschiede auf, die einen maßvoll angewandten, variantenreichen Formenvorrat spiegeln. Rustizierte Lisenen verstärken die Ecken an den zweiachsigen Seitenflügeln und am dreiachsigen Mittelrisalit, der an der Gartenseite ein Stockwerk niedriger als an der Hofseite ist und am

Dachansatz abschließt. Der Flachgiebel an der Hofseite trägt — wie in Herringhausen — ein rundes Zifferblatt in Steinfassung. In der Obergeschoßmitte der Gartenfassade befindet sich ein Balkon mit Balusterbrüstung, der auf vier Säulen ruht. Auch hier eine schöne breitausladende Freitreppe mit Balustern wie an der Hofseite, aber ohne Züge nach vorn. Unter der Treppe flankieren querovale Fenster eine Rundbogenöffnung zum Keller. Das Fenstergewände ist flach und ohne Verdachung. Auch auf Simsbänder wurde verzichtet, nur das Sockelgeschoß ist durch einen Absatz gekennzeichnet.

Der Aufwand an den Portalen tritt hinter den großzügigen Freitreppen zurück. Die Pilaster des Hofportals tragen ionische Kapitelle, das Feld des geschweiften Giebels füllt eine Kartusche mit dem Wappen des Bauherrn und der Jahreszahl 1716. Auf der Gartenseite wird das Portal durch die balkonstützenden Säulen und eine einfache Flügeltür mit der Jahreszahl 1731 ersetzt. Beide Zahlen bezeichnen die ungefähre Bauzeit.

Wehmer hat am Herrenhaus in Körtlinghausen westliche Einflüsse geschickt orchestriert. Die glatte Wandbildung, die hohen Mittelrisalite mit flachen Dreiecksgiebeln und ihre gleichförmige Verteilung auf allen vier Seiten und die ionische Pilasterordnung des Hofportals entsprechen klassizistischen Tendenzen. Die ungefähr gleichzeitig entstandenen belgischen Schlösser Aigremont, Braives und Waleffe in der Provinz Lüttich und Franc-Waret in der Provinz Namur — um nur einige zu nennen —

Seitenansicht, nach einer Lithographie aus der Sammlung von A. Duncker (1860—1880)

haben mit Körtlinghausen und verwandten Bauten dieses Landstriches die Merkmale dieses barocken Klassizismus gemeinsam. Ihre Fassaden entsprechen sich fast wörtlich.

Die Raumdisposition im Innern des Herrenhauses entspricht dem barocken Schema. In der Mittelachse des Erdgeschosses schließt sich an das Treppenhaus der Gartensaal mit stattlicher Stuckbalkendecke der Adolphsburger Art an. Ein schöner Keramikofen steht auf einem mit alten Ofenplatten verkleideten Unterbau. Im aufwendigeren oberen Saal umrahmen in Stuck modellierte Jagdszenen und -embleme ein großes ovales Deckengemälde, bezeichnend für Beruf und Passion des Bauherrn. Der Blick vom angebauten Balkon geht über das dreifach gestufte Gelände des ehemaligen Terrassengartens zum Endpunkt der Zentralachse, den eine von Schwarzenraben überkommene Michaelstatue markiert.

In der Kapelle steht ein künstlerisch anspruchsvoller Rokokoaltar von der Art einer ganzen Reihe von Hochaltären der Nachbarschaft, deren Bildhauerarbeit Joseph Stratmann aus Anröchte zugeschrieben wird. Da Stratmanns Anteil an dem Hochaltar in der Kallenhardter Pfarrkirche St. Clemens nachgewiesen ist, dürfte auch dieser Altar mit dem Wappen der Freiherren von Weichs in seiner Werkstatt entstanden sein. Korinthische Säulen und Pilaster und die Statuen des hl. Joseph und des hl. Johannes von Nepomuk flankieren die große Tafel mit einer Immaculata, die sich von ihrer Darstellung in der Schloßkapelle Hovestadt nur durch eine wärmere Farbgebung unterscheidet. Zu den besonderen Kunstschätzen des Hauses gehört ein lateinisches Gebetbuch niederländischer Herkunft mit vielen farbigen Miniaturen (15. Jh.).

1731 bzw. 1745 wurden das westliche und das östliche Nebengebäude vollendet. Zwischenzeitlich — 1736 — entstand das Torhaus, ursprünglich freistehend zwischen dem westlichen Nebengebäude und dem westlichen Seitenflügel des Vorburggebäudes. Mit Entwurf und Ausführung dieser Gebäude war Franz Christoph Nagel beauftragt, der 1725 zum Hofbaumeister im Fürstbistum Paderborn ernannt und zur Zeit mit Neubauten auf dem kurfürstlichen Schloß Neuhaus beschäftigt war. Die auf rechteckigem Grundriß errichteten zweigeschossigen Nebengebäude für Wohnungen und den Reitstall erweiterte er in Richtung auf das Herrenhaus durch niedrigere Remisenanbauten, deren Tiefe den Vorrang des Hauptschlosses berücksichtigt. Dieselbe Absicht gibt sich in den stark abgeflachten Mansarddächern der Nebengebäude zu erkennen. Die Außenflächen waren von Anfang an verputzt, die Ecken durch Quaderung verstärkt. Das ursprünglich eingeschossige und ebenfalls mit einem Mansarddach gedeckte Torhaus wurde 1886 nach einem Brand in der erhaltenen mehrgeschossigen Form ausgebaut, mit einem Satteldach gedeckt und an die Nachbarbauten angeschlossen. Das Wappenportal in der Mittelachse trägt die Jahreszahl 1727.

Im Hauptschloß hat die Landesschule Nordrhein-Westfalen des Bundesverbandes für den Selbstschutz Unterkunft gefunden. Die Besitzerfamilie bewohnt das westliche Nebengebäude.

Gartenseite des Herrenhauses

Ulf-Dietrich Korn: Der Paderborner Hofbaumeister Franz Christoph Nagel, ein Zeitgenosse Johann Conrad Schlauns. In: Schlaunstudie I, Münster 1973.

21 Mülheim an der Möhne

Deutschordenskommende Warstein-Mülheim Kreis Soest

Das in diesem Jahrhundert durch die große Talsperre bekannt gewordene Möhnetal scheidet die reichbewaldeten Höhen des Arnsberger Waldes und den kahlen Höhenzug der Haar. Zwei bedeutende alte Straßen, die Soest und Arnsberg verbindende heutige B 229 und die von Lippstadt nach Meschede führende heutige B 55, schneiden die geschichtsreiche Talstraße zwischen Brilon und Neheim-Hüsten. An ihrem letztgenannten Schnittpunkt, am Südabhang der Haar, soll bereits um 800 die Burg eines Grafen Lörmund gestanden haben, dessen Nachfolger, der Ritter von Mülheim, ein Mühlrad im Wappen führten.

Das Möhnetal hat Kreuzfahrertradition. Von der Drüggelter Höhe oberhalb einer im heutigen Bereich der Möhnetalsperre gelegenen arnsbergi-

179

schen Burg brach Graf Gottfried II. im Jahre 1217 mit westfälischen Dynasten und Rittern zu einer Fahrt ins Heilige Land auf. Man weiß, daß Kreuzzugteilnehmer aus Dankverpflichtung dem ursprünglich ausschließlich im Krankendienst tätigen Deutschordensrittern Geschenke machten. Vielleicht war das auch für den Ritter Hermann von Mülheim der Grund, im Jahre 1266 seinen Haupthof zu Mülheim dem inzwischen — seit 1226 — zum Schutz der Grenzmark im Osten eingesetzten Orden zu vermachen, der hier eine neue Kommende gründete, nachdem auch die Verhandlungen mit dem Lehnsherrn, dem Grafen von Arnsberg, positiv verlaufen waren. 1275 erlangte die Kommende das Patronatsrecht über die seit 1200 bestehende Mülheimer Pfarrkirche St. Margaretha, die damit der Kommende inkorporiert war. Damals bestand wahrscheinlich schon eine Kommende in Bremen, nördlich des Möhnetals, die den ersten nachweisbaren westfälischen Landkomtur, Johannes de Frenkene (1302), stellte. Nach Bremen, Wellingthorpe südwestlich von Münster (1238), der Georgskommende in Münster und der Kommende in Welheim (1257) war Mülheim die fünfte und seit der zweiten Hälfte des 16. Jahrhunderts bedeutendste Niederlassung des Ordens, dessen Ballei Westfalen später noch um die Kommenden Brackel, Osnabrück, Duisburg und Otmarsum, später Malenburg, erweitert wurde. Eine kleinere Niederlassung des Deutschen Ritterordens in Antfeld bei Brilon hatte nur kurzen Bestand.

Das älteste Kommendehaus in Mülheim soll nach Josef Hoffmann, der 1895 die erste umfassende Abhandlung über die Anlage veröffentlichte, an der Talstraße in Höhe der späteren Rentei gestanden haben. Es brannte 1593 ab und wurde von dem Landkomtur Georg von Hanxleden wieder aufgebaut. Von einem weiteren Brand wurde der Bau 1641 betroffen. Erst um 1750, 70 Jahre nach dem Neubau, wurde er abgebrochen. Die Mülheimer Komture waren seit dem 17. Jahrhundert gleichzeitig Landkomture der Ballei. Unter ihnen sind Neveling von der Recke als führender Opponent gegen den Reformationsversuch des Kölner Erzbischofs Truchseß von Waldenburg, Franz Wilhelm Freiherr von Fürstenberg, der 1682 das schloßartige Komtursgebäude errichten ließ, und sein Nachfolger Wilhelm von Plettenberg-Lenhausen, der Erbauer der Kirche von 1707, besonders hervorgetreten. Der 1628 zu Herdringen geborene Franz Wilhelm von Fürstenberg war nach Wilhelm von Fürstenberg, dem Hochmeister des Deutschen Ordens in Livland, der in russischer Gefangenschaft starb, und seinem Bruder Wennemar, dem Begründer der livländischen Fürstenberglinie, der dritte Fürstenberg, der dem Deutschen Orden diente. Mit 21 Jahren wurde er zum Ritter des Ordens geweiht, 1671 zum Großkomtur der Ballei Westfalen gewählt. Er starb 1688 infolge eines unglücklichen Sturzes vom Pferde und wurde in Mülheim beigesetzt.

Nach der Aufhebung des Ordens im Jahre 1809 wurde der Besitz vorübergehend vom Großherzogtum Hessen als Domäne genutzt. Spätere Besitzer waren der Graf von Kielmannsegg und der Gutsbesitzer Nückel zu Winkhausen, der die Gebäude den Salesianerinnen für eine weibliche Erziehungsanstalt überließ. 1884 richteten die Olper Franziskanerinnen in Mülheim ein Noviziat ein. Der 1707 errichtete Neubau der Ordenskirche dient heute als Pfarrkirche. In der Hanglage im Winkel zwischen der Talstraße und dem alten Weg nach Lippstadt beeindruckt der durch Ringmauer und Gräften abgegrenzte Komplex der ehemaligen Kommende durch Weiträumigkeit und die Besonderheit einer Höhenwasserburg. Der große Hof liegt heute auf der Rückseite des dreistöckigen Hauptgebäudes. Die dreizehnachsige Hauptfront mit vorgezogenen einachsigen Ecktürmen und dreiachsigem Mittelrisalit ist mit ihrer Mittelachse auf den Weg nach Lippstadt ausgerichtet. Den nördlichen Abschluß des Hofes bildet ein mit dem Wappen der von Mengersen und der Jahreszahl 1749 bezeichnetes Nebengebäude, das ehemalige Pastorat, den südöstlichen die mit dem Wappen der von Westrem und der Jahreszahl 1734 bezeichnete Rentei, die wahrscheinlich Michael Spanner aus Erwitte, der Erbauer des Klosters Grafschaft, errichtete. In Fluchtlinie mit dem ehemaligen Pastorat und dem Hauptgebäude schließt sich westlich die Remise mit der Bezeichnung 1750 und dem von Mengersenschen Wappen an. Das gleiche Wappen tragen die beiden mit Kugeln besetzten Pfeiler des Einfahrttores. Nordwestlich der genannten Gebäude, auf einer zweiten höheren Terrasse, erhebt sich die Kirche mit eingezogenem Westturm und dreifach gestuftem Barockhelm.

Hoffmann nannte den aus Baumberger Sandstein erbauten Putzbau ein „verwehtes Blatt eines aus südlicher Erde gewachsenen Baumes", weil er ihn aus dem Geiste Vignolas inspiriert sah, und lange hat man ihn für ein Werk Petrinis, des Schöpfers der Franziskanerkirche in Paderborn, gehalten, bis durch die Auffindung einer bis dahin unbekannten Quelle, der Chronik des Kapuzinerpaters Carolus Hildesiensis, die Zuschreibung Rensings an Ambrosius von Oelde bestätigt wurde. Bei dem Chronisten heißt es: „Ähnlich bewährte er (Ambrosius) seine Begabung beim Bau der herrlichen Deutschordens-Kommende zu Mülheim." Mit seinem Hinweis auf Vignola und Petrini war Hoffmann gar nicht so weit von der richtigen Spur entfernt. Von dem Fassadenschema Petrinis hat sich Ambrosius zweifellos anregen lassen, und namentlich für einen Teil der Mülheimer Hauptfassade, den Mittelrisalit, kann man Hoffmann ebenso wie für die Westfassade der zugehörigen Kirche bedingt zustimmen, denn die Gestaltung der halbrunden Figurennischen und ihre Gruppierung neben und über dem Portal ähneln der Fassade von Sta. Susanna in Rom von Carlo Maderno, dem Baumeister aus der Nähe Vignolas. Das südliche Spiel von Licht und Schatten kommt auch hier in den von Muschelwerk hinterfangenen Ädikulanischen, in den Gewandfalten der lebensgroßen Nischenfiguren (St. Georg, St. Joseph, Maria, Elisabeth), den vorkragenden Gesimsen und Segmentbogen- und Dreiecksgiebeln über dem kunstvollen Fenstergewände zur Geltung. Im übrigen, vor allem in der Verteilung der Massen, zeigt die Kommende die für Ambrosius charakteristische Architekturform. Neben der betonten Mitte lassen die Ecktürme den Bau festgegründet erscheinen und rufen den Eindruck von Ruhe und Würde hervor. Das an die Portale der Herdringer Vorburg und von Eringerfeld erinnernde kurvig rustizierte Portal, die Eckquaderung, die Sockelprofile, die geschweiften Hauben auf den Ecktürmen, kleinste Details wie die kugeligen Steinknäufe auf dem Freitreppengeländer verraten in ihrem Ensemble die planende Hand des Kapuzinerbaumeisters.

Einem Visitationsprotokoll von 1726 zufolge wurden der ursprünglich zweigeschossige Grundbau und die vermutlich zweieinhalbgeschossigen Ecktürme unter dem Landkomtur Wilhelm von Plettenberg um das obere Halbgeschoß erhöht. Die dadurch bedingte Verschiebung der Proportionen mit der neuen Walmdachgestaltung kann als durchaus geglückt bezeichnet werden. Wahrscheinlich im Zuge der Neuorientierung der Gesamtanlage entstand an der weniger reich ausgestatteten neuen Hofseite die wuchtige zweiarmige Freitreppe, an deren Geländer die Inschrift ihres Erbauers, des Landkomturs von Mengersen angebracht und die Jahreszahl 1772 ablesbar ist. Unter der Freitreppe liegt der Eingang zum niedrigen Kellergeschoß. Über dem stattlichen Portal befinden sich das Fürstenbergsche Wappen und das Ordenskreuz sowie das Wappen des Deutschen Ritterordens. Die Inschrift über den Bauherrn trägt die Jahreszahl 1682. Die Nischenfigur einer Madonna gehört dem 19. Jahrhundert an, in dem das Kommendehaus seiner wechselnden Nutzung entsprechend wiederholt durchgreifend renoviert wurde. In den Jahren 1960–65 erhielt der Bau mit staatlicher Hilfe einen neuen Verputz und ein neues Schieferdach. Das Innere wurde modernisiert und zweckdienlich neu aufgeteilt. Dabei erstand die Vorhalle in ihrer ursprünglichen Form.

Vorher – 1954 – war bereits die durch Einbauten und Ausstattungsstücke entstellte Kapelle des Kommendehauses als stilreiner Barockraum wie-

Barockkapelle mit Chor von 1908

derhergestellt worden. Dieser Raum, der erst 1908 durch den Choranbau erweitert wurde, soll ursprünglich dem Konvent als Refektorium (Speisesaal) gedient und erst durch die Salesianerinnen seine gottesdienstliche Bestimmung erhalten haben. Durch den Anstrich mit Pastellfarben und die Auffrischung der ornamentierten Stuckbalkendecke ist ein heller, charaktervoller Raum entstanden, in dem der restaurierte, vorher lange abgestellte Altar, wahrscheinlich eine Arbeit des Rüthener Bildhauers Paul Gladbach, anstelle des früheren neugotischen Altars voll zur Geltung kommt, flankiert von einer ebenfalls wiederentdeckten Strahlenmadonna und einem Joseph mit dem Kinde. Die Altartafel stellt eine Kreuzigungsgruppe mit kniendem Franz von Assisi dar, das Werk eines unbekannten Meisters, in dem man Damian von Ratingen, den Hofmaler des Kurfürsten von Pfalz-Neuburg, vermuten kann.

Nordwestlich des Kommendehauses steht die 1707 errichtete dreijochige

Saalkirche, an deren Westfassade sich die Nischengliederung von der Westfassade des Hauptbaues ähnlich wiederholt. Die Ädikulaverdachungen und die zwischen zwei Nischenpaaren und blinden Ochsenaugenfenstern angebrachte Wappenkartusche mit querovaler Inschrifttafel für den Hoch- und Deutschmeister Franz Ludwig von Pfalz-Neuburg († 1732) sowie die Volutengiebelansätze am dritten Turmgeschoß zeigen bereits, ebenso wie die von Kompositpilastern flankierten Portale hochbarocke Zierform. Das Gliederungsschema mit der großen Wappenkartusche und der Inschrifttafel, den Ochsenaugen und der fünften Nische darüber ist unverkennbar von der Nordfassade an Petrinis Paderborner Franziskanerkirche beeinflußt. Bei der letzten Renovierung der Kirche 1957—1960 wurden über den beiden Eingängen auf der Mülheimer und der Sichtigvorer Seite die Wappen des Kurfürsten Clemens August, der 1732 Hochmeister des Deutschen Ordens wurde, und das Wappen Wilhelms von Plettenberg-Lenhausen, des Bauherrn der Kirche, angebracht. Über den Seitenportalen und der Sakristeitür ist das Plettenbergsche Wappen mit dem Ordenskreuz zu sehen. Im Gegensatz zu den leeren Nischen in der Westfassade ist die Nische in der Ostwand des fünfseitig schließenden Chores mit einer Statue des hl. Michael bestückt.

Hoffmann unterscheidet einen ersten, gotisierenden Bauabschnitt unter der Leitung des münsterschen Dombaumeisters Quinken und einen zweiten, barockorientierten unter dem münsterschen Domwerkmeister Werninck. Man geht jedoch kaum fehl, wenn man auf Grund der genannten Formindizien auch hier die Mitwirkung des Ambrosius von Oelde vermutet, der zwar 1705 gestorben ist, aber den Entwurf für den zwei Jahre später erfolgten Baubeginn der Kirche hinterlassen haben kann. Der gotisierende Einfluß Quinkens, auf den die Kreuzrippen- und Netzgewölbe im Innern und die Strebepfeiler des Langhauses deuten, und die ergänzende Mitwirkung Wernincks braucht deshalb nicht ausgeschlossen zu werden. Im Innern, das vom Weiß des Anstrichs, dem Weißgold klassizistischer Altäre und der hellen Antikverglasung der Fenster temperiert wird, ist neben der wertvollen, dem Herforder Johann Bernhard Klausing zugeschriebenen Barockorgel, dem Chorgestühl von 1728, der Kanzel von 1725 und dem 1960 aus Süddeutschland angekauften Kreuzweg (um 1730), die lange auf dem Kirchboden abgestellte, 1958 restaurierte doppelseitige Madonnenstatue (um 1700) und das 1919 erworbene Triumphkreuz des Gelsenkirchener Bildhauers Burg erwähnenswert. Der zum Heizungskeller umgestaltete Raum diente eine Zeit lang als Totengruft der Ordensritter.

Die an anderer Stelle, vermutlich an der Talstraße gelegene Vorgängerkirche war mit dem Ordenskreuz und dem Wappen der Landkomture Georg von Hanxleden und Rabe Dietrich von Ovelacker (1610–1632) gekennzeichnet, woraus Hoffmann schließt, daß beide an dem Wiederaufbau einer durch den Brand von 1593 zerstörten noch älteren Kirche beteiligt waren.

Die Kommende Mülheim steht im Schaffen des Ambrosius von Oelde chronologisch in der Nähe der Schlösser Eringerfeld und Adolphsburg und mit ihnen in der Übergangsphase vom Früh- zum Hochbarock, der sich in der Mülheimer Westfassade, u. a. in der Einbeziehung der Skulptur in die Architektur als Streben nach dem Gesamtkunstwerk anzeigt und im Dekor der drei Jahrzehnte später errichteten zugehörigen Kirche bereits seine Ausprägung gefunden hat.

Luftaufnahme

Josef Hoffmann: Die Deutschordensritter-Commende zu Mülheim a. d. Möhne. Münstersche Dissertation. Koblenz 1895. / Theodor Rensing: Über Ambrosius von Oelde. In: Westfalen. 19. Jahrg. 1934, H. 1–6. / Ulrich Gehre: Ambrosius von Oelde. Oelde 1970. / Heinrich Schoppmeier, Kaspar Süggeler: Die Geschichte der Gemeinde Sichtigvor, Mülheim, Waldhausen. Balve 1968.

22 Eggeringhausen

Haus   Anröchte-Mellrich   Kreis Soest

An der alten Straße Meschede—Erwitte—Lippstadt, auf der halben Strecke
zwischen Haarstrang und Hellweg, hält der Besucher vergebens Ausschau
nach dem hier zu vermutenden Haus Eggeringhausen. Erst auf einem
Abzweig tauchen nach einigen hundert Metern linker Hand die farbigen
Putzmauern der türmereichen Frühbarockanlage vor dem Hintergrund
eines Park- und Waldgeländes auf. Aus einiger Entfernung grüßt der
romanische Kirchturm von Mellrich, dem Ort, mit dessen Namen die
Geschichte des Hauses Eggeringhausen zuerst faßbar wird.
Die ältere Namensform Melderike wird von medal-rike (= Gerichtsstätte)
abgeleitet. Sie erscheint zuerst in Güterverzeichnissen der vom Waldeck-
schen bis ins Lippische begüterten und mit Gerechtsamen versehenen
Edelherren von Everstein. Nach Stille verkauften sie im entscheidungs-
vollen Jahr 1181, als Kaiser Friedrich I. die Kapitulation Heinrichs des
Löwen erzwang und dessen Herzogtum Westfalen und Engern an den

Kölner Erzbischof vergab, ihr Gericht Mellrich an einen Ritter, dessen Nachkommen in den Urkunden der Folgezeit als Herren von Melderke erscheinen. In einer Urkunde von 1319 sind die von Mellrich erstmals einem Rittersitz Eggeringhausen zugeordnet. Gerhard von Mellrich erklärt das Haus zum Offenhaus des Erzstifts Köln. Einen gleichen Vertrag schließt er 1397 mit der Stadt Soest, nachdem er 1382 vom Erzbischof die Erlaubnis zur Befestigung des Hauses erhalten hat. Nach urkundlichem Ausweis war die erste Burg mit Ringmauer und Graben gesichert. Über ihre Lage läßt sich nur spekulieren.

1483 verkaufen Noldeke von Mellrich und seine Ehefrau Richmut das Gut Eggeringhausen mit allem Zubehör einschließlich der Gerichtshoheit an Goddert Ketteler, Amtmann zu Hovestadt, und seine Ehefrau Margarete. Mit dieser Erwerbung und nach dem baldigen Aussterben der Herren von Mellrich beginnt die Alleinherrschaft dieser schon länger neben denen von Mellrich ansässigen Familie im Mellricher Raum. Namhaftester Repräsentant dieser Familie wurde Gotthard von Ketteler, 1517 in Eggeringhausen geboren, der letzte Heermeister des Deutschen Ordens in Livland und erste Herzog von Kurland und Semgallen. Seine Nachkommen haben noch bis 1737 in Kurland regiert. Sein Vater, Gotthard von Ketteler, war Ritter des Ordens vom Goldenen Vlies, sein Bruder Wilhelm erwählter Fürstbischof von Münster, resignierte aber nach einigen Jahren, ohne die Weihen empfangen zu haben. Bis 1597 war mit dem Hause Eggeringhausen die hohe und niedere Gerichtsbarkeit über das Dorf Neuenmellrich verbunden. Im genannten Jahre wurde sie durch den Kurfürst Ernst von Köln mit dem fünf Dörfer umfassenden Gogericht Robringhausen zur „Herrlichkeit Mellrich" zusammengelegt. 1603 ging die Herrlichkeit für 37 000 Reichstaler durch Kauf von Johann von Ketteler, Freiherr zu Monjoie, Gouverneur von Kleve, an den Grafen Johann von Ostfriesland und Rietberg, der seinen neuen Wohnsitz von einem Rentmeister verwalten ließ. Für die im bodenkargen Sandmünsterland gelegene Grafschaft Rietberg war die Herrlichkeit Mellrich als Getreidelieferant wichtig. Anna Catharina Gräfin von Salm-Reiferscheid, die Witwe des Grafen Johann V., vollendete — zufolge ihrer Inschrift auf dem Saalkamin — um 1660 das erhaltene Herrenhaus Eggeringhausen. Ihre Enkelin Maria Ernestine Franziska vermählte sich 1699 dreizehnjährig als Erbtochter mit dem Grafen Maximilian Ulrich von Kaunitz, dem sie in seine mährische Herrschaft nach Brünn folgte. Daß ihr trotz ihrer nur gelegentlichen Besuche die alte Heimat nicht gleichgültig geworden war, zeigte die Tatsache, daß das gräfliche Paar sein westfälisches Territorium 1723 dem gerade seliggesprochenen Johannes von Nepomuk als Patron von Schloß, Stadt und Grafschaft Rietberg weihte. Seiner Stiftung (1725) ist auch die große Nepomukstatue am Weg nach Mellrich zu verdanken, von der sich alljährlich die große Nepomuk-Prozession im Mai zum Haus Eggeringhausen und durch dessen in der Mittelachse des Hauses gelegene Durchfahrt bewegt, eine wenigstens in Westfalen einmalige Festgepflogenheit. In der seit etwa 1700 bekannten, vermutlich bald darauf dem Märtyrer geweihten Hauskapelle wird am Nepomuktag nach Möglichkeit eine Festmesse gelesen, zu der alte rote Paramente getragen werden.

Graf Maximilian Ulrich war — wie sein Vater — Ritter des Ordens vom Goldenen Vlies, seit 1721 Kaiserlicher Geheimer Rat und von 1720 bis 1746 Landeshauptmann von Mähren. Sein Sohn war der Staatskanzler der Kaiserin Maria Theresia, Wenzel Anton Fürst von Kaunitz-Rietberg, der auch von dem Titel „Herr in Mellrich" Gebrauch machte. Von ihm geht die Rede, daß er der klügste Kopf am Wiener Hof war und der Kaiserin immer noch Rat wußte, wenn alle anderen versagten. Nach der Mediatisierung und dem Übergang der standesherrlichen Rechte an Preußen verkaufte Fürst Aloys von Kaunitz-Rietberg seine westfälischen Besitzungen. Eggeringhausen erwarb der Erbdroste Friedrich Leopold Freiherr von Fürstenberg, der seine Söhne in der Weise versorgte, daß er seinem ältesten Sohn den fürstenbergschen Familienbesitz mit Fürstenberg, Schnellenberg, Adolphsburg, Herdringen u. a. übertrug und für jeden der übrigen sechs Söhne ein Fideikommiß erwarb, für den mit Maria Antonia Freiin von Imbsen-Wewer verheirateten fünften Sohn Franz Friedrich Haus und Gut Eggeringhausen. Dieser setzte das lange unbewohnt gebliebene und dadurch verwahrloste Herrenhaus instand, erneuerte die Vorburg und erweiterte die Gräfte. Als originellen wirtschaftlichen Zweckbau legte er 1835 im nahen Walde den noch erhaltenen Maststall an, in dem gegen Gebühr auch fremde Schweine zur Eichelmast aufgetrieben werden konnten. Für Schule und Friedhof im Dorf Mellrich stiftete er die Grundstücke. Friedrich Wilhelm IV. ernannte ihn zum Kammerherrn. Zwei seiner Söhne, Lothar und Francesco, avancierten zu preußischen Generälen. Unter seinen Nachfolgern ragt sein Enkel Lothar Freiherr von Fürstenberg durch sein naturkundliches Interesse und als einer der Wegbereiter des Natur- und Umweltschutzes hervor. Nach dem Tode seiner einzigen Tochter Charlotte durch einen Verkehrsunfall vermachte er Eggeringhausen dem jetzigen Eigentümer, Michael Freiherr von Fürstenberg aus der Körtlinghauser Linie, dem Sohn des Freiherrn Ferdinand von Fürstenberg und der Ruth von Carlowitz.

*Kamin im
Saal, davor
Stuhl von 1624*

Die Zweiinselanlage Eggeringhausen unterscheidet sich von dem üblichen
Schema, indem der Vorburg in neuerer Zeit noch ein Wirtschaftshof vor-
gelagert wurde, den eine den Schloßkomplex einfassende Mauer von der
Feldflur trennt. Von ihm führt die auf einer nord-südlich gerichteten
Zentralachse verlaufende Auffahrt über die den Nordarm des Gräftevier-
ecks überquerende dreibogige Steinbrücke auf die mit einem langgestreck-
ten, randständigen Nebengebäude nur einseitig bebaute Vorburg und
erreicht über die Brücke der Binnengräfte das Portal des auf einer festen
Fundamentpackung vierseitig frei im Wasser stehenden Herrenhauses. Die
in der Anordnung der äußeren Maueröffnung, der Brücken und der
Brückenpfeilerpaare beachtete Straßenachse findet ihre Fortsetzung in der
breiten Durchfahrt in der Mittelachse des Herrenhauses und trifft auf der
Südseite auf die in der Achsenführung dritte Brücke, die den Südarm der
Gräfte überquert und zum Park überleitet.

Bis ins 18. Jahrhundert lag der Hauptzugang auf der Südseite. Die Karossen näherten sich über die dortige Brücke und fuhren über den Binnenhof in die geöffnete Durchfahrt, wo man im Trockenen aussteigen konnte, bevor die Wagen auf dem Wirtschaftshof, dem jetzigen Schloßhof, abgestellt wurden. Dem entspricht die übliche Öffnung des Dreiflügelhauses nach Süden, die kulissenhafte Gruppierung der Bauteile und ihre auf den Besucher bezogene Größenordnung, von den geschweiften Hauben der dreigeschossigen quadratischen Ecktürme, über die Giebel der zweigeschossigen Seitenflügel zu den Spitzhelmen der achtseitigen Treppentürme. Als kleinsten in der Hierarchie der vertikalen Glieder geht schließlich von dem rustizierten, mit Vasenaufsätzen geschmückten Pfeilerpaar die Einladung aus, hier einzutreten. Bis heute hat der Binnenhof nichts von seinem früheren Ansehen als Ehrenhof eingebüßt.

Mit der Verlegung des Haupteinganges auf die Nordseite ging das Bemühen einher, die neue Hauptfront optisch aufzuwerten. Dazu diente von jeher die bevorzugte dekorative Behandlung des Portals, hier durch den Einbau des großen frühklassizistischen, noch durch barocke Zierkugeln bereicherten Sprenggiebelportals von 1732 mit rundbogiger, von Halbsäulen flankierter Pforte im Mittelrisalit, der zusätzlich mit einer Hofuhr und einem Dachreiter auf seinem zwerchhausartigen Aufbau ausgezeichnet wurde. Wie die Südseite, wo die Mittelachse über dem schlichten korbbogigen Portal nur durch einen Aufzug betont ist, ist auch die jetzige Hauptfront bis auf das Portal und die geohrten Sandsteinumrahmungen der regelmäßig gesetzten sprossenreichen Fenster altertümlich herb und schmucklos. Die eigentliche Wirkung des mit einem konventionellen Satteldach gedeckten Hauses geht von den Türmen und ihren Dachformen aus, ein reizvolles Spiel, dessen Choreographie Wetterfähnchen auf allen Turmspitzen akzentuieren.

Die größere Wandstärke am Mitteltrakt und östlichen Seitenflügel läßt darauf schließen, daß diese Bauteile die älteren sind, an die wenig später der westliche nicht unterkellerte Seitenflügel angeschlossen wurde. Die vier angesetzten einachsigen Ecktürme stammen wohl aus dem letzten Bauabschnitt. Eine für Westfalen vermutlich einmalig erhaltene Besonderheit sind die aus Eichenholz gefertigten alten Wendeltreppen in den Treppentürmen, die sich in der Konstruktion in nichts von den üblichen steinernen Wendelstiegen unterscheiden. Erst in einer alten spanischen Missionskirche in San Antonio/Texas sah der Eigentümer ein drittes Exemplar dieser Art.

Im Innern berührt den Besucher die eigene Stimmung, die von Gegenständen alter Kunst in bewohnten Räumen ausgeht. Im Saal, der im Obergeschoß in der Art der mittelalterlichen Rittersäle die ganze, hier allerdings nur geringe Tiefe des Hauptflügels in seiner Mittelachse durchmißt, verdient vor allem der große Kamin von 1660 Beachtung, der manieristische und naturalistisch barocke Formen, Schweifwerk und Fruchtgehänge neben figürlichem Beiwerk vereinigt und dessen Aufbau durch zwei behelmte Atlanten gestützt wird. Nach der Restaurierung stellt sich der lange überstrichene Kamin wieder in seiner natürlichen Anröchter Steinfarbe dar. Hier und in anderen Räumen finden sich noch guterhaltene stuckierte Balkendecken in der Art der „Adolphsburger Decken" mit aus Modeln gegossenen Ornamenten. Die kleine Hauskapelle birgt u. a. ein spätgotisches Hochrelief einer Kreuzigung und eine von dem vormaligen mährischen Eigentümer gestifteten Kopie des Altbrünner Gnadenbildes. Ein Guckloch in einer alten, in das frühere Gefängnis führenden Tür in der Durchfahrt des Haupttraktes erinnert noch an die jahrhundertelang mit dem Hause verbundene Gerichtshoheit.

Das große Renteigebäude auf der Vorburg wurde 1828 auf der Vorburg in klassizistischen Formen erbaut. Das Bett der nur von Niederschlägen gespeisten Gräfte ist gegen das klüftige Kalkgebirge künstlich abgedichtet, weshalb sie auch in regenarmen Jahren einen ausreichenden Wasserstand hält. Im ehemals barock stilisierten Park zeugen seltene Solitärbäume, u. a. ein kalifornischer Mammutbaum (Sequoiadendron giganteum), vermutlich der älteste in Westfalen, von den Versuchen mit ausländischen Holzarten, die hier im vorigen Jahrhundert durchgeführt wurden.

Legt man die Datierung am großen Saalkamin (1660) als Jahr der Vollendung zugrunde, so gehört das Haus Eggeringhausen zu den ersten dreiflügeligen Anlagen dieser Art in Westfalen. Ohnedies hat der kleine versteckte Herrensitz auf der Haar seinen Rang als Ort der Erinnerung an namhafte Geschlechter und als Geburtsstätte bedeutender Mitgestalter der Landes- und der Reichsgeschichte.

Schloß Eggeringhausen: In: Deutsches Adelsblatt. 11. Jahrg. Nr. 7 (1972). Ohne Verfasserangabe; Michael Frhr. von Fürstenberg: Die Verehrung des hl. Johannes Nepomuk im Kirchspiel Mellrich. In: Johannes von Nepomuk. Variationen über ein Thema. Paderborn 1973; Franz Stille: Aus der Geschichte der Herrlichkeit und des Kirchspiels Mellrich. Lippstadt 1935.

23 Eringerfeld

Schloß   Geseke-Eringerfeld   Kreis Soest

Im sonst waldarmen Landstrich zwischen Haar und Hellweg tritt ein
größeres Hochwaldgebiet bis dicht an die Parkanlagen des Schlosses Eringerfeld heran. Der meist trockene Schloßgraben hat Anschluß an die
Westerschledde, einen der größeren Bachläufe, die sich in die nach Norden
einfallenden klüftigen Kalkschichten des Haarstrangs eingegraben haben.

Eingeschlossen von alten, schon früh durch Burgen gesicherten Sied-
lungsräumen, Büren und Brenken an der Alme, den aus Königshöfen
hervorgegangenen Städten Geseke und Erwitte und dem ehemaligen
Dynastensitz Störmede am Hellweg, konnte das Gebiet zwischen dem
Fluß und der Heer- und Handelsstraße von den geschichtlichen Vorgängen
nicht unberührt bleiben. Östlich von Eringerfeld verlief die Grenze zwischen dem Erzstift Köln und dem Bistum Paderborn, zwischen denen es
durch Jahrhunderte zu Grenzstreitigkeiten kam, oft aus geringem Anlaß,
wie 1681, als sich die Hirten von hüben und drüben wegen einer Vieh-

herde eine Schlägerei lieferten und der Fürstbischof von Paderborn Eringerfeld vorübergehend mit 600 Männern seiner Truppe besetzte. In Anröchte sind noch Reste einer alten Wasserburg erhalten, für Östereiden ist um 1400 ein castrum bezeugt, der Name des Dorfes Steinhausen deutet ebenfalls auf ein festes Haus.

Der Gutshof Eringerfeld lag in der älteren Siedlung Erkerinkhusen, die später in der neuen, nach dem Hof benannten Grundherrschaft aufging. Herren von Erkerinkhusen begegnen in Urkunden von 1280 und 1353. 1395 ging eine Hälfte des Hofes durch Kauf auf das Augustiner-Nonnenkloster zu Lippstadt über, die andere auf die gleiche Weise an die Herren von der Borg in Geseke. Ludolf von der Borg verkaufte seinen Anteil an Temmo von Hörde, dessen ursprünglich auf der Hörder Burg ansässiges Geschlecht 1291 durch die Ehe Friedrichs von Hörde mit der Störmeder Erbtochter Kunigunde in den Besitz von Störmede gelangt war.

Bei der Teilung im Jahre 1529 besaß die Familie von Hörde außer Eringerfeld Güter in Störmede, Schwarzenraben und Boke. Christoph von Hörde erhielt Eringerfeld. Von den drei anderen Linien hatte nur Schwarzenraben im Mannesstamm längeren Bestand. Die von Hörde zu Eringerfeld erwarben 1615 von den Lippstädter Augustinerinnen auch die andere Hälfte des Gutes und konnten nunmehr als Alleinbesitzer an die Bildung einer umfassenden Grundherrschaft und an zeitgemäße, ihrem Ansehen entsprechende Neubauten denken. Der Dreißigjährige Krieg zwang aber offenbar vorerst zum Aufschub solcher Pläne. Aus dem Jahre 1660 wird von einem Brand berichtet, bei dem auch die Kapelle der alten Burg beschädigt wurde. Der Hildesheimer Kanoniker Georg von Hörde ließ sie wiederherstellen. Zwei andere geistliche Mitglieder der Familie, die Domherren Johann Gottfried und Rhabanus Christoph von Hörde, veranlaßten „aus Familiensinn", wie es in einer Hausinschrift heißt, den Bau des erhaltenen großartigen Barockschlosses, an dem unter Friedrich Ferdinand von Hörde und seiner Gattin Felizitas Elisabeth von Horst länger als zwei Jahrzehnte (1676–1699) gewerkt wurde. 1718 ließ Christoph von Hörde an der Pankratiuskirche im benachbarten Hoinkhausen, deren Krypta der Familie als Grablege diente, einen neuen Chor errichten.

Nach dem Tode des kinderlosen Freiherrn Franz Ludolf Joseph von Hörde zu Eringerfeld (1718) übereignete seine Witwe das Gut 1793 an den Freiherrn Friedrich Ferdinand von Hörde zu Schwarzenraben. Nachdem der Letzte aus dieser Linie, Engelbert Matthias Freiherr von Hörde, 1846 gestorben war, ging Eringerfeld über seine in zweiter Ehe mit dem oldenburgischen Freiherrn von der Decken verheiratete Witwe zusammen mit

Schwarzenraben 1876 im Erbgang an die Freiherren von Ketteler, die das Schloß vor einigen Jahren an den Schulverein Kolleg Burg Eringerfeld e.V. verkauften, nachdem es nach dem letzten Kriege ein Noviziat des Jesuitenordens beherbergt hatte. 1965 zog das Internat ein, dem verschiedene höhere Schulsysteme mit neuen modernen Gebäuden angeschlossen sind. Durch den Bau der neuen Autobahn Unna—Soest—Kassel, die unmittelbar an Eringerfeld vorbeiführt, ist das früher lediglich als Studienobjekt besuchte Schloß zu einem leicht erreichbaren Reiseziel geworden.

Karl E. Mummenhoff, der das Schloß Eringerfeld eingehend beschrieben hat, vergleicht es in der Grundanlage mit der ebenfalls 1676 begonnenen und vermutlich nach einem Entwurf des Ambrosius von Oelde in einem Zuge erbauten Adolphsburg: „Bis auf die ganz anders gelöste Torfront haben beide Schlösser eine sehr ähnliche Verteilung der Baumassen. Doch ist in Eringerfeld die modernere Lösung gelungen."

Auf einer ungefähr nordsüdlich ausgerichteten rechteckigen Insel legen sich Herrenhaus, Nebengebäude und Torhaus symmetrisch um den Ehrenhof. Pavillons an allen vier Ecken suggerieren einen kastellartigen Charakter, der aber an der Südseite durchbrochen wird, wo nur ein durch Schildmauern mit den Stirnseiten der Nebengebäude verbundenes Torhaus in der Mittelachse den Abschluß bildet. Das Herrenhaus schließt auf der Nordseite in ganzer Breite den Schloßkomplex ab. Die Nebengebäude sind durch Schildmauern mit dem Herrenhaus verbunden und figurieren somit als Seitenflügel. Starke Substruktionsmauern stützen die Schloß-

Gesamtansicht, nach einer Lithographie aus der Sammlung A. Duncker
(1860—1880)

insel gegen den umlaufenden Graben ab, der wegen des klüftigen Kalksteinuntergrundes meistens trocken liegt und auf der Ostseite bereits eingeebnet ist. Die ganze Anlage umfängt eine nur auf der Ostseite ausgesparte, auf der äußeren Grabenwand errichtete Schutzmauer. Fensterrahmen, Gesimse und Eckverstärkungen stechen in Werkstein von den veputzten, neuerdings in Ocker getünchten Flächen der aus bodenständigem Bruchstein errichteten Außenwände ab. Dächer und Hauben haben Schieferdeckung, die in den Nachkriegsjahren erneuert wurde. An den Schloßkomplex schließt sich westlich ein großer, hufeisenförmig umbauter Wirtschaftshof mit Trakten aus dem 17. und 18. Jahrhundert, einem Backhaus und einem von Halbfiguren der Schutzheiligen Donatus und Agatha flankierten Zufahrtstor (bez. 1730) an der Südseite neben dem Schloßgraben an. Zwei Rundtürme mit Schießscharten auf der Westseite des Wirtschaftshofes lassen vermuten, daß es sich hier um Reste der alten, ursprünglich wahrscheinlich durch einen eigenen Graben gesicherten Vorburg handelt.

Die Planung des Schloßneubaues hatte sich auf die Lage der schon vorhandenen, im Kern vermutlich mittelalterlichen Burgkapelle einzustellen. Sie wurde durch den südöstlichen Eckturm und einen Verbindungsgang als einziger unsymmetrischer Bauteil an den Osttrakt angeschlossen. Mummenhoff erkennt in einer Kette von Schießscharten dicht unter dem Dachansatz den Hinweis auf eine anfängliche Flachdecke, die später, vielleicht nach dem Brand von 1660, durch ein gotisches Gewölbe ersetzt wurde. Zur Kennzeichnung des sakralen Charakters blieben die schlichten, von hochsitzenden spitzbogigen Fenstern durchbrochenen Bruchsteinwände im Gegensatz zu den übrigen Bauteilen unverputzt. In den 50er Jahren wurde die Kapelle instandgesetzt und neuverputzt. Die zwei elfachsigen Geschosse des 50 mal 19 m großen Herrenhauses und das schwere, mit sechs kugelbesetzten Schornsteinköpfen bestückte Walmdach ruhen auf einem Sockelgeschoß, das den Höhenunterschied des von Süden nach Norden fallenden Geländes ausgleicht. Die vom Graben eingeschlossenen Seitenfronten und die Gartenfront erscheinen daher dreigeschossig, überragt von den viergeschossigen quadratischen Pavillontürmen an den Nordecken.

Nach dem 1676 begonnenen und schon zwei Jahre später im Rohbau vollendeten Herrenhaus wurden 1680 und 1685 die beiden weniger breiten zweigeschossigen Nebengebäude als Ost- und Westflügel errichtet. Die einzige Fensterreihe, im Obergeschoß, zur Feldseite hin verleiht ihnen einen burgartig verschlossenen Ausdruck. Die nur spärlich mit Gauben

ausgestatteten Satteldächer sind in der Mittelachse der Hofseite zu Zwerch-
häuschen in Fachwerk ausgebaut.

Da das Gelände die ideale, in der Hauptachse auf das Schloß ausgerichtete
Allee versagte und die Zufahrt von der Westseite her in einem scharfen
Knick an das Torhaus herangeführt werden mußte, verrät das Schloß
seine spezifisch barocken Eigenschaften erst, wenn der Betrachter zwischen
zwei Rustikapfeilern die Brücke über den südlichen Trockengraben erreicht
und sich im Gegensatz zu den vorerwähnten rustikalen Baumassen nun in
der Torachse eine „fast bühnenhafte Perspektive" zu erkennen gibt. Mummenhoff sieht darin einen vom Architekten beabsichtigten Überraschungs-
effekt. Das bewegte Linienspiel der Gebäudeumrisse und der bauplastischen Gebilde und das Echo, das vom Volutengiebel des Torhauses zu
den formverwandten Südgiebeln der Nebenflügel und zwischen den vier
Eckpavillons schwingt, klingen in einem einprägsamen, in der Symmetrie
der Formen harmonischen Akkord zusammen.

Die mit reichem Dekor ausgestattete feldseitige Front des zweistöckigen,
gleichsam als „Schlußstein" der Baugruppe 1690 vollendeten Torhauses
nimmt mit dem Rundbogenportal und dem Volutengiebel des Zwerch-
hauses Formen vom Mittelrisalit des Corps de Logis wieder auf bzw. vorweg, eine Absicht, die sich schon in der Traufenstellung des Gebäudes
andeutet. Im genaueren Vergleich zeigt sich die Variationsbreite der
Formerfindung. Im gesprengten Flachgiebel über der kurvig rustizierten
Torfassung findet sich das Allianzwappen des Erbauerehepaares, flankiert von allegorischen Liegefiguren (Fortuna und Invidia). Darüber in
der Fensterreihe des Obergeschosses muschelbekrönte Nischen mit den
Porträtbüsten und Wappenschildern der damaligen Lehnsherren des
Schloßbesitzers, des Kaisers und des Kurfürsten von Köln. Der Volutengiebel, dessen Schwung die gebrochene Schräge des Krüppelwalmdaches
nachvollzieht, und die Eckquaderung wiederholen sich an der etwas weniger aufwendigen Hoffront des Torhauses. Den beiden Nischen der Lehnsherren entsprechen dort in gleicher Anordnung Nischen mit den Porträtbüsten und Wappenschildern des Bauherrn und seiner Ehefrau.

Beim Betreten des Hofes läßt die eindrucksvolle breitgelagerte Front des
Wohnhauses die Distanz vergessen, in der die seitlichen Nebenflügel
völlig zurücktreten. In der westfälischen Architekturgeschichte gilt der
dreiachsige Mittelteil des Corps de Logis, der in der früheren Stilstufe
den Treppenturm aufnahm, als „der erste echte Mittelrisalit" (Mummenhoff). Seine Anfänglichkeit ist durch den Rückgriff auf den hohen, durch
Pilaster gegliederten Volutengiebel der Renaissance gekennzeichnet, der

*Hölzernes
Treppenhaus*

aber als Kontrapunkt in der Mittelachse einem echten Barockanliegen verpflichtet ist. Das Rustikaportal oberhalb der Freitreppe wird von einem
schweren Aufsatz mit wappentragenden Löwen beherrscht. Rechts und
links davon sowie im Gebälk sind Inschriften angebracht, die über die
beiden geistlichen Stifter, Onkel und Neffe des Hausherrn, Auskunft
geben, und mit der Bitte um Schutz vor den höheren Gewalten und um
häusliche Eintracht vom Gottvertrauen des Erbauerehepaares zeugen, dem
eine weitere Inschrift gewidmet ist.
Noch stärker als die Hoffront spricht die Gartenfront des Herrenhauses
an, wo die mächtigen Pavillontürme mit 9 m Seitenlänge aus den Ecken

vorspringen und ihre in welschen Hauben ausklingende Mächtigkeit voll zur Geltung bringen. Das Gewicht, das der seinem Pendant auf der Hofseite fast konforme Mittelrisalit mit Volutengiebel auf diese Weise einbüßt, wird in seiner Achse durch eine vorgesetzte Anlage von beachtlichem Kunstwerk, die Gartenbrücke mit Zugbrückenjoch und freistehendem Rustikator über einer schönen hohen Freitreppe ausgeglichen. Bei der Höhenlage über dem nordwärts abfallenden Gelände werden die Vorzüge der Gartenansicht auch aus der Ferne augenfällig.

Der gesamte Schloßbau wurde von dem angeblich aus Böhmen stammenden Meister Jobst Scheck ausgeführt. Er soll sich um 1660 in Störmede niedergelassen haben und erfreute sich offenbar der Förderung durch die Herren von Hörde, denn von 1670 an war er mit dem Neubau der Abteikirche in Lamspringe im Kreis Hildesheim beschäftigt gewesen, wo ihn wahrscheinlich der Hildesheimer Domherr Johann Gottfried von Hörde empfohlen hatte, bevor er als schon bewährter Meister seines Faches zu der ungleich größeren Aufgabe in Eringerfeld herangezogen wurde. Mummenhoff, der Ambrosius von Oelde für die architektonische Gesamtplanung des Schlosses in Anspruch nimmt, schreibt Scheck nicht nur die reine Maurerarbeit, sondern auch die geistige Urheberschaft für die architektonischen Details, insbesondere die im Formenrepertoire recht einheitlichen dekorativen Werksteinelemente zu.

In Bezug auf den Architekturentwurf verweist er auf französische Vorbilder des in Eringerfeld angewandten Schloßtyps (Schloß Verneuil des J. A. Ducerceau und Palais de Luxembourg des Salomon de Brosse). Die längslaufende Trennmauer im Grundriß des Eringerfelder Herrenhauses, die die Geschosse in zwei hintereinanderliegende Reihen von Kellerräumen und Zimmern aufteilt, entspricht dem aus Frankreich überkommenen Schema des appartement double. Auf französische Vorbilder (Schreinerbücher) führt Mummenhoff auch die originelle, in Westfalen einmalige Holztreppe zurück, deren Lauf vom unteren Treppenhaus neben der Eingangshalle des Herrenhauses vierseitig mit Zwischenpodesten ins Obergeschoß und weiter ins Dachgeschoß führt. Die schwere Eichenholzkonstruktion der Treppe wird durch Spiralsäulen mit korinthisierenden Kapitellen gestützt, die durch ein Geländer mit gedrehten Balustern verbunden sind.

Ein Teil der Innenräume des Wohnhauses ist durch Umbauten im vorigen Jahrhundert verändert, teils unterteilt worden. Im besten Erhaltungszustand befindet sich die große Halle. Hier fällt unter mehreren kunstvollen Türgestellen das in den Mittelsaal führende mit Schnitzereien im Ohr-

muschelstil besonders auf. Den Kellereingang überfängt ein dem münsterschen Bildhauer Johann Mauritz Gröninger zugeschriebener Kaminrahmen
mit Hermen als Trägerfiguren, Fruchtgehängen, Blattmasken und Eroten
neben dem Hördeschen Wappen am Sturz. Ähnliche, weniger qualitätvolle
Barockkamine mit reichem Dekor und dem Hauswappen finden sich noch
in mehreren anderen Räumen. Kassettendecken und hölzerne Wandbekleidungen in einigen Erdgeschoßzimmern stammen aus der Zeit des
Historismus vor der Jahrhundertwende. Bei der letzten Restaurierung
wurde eine blau auf gelbem Grund gemalte Wandmalerei mit einer buko-
lischen Landschaft aus der Zeit um 1760–1770 freigelegt. Etwas früher
datiert Mummenhoff die auf Rupfen gemalten wertvollen Tapeten mit
Szenen aus den Türkenkriegen, die nach ihrer Restaurierung wieder im
großen Zimmer des Erdgeschosses die Wände schmücken.
Teile vom ehemaligen Hauptaltar aus der Erbauungszeit der Kapelle,
einem Hauptwerk des Braunschweiger Barockbildhauers Wilhelm Scho-
rigus d. J. (1635–1687) mit den Holzskulpturen der Heiligen Georg und
Mauritius befinden sich im Landesmuseum für Kunst und Kulturgeschichte
in Münster und bestätigen bei der gegenwärtigen Restaurierung die hohe
Einschätzung dieses in Westfalen nur mit diesem Werk vertretenen
Künstlers.

Karl E. Mummenhoff: Schloß Eringerfeld. Große Baudenkmäler Heft 255. München/Berlin 1971.

Hoffassade des Herrenhauses

24 Schwarzenraben

Schloß   Geseke-Bökenförde   Kreis Soest

Unter den zahlreichen Bächen, welche die weite, unmerklich abdachende Landschaft des Unteren Hellwegs zwischen Lippe und Hellweg bewässern, ist die Wambeke (= Wiesenbach) einer der größten. Sie füllt die Gräften von Schwarzenraben und gab auch dem ehemaligen Rittergut an der Stelle des heutigen Schlosses ihren ursprünglichen Namen. „Schwarzenraben", vermutlich von dem Tiersymbol des hl. Vitus, des Schutzpatrons des ehemaligen Corveyer Amtes im benachbarten Mönninghausen, abgeleitet, ist erst seit dem 16. Jahrhundert gebräuchlich.

Zwischen Lippstadt und Erwitte, den Polen an den beiden alten Völkerstraßen Hellweg und Lippe, ausgezeichnet durch hervorragende alte Baudenkmäler, stehen außer romantischen Kirchtürmen weitere Wasserburgen und Schlösser auf frühgeschichtlichem Boden: Erwitte, Störmede, Herringhausen und Overhagen. Drei weitere, Ober- und Niederhellinghausen und Stirpe sind erst in diesem und im vorigen Jahrhundert eingegangen. Im Mittelalter bedrängten sich hier, in einem Grenzstreifen, die Bischöfe von Paderborn und die Erzbischöfe von Köln, denen sich später noch die Grafen von der Mark zugesellten, mit Erweiterungsansprüchen. Während das wahrscheinlich auf eine fränkische Siedlung zurückgehende ehemalige Reichsgut Friedhardskirchen (später Hellinghausen) in den Besitz der kölnischen Kirche überging, unterstand Wambeke, kirchlich zu Erwitte gehörig, dem Bistum Paderborn und seit 1031 dem Benediktinerkloster Abdinghof, das den Besitz einer Ministerialenfamilie Boleke zu Lehen gab. Durch Heirat erlangten die von Vrydagh die Hälfte von Wambeke. Seit 1584 erscheinen die von Hörde als Alleinbesitzer, nachdem zwischendurch die von Berninghausen und die von Graffen je eine Hälfte besessen hatten. Die von Hörde hatten als kölnische Lehnsleute 1256 ihre Burg Hörde an die Grafen von der Mark abgetreten und durch Heirat das Erbe der Edelherren von Störmede angetreten. Reste eines weitläufigen Mauerringes, mehrerer Herrenhäuser und ein Torhaus vermitteln heute noch eine Vorstellung von der Stattlichkeit des Schwarzenraben benachbarten Burgsitzes Störmede. Von dort erwarben die von Hörde nicht nur Schwarzenraben, sondern auch die Burgen Boke jenseits der Lippe und Eringerfeld auf der anderen Seite des Hellwegs. 1529 fand eine Erbteilung statt, nach der die Erben der genannten Häuser selbständige Linien bildeten.

Auf Grund einer Stiftung des Kölner Kurfürsten Clemens August von Bayern, der zugleich Bischof von Paderborn war und als solcher eine rege Bautätigkeit entfaltete, entstand in Schwarzenraben in den Jahren 1765—1768 ein Neubau, den der angeblich auf einer Jagd durch einen Fehlschuß des Bischofs verletzte und von ihm auf diese Weise entschädigte Bauherr Ferdinand Freiherr von Hörde, Landdrost und Geheimer Rat des Kurfürsten, sich in solcher Prachtentfaltung aus eigenen Mitteln vielleicht nicht geleistet hätte. Als Baumeister des Schlosses wurde Johann Matthias Kitz erst 1939 durch Rensing ermittelt. Kitz, ein gebürtiger Böhme, trat um 1750 als Ingenieurleutnant in Waldecksche Dienste und erbaute u. a. — nach Rensing — das Haus Sauvigny in Brilon, wo er die Tochter des Bürgermeisters heiratete und auch während seiner Tätigkeit als Waldeckscher Hofarchitekt wohnte und nach seinem Tode 1788 begraben wurde. Vor seinem Weggang nach Waldeck war er Mitarbeiter des Paderborner

Orangerie

Hofbaumeisters Franz Christoph Nagel. Mit dem Bau der Ökonomiegebäude auf der Vorburg wurde Johann Leonhard Mauritz Gröninger
beauftragt.

Von den Herren von Hörde ging Schwarzenraben mit Eringerfeld durch
Erbschaft an die Familie von der Decken und von dieser 1873 auf die
Freiherren von Ketteler über. Friedrich Freiherr von Ketteler-Harkotten
heiratete die Erbtochter Kunigunde von der Decken, deren Stiefmutter eine
verwitwete von Hörde war. Als herausragende Persönlichkeiten des seit
dem 13. Jahrhundert nachweisbaren Kettelerschen Geschlechtes seien nur
Godert von Ketteler, Heermeister von Livland und Reformator Kurlands,
das er seiner Familie als erbliches Herzogtum gewann, und Wilhelm
Emanuel von Ketteler, Bischof von Mainz, genannt. Als Bauherren der
Schlösser Hovestadt, Assen, Merlsheim und Harkotten haben die Freiherren von Ketteler durch drei Jahrhunderte hohe Ansprüche an erstrangige Architekten ihrer Zeit gestellt.

1935 brannte das Herrenhaus, das heute noch von der Familie von Ketteler-Harkotten bewohnt wird, aus. Unter der Bauleitung des Architekten
Max Sonnen, des Verfassers des ersten grundlegenden Buches über die

Weserrenaissance, wurde das Schloß in der früheren Form, allerdings unter Veränderung der Dachproportionen, wiederhergestellt. Nur ein geringer Teil der kostbaren Raumausstattungen konnte gerettet werden. Das Schloß Schwarzenraben ist ein imponierendes Beispiel für die Anwendung der regelmäßigen, auf eine mittlere Hauptachse hin orientierten Hufeisenanlage, des häufigsten, in den großen Residenzen vorgebildeten Schloßbautyps des 18. Jahrhunderts, auf die verkleinerten Raum- und Repräsentationsverhältnisse landadeliger Bauherren. Das an drei Seiten hautnah vom Wasser umgebene, auf Pfahlrosten gegründete zweigeschossige Herrenhaus mit kurzen Seitenarmen umschließt einen verhältnismäßig kleinen, an den Seiten durch geschwungene Futtermauern gestützten Ehrenhof, den man durch die lange Allee, über die Vorburg mit den seitwärts zurücktretenden symmetrischen Wirtschaftsgebäuden und über eine kombinierte Stein- und Zugbrücke erreicht. Mit den genannten Teilen sind Torpfeiler an den Eingängen zur Vorburg und zum Ehrenhof auf die mittlere Achse des Hauptflügels, des Corps de Logis, ausgerichtet, dessen ovales Vestibül man über eine geschweifte Flügeltreppe und durch das Portal des Mittelrisalits betritt. In derselben Achse schließt sich der ebenfalls ovale Gartensaal an, aus dem man durch das zweite Risalitportal und über eine ähnlich wie die an der Hoffront konstruierte Brücke mit Torpfeilern in den Garten gelangt. In gleicher Ausrichtung wie die übrigen Gebäude bildet die Orangerie schließlich den Abschluß des Gartens sowie der Gesamtanlage.

Der fünfachsige Hauptflügel und die zweiachsigen Seitenflügel sind über einem hohen Kellergeschoß errichtet und mit einem voll ausgebauten Mansarddach gedeckt. Die Firstlinie ist durch reliefierte Schornsteine ausgezeichnet. Die bereits erwähnten Mittelrisalite schwingen sowohl an der Hof- als auch an der Gartenseite so weit seitlich aus, daß sie noch Seitenfenster aufnehmen konnten. Diese konvexe Vorwölbung ist strukturell bedingt durch die ovalen Grundrisse des Vestibüls und des Gartensalons. Die in Höhe des Dachansatzes die Risalite abschließenden Dreiecksgiebel mit Wappenfüllung werden durch eine vasenbesetzte Attika hinterfangen, ein Motiv, das an Nagels Vorhallenfassade der Paderborner Gaukirche erinnert, wo dem Motiv eine konkave Krümmung zugrundeliegt.

Über dem von Pilastern flankierten Portal mit rundbogigem Oberlicht betont noch ein kleiner Balkon am Obergeschoß die Achse. Die Putzwände sind nur sparsam durch Dach- und Stockwerkgesimse und Lisenen gegliedert, die im Kellergeschoß und als Portalumrahmung rustiziert, in den übrigen Geschossen mit Blenden versehen und mit den Simsbändern verkröpft sind. In der Abrundung der Ecken mit Ecklisenen hat Kitz über das Borromini-Schlaunsche Vorbild hinaus eine durchaus eigene Variante entwickelt. Das ovale Fenster im Sockel der Flügeltreppe zeigt in dem wieder aufgefundenen und nicht in allen Teilen aufgeführten Entwurf — ebenso wie die Fenster in der oberen Zone des Mansarddaches deutlicher Schlaunsche Form.

Die Raumfolge entspricht dem gebräuchlichen Grundrißschema der Zeit, mit Vestibül und Gartensalon in der Achse, dem Eßsaal zur Rechten und Schlafräumen in der Randlage des Hauptflügels und des östlichen Pavillons. Im Erdgeschoß des westlichen Pavillons befindet sich die Hauskapelle, im Obergeschoß wie üblich der Festsaal. Durch zwei große Arkaden steht das Treppenhaus in Raumbindung zum Vestibül. Vom Podest führt die einläufige Treppe in drei Knicken in das Obergeschoß, das mit einer Galerie das überschaubare Treppenhaus umzieht. Ein geglückter Versuch, mit geringerem Aufwand an die Treppenbaukunst der großen Barockschlösser anzuknüpfen.

Wer die wandfeste Innenausstattung von Schwarzenraben vor dem Brand von 1935 gekannt hat, wird nach der Wiederherstellung einiges vermissen, anderes verändert finden. Rensing hat sie mit der ihm eigenen kenntnisgesteuerten Begeisterungsfähigkeit beschrieben: „In allen Hauptzimmern tragen die Decken als Schmuck Stuck in mannigfaltigsten Formen: schlängelnd in feinen dünnen Linien, üppige im Salon und Festsaal. Wie Meeresschaum sprudelt er auf der Wand des sogenannten Stuckzimmers und springt auf die Decke über ... In einer wunderbaren Klarheit der Zeichnung und einer entzückenden Duftigkeit der Farben ist das Deckengemälde (des Festsaales) gemalt, das zweifellos um 1765 entstanden ist. Im Vedoutenzimmer sind auf Tapeten Kavalierszenen in steifem Zeremoniell an Brunnen und Planschbecken dargestellt, reizvoller jedoch bringen im sogenannten Papageienzimmer Einzelbilder mit gemalten Rokokorahmen auf der Tapete Lieblingstiere des Rokoko in romantischer Landschaft. Zu dem Rhythmus der Dekoration passen zierliche Spiegel, marmorne Kamine, prachtvolle Fayenceöfen und Möbel."

Dennoch, ob man die mit allem Raffinement der Restaurierungstechnik wiedererstandenen Innenräume befangen oder unbefangen, ohne Kenntnis ihres früheren Zustandes, betrachtet, man findet wieder Raumfolgen von hinreißender Schönheit. Das Treppenhaus, das vor dem Brand dekorative Formen des Barock, des Rokoko und des Klassizismus vereinigte, hat ein einheitlicheres, schlichteres Gepräge erhalten, wodurch die gute architektonische Lösung augenfälliger geworden ist. In der Kapelle, in den beiden

Sälen, an den Stuckkaminen und in allen vorhandenen Nischen hat der Paderborner Bildhauer Brechmann mit erstaunlichem Einfühlungsvermögen nach Abbildungen die Stuckaturen wiederhergestellt. Der Gartensaal hat nach der Bemalung in hellen Lasurfarben durch die Brüder Gegenfurtner aus Bad Aibling gegenüber früher nur gewonnen. An der beim Brand geretteten Wandbekleidung des oberen Saales machte der Restaurator die Entdeckung, daß es sich bei den von Bartscher gemalten klassizistischen Wandbildern und Supraporten um Übermalungen handelte. Der darunter befindliche Rupfen mit Arabesken wurde freigelegt und damit der ursprüngliche Zustand zurückgewonnen. Die in den Stuckkabinetten verlorengegangenen Bestände an wertvollem Luxusporzellan konnten als unentbehrliche Lieblingskinder des Rokoko ersetzt werden. Nicht mehr einzuordnende Teile der ornamentalen Flächendeckung, eine Bildtapete und Panneaus, gehören heute zu den Kabinettstücken des Kasseler Tapetenmuseums.

In früherer Pracht ist das Hauptstück der Innenarchitektur des Herrenhauses und wohl auch der gesamten Schloßkapellenarchitektur dieser Stilepoche, die dem hl. Antonius Abt geweihte Rokokokapelle mit ihrem kostbaren Decken- und Wandstuck und der großartigen Altarwand wiedererstanden. Etwas vom Geist der ehemaligen Jesuitenkirche in Büren, einer der bedeutendsten Barockkirchen Norddeutschlands, atmet in diesem weiß- und golddurchlichteten prunkvollen, gleichwohl zur Andacht stimmenden Raum. Wie dort waren auch hier die Meisterstukkateure Bernhard

Gartenseite, nach einer Lithographie aus der Sammlung von A. Duncker (1860—1880)

und Johann Nepomuk Metz mit ihrer Mannschaft am Werk, die anschließend auch im Lippstädter Stadthaus der von Hörde (Hotel Köppelmann) arbeiteten. Der Stuck rankt sich mit Rocaillen auch an dem von Joseph Stratmann geschaffenen Altar empor. Dieser vereinigt um den Auszug mit der Plastik des Gekreuzigten einen ganzen Chor von Heiligenfiguren, der unter der Decke in einer strahlendurchschossenen Engelswolke mit Gottvater über der Weltkugel seinen Widerhall findet. Der in Geseke und Anröchte ansässig gewesene Bildhauer, Mitarbeiter Johann Theodor Axers an der Ostfassade der Bürener Jesuitenkirche, ist erst in jüngster Zeit in der Breite seines künstlerisch bedeutenden Schaffens und als Schöpfer dieses Altares erkannt worden.

Die symmetrischen Wirtschaftsgebäude mit je zwei Eckpavillons und geschlossenen Mansarddächern treten auf dem Vorburghof so weit seitlich zurück, daß sie dem Hauptschloß optisch den Vortritt lassen. Die Ähnlichkeit dieser Gebäudegruppe mit den von Johann Leonhard Mauritz Gröninger errichteten Wirtschaftsgebäuden des Schlosses in Harkotten legte es nahe, diesem Architekten auch die Vorburgbebauung auf Schwarzenraben zuzuschreiben. In der Tat wurde später der Entwurf Gröningers aufgefunden und die Vermutung als richtig bestätigt.

Zum Reizvollsten, was das Rokoko in Westfalen hervorgebracht hat, gehört die von Kitz entworfene Orangerie, die Reminiszenzen an ein Flötenkonzert weckt, nach dem die in anmutiger Pose dargestellten Dach- und Gartenstatuen sich auf ihren hohen Postamenten zu bewegen scheinen. Im Stil einer Theaterdekoration ist die Fassade durchbrochen und die Fläche in Ornamente aufgelöst. Übergroß und bis auf den Erdboden herabgezogen öffnen sich die in profilierten und mit Palmettenaufsätzen geschmückten Rahmen stehenden „französischen" Fenster dem Licht, dem Lebenselement der im Gebäude atmenden Gewächse. Der überhohen offenen Pforte ist noch ein Oberlicht mit einem Gitter aus Bandelwerk aufgesetzt, über dem sich das Kranzgesims aufwölbt, segmentbogig wie der parallele untere Abschluß der Pforte. Die den Durchgang flankierenden, mit Blütengehängen gezierten Lisenen, haben ihr Vorbild am Heisingschen Haus und an anderen Paderborner Bauten Franz Christoph Nagels, dem Kitz außer dem für alle westfälischen Zeitgenossen unumgänglichen Schlaun am meisten verpflichtet ist. Um die leichten Flächen und Formen oben abzufangen, sind der an das Kranzgesims angebundene Segmentbogen und das Gesims selbst ebenso wie der untere Segmentbogen mehrfach kräftig profiliert und bilden einen effektvollen Kontrast, der ja zu den Geheimnissen dieses Stils gehört. An der Stelle der Orangerie standen vorher die von den beiden anteiligen Besitzern bewohnten Burghäuser, nur durch einen Graben getrennt.

Wie das Spiel von Licht und Schatten, das in den Laibungen der Fenster und Portale und im Wandrelief einem dauernden Wechsel unterliegt, ist auch das Wasser als ein mitbestimmendes Element in die Intonierung der Schloßanlage eingeplant. Mit dem Zweck seiner Abgrenzung hat der Planer bemerkenswerte ästhetische Absichten verbunden, so in der Linienführung der Uferbefestigung um den Ehrenhof, wo der Knick in der Futtermauer die folgende S-Kurve des Gemäuers, einen charakteristischen Rokokoschnörkel, noch eleganter erscheinen läßt. Die Stein- und Zugbrücken mit ihren großen Torpfeilern setzen als Richtpunkte der Hauptachse zugleich ansprechende Akzente ihres Zeitstils.

Theodor Rensing: Schloß Schwarzenraben. In: Westfalen, 1935; Ulf-Dietrich Korn: Der Paderborner Hofbaumeister Franz Christoph Nagel, ein Zeitgenosse Johann Conrad Schlauns. In: Schlaunstudie I. Textteil, Münster 1973.

Kapelle

25 Overhagen

Schloß   Lippstadt-Overhagen   Kreis Soest

An dem Wasserreichtum der vorwiegend als Niederterrasse in Erscheinung
tretenden Lippeniederung hat die bei Westernkotten entspringende Giese-
ler hervorragenden Anteil. Ihr im Overhagener Mühlengraben gestautes
Wasser speist die teichartig großen Gräften des Schlosses. Frühe Besiedlung und die Anlage von Wasserburgen sind im gesamten Lippegebiet
bezeichnende Folgen der natürlichen Gegebenheiten. Bei Lippstadt wurden
Spuren des Altsteinzeitmenschen gefunden, und im Gegensatz zur Haar
gab es im Lippegebiet in geschichtlicher Zeit keine Siedlungsunterbrechung.
Dabei trennte der Fluß Stämme und Territorien. Die Brukterer, ursprüng-

lich Nachbarn der Marsen auf der anderen Uferseite, wurden von den Sachsen über die Lippe nach Süden abgedrängt. Nördlich der Lippe entstand der Drengau. Eine neue Zweiteilung vollzog sich im 13. Jahrhundert nach dem Sturz Heinrichs des Löwen, als die südlich der Lippe gelegenen altsächsischen Landesteile dem neuen Herzogtum Westfalen und Engern untergeordnet und in das Erzstift Köln eingegliedert wurden.

Die Edelherren zur Lippe, die die um ihre Stammburg gelegene alte Siedlung am Übergang zweier Fernstraßen — von Meschede und von Soest — über die Lippe um 1185 planmäßig zu einer Stadt ausbauten, begaben sich zwar vorerst in die Lehnsoberhoheit der Kölner Erzbischöfe, betrieben aber eine eigene Landespolitik, deren Ergebnis das Land Lippe war. Nach der „Stadt tor Lippe" (Lippstadt) sicherten sie noch einen Flußübergang wenige Kilometer nordöstlich der Stadt durch die starke Wasserburg Lipperode auf dem Nordufer der Lippe. Auf der Gegenseite verließ sich Kurköln zwischen Hellweg und Lippe auf seine alten, vor allem gegen die Bischöfe von Paderborn gerichteten Stützpunkte Erwitte und Geseke und auf vorgeschobene Landwehren. Ihm ergebene Ministerialen- und Rittergeschlechter saßen auf den wahrscheinlich schon an der Wende des 12. Jahrhunderts entstandenen Rittergütern Mielinghausen, Brockhof (Stirpe), Hellinghausen, Herringhausen und Overhagen.

Die drei letztgenannten, südwestlich von Lippstadt gelegenen Güter gingen aus der Grundherrschaft Friedhardskirchen, einer Villikation des Kölner Domkapitels, hervor. Als „villicus in Hoeverhagen" erscheint urkundlich 1235 ein Ritter Thiemo aus dem Kreis der Soester erzbischöflichen Ministerialen. Wahrscheinlich noch vor 1300 ging — nach von Klocke — der Villikationsbesitz durch Heirat einer Erbtochter der Thiemonen an die aus dem Münsterland stammende Familie von Schorlemer über, die heute noch im Besitz der drei Güter ist. 1217 urkundet ein Reinfridus de Scurlemere. Mit der Herrschaft Friedhardskirchen war die Patrimonialgerichtsbarkeit über das Kirchspiel Hellinghausen verbunden. Die Familie von Schorlemer besaß auch das Patronatsrecht über die Kirche in Hellinghausen.

Unter den Söhnen „Johannes des Alten" wurde um 1450 eine Teilung in vier Linien mit den Rittersitzen in Overhagen, Herringhausen, Ober- und Niederhellinghausen vollzogen. In Overhagen und Herringhausen entstanden seit 1619 und 1730 stattliche Neubauten mit Haupt- und Vorburg, die nur wenig verändert erhalten sind. Das Gutsgebäude Oberhellinghausen wurde schon am Ende des 18. Jahrhunderts abgetragen, das Herrenhaus in Niederhellinghausen, ein zweiflügeliger Barockbau, blieb nach einem Brand vor 50 Jahren liegen.

Aus der Herringhauser Linie, in deren Hand heute alle Besitzungen des Stammhauses wieder vereinigt sind, gingen zwei namhafte Parlamentarier des 19. Jahrhunderts hervor. Friedrich Wilhelm Werner von Schorlemer, einer der führenden Köpfe der ersten westfälischen Provinziallandtage und des Vereinigten Landtages in Berlin und Herausgeber der siebenteiligen Sammlung „Die Rittergüter der Provinz Westfalen" (mit Steindruckansichten von Philipp Herle) und sein Sohn Burghard Freiherr von Schorlemer-Alst, der als „Bauernkönig" in die Geschichte eingegangen ist. Von den beiden erhaltenen Schlössern ist Overhagen das ältere und aus kunstgeschichtlicher Sicht bedeutendere. Arndt Johann von Schorlemer und seine Ehefrau Odilia Elisabeth von Landsberg-Erwitte ließen es anstelle einer älteren Wehranlage in der Stilnachfolge der Nachbarschlösser Hovestadt, Assen und Krassenstein, der sogen. „Lipperenaissance",

Kamin im Erdgescho[ß]
darüber Tafelbild de[s]
Paderborner Fürstbi[schofs]
Dietrich von Fürsten[berg]

errichteten. Die achsial und symmetrisch ausgerichtete Vorburg mit Wirtschaftsgebäuden und der Brückenauffahrt spiegelt bereits barocke Gesinnung. Seit 1962 ist auf dem Schloßgelände ein Gymnasium mit Tagesheimstätte und Internat untergebracht. Die Schloßräume wurden nur anfangs für den Unterricht genutzt, später entstanden moderne Schulpavillons.

Die abgebildete ältere Ansicht aus dem 18. Jahrhundert gibt den Zustand der in der Längsachse nord-südlich gerichteten Zweiinselanlage aus der Zeit vor 1850 wieder, deren Gebäudebestand mit Ausnahme des in dem vorgenannten Jahr abgebrochenen Mitteltraktes der ursprünglich hufeisenförmig angeordneten Vorburggebäude bis heute erhalten geblieben ist. Breite Gräften umgeben und trennen Vor- und Hauptburg, deren Höfe durch eine kunstvolle Brücke verbunden sind. Mit Ausnahme der Hofseite stehen sowohl die Vorburgflügel als auch das Herrenhaus frei im Wasser. An der Stelle des auf der Zeichnung dargestellten Barockgartens mit prächtigen Portalen erstreckt sich heute eine weitläufige Parkanlage, in die die Internatsschulbauten eingebettet wurden. Die vom Mitteltrakt der Vorburg teils verdeckte Kapelle ist in ihrer Lage verzeichnet und wahrscheinlich auch idealisiert worden. Heute ist nur noch ein innen und außen schmuckloser Saal ohne besonderen Kunstwert anzutreffen, seit kurzem im Besitz der evangelischen Gemeinde Overhagen.

In dem zweigeschossigen stattlichen Herrenhaus mit 13 x 4 Fensterachsen durchdringen sich zwei Stilprinzipien. Die Ergänzung des rechteckigen Baukörpers durch zwei diagonal gerichtete, nach außen vortretende quadratische Ecktürme an der Nordost- und an der Südwestecke mit hohen welschen Hauben und das hohe Walmdach mit den beiden architektonisch und farbig gestalteten Schornsteinköpfen bezwecken Silhouettenwirkung aus der Fernsicht. Sie betonen die Vertikale. Dagegen trägt der Bau mit seiner reichgegliederten hofseitigen Fassade auch der Nahsicht Rechnung und bekennt im Dekorationsstil seine Verwandtschaft mit der in Horst begründeten Lippeschule des Laurenz von Brachum. Im Gegensatz zu den schlichter gegliederten Wasserseiten, die lediglich horizontale Zierstreifen in der sehr hohen Sockelzone, in der Verbindung der Fensterachsen und in der Kranzgesimszone sowie Fensterumrahmungen mit dekorativen Entlastungsbögen haben, sind die Wandflächen zwischen den Fenstern der Hoffront und des Nordturmes mit plastischem Beschlagwerk, mit durch Bänder verbundenen Kreisen, Halbkreisen, Rauten und Quadraten, mit fast allen geometrischen Motiven, wie sie sich in Hovestadt und vor allem in Assen finden, belebt. Eine besondere Eigentümlichkeit der Overhagener

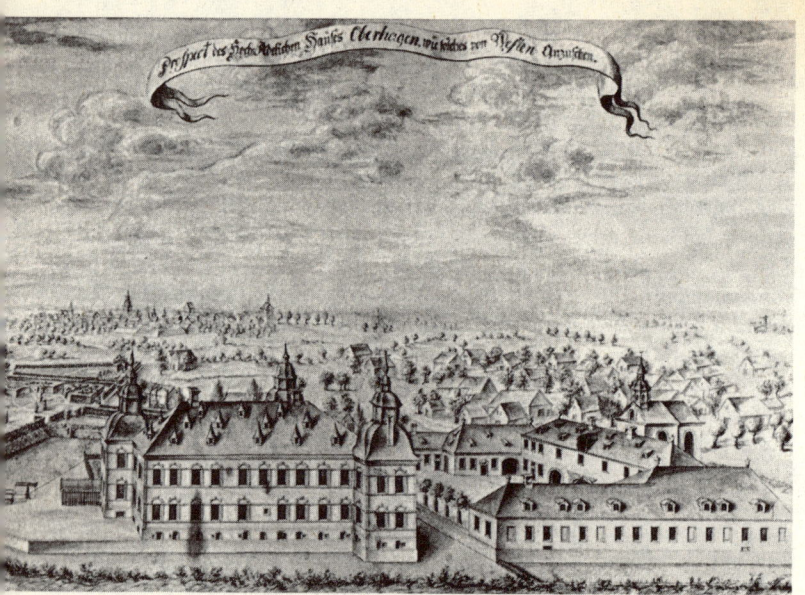

Ansicht der Gesamtanlage im 18. Jahrhundert

Fassadendekoration sind die in den geometrischen Mustern vermauerten figurativen Sandsteine, die ohne eine bestimmte Leitidee eine verwirrende Vielfalt von bald fratzenhaften, bald porträtähnlich wirkenden Gesichtern und von Tierköpfen der verschiedensten Gattungen aufbieten. Die dekorativen Rundbögen über den Fenstern sind von Kartuschen frei geblieben, wodurch die vorwiegend horizontale Gliederung noch an Klarheit gewonnen hat. Ein Teil des vorgeblendeten Beschlagwerks ist nicht in Backstein, sondern in Rüthener Sandstein ausgeführt, der bei der Nähe der Brüche billiger zu beschaffen war. Dabei erhielten die verputzten Beschlagornamente einen Anstrich im Ziegelton. Im Zuge der Restaurierung im Jahre 1964 wurde auch die Farbgebung nach Befund erneuert. Seitdem entfaltet sich auf dem hellen Grund der Putzwände wieder das Spiel farbiger Reize, die das Streiflicht noch zu steigern vermag.

Der Baumeister des Herrenhauses ist nicht bekannt. So sehr auch der Stil des Laurenz von Brachum, des Protagonisten der „Lipperenaissance", an dem Bau seine Ausprägung gefunden hat, muß man im Hinblick auf die damals wahrscheinlich bereits abgeschlossene Lebenszeit des Meisters an einen seiner Schüler, ehestens an seinen Sohn Johann von Brachum, denken.

Auffällig engbrüstig nimmt sich der anbauartig vorgezogene Türrisalit in der Mitte der Hoffassade aus, der 1735 — höchstwahrscheinlich von Franz Christoph Nagel — gestaltet wurde. Wahrscheinlich wollte der Architekt kein Gegengewicht zu dem wuchtigen Ostturm aufkommen lassen, der mit dem Westturm korrespondiert. Korn, der erstmals Leben und Wirken dieses Paderborner fürstbischöflichen Hofbaumeisters umrissen hat, erkennt in dem Risalitportal mit der von kräftig vorschwingenden Voluten flankierten blinden Balustrade und dem segmentbogigen Abschluß des aufsitzenden Fensters ein unverwechselbares Nagel-Motiv. Der Risalit wurde von Nagel nicht wieder in das Gliederungs- und Dekorationssystem der Fassade einbezogen. Der vorher schlichte Dreiecksgiebel verdankt dem Historismus des 19. Jahrhunderts seine heutige Gestalt.

Ein zweiter Risalit befand sich an der äußersten Südseite der Hoffront. Auf der oben erwähnten älteren Darstellung mit der Westansicht des Schlosses ragt eine im heutigen Bild nicht mehr unterzubringende Turmhaube in der Form der beiden Eckturmhauben über die Firstlinie hinaus, genau an der Stelle, an der auf einer der Gantés'schen Zeichnungen sich der zweite Risalit findet. Gantés, der 1801 die von Schorlemerschen Besitzungen geometrisch vermessen und aufgenommen hat, kannte als oberen Abschluß dieses Risalits nur einen mit Schweifformen verzierten Dacherker, der früher vielleicht eine Haube trug. Hat der auf der älteren Zeichnung dargestellte Turm eine Beziehung zum zweiten Risalit — und das hat er wohl —, so ist er vom Zeichner zweifellos übergroß dargestellt worden. Noch um 1840, auf der Darstellung von Herle, fehlte an der Stelle des zweiten Risalits im Erd- und Obergeschoß das fünfte Fenster und der plastische Backsteinschmuck.

Das Innere ist durch mehrere Umbauten verändert worden. Nach Klapheck erforderte 1835 der Einbau eines neuen Treppenhauses eine neue Raumdisposition, der 1850 ein weiterer Umbau folgte. Bei der Einrichtung des Schlosses für Internatszwecke mußte wiederum neu disponiert werden. Weitgehend erhalten blieben dabei die aufwendigen Türgestelle und wertvolle Stücke der wandfesten Innenausstattung, aus der vor allem ein Barockkamin mit Stuckrahmen und hohem übergiebelten Gemäldeaufsatz im Saal hinter der Halle und eine 1749 datierte, 1889 renovierte zweiteilige Muldendecke mit allegorischen Stuckfiguren und -landschaften im Erdgeschoß des hofseitigen Turmes hervorzuheben sind. Das Kamintafelbild zeigt das lebensgroße Porträt des Paderborner Fürstbischofs

Dietrich von Fürstenberg, im Giebelfeld darüber seine Wappenkartusche. Die Allegorien der Stuckdecke stimmen mit Mustern in Jean François Blondels Vorlagenbuch „De la Distribution des Maisons de Plaisance et de la Decoration des Édifices en général" (Paris 1737) überein. In der von Nagel besorgten Dekoration des Audienzsaales im fürstbischöflichen Schloß Neuhaus wiederholen sich leicht abgewandelt nach dem Blondelschen Musterbuch stuckierte Allegorien und Embleme (Vogel Phönix, Feuersalamander, Trophäe), die das Relief des römischen Gottes Mercurius im Mittelfeld der Overhagener Stuckdecke umrahmen. Möglicherweise war der Paderborner Hofbaumeister auch an der Innenausstattung nach dem Umbau beteiligt. Wie Herringhausen ist auch das Schloß Overhagen nicht auf Eichenrosten, wie man in der Niederung vermuten sollte, sondern auf Mergeluntergrund errichtet. Die Kellerräume sind einheitlich mit Tonnen gewölbt.

Eine Variante der Stucktrophäe im Turmzimmer mit dem Allianzwappen Schorlemer-Brabeck und Schorlemer-Schmising findet sich auch als Bekrönung der beiden Torpfeiler an der Brücke zum Schloßplatz. Am anderen Ende der Brücke stehen zwei lebensgroße Sandsteinplastiken mit dem Blick zur Vorburg auf kräftigen Postamenten, die auf der Lithographie von Herle noch unbestückt sind. Zweifellos handelt es sich bei ihnen um die beiden Ritterstatuen, die als Gartenplastiken auf der Ansicht des 18. Jahrhunderts zu erkennen sind. Sie fanden offenbar erst nach 1840 Aufstellung auf der Brücke, wo sie auf der Dunckerschen Darstellung bereits zu finden sind. Die bis zur Unkenntlichkeit verwitterten Plastiken wurden kürzlich in der Werkstatt des Landeskonservators saniert.

Korn vermutet in Franz Christoph Nagel auch den Baumeister der neuen Vorburggebäude, deren Seitenflügel — wie die ebenfalls Nagel zugeschriebenen Nebengebäude in Körtlinghausen — zum Schloß hin um die halbe Tiefe zurücktreten. Der ehemalige Mitteltrakt hatte an der Durchfahrt Portale der Art, wie sie Nagel für das Schloß in Neuhaus gestaltete.

Das Schloß Overhagen steht in der Stilkategorie der „Lipperenaissance" zwischen den Schlössern Assen (1564) bzw. Hovestadt (1563–1572) und dem Haus Nehlen (1631), das mit Overhagen bei ähnlichem Grundriß und Aufbau nur noch die dekorativen Entlastungsbögen und eine kleinere Zahl von „Neidköpfen" als letztes Echo der Lippeschule gemeinsam hat.

Ulf-Dietrich Korn: Der Paderborner Hofbaumeister Franz Christoph Nagel, ein Zeitgenosse Johann Conrad Schlauns. In: Schlaunstudie I. Münster 1973.

26 Hovestadt

Schloß   Lippetal-Hovestadt   Kreis Soest

„Märchenschloß" und „Traumschloß" sind die gebräuchlichsten volkstümlichen Bezeichnungen für die Lage der in der ersten Reihe der westfälischen Wasserschlösser rangierenden Hovestädter Schloßbaugruppe. Die
Verbindung hoher künstlerischer Qualität mit starken naturidyllischen
Akzenten macht das Besondere dieser Lage aus. Im Abstand eines Stein-
wurfs passiert die Lippe in der schon münsterländisch anmutenden Niede-
rungslandschaft den weitläufigen, von Alleestraßen und Umfluten umgebenen Schloßkomplex. Sie bedingt den hohen Grundwasserstand in den
breiten Gräften, deren drei Hektar große Wasserfläche bald die festliche
Architektur, bald die dicht an das Schloß herandrängende Baumflora
spiegelt.
Die alte Lippestraße, geschichtlich nicht weniger bedeutend als der Hellweg, kreuzt hier den wichtigen Flußübergang der Nordsüdstraße. Seit
dem römischen Heerführer Drusus, der im Jahre 12 v. Chr. aus der Richtung Xanten kommend die Lippe aufwärts ins „Großgermanische" zog,
haben die Lippeanwohner viele Heereszüge gesehen. Im Siebenjährigen

Krieg, in der Nacht vor der für ihn verlorenen Schlacht bei Vellinghausen (1761), übernachtete der französische Marschall Broglie im Schloß Hovestadt; 1813 sah man hier die Reste der in Rußland geschlagenen Grande Armée.

Die Überlieferung, nach welcher der von 792 bis 815 nachweisbare Graf Ekbert, der Ehemann der hl. Ida, einer Verwandten Karls des Großen, auf dem Altehof östlich des Schlosses schon eine Burg errichtet und bewohnt haben soll, ist urkundlich nicht gesichert. Aber der 1152 im Gefolge des Kölner Erzbischofs erscheinende Dietrich von Hovestadt dürfte mit einem festen Sitz an dem gleichnamigen Ort an der Lippe in Verbindung zu bringen sein. Erhöhte Bedeutung erlangte Hovestadt im nächsten Jahrhundert, als die Landesherren begannen, ihre wichtigsten Positionen durch Burganlagen zu festigen. Der Erzbischof von Köln und Herzog von Westfalen ließ Hovestadt zusätzlich zu seiner Pfalz in Soest und seiner Burg in Werl zur Sicherung seiner Grenze gegenüber dem Fürstbistum Münster und zum Schutz der Lippebrücke ausbauen. Das 1276 vollendete castrum, das mit einem Drosten und einem Burgmannen-kollegium besetzt war, war der stärkste kölnische Stützpunkt in einem Gebiet, in dem außer den genannten die Herrschaften von drei weiteren Landesherren, den Grafen von Arnsberg und von der Mark und den Edelherren von der Lippe, sich berührten. Im 14. Jahrhundert gewährte diese große Landesburg mit ihren Vorwerken 20 Burgmannen und ihren Familien Unterkunft. Dennoch wurde sie von den Grenznachbarn wieder-holt (1303 und 1346) erobert und zerstört, aber jedesmal wieder aufge-baut. In der Soester Fehde (1444—1449) erhielt sie noch einmal strategische Bedeutung für die kurkölnische Kriegsführung.

Unter den Burgmannen gewannen die Kettler nach und nach den stärk-sten Einfluß. 1482 wurde Godert Kettler Pfandinhaber von Burg und Amt Hovestadt. Sein Urenkel Dietrich Kettler († 1611) ließ 1563—1572 von dem gleichzeitig für die Kettlers auf Assen beschäftigten Baumeister Lau-renz von Brachum auf der Burgstelle das gegenwärtige Schloß als Back-steinbau errichten. 1649 starb die Hovestädter Linie der Kettler im Man-nesstamm aus. Durch Erbgang gelangte Hovestadt an die Freiherren von Heyden, von denen es 1710 durch Kauf an den Freiherrn, späteren Gra-fen Friedrich Bernhard Wilhelm von Plettenberg-Lenhausen ging. 1733 bezog er mit seiner Familie das reparaturbedürftige Schloß. Zwei Jahre später erhielt der münstersche Baumeister Johann Conrad Schlaun den Auftrag zum Umbau des Hauptschlosses und 1741 zur Erneuerung der Vorburg.

Das Geschlecht von Plettenberg geht auf den schon im 11. Jahrhundert bekannten gleichnamigen Ort im Sauerland zurück. Ihre Abkömmlinge begegnen früh als adlige Burgmannen auf der Waldenburg bei Attendorn, als Drosten auf der Burg Schwarzenberg, auf Hovestadt, Bergneustadt und Rode (Neuenrade). Johann von Plettenberg war im 13. Jahrhundert Kölner Marschall für Westfalen. Besitzungen der Familie waren u. a. Borgholzhausen, Bamenohl, Schönholthausen, Wocklum, Meyerich, Nehlen, Heeren, Bodelschwingh, Rüschhaus. Auf Meyerich wurde der Deutschordensmeister von Livland, Wolter von Plettenberg († 1535), geboren. Dietrich von Plettenberg, Domprobst zu Paderborn und Münster, († 1643) ließ das Haus Nehlen errichten. Der münstersche Fürstbischof Christian Friedrich von Plettenberg († 1706) begann mit G. L. Pictorius den Neubau des Schlosses Nordkirchen, sein 1724 vom Kaiser in den Reichsgrafenstand erhobener Neffe Ferdinand Adolf von Plettenberg ließ ihn durch Schlaun vollenden. Die Linie Plettenberg-Lenhausen wurde 1457 durch Heidenreich von Plettenberg durch den Kauf der Burg Lenhausen begründet. Sie ist heute noch Eigentümer von Schloß und Gut Hovestadt.

Wie es sich heute darbietet, ist Hovestadt das Werk zweier Künstler, die in aufeinanderfolgenden Stilepochen den hohen Ansprüchen der Bauherren genügten. Meister Laurenz, dessen Anteil an Schloß Horst, dem Prototyp der „Lipperenaissance", in seinem Abhängigkeitsverhältnis von dem leitenden Baumeister Johanssen nicht eindeutig abzugrenzen ist, war hier sowohl als Architekt als auch für die Gliederung und Dekoration der Fassaden allein zuständig. Mit Haus Geist bei Oelde (1806 abgebrochen), wie Hovestadt eine urkundlich beglaubigte Baumeisterarbeit des Laurenz von Brachum, und Haus Assen, das ihm auf Grund untrüglicher Stilindizien zuzuschreiben ist, kann Hovestadt daher als eine originale, typische und nächst Horst als bedeutendste Arbeit des Meisters beurteilt werden. Er wohnte damals auf Grund seiner Beziehungen zur Familie von der Horst auf Haus Geist, wohin Rütgers von der Horst Tochter Margarete Bertram von Loe als Ehefrau gefolgt war, und da er gleichzeitig mit Geist, Hovestadt und Assen und auch noch mit Horst beschäftigt war, überließ er seinen Bauführern auf der Hovestädter Baustelle, Johannes von Coesfeld und Hermann von Altensell, weitgehend die Kontrolle über die Ausführung seiner Entwürfe. Für die bildhauerischen Arbeiten sind die Namen von Adrian van Utrecht und Hermann von Bußpado durch Rechnungen verbürgt.

Anders wie in Assen, wo Vorgegebenes in den Neubau einbezogen wer-

den mußte, wurde in Hovestadt, wo die mittelalterliche Anlage ganz verfallen war, auf einem völlig neuen Grundriß geplant. Gewisse Anhaltspunkte lassen vermuten, daß ursprünglich nach dem Horster Vorbild ein Vierflügelbau mit quadratischen Ecktürmen beabsichtigt war. Verwirklicht wurden aber nur der Nord- und der Ostflügel, beide zweigeschossig über hohem Kellergeschoß, und der dreigeschossige Pavillonturm im Schnittpunkt beider an der äußeren Nordostecke. Trotzdem wirkt der Bau sowohl von der Hof- als auch von der Wasserseite durchaus nicht fragmentarisch. Jeder Bauteil ist für sich vollkommen und harmonisch auf die Maßverhältnisse des Ganzen abgestimmt. Ein großer Hausteich schließt die Herrenhausinsel von der Vorburg- und Garteninsel, einer dritten Insel östlich und einer Halbinsel westlich der Herrenhausinsel ab und erweitert sich zu einem äußeren Graben, der den gesamten rechteckigen Schloßbereich umrahmt.

Über eine Brücke, die den äußeren Graben überquert, betritt man von Süden aus der Alleestraße die von Schlaun bebaute Vorburg und erkennt die Gesetzmäßigkeit einer auf das Hauptschloß ausgerichteten Mittelachse. Zwischen zwei Torhäusern und Torpfeilern, die diesen einzigen Zugang zum Schloß flankieren, und vier symmetrisch angeordneten pavillonartigen Wirtschaftsgebäuden, je zweien auf jeder Seite, wird der Schloßhof mit seinen beiden Gebäudeflügeln ansichtig. Eine zweite Brükkenanlage mit kräftigen Torpfeilern und einer Statue des hl. Nepomuk führt über den breiten Graben, der die Vorburg vom Schloßhof trennt. Als Schlaun um 1733 mit der Neugestaltung der alten Vorburg beauftragt war, mußten Ökonomiegebäude, Gartenhäuser und eine Kapelle, die den Bauakten zufolge unter Laurenz von Brachum entstanden waren, weichen. Die neuen niedrigen Vorburgbauten stehen, im Schatten mächtiger Kastanienbäume, parallel zur Mittelachse. In dem ersten auf der Ostseite befinden sich die Orangerie und die Kapelle. Schlaun war nicht nur das Genie erfindungsreicher Neuschöpfungen, er war auch ein Meister der Ergänzung und Abrundung überkommener Bauten, die jetzt vielfach auf Wunsch ihrer Eigentümer im Stil der Zeit umgebaut wurden. Die vornehme Repräsentanz, die der Vorburg als Vorhof der Cour d'honneur durch die Schlaunbauten verliehen wurde, ergänzte ein heute noch in Resten erkennbarer weitläufiger französischer Garten, der sich östlich an die Vorburg anschloß. Der Plan der Schlaunschen Gesamtanlage stimmt weitgehend überein mit der gleichzeitig geplanten Dyckburg bei Münster, die für eine verwandte Linie der Grafen von Plettenberg errichtet wurde.

Die Fassaden des Hauptschlosses in Hovestadt sind in ihrem ursprünglichen Zustand erhalten. Die wasserseitigen Nord- und Ostfronten mit den Turmfassaden und die Hoffronten weichen in ihrer Gliederung wesentlich voneinander ab. Die architektonischen Glieder treten in Hovestadt stärker hervor als an den Horster Fassaden, wo die Fensterumrahmungen mit der übrigen Wandgliederung zu einem höchst dekorativen System in Beziehung gebracht sind. An den Hovestädter Flügelfassaden setzen mit umlaufenden Rustikabändern versehene Pilaster zwischen den Fensterachsen den stärksten Akzent der Flächengliederung. Die Bossierung vertikaler Gliederungselemente war damals eine noch junge, mit dem Florisstil eingewanderte Form der dekorativen Auflockerung. Im Erdgeschoß der Ostfassade haben die von paarweise gekoppelten Pilastern flankierten Fenster über verkröpftem Sturzgesims Rundbögen mit Masken im Scheitelpunkt und Kartuschenfüllungen, eine blendförmige Abwandlung der Serliana. Das Obergeschoß weist zwischen den Fensterachsen nur einteilige, aber breitere und kräftigere Pilaster mit ionisierenden Kapitellen auf, die zugleich als Konsolen für das reich profilierte Kranzgesims dienen. Plastische Ziegelrauten, -kreise, -quadrate, Bänder und Kartuschen füllen zusätzlich die Flächen. Auch der mit einer geschwungenen Haube gedeckte Eckturm und die kunstvollen Schornsteinaufbauten sind in dieser Weise berücksichtigt. In Assen und Overhagen finden sich gleiche und ähnliche manieristische Dekorationsmuster.

Es scheint, daß Laurenz von Brachum nach Fertigstellung dieser Fassade Bedenken hinsichtlich der Gewichtverteilung gekommen sind, denn an der anschließend entstandenen Nordfassade verfährt er umgekehrt, gliedert die untere Fensterzone durch einteilige breite Pilaster und die obere Fensterzone durch gekoppelte leichte Pilaster mit Rundbögen. Anstelle der Rundbögen sorgt im Erdgeschoß ein breites Mittelgesims für klare Gliederungsverhältnisse.

Sparsamer in der Anwendung vorgeblendeter Zierformen, unter Verzicht auf füllende geometrische Muster und Kartuschen, sind die Hoffronten behandelt. Nach der 1972/1973 durchgeführten Restaurierung der Schauseite erweist sich augenfälliger die durch solche Beschränkung gewonnene Klarheit der Gliederung und die Schönheit der wieder aufgefrischten Steinfarben. Ein wesentlicher Gewinn dieser Maßnahme war die Freilegung der bislang verdeckten halbkreisförmigen Bossen über den Obergeschoßfenstern. Die nach Horster Vorbild angelegte Galerie im Erdgeschoß des Nordflügels, die als verbindender offener Korridor des geplanten Vierflügelschlosses gedacht war, öffnet sich zum Hof hin in sieben Arkaden, deren drei in der Barockzeit, wahrscheinlich durch Schlaun, zu Flügeltüren erweitert und mit breiten vasengeschmückten Freitreppen versehen wurden.

Schlaun hat um 1735, als er vorerst mit Umbauten am und im Herrenhaus beschäftigt war, auch in der Dachzone Veränderungen vorgenommen. Darauf deuten das Mansarddach des Nordflügels und der Ansatz eines solchen über dem Ostflügel, ferner der barocke Schornsteinkopf im First des Ostflügels. Die Schornsteinköpfe waren schon im künstlerischen Konzept des Laurenz von Brachum ein wichtiger Bestandteil und jeweils individuell dekorativ behandelt. Wenn man weiß, daß jeder Schornstein vier bis fünf Schlote enthielt, wundert man sich nicht über den Aufwand. Auch bei den Löwenköpfen der Fassaden verbindet sich mit dem Kunstanspruch eine Funktion, die Entlüftung des Mauerwerks durch Schächte, die von den Löwenrachen ausgehen.

Vergleicht man alte Ansichten, etwa die Lithographien von Herle und aus dem Dunckerschen Ansichtenwerk, so stellt sich heraus, daß seit der Mitte des vorigen Jahrhunderts noch einige wesentliche Änderungen am Außenbau vorgenommen wurden. Die südliche Schmalseite des Ostflügels

Brücke mit St. Nepomukstatue, dahinter die Vorburg

hatte anstelle der Schräge des Mansarddachansatzes einen spitz zulaufenden zweigeschossigen Dreiecksgiebel, die westliche Schmalseite des Nordflügels dagegen schon damals ein Fußwalmdach. Die oft bewunderte vierseitig geschwungene Haube des Pavillonturmes mit der Laterne und der formschönen eisernen Wetterfahne entstand 1948 im Zuge der Kriegsschädenbeseitigung. Bei Herle (um 1840) trägt der Turm noch ein barockes Zwiebeldach mit Laterne, auf der zwei bis drei Jahrzehnte späteren Dunckerschen Ansicht dann eine vierseitig geschwungene, aber gedrückte Haube mit Laterne.

Im Innern, vor allem im Ostflügel, sind noch Ausstattungen aus der Erbauungszeit, Stuckbalkendecken und Kamine, erhalten. Im Treppenhaus, in dem Salon und dem anschließenden Kabinett des Nordflügels sowie in der Galerie ist Schlauns Handschrift zu erkennen. Im Salon fand die Stuckierkunst des Antonio Rizzo, der schon in Nordkirchen mit Schlaun zusammengearbeitet hatte, in Stuckaufsätzen, Supraporten- und Gemäldeumrahmungen und im zarten Dekor der Voutendecke reiche Entfaltung. Über einem der beiden Kamine wurde das große Porträt des münsterschen Fürstbischofs Friedrich Christian von Plettenberg angebracht. Die Erinnerung an Wolter von Plettenberg bewahren zwei alte Tafelbilder des Hauses, ein Ganzporträt und ein Anbetungsbild mit der auf Wolken thronenden Jungfrau Maria. Vom Balkon des Salons geht der Blick nach Norden über die nahe Lippe nach Herzfeld, wo zur Zeit Fundamente einer Vorgängerkirche, möglicherweise der von der hl. Ida gestifteten Gründerkirche, ergraben werden. Im Obergeschoß befinden sich vorwiegend Gastzimmer. Als Beispiel des künstlerischen Familienerbes ist unter mehreren wertvollen Wandbespannungen eine solche der Gräfin Helene von Plettenberg aus der Zeit um 1900 erwähnenswert.

Von den ähnlich angeordneten Wirtschaftsgebäuden auf der Dyckburg unterscheiden sich die Vorburggebäude in Hovestadt durch reichere und für Schlaun typische Behandlung. Die Fassaden sind durch Lisenen und Ecklisenen an den Rundecken schlicht gegliedert. Wo sie nicht durch ein neueres Scheunentor verdeckt sind, sieht man noch die Rundportale mit zurückgesetzter Tür. Die Mansarddächer sind allseitig mit Zwerchdächern ausgebaut. Beachtung verdient die mit der Orangerie verbundene Kapelle, die mit einer Altarnische — ebenso wie die Dyckburg-Kapelle — und die ebenfalls von Schlaun erbaute St. Clemenskirche in Münster dem marianischen Pilgerheiligtum im Dom der italienischen Stadt Loreto in einer Nachbildung huldigt. Die Wallfahrt nach dem heiligen Wohnhaus der Jungfrau Maria, das 1295 Engel nach Loreto getragen haben sollen, wurde von dem Kurfürsten Clemens August, der zweimal nach dem berühmten Wallfahrtsort pilgerte, besonders gefördert. Die illusionistische Deckenmalerei wurde zu Anfang dieses Jahrhunderts von Übermalung befreit. Das Altarblatt einer Immaculata ist von ungewohnt kühler Farbgebung. Bis 1932 stand die Kapelle der katholischen Gemeinde Hovestadt zur Verfügung.

1795 verhandelte der Schloßbesitzer mit Clemens August von Vagedes, um den Barockgarten dem neuen englischen Gartenstil anzunähern. Auch ein Gebäude für die Schloßbibliothek war im Rahmen dieses Planes vorgesehen. Vagedes starb jedoch bald nachdem er seine Reise nach Hovestadt angekündigt hatte. Die Entwürfe blieben unausgeführt.

Seit das Schloß Horst nur noch als Torso besteht, verdient das Schloß Hovestadt als die bedeutendste erhaltene Schöpfung des Laurenz von Brachum die großzügige landeskonservatorische Pflege, die ihm nach der sehr geglückten Restaurierung der Hofseite demnächst auch auf der Lippeseite und an anderen Bauteilen der Gesamtanlage zuteil werden soll.

Friedrich von Klocke: Hovestadt und Nehlen. Zwei Schlösser der Soester Börde. In: Die Heimat. 5. Jahrg. Nr. 11/12.
Zur Abbildung S. 215: Schloß Hovestadt von Westen, nach einer Lithographie aus der Sammlung A. Duncker (1860—80).

27 Nehlen

Haus   Welver-Berwicke   Kreis Soest

Die Ahse, die im Lohner Teich entspringt und bei Hamm in die Lippe
mündet, bildet eine fast parallel zum Lippetal verlaufende Niederung.
Reicher an Baum- und Buschbestand als in der durch intensive Agrar-
nutzung einförmig gestalteten Landschaft beiderseits des Hellwegs sind
die von vielen nordwärts streichenden Bächen durchzogenen Auen. Der
Wasserreichtum hat in der Niederung eine dichte Reihung von Wasserburgen begünstigt. Außer Haus Nehlen sind im Mittellauf die Häuser
Düsse, Ahse, Brockhausen, Schweckhausen, Nateln, Matena und Hohen-
over zu nennen, acht auf einer Strecke von zwölf Kilometern. Mehrere
Rittersitze — wie Brockhövel — sind eingegangen. In der Nähe der Ahse
lagen zwei Turmhügelburgen, Klotinghof und das spätere Haus Dinker,

jetzt Haus Galen genannt. Dinker war der Sitz der sogenannten Dinkerschen Ritterschaft, in der außer dem Besitzer von Haus Nehlen die Herren
von neun Rittergütern des Kirchspiels Dinker zusammengeschlossen
waren. Ein Ministerialengeschlecht von Dinker wird bereits 1166 urkundlich erwähnt.

Nehlen, das der östlichste Sitz der Dinkerschen Ritterschaft war und, im
Kirchspiel Welver gelegen, zur Soester Börde gehörte, wird erstmals 1290
als curtis que dicitur Nelen erwähnt. Besitzer waren die nach dem Gut
benannten ritterbürtigen Herren von Nehlen. Seit 1388, nach dem Aussterben dieser Familie, erscheint ein aus der Hovestadter Linie hervor-
gegangener Zweig der von Plettenberg, eines ursprünglich sauerländischen Adelsgeschlechtes. Wolter von Plettenberg, Deutschordensmeister
von Livland († 1535), stammt nicht, wie oft zu lesen ist, von Haus Nehlen,
sondern aus einer naheverwandten Linie auf der südlich von Haus Nehlen
gelegenen Wasserburg Meyerich. Dietrich von Plettenberg, Dompropst zu
Paderborn und Münster († 1643), ist der Bauherr des Herrenhauses. Mit
Georg Kasper erloschen die Nehlener Plettenberg 1679 im Mannesstamm.

*Treppen-
turmportal*

Sein Schwager, der Freiherr Franz Wilhelm von Boeselager aus dem Hause Eggermühlen, erwarb 1682 den Herrensitz, der sich noch heute im Besitz dieser Familie befindet.

Die gut erhaltene, mit Haupt- und Vorburg auf zwei Inseln gelegene Anlage in der Gemeinde Berwicke geht zweifellos auf ältere Bauten zurück, hat aber offenbar von Anfang an als Zweiinselanlage bestanden. Das jetzige Herrenhaus wurde der Inschrift zufolge 1631 errichtet, und zwar durch den Steinhauermeister Dietrich Gerlinckhaus aus Dortmund. Der über einem hohen Kellergeschoß zweigeschossig aufgebaute, mit hohem Walmdach gedeckte Rechteckbau, mit dem vor die Mitte gestellten ein-achsigen Treppenturm als adeliges Anwesen ausgewiesen, ist ein typischer Herrensitz des 17. Jahrhunderts. Als bedeutende Zutat ist an der Nord-ostseite ein zweiachsiger Eckpavillon, dreigeschossig wie der Treppenturm, angegliedert. Der schönen welschen Haube des Treppenturmes ent-sprach früher eine gleiche Bedachung auf dem Eckpavillon, der jetzt, nach einem Brand ein Zeltdach trägt. Im Erdgeschoß der nördlichen Schmal-seite befindet sich ein auf Kopfkonsolen vorspringender Erker mit zwei-fach gekoppelten Fenstern. Die Brüstungsplatte des Erkers präsentiert vier Familienwappen.

Der übrige architektonische Schmuck beschränkt sich auf die Eckquade-rung, die auch über die Vorbauten umlaufenden Gurtgesimse, das Konsol-gesims, die Rahmen der regelmäßig gesetzten Steinkreuzfenster und die von den Nachbarbauten der Lipperenaissance ohne füllendes Beiwerk übernommenen Lünetten, die hier über den Fenstern als echte Entlastungs-bögen erscheinen. Der Kontrast dieser Sandsteinelemente zu den Ziegel-steinwänden ruft eine lebhafte, nach dem Passieren der schmucklosen Vorburg überraschende Farbigkeit hervor. Das Schmuckbedürfnis ist ganz auf den Haupteingang, das Treppenturmportal und ein zweites inneres Portal konzentriert, das in Form einer reichskulpierten Doppelarkade zwei Eingänge zu unterschiedlich genutzten Haushälften zusammenfaßt. Am steinernen Antrittspfosten der Treppe hat sich der Steinhauermeister Ger-linckhaus in schönen großen Steinlettern mit seinem Namen verewigt.

Dem mit Waffeleisenmustern bossierten rundbogigen Türgestell des Außenportals sind ornamentierte gestühlte Säulen vorgesetzt. Vor dem Schlußstein des Rundbogens setzt ein drittes Kapitell stalaktitartig an, ohne seine Fortsetzung in einem Säulenschaft zu finden. Hier, wie auch am Portalaufsatz, im Mißverhältnis von Stütze und Last, gibt sich das durch subtilste Oberflächenbehandlung ausgezeichnete Portal als ein spä-ter Ausläufer des Manierismus zu erkennen. Säulenstühle und Kapitellreste im Aufsatz lassen den Schluß zu, daß den unteren Säulen hier drei gleichartige kleinere Säulen entsprachen. Auf ihre Wiederherstellung wurde bei den jüngsten Restaurierungsarbeiten mit Rücksicht auf die sonst verdeckte feingliederige Ornamentik in der Umrahmung der Wappennischen (Plettenberch-Smisinck) verzichtet. Unter dem verkröpften Türgesims treten Kopfkonsolen hervor. Sie bilden gleichsam den Auftakt zu einer über das ganze Haus verteilten Folge von Engelsköpfen, vorwiegend unter der Wandauflage in Sandstein vermauert oder in Stuck gegossen. Die geflügelten Engelsputten, durch Jahrhunderte ein beliebtes Schmuckmotiv, bedeuteten dem geistlichen Bauherrn, der sich hier in der Abgelegenheit der Niederbörde einen Ort der Geborgenheit schuf, in dieser Häufung offenbar mehr als bloße Dekoration.

Das hohe Walmdach mit den stilgerechten schlanken Schornsteinköpfen trägt wesentlich dazu bei, dem gut proportionierten Bau ein besonderes Ansehen zu verleihen. Aus der Dachfläche ragen unregelmäßig angeordnete Gauben und ein Aufzug hervor.

Als seltenes Beispiel einer bis heute unveränderten, dazu höchst ergiebigen Innenraumaufteilung kommt Haus Nehlen auch in dieser Hinsicht besondere Bedeutung zu. Genau in der Mittelachse des Erdgeschosses verläuft eine Trennwand zwischen einem Wohntrakt und einem Wirtschaftstrakt des verhältnismäßig kleinen Hauses. Vom Treppenturm gelangt man durch die erwähnten getrennten Eingänge rechterhand in den Kaminsaal, an den sich zwei herrschaftliche Wohnräume anschließen, linkerhand in die große Küche und von dort in eine auch den Turm einbeziehende Folge unterschiedlich großer Wirtschafts- und Wohnräume, die ursprünglich für das Gesinde bestimmt waren. Im Obergeschoß gruppieren sich um den großen Saal die herrschaftlichen Schlaf- und Fremdenzimmer, in deren hohen Räumen provisorisch Zwischendecken eingezogen wurden. Ein Vorraum des Obergeschosses konnte durch Öffnung eines Schrankaltars in eine Kapelle umgewandelt werden. Alles ist raumsparend durchdacht. Zwei Treppen und sieben Abtritte wurden in das dicke Mauerwerk verlegt. Wertvollstes Stück der wandfesten Ausstattung ist ein figürlich gestalteter, die ganze Wandhöhe füllender Kamin (1697) von Johann Mauritz Gröninger aus Münster, fast zu monumental in der relativ engen Begrenztheit des mit einer schönen Balkenstuckdecke versehenen unteren Saales. Die Keller sind mit Tonnen im Grundbau und Kreuzgewölben in den Türmen überdeckt.

Das Haus wird von einem Pächter bewohnt. Die ähnlich wie in Overhagen seitlich der Schauseite des Herrenhauses situierte Vorburg mit einem Fach-

Wappenfenster mit geflügelten Engelköpfen

werkgebäude aus dem 17. Jahrhundert wird von ihm ausschließlich landwirtschaftlich genutzt.

Die nicht bewohnten Räume des Herrenhauses sind in einem schlechten Zustand. Es besteht jedoch gute Aussicht, daß die am Außenbau begonnene Restaurierung im Innern fortgesetzt werden kann, um dieses Musterexemplar eines kleinen westfälischen Landschlosses, ein Kabinettstück seiner Art, zu erhalten.

Friedrich von Klocke: Hovestadt und Nehlen. Zwei Schlösser der Soester Börde. In: Die Heimat. 5. Jahrg. Nr. 11/12.

28 Uentrop

Haus Uentrop Kreis Unna

Das auf einer Lippeinsel westlich der Autobahn Ruhrgebiet—Hannover gelegene Haus Uentrop verdankt seine Entstehung den Grafen von Altena-Mark, die 1198 nur die wenige Kilometer flußabwärts in der Niederung zwischen Ahse und Geithe errichtete Burg Mark erwarben und ihre in dieser Zeit bis an die Lippe vorgeschobene Territorialgrenze gegen das Hochstift Münster hier mit den Burgen Heidemühle und Uentrop sicherten. Landesherren in dem früher fränkisch, dann sächsisch und schließlich karolingisch beherrschten Lippestreifen waren vorher die Grafen von Werl, danach — nach Anheirat — die Grafen von Berg und nach deren Erbteilung ihre westfälische Linie, die Grafen von Altena, aus denen nach einer neuerlichen Teilung die Grafen von der Mark hervorgingen. Am Lippeübergang, 2 km von der Burg, deren Namen er 1202 in seinen Grafentitel aufgenommen hatte, gründete Adolf von der Mark 1226 Hamm, die künftige Hauptstadt der Grafschaft.

Zur Burgmannschaft von Hamm gehörten die Herren von der Recke, die außer ihrem märkischen Lehnsbesitz noch ein Burghaus in der Stadt besaßen. Der erste Uentroper Namensträger dieses 1265 ersterwähnten Geschlechts, Goddert von der Recke, teilte sich im 15. Jahrhundert noch mit denen von der Mark in den Besitz des Hauses, das erstmals 1328 zusammen mit einem Angehörigen der Familie von Grimberg genannt wird. 1504 erwarb Johann von der Recke den Gesamtbesitz. 1579 ging das Gut durch Kauf an die Neuenburger Linie von der Recke über, die 1763, nach dem Aussterben der benachbarten Haarener Linie, auch die Jurisdiktion über das uralte, ersterwähnte Kirchspiel Uentrop und die Dinkerschen Bauerschaften Frielinghausen, Norddinker und Vöckinghausen erhielt. Die 1677 in den Reichsfreiherrenstand erhobene Familie von der Recke ist bis in die Gegenwart auf dem 1713–1720 mit einem neuen Herrenhaus ausgestatteten Gut ansässig.

Älterer Stammsitz der Familie ist das Haus Reck in der Gemeinde Lerche, vermutlich seit dem Anfang des 15. Jahrhunderts. Aber schon 1320 erscheint ein von der Recke in der Kamener Burgmannschaft, und aus dieser Linie kommen seit 1500 ständig die Drosten von Unna und Kamen. Ihr entstammt der Reichshofratspräsident Johann von der Recke († 1647). Als Bauherren betätigten sich die von der Recke auch auf den Schlössern Heeßen und Drensteinfurt, in deren Besitz sie über eine Erbtochter der Familie von Volmarstein gelangt waren. Der Paderborner Bischof Dietrich Adolf von der Reck erbaute 1661 das fürstliche Jagdschloß Hövelhof in der Senne. Namensträger dieser Familie spielten auch in der Geschichte Livlands eine Rolle.

Die ursprünglich südlicher, vermutlich im Bett der heutigen Geithe fließende Lippe teilt sich bei Uentrop in mehrere Nebenarme. Die von ihnen eingeschlossenen Inseln boten die besten Voraussetzungen für eine zum Grenzschutz des märkischen Territoriums zu errichtende Wehranlage. Eine Karte vom Lippelauf aus dem späten 16. Jahrhundert, auf der das Haus Uentrop als hohes Giebelhaus kenntlich ist und drei Mühlen an den Flußarmen eingetragen sind, läßt sich durch einen Lageplan von 1773 ergänzen. Er zeigt eine vom südlichen Außengelände auf die Hauptinsel heranführende Allee, ein Torhaus, das Herrenhaus, einen großen Wirtschaftshof mit sechs Gebäuden und einen großen, geometrisch gegliederten Barockgarten im Ostteil der Insel und einen kleineren zwischen dem Herrenhaus und der Gräfte, die als Seitenarm der Lippe das Herrenhaus auf der Nord- und Ostseite schützt. Eine kleinere Insel nördlich der Hauptinsel ist als Baumhof genutzt. An drei Stellen sind die Seitenarme des Flusses überbrückt. Die alte Burg wurde 1679 durch einen Brand zerstört und durch das erhaltene Herrenhaus ersetzt.

Man muß wissen, daß der Baumeister des Hauses, Lubbert Hagen aus Gildehaus, unter dem münsterschen Hofarchitekten Gottfried Laurenz Pictorius und Peter Pictorius d. J. — damals noch als Maurermeister — am ersten Bauabschnitt des neuen Schlosses Nordkirchen beteiligt war, um die augenfälligen Übereinstimmungen des Uentroper Herrenhauses mit dem Nordkirchener Hauptflügel verständlich zu finden. Auch Wilkinghege, mit dessen Neubau Hagen 1719, nach seinem Neubau des Klosters Marienfeld (1711), beauftragt war, bietet sich in etwa zum Vergleich an. Der niederländische Klassizismus, dem G. L. Pictorius huldigte, kommt auch am Uentroper Herrenhaus zum Zuge in einer Zeit, in der es dem Barock eigenster Prägung noch nicht an Protagonisten mangelt.

Schon der durch die umgebende Natur höher gestimmte Dreiklang von dunklem Backstein als Grundmaterial, Naturstein — hier in der besonde-

Eingangshalle

ren Farbqualität des Anröchter Grünsandsteins — für Tür- und Fensterumrahmungen und Gesimse und der wieder anders getönten Pfannen-
deckung des Walmdaches erinnert an das Vorbild, mit dem der 36 m lange
und 16 m tiefe, über einem Hochparterre zweigeschossig aufgehende
Rechteckbau auch in der Ebenheit der Maßverhältnisse und der vorneh-
men Zurückhaltung der Gliederungselemente in kleinerem Format wett-
eifert. Mit Nordkirchen hat das Haus auf der Hofseite den dreiachsigen
Mittelrisalit mit halbgeschossigem Aufsatz gemeinsam. Der seit dem 19.
Jahrhundert behelfsmäßig mit einem Schleppdach abgedeckte Aufsatz
erhielt 1973 wieder den ursprünglichen flachen Dreiecksgiebel nach dem
Vorbild des hofseitigen Giebels in Nordkirchen. Mit der Entfernung des
verandaartigen kurzen Vorbaus über der vielstufigen Freitreppe wurde
gleichzeitig ein weiterer Schritt zur Rückgewinnung der Stilreinheit getan.
Der ursprünglichen Fenstertür entsprach auf der Rückseite des Hauses eine
vermutlich auf einen Balkon, möglicherweise auf eine Zugbrücke zufüh-
rende Fenstertür, die später durch ein einfaches Fenster ersetzt wurde.
Über dem Hofportal ist das Doppelwappen Reck-Baer mit der Zahl 1720
als Jahr des Bauabschlusses angebracht. Im Vorlagensystem der Hauptfassade hat Hagen sein Nordkirchener Vorbild geschickt variiert. Von der
dortigen Hofseite übernahm er die Vierzahl an Vorlagen des Mittelrisalits, von der Wasserseite die Eckvorlagen an den Gebäudeecken. An die
Stelle der Pilaster setzte er Lisenen aus Backstein, die über dem Keller-
sockelgesims ansetzen.
Wie der Lithographie aus dem Dunckerschen Ansichtenwerk zu entnehmen ist, wiesen alle Fenster, auch die querrechteckigen im Kellersockel,
kleine Sprossenteilung auf. Das durch sechs Schornsteine belebte Walmdach hat auf der Rückseite sechs Dachgauben.
Die Raumfolge im Innern entspricht dem zeitüblichen feudalen Repräsentationsstil französischer Provenienz in der Form des Appartement
double, dessen Grundriß zwei durch eine Längswand getrennte, in sich
symmetrische Zimmerfluchten mit auf durchgehenden Achsen angeordneten Verbindungstüren, der sogenannten Enfilade, vorsieht. In der Mittelachse schließt an die Eingangshalle nach hinten der große querrecht-
eckige Mittelsaal an, auf jeder Seite flankiert von einem Salon, der sich
zu kleinen Eckkabinetten hin öffnet. Am Kamin an der östlichen Schmalseite des Saales sind die Wappen von Ferdinand Freiherr von der Recke
und seiner Ehefrau Clementine geb. Freiin von Elverfeldt, genannt von
Beverfoerde-Werries (verheiratet seit 1858) angebracht. Sie ließen die
Stuckdecke erneuern. Die früher mit Jagdemblemen bemalten Wände

Gesamtansicht, Lithographie um 1860

haben Tapeten und goldumrahmte Trumeaux mit Konsoltischchen. Wandmalereien mit Landschaften finden sich noch in dem östlich anschließenden Salon, der wie die meisten Räume mit einem Kaminrahmen ausgestattet ist. Auch die Nebenräume der Eingangshalle folgen dem von G. L. Pictorius in Westfalen eingeführten Aufteilungsschema.

An Nordkirchen erinnert die Lösung der hier wie dort gestellten Aufgabe, auf begrenztem Grundriß eine möglichst imponierende Treppenanlage zu erstellen, angeregt durch die monumentalen Treppenhäuser in den prunkvollen Barockschlössern des deutschen Südens, die nicht Vorbild sein konnten, aber als Anstoß dienten. Wegen der geringen Tiefe des Hauses ist, wie in Nordkirchen, die Treppe in Uentrop aus der Mitte der Eingangshalle an ihre Westseite verlegt. Hier ist aus der räumlichen Begrenztheit und der notwendigen Beschränkung auf nur einen Treppenlauf eine besonders interessante Gestaltung gelungen. Um einen Pfeiler wird die Holztreppe über zwei Zwischenpodeste winklig herumgeführt. Die dichte Reihung der schlanken Balustersäulen bewirkt einen intensiven Bewegungsimpuls, der im Geländer eines Lichtschachtes im Obergeschoß umlaufend ausschwingt. Die Raumdisposition im Obergeschoß entspricht der des Erdgeschosses. Der Saal wurde später unterteilt. Das auf Pfahlrosten gegründete Kellergeschoß hat Kreuzgratgewölbe auf Backsteinpfeilern.

Das Mobiliar geht stilgeschichtlich mit der Bauzeit des Hauses, dem 18. Jahrhundert, konform. Schränke und Familienbildnisse sind die besonderen Blickpunkte der Ausstattung. Sieben Bildnisse tragen die Signatur des Malers L. Cajetan aus dem Jahre 1869.

Das Porträt der Engellouise von der Reck zu Haaren erinnert an eine Episode, die sich am 27. August 1730 auf dem benachbarten von der Reckeschen Haus Haaren im Zusammenhang mit dem Fluchtversuch des Kronprinzen Friedrich von Preußen abgespielt haben soll. Als sich der Landesvater Friedrich I. von seinem Landdrosten Johann von der Recke auftischen ließ, habe er seinen wieder eingefangenen Sohn zur Strafe zusehen lassen, worauf die elfjährige Drostentochter in kindlicher Unbefangenheit den überstrengen Vater gescholten und ihn versöhnlich gestimmt habe. In der Erinnerung an Haus Haaren soll der Große Friedrich später gesagt haben: „Dort bin ich einem Engel begegnet."

Die Familiengruft der von der Recke befand sich in einem ehemaligen Choranbau der Uentroper Kirche. Wilhelm von der Recke (†1839) war der letzte der darin Bestatteten. An der Nordwand der Kirche ist der Grabstein Dietrichs von der Reck, Herr zu Horn und Mundtloh (†1679) erhalten.

Rolf Fritz: Haus Uentrop. In: Kunstschätze aus dem Kreise Unna. Köln/Berlin 1970.

29 Bodelschwingh

Haus   Dortmund-Bodelschwingh

Das Haus Bodelschwingh eröffnet die Reihe der größeren Wasserburgen in der Niederung zwischen Dortmund und Bottrop, die von den Geographen als Emscherland bezeichnet wird. Vom Dortmunder Nachbarort Holzwickede, wo die seit 1899 kanalisierte Emscher entspringt, bis zur Mündung in den Rhein, speisten sie und ihre vielen kleinen Zuflüsse früher die Gräften von mehr als 60 Wasserburgen, von denen noch 33 Bauwerke erhalten sind. Allein im Gebiet der heutigen Großstadt Dortmund reihten sich im Mittelalter an der Emscher und ihren Nebenbächen zwölf Wasserburgen und zahlreiche — um die Landesburg Hörde allein zehn — Rittersitze. Außer den in diesem Buch behandelten Häusern Bodelschwingh und Dellwig weist noch das Aplerbecker Haus Rodenberg eine gewisse

Geschlossenheit auf. Von dem Lanstroper Haus Wenge konnte wenigstens das gotische Herrenhaus, von Haus Brünninghausen mit dem von August Reinking entworfenen, im Kriege zerstörten klassizistischen Herrenhaus das nach dem Bladenhorster Vorbild errichtete Torhaus durch Restaurierung gerettet werden. Am Fuß des Burgberges, der im Bereich einer altsächsischen Volksburg die Ruine der mittelalterlichen Burg (Hohen-)Syburg trägt, ist noch das klassizistische Haus Husen mit einem mittelalterlichen Wohnturm zu nennen.

Als der Bergbau in den 70er Jahren des vorigen Jahrhunderts aus der Hellwegzone in das Emschergebiet vorrückte, entstand durch das mögliche Absinken der Gräften eine ernsthafte Gefahr für die auf Holzpfahlrosten errichteten Wasserburgen, so auch für das Haus Bodelschwingh, dessen Hausteich und Gräfte von einem in der Nähe entspringenden Bach ihre Füllung beziehen. Durch eine 1871 mit der Grubenverwaltung getroffene Vereinbarung konnte jedoch der befürchtete Bergschaden vermieden und dieses in eine Senke des welligen Hügellandes im Dortmunder Nordwesten eingebettete Baudenkmal mit seiner natürlichen Umgebung erhalten werden.

1302 ist das Jahr der ersten Erwähnung des Hauses Bodelschwingh. Der Ritter Giselbert, genannt Speke, bis dahin Burgmann auf der märkischen Landesburg Blankenstein und märkischer Richter in Bochum, trägt sein Haus Bodelschwingh mit allem Zubehör dem Grafen Eberhard von der Mark zu Lehen an. Borgmann vermutet, daß er, der Erste eines durch mehr als sechs Jahrhunderte mit dem Haus verbundenen Familienstammes, von dem in der Nähe von Blankenstein gelegenen Gut Speke bei Niederwenigern stammt und durch Anheirat oder als Erbe in den Besitz des Hauses Bodelschwingh gelangte. Die Stiftung der Kapelle (1322) ist seine letzte urkundlich nachweisbare Handlung. Sein Sohn Ernst, der bei einer Erbteilung Bodelschwingh erhielt, nannte sich seit 1320 „von Bodelschwingh". 1350—1354 ist er als märkischer Droste in Bochum bezeugt. Er, sein Sohn Ernst II. und sein Enkel Gerd († 1411) verstanden es, durch zahlreiche Gütererwerbungen, den Ankauf des Hauses Mengede und der Hälfte des zugehörigen Gerichts und den teilweisen Erwerb der Limburger „Krummen Grafschaft" mit den Freistühlen zu Bodelschwingh und Östrich ihre Herrschaftsrechte wesentlich zu erweitern. Das dadurch begründete und in den folgenden Generationen noch vermehrte Ansehen der Familie ermöglichte eheliche Verbindungen mit namhaften Geschlechtern (von Witten, von Frydach, von der Horst, von Hanxleden, von Hatzfeld, von Raesfeld, von Romberg u. a.), die weiteren Zugewinn brachten. Söhne aus den

Häusern Bladenhorst, Velen, Dorneburg, Herten, Lembeck, Brünninghausen, Mahlenburg heirateten Töchter aus dem Hause Bodelschwingh,
aus dem um diese Zeit schon überragende Persönlichkeiten wie der
Deutschordensritter Heinrich von Bodelschwingh, der 1494 Landeskomtur
der Ballei Westfalen wurde, und die Flaesheimer Äbtissin Margarete
(† 1596) hervorgingen. Gisbert IV. († 1686) war Direktor der märkischen
Ritterschaft. Gisbert II. († 1540) erwarb durch die Ehe mit Anna Stael von
Holstein die Häuser Ickern, Lindenhorst, Waltrop und Westhusen. Seit
1330 hat die Familie ein festes Haus am Dortmunder Westenhellweg, dem
später noch vier weitere Bodelschwinghsche Wohnhöfe in der Freien
Reichsstadt folgen. Die Berühmtheit des richterlichen Freistuhls zu Bodel-
schwingh erhellt aus der Tatsache, daß hier der dreijährige Prozeß gegen
Herzog Heinrich von Bayern (1427–1430) geführt wurde und 1443 zu
einem Verfahren für die Stadt Frankfurt hier, vor „des Reiches oberstem
Freigericht", zwölf Freigrafen, 30 ritterliche Freischöffen und 200 andere
Schöffen zusammenkamen. Wennemar II. erneuerte das Haus im Stil der
Renaissance. Gisbert III. führte die Reformation ein. In den Häusern
Mengede, Ickern, Velmede, Westhusen und Altenmengede entwickelten
sich Seitenlinien, von denen heute nur noch die 1636 begründete Linie
Bodelschwingh-Velmede besteht, aus der Pastor Friedrich von Bodelschwingh, der Gründer der Betheler Anstalten, hervorging.
Durch Gütererwerb und glückliche Heiratspolitik mehrte sich indessen
ununterbrochen der Besitz des Stammhauses. Gisbert Bernhard führte seit
1637 den Freiherrntitel. Er hatte sich mit den Verwüstungen des Dreißigjährigen Krieges auseinanderzusetzen. Sein Sohn Wessel Wirich († 1717)
eröffnet die Reihe höherer Beamter, die die Haupt- und Nebenlinien des
Hauses dem preußischen Staat stellten. Im Besitztitel Gisberts V., mit dem
das Geschlecht 1753 im Mannesstamm ausstarb, findet das große Erbe, das
er seiner Tochter Gisbertine hinterließ, seinen Ausdruck: Freiherr von und
zu Bodelschwingh, Herr zu Bodelich, zu Geretzhoven, Oberaußem, Mehrum, Büdingen, Loe, Efferen, Sandfort, Lohwarden, Rechede und Senden,
Gerichtsherr zu Bodelschwingh und Mengede, Oberster Schulte der Höfe
Huckarde und Marten, Erbvogt des Kaiserlichen freien Reichshofes Froh-
linde, Schutzherr der in der Grafschaft Dortmund gelegenen Höfe des
Oberhofes Lindenhorst und Elmenhorst, Erbtürwärter des Kurfürsten und
Erzbischofs von Köln.
Die Erbtochter heiratete in zweiter Ehe Mathias von Bodelschwingh zu
Velmede. Nach dem frühen Tode des einzigen Sohnes wurde die älteste
Tochter Christine erbberechtigt. Sie heiratete 1788 Carl Wilhelm von Plet-

tenberg. Er war preußischer Kammerherr und Großkomtur der Ballei Utrecht des Deutschritterordens. Als letzter Ständedirektor der Grafschaft Mark beteiligte er sich 1813 mit dem ihm befreundeten Ludwig von Vincke, dem späteren Oberpräsidenten, an Vorbereitungen zur Befreiung Preußens. Treitschke berichtet darüber. Auf ihn sind wahrscheinlich der Bau des Kavaliershauses auf der Vorburg, der 1945 zerstörten Orangerie und des 1952 wiederhergestellten Billard(Tee-)häuschens sowie die Erweiterung des Französischen Gartens zum größeren Landschaftspark zurückzuführen. Sein Sohn und Erbe Gisbert (1790—1866), dem 1847 anläßlich der Eröffnung der Köln-Mindener Eisenbahn der Besuch des Preußenkönigs zuteil wurde, machte Bodelschwingh zum Fideikommiß. Er erlebte noch den Einbruch der Bergbauindustrie, die unter seinem Sohn und Nachfolger Carl das Haus Bodelschwingh unmittelbar bedrohte, als die Zeche Westhusen direkt vor dem Burgtor errichtet werden sollte, was mit Mühe verhindert werden konnte.

Carl von Bodelschwingh-Plettenberg (1821—1907), 1888 in den Grafenstand erhoben, war Landtagsmarschall, Mitglied des Herrenhauses, Erbmarschall der Grafschaft Mark und Kommendator der westfälischen Genossenschaft des Johanniterordens. Mit seiner Ehefrau Eugenie Freiin Quadt-Wycherat-Hüchtenbruck, deren Schönheit Friedrich Wilhelm IV. bei seinem Besuch auf Bodelschwingh gegenüber ihrem Gatten spontan zu rühmen wußte („Sie glücklicher Mann!"), hatte er nur einen Nachkommen, die Tochter und Erbin Wilhelmine (1849—1921). Sie vermählte sich 1867 mit Dodo Reichsfreiherrn zu Innhausen und Knyphausen (1835—1911) aus einem früher reichsunmittelbaren friesischen Häuptlingsgeschlecht. Durch testamentarische Bestimmung fiel ihm zu seinem eigenen Namen der des Hauses Bodelschwingh-Plettenberg und 1909 die Neubestätigung des Grafentitels zu. Der älteste Sohn Carl, der 1908/09 um eine durchgreifende Erneuerung des Schlosses bemüht war, erlebte am Ende des Zweiten Weltkrieges eine brutale Plünderung des Schlosses, bei der viele Kunstgegenstände verlorengingen. Der jetzige Eigentümer, Edzard Freiherr zu Innhausen und Knyphausen, verkörpert die 21. Generation auf Haus Bodelschwingh.

Schon von der Landstraße Dortmund—Castrop aus ist die in einer Mulde am Fuß des Bodelschwingher Berges gelegene, durch reichen Baumbewuchs von der ehemaligen (seit 1387) „Freiheit" Bodelschwingh und den im Gefolge der Zechengründungen entstandenen Wohnsiedlungen abgeschirmte Gesamtanlage gut zu überschauen. An das allseits von einem Hausteich umspülte Herrenhaus schließt sich über eine dreibogige Steinbrücke die von einer rechteckigen Gräfte umgebene Vorburginsel mit hufeisenförmig angeordneten Wirtschaftsgebäuden an. Eine zweite Brücke führt in den auf der Nordseite gelegenen weiträumigen Schloßgarten. Am Eingang zur Vorburg steht das vierstöckige Torhaus, das man von der Straße her durch eine Lindenallee erreicht. Außerhalb, südöstlich der Wasseranlage, befindet sich die Schloßkirche und am Ausfluß der Gräfte zum Dorf hin die Schloßmühle.

Die gegenwärtige Erscheinung des zweigeschossigen Herrenhauses ist im wesentlichen auf die Baumaßnahmen des 16. und 17. Jahrhunderts zurückzuführen. Der Haupttrakt ist auf der Nordseite rechtwinklig mit einem zweiten Trakt zu einem Gruppenbau zusammengeschlossen, den an der Südost- und Nordwestecke dreigeschossige quadratische Ecktürme diagonal flankieren. An den in der Achse der Steinbrücke stehenden Eingangs- und Treppenturm schließt sich nach Süden ein eingeschossiger Vorbau als Auslucht an. Die von Schornsteinköpfen der Außenwandkamine bekrönten geschweiften Frontgiebel, die welschen Hauben auf den Ecktürmen und der Auslucht und die achtseitige Pyramide des viergeschossigen Treppenturms, die Wetterfahnen auf Türmen und Schornsteinen und die Eckverstärkungen bewirken ein Übergewicht der Vertikalen. Ein einziger

Parktreppe

umlaufender Sandsteinfries betont außer dem nicht sonderlich auffälligen Gebälkfries und dem Sockel des über dem Wasserspiegel liegenden Kellers die Horizontale. Die Schrägen des hohen Schieferdaches über dem Hauptflügel sind durch Gauben in Ochsenaugenform gegliedert.

Das Herrenhaus vereinigt in sich einen älteren Baukern, ein Zweiraumhaus aus der Zeit der ersten Erwähnung des Hauses Bodelschwingh (1302), und zwar in dem nördlich des Eingangsturms gelegenen Trakt. Zu dieser Vermutung berechtigen die Bandrippengewölbe im zugehörigen zweischiffigen dreijochigen Keller und die Form der sie stützenden Rundpfeiler. Karl Josef Schmitz, der 1963 während der Restaurierungen die Baukörper eingehend besichtigt und seine Ergebnisse in einem sehr nuancierten Bericht zusammengefaßt hat, konnte an dem vom Putz freigelegten uneinheitlichen, mit alten Fensterresten durchsetzten Bruchsteinmauerwerk des Herrenhauses feststellen, daß auch der Erweiterungsbau nicht in einem Zuge, wie bisher angenommen, auf die heutige Form gebracht wurde, sondern als Beispiel eines Profanbaues, „an dem jede Besitzergeneration nach ihren Bedürfnissen bosseln konnte", in mehreren Erweiterungsphasen seit dem 15. Jahrhundert und vor allem im 16. unter Wennemar II. zu der heute bestehenden Form gedieh.

Besonders kompliziert ist die Baugeschichte des ursprünglich vermutlich achteckigen, um eine gotische Wendeltreppe gemauerten Eingangsturms, der unter Wennemar II. seine heutige rechteckige Ummantelung erhielt. Der Turm hat zwei Portale, ein inneres in den manieristischen Formen des mittleren 16. Jahrhunderts und ein äußeres neubarockes, das im Zuge der 1909 begonnenen Restaurierung eingefügt und mit der Kopie einer früher höher — zwischen den Giebelfensterchen — angebrachten Wappenkartusche mit der Jahreszahl 1565 und dem Wappen Wennemars II. und seiner zweiten Ehefrau Elisabeth von Wachtendonck verbunden wurde. Am inneren Portal ließ die Verankerung der ehemaligen Zugbrücke nur wenig architektonischen Schmuck zu.

Die durch die richtungsbestimmenden geschweiften Giebel erzeugten axialen Spannungen zwischen den beiden Flügeln werden durch die diagonal gestellten, gleichgestalteten Ecktürme aufgefangen. Zu den für das heutige Erscheinungsbild des Herrenhauses entscheidenden Eingriffen in den aus dem 16. Jahrhundert überkommenen Baubestand gehören die großen Fensterdurchbrüche, an deren Stelle man sich ursprünglich wesentlich kleinere Öffnungen im Format der in den Obergeschossen der Türme und den oberen Dachgeschossen der Giebelseiten erhaltenen Fenster vorzustellen hat. Auf den Ansichten des mittleren 19. Jahrhunderts ist diese für die proportionalen Verhältnisse abträgliche Änderung bereits vollzogen.

Angesichts der phasenreichen, noch nicht völlig geklärten Baugeschichte zeigt der Grundriß des Herrenhauses eine relativ klare Aufteilung. An die hinter der Wendeltreppe liegende, bis zur Rückseite durchgehende Halle schließen sich beiderseits je zwei Wohnräume an, die teils — wie die Halle — Stuckbalkendecken tragen. Die Pavillontürme stehen mit den entsprechenden Diagonalräumen in Verbindung. Die ähnlich aufgeteilten Obergeschoßräume sind über den alten Wendelstein und neuerdings über eine geradläufige Holztreppe im nördlichen Eckraum zu erreichen.

Ein origineller und bedeutender Kunstgegenstand der ursprünglichen Ausstattung des Herrenhauses ist der früher im Gerichtssaal, jetzt im Erdgeschoßsaal aufgestellte Kamin mit der Reliefdarstellung des Kambyses-Urteils auf dem von zwei kannelierten Säulen gestützten Sturz. Die Seitenwangen des Rauchkastens tragen vollplastische Medaillonbüsten, rechts die einer Frau, links die eines mit der Königskrone geschmückten Mannes. Die Entstehungszeit bezeichnen die Wappenmedaillons Wennemars II. und seiner Ehefrau Elisabeth von Wachtendonck (um 1547), die das Relief flankieren. Die von Herodot überlieferte Episode vom Urteil des Perserkönigs, der seinen bestechlichen Richter schinden und mit dessen Haut den Richterstuhl beziehen läßt, dem Nachfolgerichter zur Mahnung, ist hier in einer einmaligen, von anderen bildnerischen Darstellungen des Themas abweichenden Variante im Stil des Manierismus behandelt. In der linken Bildhälfte ist der grausame Vollzugsakt des Schinders, rechts die Bekleidung des Sessels mit der Haut des ungerechten Richters dargestellt, in der Mitte der König, der dem nachfolgenden Richter — bei Herodot der Sohn des Geschundenen — mit erhobenem Szepter das abschreckende Beispiel zur Beherzigung demonstriert. Selbst der Narr, der die Abgründigkeit des Dramas mit seinem Spott begleitet, ist nicht vergessen. Die Blickrichtung des Königs aus der Relieffläche heraus in den Saal zeigt an, daß sich der Betrachter — und das war im zeitlichen Bezug der Richter des Bodelschwingher Freistuhls — mit dem Nachfolgerichter identifizieren und an ein unbestechliches Urteil mahnen lassen soll.

Aus den Beständen des Hauses sind noch wertvolle Schränke, eine von Schmitz ausführlich besprochene Gemäldesammlung mit Bildern vorwiegend niederländischer Herkunft und durchweg künstlerisch hochwertigen Familienbildnissen und die in einem Turmzimmer untergebrachte Bibliothek mit Inkunabeln und seltenen Erstausgaben, u. a. des Atlas von Mercator (1595), bemerkenswert.

Saalkamin mit Darstellung des Kambyses-Urteils

Wie das Herrenhaus hat auch das malerische Turmhaus, ein viergeschossiger Bau mit vorgekragtem Fachwerkaufbau und schöner Dachreiterlaterne über dem Pyramidendach, einen älteren Kern aus der Frühzeit der Burg, vielleicht sogar aus dem 13. Jahrhundert, wenn, wie Schmitz unter Berufung auf Mummenhoff zu überlegen gibt, der Turm ursprünglich kein Torhaus, sondern ein Wohnturm aus der Zeit vor der Gründung des Herrenhauskernbaus und vermutlich ohne Durchfahrt gewesen ist.

Um das nach dem Muster des Französischen Gartens in der Achse des Hauptschlosses, mit vier barocken, leider sehr verwitterten Götterstatuen bestückte Gartenparterre der Vorburginsel gruppieren sich alte und moderne Wirtschaftsgebäude, die Rentei und das auf der Nordseite gelegene Gäste-(Kavaliers-)haus, ein um 1802-1804 entstandener Bau im monumentalen Schinkelstil, der vor allem in dem von einem Halbgeschoß überhöhten mächtigen Mittelrisalit und seinen überbreiten genuteten Lisenen zum Ausdruck kommt.

Neben dem Gästehaus führt eine Brücke in die ursprünglich symmetrische und terrassierte, nur noch in Resten erhaltene barocke Gartenanlage, die, wie die Wappen an der mit Putten besetzten Freitreppe ausweisen, zu Lebzeiten Gisbert Bernhards († 1686) und seiner Ehefrau Anna von Bernsau nach 1650 begonnen worden sein muß. Die auf kannelierten Säulen ruhende eiserne Sonnenuhr und der Springbrunnen vor dem klassizistischen Teepavillon werden als die ursprüngliche Mitte des größeren Gartens vermutet. Die Idee des englischen Gartens, der den Barockgarten ablöst, setzt sich in der langen Ahornallee durch, die auf den Privatfriedhof mit dem achteckigen klassizistischen „Tempel der Ruhe" ausgerichtet ist. Diese am Giebel des Tempels fixierte Benennung erfüllt einen Programmpunkt des Englischen Gartens, dessen „Denk"-mäler symbolisch Gefühlsinhalte darstellen sollen. Ein Kranz kannelierter Säulen schließt eine steinerne Urne auf dekoriertem Rundsockel ein und trägt das Kuppeldach über dem nach klassischem Muster gestalteten Gebälk. Durch den Bau der Autobahn ist die ursprüngliche Einheit von Park und Friedhof leider zerstört.

Die von dem Ritter Giselbert genannt Speke gestiftete, als gewölbter Saalbau auf querrechteckigem Grundriß errichtete Schloßkirche (heute Pfarrkirche) erhielt im 17. Jahrhundert den Westturm. Ein im Jahre 1956 bruchstückhaft freigelegtes Wandgemälde stellt das Seelengeleit eines gekrönten Totengerippes für ein gekröntes nacktes Menschenpaar dar, woraus zu schließen ist, daß die Kapelle und spätere Kirche als Grablege für Mitglieder des Hauses Bodelschwingh bestimmt war. Von den Grabplatten, die früher den gesamten Kirchenboden bedeckten, sind im Chorraum einige aus der Zeit bis 1739 erhalten. Glanzstück der Ausstattung ist die aufwendig geschnitzte Barockkanzel aus der ersten Hälfte des 18. Jahrhunderts.

Vom Mittelalter bis zum Klassizismus haben in dem Gesamtkunstwerk Haus Bodelschwingh alle Stilarten gewichtige Spuren hinterlassen.

Sonderheft Haus Bodelschwingh der Zeitschrift Kultur und Heimat. Castrop-Rauxel 1964. Darin u. a. Richard Borgmann: Geschichte des Hauses Bodelschwingh. / Karl Josef Schmitz: Die Kunstgeschichte des Hauses Bodelschwingh. / Eberhard G. Neumann: Der adlige Profanbau in Groß-Dortmund. In: Beiträge zur Geschichte Dortmunds und der Grafschaft Mark. Bd. 67, 1971.

30 Dellwig

Haus   Dortmund-Lütgendortmund

Haus Dellwig gehört zu jenen Herrensitzen des Industriegebietes, die das
Erstaunen des Fremden immer dort hervorrufen, wo in der Nachbarschaft
von Fördergerüsten und Kühltürmen unerwartet solche Reservate der
Natur und alter Architektur auftauchen. In Sichtweite liegen die Anlagen
des Schachtes Germania, südlich des Schlosses verläuft der Damm der
Emschertalbahn. Waldstücke, Eichenalleen zwischen bach- und graben-
durchzogenen Wiesen und Äckern, ein fast 100 m breiter quadratischer
Hausteich, den eine nieversiegende Quelle speist, und die alten Bäume
des Schloßparks legen sich wie ein Schutzwall um die in einer Talsenke
(Dal-wik) gelegene Anlage. Wenige Kilometer von Haus Dellwig gab es
noch ein zweites Haus gleichen Namens, dessen Besitzer aber anderer
Herkunft waren.
Dicht bei Haus Dellwig grenzten die Herrschaftsgebiete der Grafen von
der Mark und der Grafschaft Dortmund aneinander. Da das Gebiet um

Haus Dellwig um 1240 der Grafschaft Mark einverleibt wurde, dürfte Herimannus de Dalwig, der erste urkundlich (1238) nachweisbare Namensträger des wahrscheinlich nach einer schon vorhandenen Siedlung benannten Geschlechts, künftig zu den Gefolgsleuten der Grafen von der Mark gehört haben, in deren Ritterschaft die von Dellwig denn auch in den folgenden Jahrhunderten erscheinen. Melchior von Dellwig, der im ersten Viertel des 16. Jahrhunderts als Besitzer des Hauses nachgewiesen ist, und seine Ehefrau, eine geborene von Werminghaus zum Klusenstein, ließen an der Stelle einer älteren Wasserburg einen Neubau im Stil der Renaissance errichten. Daraus und aus mehreren Stiftungen für die Kirche in Lütgendortmund ist zu schließen, daß die Familie bereits damals zu Vermögen und Ansehen gelangt war. Melchiors gleichnamiger Enkel war 1558—1582 als Droste zu Bochum Statthalter des Herzogs Wilhelm I. von Kleve, Jülich und Berg und Grafen von der Mark im Oberamt Bochum. Melchior III. gehörte 1585 zu den Gästen der berühmten Düsseldorfer Hochzeit des Jungherzogs Wilhelm von Kleve mit Jakobe von Baden. Im Jülich-klevischen Erbfolgestreit oder im Dreißigjährigen Krieg, wahrscheinlich in beiden für die Dortmunder Gegend sehr schicksalsreichen Auseinandersetzungen, ist das Haus Dellwig offenbar so stark beschädigt und teilzerstört worden, daß Melchior IV. († 1650) und seine Ehefrau Hellenberg Sybilla von Giesenberg in den 40er Jahren mit Wiederaufbaumaßnahmen begannen, die ihr Sohn Arnold Georg von Dellwig und seine Ehefrau Anna Elisabeth von Pallandt zu Keppel und Hamm vollendeten. Ihr Sohn Adolf Christoph von Dellwig, der zeitweilig Direktor der märkischen Ritterschaft war, stellte in den Jahren 1700—1703 die zerstörten Vorburggebäude durch einen Neubau wieder her. Durch seine Heirat mit Katharina Sybilla von Baer zu Bernau kam das nahegelegene Haus Holte an die Familie von Dellwig. Er war der letzte männliche Sproß der seit fast 500 Jahren auf Haus Dellwig angesessenen Familie.

Die Erbtochter Anna Maria Sophia heiratete 1727 den Freiherrn Friedrich Wilhelm von Droste zu Erwitte, dessen Geschlecht durch drei Generationen auf Dellwig saß und 1792 im Erbgang durch die Familie von Hörde zu Schwarzenraben abgelöst wurde. Aber schon 1816 ging Haus Dellwig erneut in andere Hände über. Der neue Eigentümer Carl Theodor von Rump zu Crange übernahm mit dem Kauf eine Hypothekenschuld von 34 000 Reichsthalern, die wohl vor allem durch die Belastungen des Siebenjährigen Krieges und die Neuordnung der gutsherrlichen Verhältnisse entstanden waren. Schon sein Sohn Franz Carl Alexander, der 1841 die Freiin Antonia Walburga von Schade zu Ahausen heiratete, scheint aus den wirtschaftlichen Schwierigkeiten heraus gewesen zu sein, denn er konnte 1846 das Rittergut Goldschmieding bei Castrop erwerben und auf Haus Dellwig eine Reihe baulicher Neuerungen durchführen. Die Zugbrücken zum Herrenhaus wichen gemauerten Bogenbrücken, die Gräfte auf der Eingangsseite des Vorburggebäudes wurde eingeebnet, der frühere Nutzgarten südlich des Herrenhauses in einen englischen Landschaftsgarten umgewandelt. Sein Sohn Max Franz erwarb als Erbe des Gutes Ahausen bei Finnentrop den Freiherrentitel. Er starb schon 1883 im Alter von 35 Jahren unverheiratet und kinderlos. Durch die Heirat seiner ältesten Tochter Anna von Rump mit dem Grafen Friedrich von Landsberg, Gemen und Velen kam die Familie von Landsberg auf rund zwei Jahrzehnte in den Besitz von Dellwig.

Indessen war der Bergbau mit seinen Zechengründungen näher an den Dellwiger Gutskomplex herangerückt, auch die neue Emschertalbahn engte seit 1878 den Wirtschaftsbereich des Gutes ein. Das Grubenfeld Zollern-Germania deckte sich weithin mit Dellwiger Grundbesitz. Selbst die Gebäude wurden von Bergsenkungen bedroht. Das Herrenhaus mußte durch Strebepfeiler gestützt werden. Da der Bergbaugesellschaft durch Bergschäden laufend hohe Kosten entstanden, vollzog sich der Verkauf des Gutes Dellwig einschließlich des benachbarten Gutes Holte durch den Reichsfreiherrn Ignatz von Landsberg an die Gelsenkirchener Bergwerks AG (jetzt Gelsenberg AG) im Jahre 1904 wohl im beiderseitigen Interesse. Der letzte adlige Besitzer von Haus Dellwig zog sich mit dem wertvollsten beweglichen Inventar nach Haus Ahausen zurück, wo er 1925 unverheiratet starb. Im Zweiten Weltkrieg wurde das Herrenhaus durch zwei Bombentreffer beschädigt. Der Eigentümer sorgte für eine vorbildliche Wiederherstellung.

Wer sich von Lütgendortmund kommend am Dellwigbach entlang auf der Hauptallee Haus Dellwig nähert, findet die guterhaltene, einheitlich gruppierte Gesamtanlage hinter den Bäumen eines Wäldchens versteckt. Durch die Toreinfahrt des Vorburggebäudes, in die man von Norden her eintritt, ist bereits das Treppenturmportal des Herrenhauses sichtbar, auf das die Einfahrt achsial ausgerichtet ist. Mit symmetrischen Seitenflügeln bildet das Vorgebäude einen Hof von großer Tiefe, der sich nach Süden zum ganz vom Wasser eingeschlossenen Herrenhaus öffnet. Eine Bogenbrücke verbindet die Vorburg mit dem Portalturm. Genau in der Hauptachse liegt auch die in den Park führende rückwärtige Gartenbrücke. Ursprünglich waren Haupt- und Vorburg vom Teich umgeben. Das Herrenhaus ist noch heute nur über die Vorburg zu erreichen.

Seitenansicht

Das Vorburggelände ist leicht als eine Barockanlage zu identifizieren, während das zweistöckige Herrenhaus mit Stilmerkmalen der Renaissance und des Barock sich auf den ersten Blick als ein aus mehreren Baukörpern zusammengesetzter Gruppenbau zu erkennen gibt. Der west-östlich orientierte Längstrakt des Herrenhauses hat auf der Nordseite seines Ostteils einen Portal- und Treppenturm und einen diagonal zu ihm gelegenen vorspringenden Turm an der Südwestecke. Der senkrecht zum Längstrakt stehende Quertrakt im Osten hat an der Nord- und an der Südseite, ebenso wie die westliche Schmalseite des Längstraktes, einen einfachen Treppengiebel, der noch von kugelbesetzten Schornsteinköpfen überragt wird. Die Türme tragen welsche Hauben. Im Erdgeschoß der Ostseite findet sich ein Erker als Auslucht.

Analog zu dem Kernbau des Hauses Bodelschwingh muß man den Ostflügel mit seiner für den älteren Profanbau charakteristischen Zweikammeraufteilung für den älteren Baukörper halten. Relikt einer vielleicht noch älteren Anlage ist der unregelmäßige Abschluß an der westlichen Schmalseite des Längstraktes; die Wand steht nicht im rechten Winkel, sondern spitzwinklig verschoben zur Hoffront des Traktes. Die durch Bauinschriften und Eisenanker vermittelten Daten am Osttrakt (1657), am südwestlichen Eckturm (1658) und am Portalturm (1690) vermögen Phasen, Beginn und

Vollendung, der Wiederaufbau- und Erweiterungsmaßnahmen nach den Zerstörungen des Dreißigjährigen Krieges zu bezeichnen, aber keine Anhaltspunkte zur früheren Baugeschichte der so bezeichneten und der übrigen Bauteile zu geben. Hoecken vertritt die Auffassung, daß bei den Verheerungen Fundamente und Umfassungsmauern des im 16. Jahrhundert erbauten Renaissancehauses und Teile des südwestlichen Eckturms mit den Anschlußstücken des Haupttraktes erhalten blieben und darüber das neue Erd- und Obergeschoß mit Stilelementen des 17. Jahrhunderts errichtet wurde. Im Zuge dieser Arbeiten seien der Portalturm und der Quertrakt neu konzipiert worden. Sowohl dem Portalturm als auch dem mächtigen Eckturm weist er wehrtechnische Bedeutung zu; im hohen Kellergeschoß zeichnen sich noch die ehemaligen Schießscharten ab. In der südlichen Ecke zwischen Eckturm und Haupttrakt befindet sich noch eine alte Abtrittanlage.

Im wesentlichen stellt sich der Außenbau des Herrenhauses heute in der Gestalt dar, die ihm in der durch Bauinschriften belegten Zeit von 1657 bis 1690 gegeben wurde. Dabei sind jedoch gewisse spätere Veränderungen, vor allem in der Form der Fenster und der Treppengiebel, die noch erst nach dem letzten Kriege erneuert werden mußten, der Ersatz der zuführenden Hängebrücken durch Steinbrücken und der Anbau von Strebepfeilern zur Sicherung gegen Bergschäden zu berücksichtigen. Die Unausgewogenheit des Gruppenbaus ist vor allem von der Hofseite her augenfällig. Das ganze Gewicht ist auf die Ostseite der Fassade verlagert, wo zudem noch die eckigen Formen des Treppengiebels und die gerundeten der Portalhaube auf zu engem Raum miteinander streiten. Einheit in Stil und Umriß bietet der Bau allein von der Ostseite her. Die aus unbearbeitetem Bruchstein gefügten Wandflächen weisen keine Gliederungselemente auf, was sich allerdings mit gleicher Sicherheit ursprünglich nicht von den drei Treppengiebeln behaupten läßt, da sie wiederholt erneuert und zuletzt verputzt wurden. Um so stärker zieht das Treppenhausportal den Blick auf seine große klare Form und den plastischen Dekor. Formen und Motive der Renaissance, des Manierismus und des Frühbarock sind an dem Portal in geschickter Weise vereinigt. Der gequaderte Türrahmen, die Füllung des trapezförmigen Giebels mit zwei reichverzierten Kartuschen und die plastischen Blumenstücke über dem verkröpften Gebälk entsprechen dem Zeitgeschmack vor der Wende zum 18. Jahrhundert, alles andere, das Meerweibchenmotiv und die Kopfkonsolen über dem Sturzgesims, der überschwere Keilstein über der rundbogigen Tür und die aufgelegten Halbsäulen mit Löwenköpfen auf den Postamenten, ist früherem Stilgut ver-

Holzrelief mit Darstellung des Paris-Urteils

pflichtet. In der ovalen Inschriftkartusche bezeichnet Maria Elisabeth von Pallandt, die Witwe Arnold Georgs von und zu Dellwig, sich Anno 1690 als Bauherrin des Turmes, mit dessen Vollendung der Wiederaufbau des Hauses abgeschlossen wurde. Die obere Kartusche trägt das Allianzwappen von Dellwig/Pallandt. Das Portalgegenstück auf der Gartenseite ist nur ein einfacher nischenartiger Ausbau. Blickfang an der sonst passiven Ostwand des Quertraktes ist der ganz in Fenster aufgelöste, auf drei schweren Konsolen ruhende, einfach verdachte schmucklose Erker, der sich dem Renaissancecharakter dieses Traktes gut einfügt.

Die alte Innenraumverteilung ist nur im Erdgeschoß des zweiteiligen Querflügels und im Eckturm erhalten, die heute noch die drei größten und repräsentativsten Räume hergeben. Die vom Hauptportal bis zum Gartenportal durchgehende Diele ist neueren Datums, ebenso die Aufteilung der westlich anschließenden Räume und der Obergeschoßräume. Während das hofseitige Zimmer des Quertraktes keine alte Ausstattung mehr enthält, sind in dem als Jagdzimmer gestalteten Gartenzimmer neben einem neueren Kamin und kopierten Holzvertäfelungen noch alte Türaufsätze und ein Wandschrank zu finden, in dessen oberen Rahmen ein Holzrelief mit einem Motiv des Paris-Urteils eingelassen ist. In einem manieristischen Ornamentrahmen ist eine von den Darstellungen Aldegrevers und Behams abweichende Szene dieses im 15. und 16. Jahrhundert oft behandelten mythologischen Themas in Stil und Gewand der Dürerzeit wiedergegeben. Das in den Jahren bis 1703 auf der ursprünglich ganz vom Teich eingeschlossenen Vorburginsel errichtete hufeisenförmige einstöckige Vorgebäude ist kunstgeschichtlich nur insofern von Bedeutung, als es den Willen kundtut, eine im Sinne der Zeit moderne Planidee zu verwirklichen, das heißt im vorliegenden Falle, die durch das Einfahrtstor, ein Schleppdach und einen Dachreiter betonte Mitte des neuen symmetrisch angeordneten Vorgebäudes auf den Treppenturm und das Eingangsportal des asymmetrischen Herrenhauses auszurichten und somit die barocke Regel einer durchgehenden Hauptachse zu erfüllen. Im Westflügel des Vorgebäudes wurde 1870 eine Kapelle eingerichtet, die bis zum Verkauf an die Gelsenkirchener Bergwerks AG (1904) bestand. Das wertvollste Ausstattungsstück, ein dreiteiliges Altarbild des 16. Jahrhunderts mit Passionsdarstellungen steht heute in der Kapelle des Hauses Ahausen.

Von ursprünglich zwei Mühlen außerhalb der Gräften ist noch das jüngere Öl- und Mahlmühlengebäude — neben dem Försterhaus des Gutes — an der Westricher Straße erhalten, jedoch ohne den früheren Mühlenteich. Das Herrenhaus Dellwig wird von dem Gutsinspektor bewohnt, die Vorgebäude dienen der landwirtschaftlichen Nutzung des Gutes, das mit 162 ha Anbaufläche und 62 ha Forst zu den größten Betrieben des Industriereviers gehört und die vorbildliche Pflege und Erhaltung des Baudenkmals garantiert.

Karl Hoecken: Haus Dellwig. Baugeschichte, Bedeutung und Besitzer des bei Lütgendortmund gelegenen Wasserschlosses. Herausgegeben von der Dortmunder Bergbau AG. Dortmund 1959.

31 Steinhausen

Haus   Witten-Bommern

In der Nordzone des Ruhrdurchbruchs durch das Ardeygebirge, in dem sich bei Witten die Ausläufer des Unteren Sauerlandes und des Niederbergischen Hügellandes vereinigen, erhebt sich im südlich der Ruhr gelegenen Ortsteil Bommern auf einer Anhöhe über dem Fluß das Haus Steinhausen mit charakteristischen Konturen einer Höhenburg, seit Jahrhunderten ein Wahrzeichen des tiefen Taleinschnitts. Ein Rundturm, Bruchsteinbauten mit Treppengiebeln und ein langgestrecktes klassizistisches Herrenhaus bilden eine reizvolle Gebäudegruppe.

Die Spekulation, die im 12. Jahrhundert vorkommende Ortsnamenform Bodenburion auf Bommern anzuwenden, hat sich als irrig erwiesen, aber ein Scherbenfundplatz in nächster Nähe des Hauses Steinhausen läßt darauf schließen, daß der Ort seit frühgeschichtlicher Zeit besiedelt war. Urkundlich erscheint „Steinhus" erstmals 1297, und zwar als Residenz der Herren von Witten, die im Dorf Witten eine in der Grafschaft Mark seltene Gerichtsbarkeit, das wahrscheinlich auf eine alte Reichshoftradition zurückgehende Eigengericht, innehatten. Durch den Teilungsvertrag der Brüder Hermann und Gerhard von Witten im Jahre 1321 entstanden die drei Linien von Witten-Steinhausen, von Witten-Crengeldanz und von Witten-Berge. Letztere blieb im Besitz des Eigengerichts und errichtete, um der Gerichtsstätte näher zu sein, 1470 auf dem anderen Ruhrufer ein neues Haus, das Haus Berge, auch Haus Witten genannt. Die Erbtochter Jutta der im Mannesstamm erloschenen Linie von Witten-Steinhausen brachte den Rittersitz Steinhausen durch ihre Heirat im Jahre 1464 ihrem Ehemann Lutter Stael von Holstein-Hardenberg zu. Durch nahezu drei Jahrhunderte blieb Steinhausen im Besitz dieser Familie, die — wiederum durch eine zweckdienliche Heirat — vorübergehend auch die Wittener Gerichtsbarkeit erwarb, sie aber 1505 durch die Ehe der Erbtochter Beatrix mit Heinrich von Brempt wieder verlor. Um sich gegen die Ansprüche seiner dem märkischen Amt Wetter als Dienstmannen unterstellten Verwandten der Familie Stael von Holstein, die ihm die Gerichtsrechte streitig zu machen versuchten, wie auch gegen mögliche Übergriffe der Herzöge von Kleve und Grafen von der Mark abzuschirmen, erlangte der einem bedeutenden Adelsgeschlecht des Herzogtums Geldern entstammende Heinrich von Brempt 1516 für seine Gerichtsherrschaft die kaiserliche Lehnshoheit, ein ungewöhnliches Verfahren, das vermutlich nur mit Hilfe seiner in der Umgebung Kaiser Maximilians I. mit einflußreichen Stellungen betrauten Onkel zustande kam und für die Familie Stael von Holstein eine dauernde Herausforderung war. 1585 erschlug Hardenberg Stael von Holstein Wennemar von Brempt aus nichtigem Anlaß. In der militärischen Tradition der Familie Stael nimmt Jakob von Stael (1679) eine besondere Stellung ein. Er avancierte zum schwedischen General. Von seiner Hand stammt eine der ältesten Darstellungen des Hauses Steinhausen, eine Zeichnung aus dem Jahre 1650. Von Helena Margaretha Stael von Holstein und ihrer Nichte Maria Helena Stael von Holstein, Stiftsdamen zu Asbeck, mit denen ihre Steinhauser Linie ausstarb, gingen Haus und Gut 1732 durch Schenkung an ihren Vetter Friedrich Christian von Elverfeldt zu Dahlhausen an der Ruhr. Der neue Schloßherr von Steinhausen war später, in den vierziger Jahren, münsterischer Generalleutnant und Stadtkommandant von Münster, nächsthöherer Vorgesetzter des Generalmajors und Baudirektors Johann Conrad Schlaun. Die von Elverfeldt beteiligten sich unternehmerisch im Steinkohlenbergbau, der in Bommern seit dem Mittelalter umging, im 18. Jahrhundert einen raschen Aufschwung nahm und nach Schiffbarmachung der Ruhr (1776) im Anfang des 19. Jahrhunderts seine größte Blüte erreichte. Ein auf

Schloß Canstein befindliches Porträt zeigt L.F.P. Friedrich Freiherr von Elverfeldt mit einem vor ihm ausgebreiteten Bauplan einer Zeche. Ein in der Nähe des Hauses Steinhausen gebrochener Stein war wegen seiner ausgezeichneten Konsistenz als Material für Mühl- und Schleifsteine weithin gefragt. Im Anfang des 19. Jahrhunderts ließen die von Elverfeldt sich das noch vorhandene klassizistische Herrenhaus errichten. Nach dem Verkauf im Jahre 1851 wechselte das Gut in kurzen Abständen seine Besitzer. Von den gemeinsamen Käufern Gerrit Vriese und Jan Jakob van Braam, holländischen Teilhabern der Bergerschen Fabrik in Witten, ging der Besitz 1860 an Vrieses Schwiegersohn, den Amsterdamer Bürgermeister den Tex, von dem ihn 1893 der Unternehmer Wilhelm Dünkelberg erwarb. Jetzige Besitzer sind die Nachkommen von Dünkelbergs Enkel Fritz Oberste-Frielinghaus.

Die Baugeschichte des Hauses Steinhausen läßt sich aus älteren Abbildungen ablesen, die sich einer Baubeschreibung im Teilungsvertrag von 1321 kontinuierlich anschließen. Dort ist von einer „Untersten" und einer „Obersten Burg" die Rede. Diese Bezeichnungen waren aber nicht etwa von unterschiedlichem Niveau der Burgplätze abhängig, vielmehr von der Lage zum Ruhrlauf. Als Oberste Burg ist somit der stromaufwärts gelegene östliche Teil, als Unterste Burg der stromabwärts gelegene westliche Teil der großen Doppelburganlage zu verstehen.

Die Zweiteiligkeit der stattlichen Gesamtanlage bestätigen die im Besitz des Märkischen Museums der Stadt Witten befindlichen Ansichten, als älteste die einer Prozeßakte von 1620 beiliegende Skizze mit je einem Turm und einem Burghaus auf jeder Seite, mit Torhaus und zinnenbekrönter Mauer; ferner die bereits erwähnte Darstellung von 1650, die den gleichen Gebäudebestand zeigt, vermehrt um ein mit Treppengiebeln geschmücktes großes bauhausartiges Gebäude an der Ostecke der Gesamtanlage; schließlich ein Gemälde aus der Zeit um 1700 mit dem Haus Witten und einer Fernansicht des Hauses Steinhausen, die aber ausreicht, um noch den alten Gebäudebestand zu erkennen. Auf der Dunckerschen Lithographie aus der Zeit um 1850 ist an der Stelle des Westteils der alten Burganlage das inzwischen erbaute klassizistische Herrenhaus zu sehen. Im übrigen zeigt die Baugruppe noch das alte, bis heute fast unveränderte Bild. Im Tal ist die Zeche Theresia dargestellt, zu der eine Treppe hinabführt.

Durch den großen Stilabstand der Teile, die Renaissance des erhaltenen Burghauses und den Klassizismus des Herrenhauses, tritt seit der Errichtung des letzteren die durch Jahrhunderte vorgegebene Zweiteiligkeit der Anlage, die durch das längere Zusammenwohnen der an dem Teilungs-

Turm und altes Burghaus

vertrag von 1321 beteiligten Partner und ihrer Nachkommen (bis 1470) bedingt war, optisch stärker hervor. Das östlich des Burghauses anschließende Gebäude kann das oben erwähnte alte Bauhaus sein. Der südlich vorgelagerte Wirtschaftshof ist neueren Datums.

Der mit einem Zinnenkranz unter dem heutigen Spitzhelm abschließende Turm ist schon auf den alten Ansichten mit dem Burghaus verbunden, aber wahrscheinlich über dem alten Unterbau erneuert und mit der spiralig umlaufenden Treppe ausgestattet worden. Die 1602 datierte Inschrift über dem rundbogigen Portal des Burghauses bezeugt den in zwei Urkunden von 1594 nachweisbaren Robert Stael von Holstein, Domküster zu Hildesheim, als Bauherrn des mit nachgotischen Stilelementen, dem Stockwerkgesims mit Eierstabprofil und dem Rundstab am klobigen Portalgewände, versehenen Hauses, das ursprünglich mit der jetzigen abgetreppten Brandmauer abschloß. Es ist wahrscheinlich auf den Grundmauern eines älteren Palas errichtet worden. Gegenwärtig wird es von dem Pächter des Herrenhauses bewohnt, der im Herrenhaus eine Gaststätte für geschlossene Gesellschaften unterhält.

Dem zweigeschossigen klassizistischen Putzbau wurden auf allen Seiten Vorbauten angegliedert, die den ursprünglichen Zeitstil verunklären. Das gilt vor allem von dem unsymmetrisch zur Mittelachse gestellten veranda-artigen Vorbau auf der Hofseite und dem neugotischen Anbau der Kapelle (1904) an der Ostseite. Die Uhr in dem über fünf von zehn Fensterachsen reichenden Flachgiebel wird von zwei Löwenskulpturen flankiert, die vielleicht als Anspielung auf das Löwenwappen der Familie von Witten-Stein-hausen zu verstehen sind. Außer den Sandsteineinfassungen der in gleichen Abständen gereihten Fenster fehlen vertikale Gliederungselemente. Das klassizistisch schwere Konsolgesims mindert die Optik des Krüppelwalm-daches, das den Bau mit wenig Dachfenstern und regelmäßig gesetzten Kaminen abschließt. Auf der Talseite wurde auch noch auf den Flachgiebel verzichtet. Solche Beschränkung des Schmuckes bedeutet die letzte Konse-quenz eines klassizistischen Prinzips. Im vorigen Jahrhundert hatte das Dach in der Firstmitte noch einen kleinen historisierenden Glockenturm, vermutlich im Dienst der Hauskapelle, aus der die Familie von Elverfeldt bei ihrem Auszug den Altar mit der Kreuzabnahmegruppe des deutsch-römischen Bildhauers Carl Voß, Totenschilde und die Glocke nach ihrem neuen Wohnsitz, Schloß Canstein, übertrug. Aus einer der Familie Stael von Holstein gedienten älteren Kapelle fand der Grabstein für Hardenberg Stael von Holstein in der Kapelle Aufstellung. Der Stein zeigt den mit Totschlag belasteten Burgherrn, vielleicht mit sühnender Absicht, ohne Harnisch, in bürgerlicher Kleidung. Im Rahmen der in jüngster Zeit statt-gefundenen Restaurierung wurde auch die bemerkenswerte klassizistische Saalstuckdecke erneuert. Stilgerecht blieb das große, mit Rhododendron besetzte Rondell vor dem Herrenhaus erhalten.

Wilhelm Nettmann: Witten — Werden und Weg einer Stadt. Witten 1961. Ders.: Heinrich v. Brempt und die Begründung der Kaiserlichen Lehnshoheit über die Herrschaft Witten im Lichte der Akten des Staatsarchives in Wien. In: Jahrbuch des Vereins für Orts- und Heimat-kunde in der Grafschaft Mark. Witten-Ruhr. 65. Jahrg. (1966).

32 Kemnade

Haus Bochum

Kemnade, in der weiten Talaue zwischen Hattingen und Witten, ist die besterhaltene Anlage in der Reihe der ein gutes Dutzend zählenden, teils auf den Ruhrhöhen, teils im Flußtal gelegenen Burgen und Burgruinen zwischen Burgaltendorf und der Hohensyburg. Zwei Landesburgen, Blankenstein und Wetter, errichteten die Grafen von der Mark zur Sicherung ihres Territoriums gegen die Grafen von Isenburg, deren Burg auf dem Isenberg nach dem sogen. Bischofsmord des Grafen Friedrich von Isenburg von den Märkern zerstört wurde, und gegen die Landesburg Volmarstein der Kölner Erzbischöfe, die 1324 ebenfalls von den Märkern ausgeschaltet wurde. Die Ruine Altendorf hat mit ihrem romanischen Wohnturm, dem einzigen weit und breit, kunstgeschichtlichen Rang. Noch relativ gut erhalten sind die Häuser Herbede, Steinhausen, Mallinckrodt, Hove und Werdringen. In Blankenstein und Wetter künden noch Bergfriede, in Hardenstein und Volmarstein Rundturmstümpfe von ehemaliger Wehrhaftigkeit.

Die Ruhr, die ursprünglich unmittelbar am Haus Kemnade vorbeifloß, suchte sich 1486 im Verlauf einer Hochwasserkatastrophe weiter nördlich ein neues Flußbett. Dadurch wurde die alte Wasserburg, deren Geschichte eng mit Stiepel verbunden war, von diesem schon um das Jahr 1000 bekannten Ort getrennt. Zwischen Haus Kemnade und dem Bahndamm der Ruhrtalstrecke Essen—Hagen zeichnet sich der alte Flußlauf im Gelände noch deutlich ab. Seit 1928 stellt — anstelle der früheren Fähre — eine feste Brücke die Verbindung zwischen Kemnade und dem jetzigen Bochumer Vorort Stiepel her.

Im Jahre 1001 schenkte Kaiser Otto III. dem Grafen Liudger aus der Herzogsfamilie der Billunger, dem die Grafschaft Bochum unterstand, den Haupthof Stiepel. Liudger entwickelte diesen Besitz zu einer selbständigen Grundherrschaft, mit der nach der Gründung einer Kirche und eines zugehörigen Kirchspiels auch die Hochgerichtsbarkeit verbunden war. Stifterin der 1008 gegründeten Kirche war Liudgers Ehefrau Imma, eine Schwester des Bischofs Meinwerk von Paderborn, die sich nach dem Tode des Grafen auf die Herrschaft Lesum bei Bremen zurückzog und die Herrschaft Stiepel dem Erzbistum Bremen vermachte. Über einen mit den Edelherren zur Lippe verwandten Bremer Erzbischof kam Stiepel an dieses in und um Lippstadt ansässige Geschlecht. Ob schon die seit 1194 nachweisbaren Herren von Stiepel, die auf dem gleichnamigen Hof ein Burghaus bewohnten, von den Lippern belehnt waren, ist ungewiß. Seit Anfang des 14. Jahrhunderts treten als lippische Lehnsträger und Gerichtsherren der Freiherrlichkeit Stiepel die von Dücker auf, seit 1647 die von der Recke und nach ihnen die von Syberg. Stiepel entstand auf der Rechtsgrundlage der Freiherrlichkeit, ein dem Schutz des märkischen Amtes Bochum unterstelltes, nach innen jedoch selbständiges staatsobrigkeitliches Gebilde mit eigener Verwaltung und Rechtsprechung, das erst 1753 im preußischen Staat aufging. Noch heute spricht der Volksmund vom „Königreich Stiepel".

Das Haus Kemnade erscheint erstmals in einem Lehnsbrief von 1393 zusammen mit Hof und Gericht Stiepel als Lehen der Herren von Dücker, von denen wahrscheinlich nicht viel früher das Haus Stiepel als Wohnsitz aufgegeben war. Heinrich von Dücker starb 1409 ohne männliche Erben.

Eine seiner Töchter heiratete Dietrich von Romberg, der seine Rechte an Hermann von der Recke abtrat. Letzterer hatte 1414 auch die Miterben entschädigt. Unter Cordt von der Recke brannte das Haus Ostern 1589 teilweise aus. Die Wiederherstellung zog sich über einen längeren Zeitraum, bis 1663, hin.

In der Zwischenzeit war das Haus durch die Heirat der Sybilla Arnolda von der Recke, der Erbtochter Wennemars von der Recke († 1647) an die Familie von Syberg übergegangen. Der angeheiratete Ehemann, Johann Georg von Syberg, war märkischer Droste auf Blankenstein. Ihm, der einen Steinbruch für den Wiederaufbau der Burg Kemnade brauchte, wird der Abbruch der bis dahin noch guterhaltenen Hauptburg Blankenstein zugeschrieben. Unter Johann Friedrich Wilhelm von Syberg-Wischelingen († 1800) wurde die Freiherrlichkeit Stiepel verstaatlicht (1753). Von allen Hoheitsrechten blieb ihm nur der Kohlenzehnte von den im Gerichtsbezirk Stiepel bestehenden acht Grubenbetrieben, der 1786 ebenfalls durch staatliche Ablösung verlorenging. Der damit verbundenen wirtschaftlichen Umstellung auf eigene Inbetriebnahme der bis dahin in Pacht gegebenen Güter, damals noch 820 Morgen Eigenbesitz, entsprach die Anlage eines geräumigen Gutshofes mit Ökonomiegebäuden westlich des Burghauses. Durch die von Kaiser Napoleon verfügte Aufhebung des Lehnswesens im damaligen Großherzogtum Berg wurde Johann Giesbert Philipp von Syberg († 1818) Eigentümer des Hauses Kemnade und der zugehörigen Lehnsgüter. 1825, nach der Befreiung des Landes, hatte er dem preußischen Entschädigungsgesetz zufolge lediglich eine geringe Ablösesumme an den früheren Lehnsherrn, den Grafen zur Lippe, zu entrichten. Mit dem Tode Friedrichs von Syberg, der kinderlos starb, gingen Haus und Gut Kemnade an seine mit Friedrich von Berswordt-Wallrabe auf Haus Weitmar verheiratete Schwester Philippine über.

1921 kaufte die Stadt Bochum das Haus Kemnade mit dem 500 Morgen umfassenden Grundbesitz von dem Kgl. Kammerherrn Ludwig von Berswordt-Wallrabe. Wie für die ein Jahr später ebenfalls von der Stadt Bochum erworbene Restburg Blankenstein konnte damit für das Haus Kemnade der Fortbestand gesichert werden. Bei dem Kauf sprach für die Stadt Bochum die Notwendigkeit mit, Gelände für die Trinkwasserversorgung im Ruhrtal zu beschaffen. Neuere Pläne befassen sich mit der Anlage eines Stausees in unmittelbarer Nachbarschaft des Hauses Kemnade. Nach umfassender Restaurierung richtete die Stadt Bochum in einer Reihe von Räumen ein stadt- und landesgeschichtliches Museum mit einer Sonderabteilung für den Bochumer Stadtarzt und Dichter der „Jobsiade", K. A.

Großer Saal mit Steinkamin und Balkenstuckdecke

Kortum, ein. Der Nordteil des Mittelflügels beherbergt eine von dem Bochumer Kammermusiker Hans Grumbt zusammengetragene Sammlung historischer und exotischer Musikinstrumente, deren Klangzauber sich in den sogenannten Burgserenaden des Hauses Kemnade entfaltet. Weniger glücklich war in jüngster Zeit die Einrichtung einer Gaststätte mit der Küche in der früheren Kapelle und Gasträumen in den Rittersälen. Sie würde dem Vorburgbereich, dem jetzigen Gutshof, der nach der Verwirklichung des Stauseeprojekts ohnehin seine Bedeutung verliert, eher anstehen.

Bei der auf der Straße von Blankenstein nach Stiepel von Westen her zu betretenden Anlage, in der die trennende Gräfte zwischen Vor- und Hauptburg fehlt, handelt es sich vermutlich um eine ursprünglich einteilige, später erweiterte Wasserburg. Der Komplex des jetzigen, dem inneren Burghof westlich vorgelagerten vorburgartigen Gutshofes, ist erst im 18. Jahrhundert mit den langgestreckten Wirtschaftsgebäuden bebaut, durch eine Hofmauer und die erweiterte Gräfte begrenzt und dem kleineren Hauptburgbereich angegliedert worden. Die mit dem Hinweis auf die dominierende, das Ruhrtal beherrschende Stellung der 1226 erbauten märkischen Landesburg Blankenstein begründete Ansicht, mit dem Bau von Kemnade sei nicht die Absicht einer zusätzlichen Wehranlage verbunden gewesen, kann nicht unwidersprochen bleiben. Auch die lateinische Bezeichnung camminata (= Haus mit Kaminheizung), die hier zum Hausnamen erhoben wurde, schließt die wahrscheinlich beabsichtigte Sicherung eines Flußüberganges nicht aus. Die ausgesprochenen Verteidigungsvorrichtungen, der runde Eckturm, dessen Substanz zum größten Teil mittelalterlich ist, die Schießscharten und Sehschlitze im Sockel anderer Bauteile sprechen dafür. Mittelalterlich und nicht erst nach dem Brand von 1589 entstanden sind auch große Teile zumindest des zweigeschossigen Hauptflügels mit der Wendelstiege im Treppenturm. Auf der Hofseite des Mittelflügels finden sich noch die gleichen klobigen Türgewände und das gleiche nachgotische Stockwerkgesims mit dem zarten Zahnschnittprofil, wie sie das nahe Burghaus Steinhausen aus seiner Gründungszeit aufweist. Baunähte kennzeichnen hier überall im aufgehenden Mauerwerk das Nebeneinander alter und neuer Substanz. Die Maueranker auf der Feldseite des Mittelflügels bezeichnen nicht das Jahr der Vollendung eines Neubaus, sondern den Zeitpunkt der endgültigen Wiederherstellung (1704), als die Hauptburg nach dem etwa gleichzeitigen Bau des Nordflügels einen nach Westen geöffneten, nahezu quadratischen Binnenhof in der bis heute erhaltenen Form umschloß. Den beiden östlichen Ecktürmen entsprachen wahrscheinlich Ecktürme an der Südwest- und Nordwestecke des Binnenhofes. Von dem letztgenannten Turm ist noch der untere Teil erhalten.

Der Gutshof wurde bis 1704 unter Einbeziehung der ihn umgebenden Hofmauer auf der Nordseite mit einer Scheune, auf der Südseite mit einem zweigeschossigen Wirtschaftsgebäude in Fachwerk bebaut. Die Westseite der Mauer erhielt als Eckverstärkung zwei kleine Türme, von denen der nordwestliche neuerdings wiederhergestellt, der südwestliche vermauert wurde, und wurde in der Mitte durch die große Toreinfahrt unterbrochen. Ob die Umflut außerhalb der Hofmauer ursprünglich allseitig Wasser führte, läßt sich heute nicht mehr feststellen. Auf einem Lageplan von 1844 sind östlich des Burghauses ein „hinterer Hausgarten" und dahinter und auf der Nordseite ein großer Baumhof eingetragen.

Mit ihrer kompakten, fast ganz schmucklosen Baumasse und dem hohen Walmdach bietet die Kemnader Hauptburg das charakteristische Bild einer

Rundportal
an der
Eingangsfront

Lehnsadelsburg des westfälischen Flachlandes. Die Steinkreuzfenster und die bemalten Schlagläden, außer Portalen, Gesimsen, Wappensteinen und vermauerten Zierkugeln die einzigen gliedernden und dekorativen Elemente, wurden 1952 im Zuge der nach dem Kriege notwendig gewordenen Außeninstandsetzung erneuert. Über dem rundbogigen Pfeilerportal auf der Feldseite des Hauptflügels ist das mit einer Halbpalmette bekrönte Allianzwappen Syberg-Romberg angebracht. Es bezieht sich auf Friedrich Mathias Syberg und seine Ehefrau Christine Isabella von Romberg, die die Bauarbeiten 1702/1704 zum Abschluß brachten. Neben der Wappentafel sind noch die Kettenschlitze der ehemaligen Zugbrücke zu erkennen, die das Burghaus mit dem Hausgarten verband und später durch einen Steg ersetzt wurde.

Das vorgenannte Wappen findet sich noch einmal im Mittelfeld eines mit sternbildlichen Allegorien gefüllten Ovals in der barocken Holzdecke der früheren, jetzt in zwei Wohnräume unterteilten Empfangshalle. Sonst ist die innenräumliche Gliederung und ortsfeste Ausstattung im großen ganzen so erhalten geblieben, wie sie nach dem Brand in langen Jahrzehnten wieder- bzw. neuerstanden ist. Bei der Innenrestaurierung in den fünfziger Jahren erhielten die Decken und die zahlreichen Kamine aus der Übergangszeit des Manierismus und dem Barock, alle von hoher Qualität, ihren ursprünglichen Glanz zurück. So wurde im großen Rittersaal des ersten Stockwerks die stuckierte Balkendecke erneuert und am Wappenkamin (Ende 16. Jahrhundert) mit den Reliefbüsten Wennemars von der Recke und seiner Ehefrau Sybilla Margarete von Büren die ursprüngliche farbige Fassung freigelegt. Im Rittersaal des zweiten Stockwerks erneuerte man die in ihrer Art selten gewordene Balkendecke mit ihrer dekorativen Bemalung und den Köpfen in Griseillemalerei. In jüngster Zeit wurde die Ausstattung des Steinernen Saales durch vier wertvolle Gobelins (dat. 1725) aus der berühmten Tournaier Produktion, einen Don-Quichote-Zyklus, bereichert. Aufwendige frühbarocke Schnitzerei zeichnet den einarmigen, mehrfach gewinkelten, hinter dem Vestibül gelegenen Treppenaufgang in der Mittelachse des ehemals herrschaftlichen Mittelflügels aus. Ganz- und halbfigürliche Darstellungen, Büsten und Köpfe, auch vegetative Formen, Blumen und Ranken, schmücken die Wangen, An- und Austrittspfosten des Treppenlaufs. Ein fischschuppiger Adam und eine Eva flankieren die Antrittsstufe, ein kniender Ritter trägt als Atlant den mittleren Podest. Im Keller finden sich Tonnengewölbe neben dem Kuppelgewölbe des Rundturms.

Seit 1961 ist das Haus weitgehend der Öffentlichkeit zugänglich. Das bei der Erbteilung 1847 abgewanderte Inventar wurde im Zuge der musealen Neubestimmung des Hauses durch ausgewählte Stücke bäuerlicher Wohnkultur des 16. bis 18. Jahrhunderts ersetzt. Mit dem Wiederaufbau eines in Stiepel abgetragenen Fachwerkhauses östlich des Burghauses wird die Einrichtung einer Ausstellungsstätte für bäuerliche Kultur verbunden.

Albert Lassek: Burghaus Kemnade. Bochum 1968.

33 Strünkede

Schloß   Herne

Die älteren Revierbewohner verbinden mit Schloß Strünkede noch die
Erinnerung an die von der Straße zwischen Herne und Herten nahe der
Emscher- und Kanalüberführung direkt einsehbare, ungedeckt liegende
Wasseranlage früherer Jahrzehnte. Inzwischen hat sich das Schloß einen
hochschließenden grünen Mantel umgelegt. Hinter einer stilvoll gepflegten
Naturkulisse verbirgt es sich an der jetzigen Bundesstraße 51 dem Blick
der Autofahrer, die, sofern sie Fremde sind, gerade hier, im Bannkreis
der besonders industriegeprägten Großstadt Herne dieses historische Baudenkmal kaum noch vermuten. Das schon für das 9. Jahrhundert bezeugte
Herne, mit dessen Geschichte Haus und Familie der von Strünkede aufs
engste verknüpft ist, wurde erst gegen Ende des 19. Jahrhunderts zur Stadt
erhoben und entwickelte sich infolge des Bergbaus, ähnlich wie die Nach-
barstadt Gelsenkirchen, in wenigen Jahrzehnten von einem kleinen Kirch-
dorf zur Großstadt.

Das heutige Schloß, im Norden von Herne gelegen, kurz vor der Emscher-
mündung der vom Gysenberg kommenden Bäche, aus denen die äußere
Gräfte und der große Hausteich ihre Füllung beziehen, steht im Gelände
einer vorgeschichtlichen Siedlung. Westlich und südwestlich des Schlosses
wurden in den 50er Jahren eine Erdwallburg des 10. und eine Turmhügelburg des 11.–12. Jahrhunderts ergraben, die zweifellos auf Vorgänger der
1142 erstmals urkundlich nachweisbaren Herren von Strünkede zurück-
gehen. 600 Jahre — bis 1741 — war dieses Geschlecht auf Strünkede ansässig. Über die nordöstlich der beiden genannten frühgeschichtlichen Anlagen
entstandene Burggründung ist wenig bekannt. Bei Grabungen konnten
nur wenige Fundamente freigelegt werden. Karl Brandt, der frühere Direktor des im Strünkeder Schloß eingerichteten Emschertalmuseums, der an
den Grabungen größten Anteil hat, vermutet, daß die meisten alten Fundamente ausgehoben und beim Bau wiederverwendet wurden, weil das
Baumaterial von weither, aus der Hardt und von den Ruhrhöhen, heran-
geschafft werden mußte. Im 12. Jahrhundert erscheint der erste Repräsentant der Familie, Wessel von Strünkede, wiederholt als urkundlicher Zeuge
im Gefolge des Grafen von Kleve, des späteren Lehnsherrn. 1263, nachdem sich Gerlach von Strünkede mit Kleve in eine Fehde eingelassen hat,
wird die Burg zum Offenhaus erklärt und das Lehnsverhältnis erneuert.
Zu der Fehde ist es wahrscheinlich gekommen, weil die Ritter von Strünkede von dem Gegner der Grafen von Kleve, dem Kölner Erzbischof, dazu
gedrängt wurden, was eine Urkunde von 1243 vermuten läßt. 1316 wird
eine Burggrafschaft Strünkede erwähnt, mit der die Brüder Bovo und
Bernd von Strünkede belehnt werden. Aus ihr entwickelte sich die Herrschaft Strünkede mit den Bauerschaften Herne und Baukau, die den Herren von Strünkede als Grund- und Gerichtsherren unterstanden. Der
Gerichtsbezirk wurde später noch wesentlich erweitert, u. a. um das Gericht
Castrop. Die Strünkeder waren ferner Patronatsherren über die Dionysiuskirche in Herne und das zugehörige Kirchspiel. Als solche führten sie
1561 die Reformation und 1686 die reformierte Lehre ein. 1317 wird die
Burg von dem Grafen Engelbert von der Mark, der die Grafen von Kleve
befehdet, zerstört. Kaum wieder aufgebaut, wird sie drei Jahre später
erneut von den Märkern erobert. 1336 hält sie jedoch den Truppen des
Erzbischofs von Köln stand, ebenso 1352, als sie von Heinrich von Strünkede, der nach Unabhängigkeit von seinem Lehnsherrn trachtet, gegen
diesen verteidigt wird. 1396 zieht das Kriegsvolk Dietrichs von der Mark
siegreich in die Burgmauern ein.
Im 15. Jahrhundert waren Goddert und Johann von Strünkede besonders

kampflustige und aufsässige Gesellen und saßen beide vorübergehend im Kerker ihres Lehnsherrn. Der Ritter Goddert erreichte es sogar, daß Kaiser Sigismund über ihn die Reichsacht verhängte. Johann von Strünkede führte eine lange Fehde mit den Steverlingen, einer Gruppe von Rittern, die an der Stever ansässig waren und sich gegen die Übergriffe des Strünkeders zusammengeschlossen hatten. Erstaunlich, daß es darüber immer wieder zur Versöhnung mit dem Lehnsherrn kam.

Ein schlimmes Ende nahm es jedoch mit Johanns Neffen Reinhard. Ihm war 1482 der halbe Lehnsanteil an Strünkede übertragen worden, bald bemächtigte er sich mit Gewalt auch der anderen Hälfte, die seinem Oheim zustand. 1487 forderte er den Zorn des Herzogs von Kleve heraus, der die Burg belagern ließ, hatte dauernd Streit mit seinen Nachbarn und gab schließlich dem Pferd des Klever Gerichtsboten, der ihm eine Klage zustellen sollte, die Kugel. Darauf erkannte der Herzog von Kleve auf Geistesgestörtheit und verurteilte ihn „zu ewig Gefängnis" auf Strünkede. Seine Ehefrau Sophia, eine Gräfin von Limburg-Styrum, hatte sich bereits von ihm nach Essen abgesetzt. Sein ältester Sohn Jobst und dessen Bruder Reinhard wurden mit Strünkede nur unter der Bedingung belehnt, daß sie ihrem Vater das über ihn verhängte Los nicht erlassen sollten; daß sie es ihm erleichtert haben, ist zu vermuten, denn der Gefangene erlebte noch sein 80. Lebensjahr.

Jugendstiltor im Park

Der genannte Jobst von Strünkede († 1529) lebt im Volksbewußtsein mit dem Beinamen „der Tolle" und als sagenhafte Spukgestalt fort, zu Unrecht, wie die Forschung nachgewiesen hat. Was von ihm an „Tollheiten" bekannt ist, geht nicht über den Rahmen der in dieser Zeit üblichen Grenzstreitigkeiten hinaus. Eine für die ererbte Heißblütigkeit seines Geschlechtes bezeichnende Begebenheit des Jahres 1524 ist verbürgt. Unter Zusicherung freien Geleits war er in die Stadt Recklinghausen gekommen, um mit dem Rat in seit langem anstehenden Grenzfragen zu verhandeln, wobei es unsanft zugegangen sein muß. Denn plötzlich hatte der „tolle Jobst" seine Hand am Bart eines Recklinghäuser Bürgers und zurrte kräftig daran. Worauf die Sturmglocke gezogen wurde. Jobst von Strünkede konnte mit Not entkommen.

Wurde er zum „Sündenbock des ganzen Geschlechtes" (Brandt) gemacht, so erlangte sein gleichnamiger Enkel (1551–1602) den Beinamen „der Gelehrte". Im Auftrag des Herzogs von Kleve hielt er sich lange in Frankreich auf. Er war in erster Ehe mit Anna Maria von Viermundt zu Bladenhorst, nach ihrem Tod mit Henriette von Hatzfeld zu Oedendaal verheiratet. Sein Grabmal, jetzt in der Eingangshalle des Schlosses, stellt ihn mit seiner zweiten Ehefrau, die als Witwe eine neue Ehe einging, und mit ihren sieben Kindern dar. Gelehrsamkeit wird auch dem nächsten Besitzer von Strünkede, dem ältesten Sohn aus erster Ehe, Conrad von Strünkede, nachgesagt, der 1636 in den Reichsfreiherrnstand erhoben wurde. Er avancierte zum kleve-märkischen Regierungsdirektor. Aus seiner Ehe mit Janna von Lützenrod, die als Morgengabe Erbanteile an den Häusern Mehrum, Marnix, Toulouse, Drabone und Budingen einbrachte, gingen zehn Kinder hervor, von denen der dritte Sohn Gottfried Strünkede erbte. 1672 kam es an der Strünkeder Schloßkapelle zu einem Zweikampf zwischen dem kurbrandenburgischen Rittmeister Friedrich Wilhelm von Strünkede, dem fünften Sohn, und einem Kornett von Hundt, der für beide tödlich endete.

Der sechste Sohn Conrad († 1707) wurde durch Anheirat Eigentümer von Haus Dorneburg. Er war kurbrandenburgischer Geh. Regierungsrat, Drost zu Bodelschwingh und Gerichtsherr zu Eickel. Ihm und seiner Familie wurde nach seinem Tode in der Kirche zu Eickel ein großes Grabmal errichtet, auf dem die beiden Töchter und die acht Söhne, einschließlich der schon im Kleinkindesalter verstorbenen, um die Eltern gruppiert sind. Conrads Sohn Ludwig setzte die Erbfolge des Stammhauses Strünkede fort. Johann Conrad Freiherr von Strünkede (†1742), Präsident der kleve-märkischen Regierung in Kleve, hatte mit Sophia Wilhelmine von Hüchtenbrock zu Gatrop elf Kinder, von denen aber keines das Kindesalter überlebte. Erbe auf Strünkede wurde sein Vetter Ludwig aus dem Haus Dorneburg. Auch diese Linie starb 1777 mit Conrad Ludwig Freiherrn von Strünkede-Dorneburg aus. Strünkede ging an eine mit Arnold Freiherrn von Pallandt-Osterveen verheiratete Verwandte aus der Linie Strünkede zu Crudenburg. Das Gut war damals völlig verschuldet. In dem folgenden Konkurs (1789) konnte jedoch das Haus mit einigem Grundbesitz der Familie erhalten werden. Die Erbtochter Adolfine Caroline von Pallandt-Osterveen ging 1810 mit dem Hauptmann Friedrich von Forell die Ehe ein. Dessen Nachkommen verkauften das Schloß im Jahre 1900 an die Harpener Bergbau AG, von der es 1948 die Stadt Herne erwarb. 1938 hatte bereits das Emschertalmuseum auf Strünkede eine Bleibe gefunden.

Das erhaltene dreiteilige Schloß, das man von Süden her über die umlaufende Außengräfte und die Schloßteichbrücke durch den Torflügel betritt, ist der Rest einer ursprünglich kastellartig geschlossenen Anlage. Ihr ältester Bestandteil war wahrscheinlich ein heute nicht mehr vorhandener, bei den umfassenden Grabungen der fünfziger Jahre in seinem Fundament freigelegter Wohnturm in der Nordwestecke des heutigen Schloßhofes. Diese Kernanlage mag, wie Neumann vermutet, in einem ovalen Hausteich mit ca. 100 m Durchmesser und im Schutz eines doppelten Wall- und Grabensystems gelegen und somit dem münsterländischen Mottentyp entsprochen haben. Das bei den Grabungen freigelegte Gräftensystem rechtfertigt darüber hinaus die Annahme einer zweiten Insel als Vorburg. Dafür spricht auch die obenerwähnte Urkunde von 1263, in der sich der Ritter Gerlach von Strünkede verpflichtet, seinem Lehnsherrn die Vorburg mit dem Turm und den Burgmannenhäusern zu überlassen. Auch ein Tor wird bereits erwähnt. Unter dem in der Urkunde genannten „berg", den der Ritter Gerlach für sich beansprucht, ist nach dem damaligen Wortsinn die Hauptburg zu verstehen.

Um 1500 entstand in der Südostecke der erhaltene quadratische Pavillonturm als mächtiger dreigeschossiger Wohnturm mit 13,5 m Seitenlänge. Schießscharten im überwölbten Kellergeschoß verraten noch den Wehrcharakter. Anders die an ihn nach Norden und Westen rechtwinklig angeschlossenen zweigeschossigen Trakte, die das Wohn- und Formprinzip der Renaissance voll verwirklichen. Zuerst — Mitte des 16. Jahrhunderts — wurde der 28 x 10 m große Ostflügel errichtet, dessen Keller das gleiche Kreuzgewölbe wie der Eckturm hat. An ihn schloß sich, wie die Grabung ergab, rechtwinklig ein unterkellerter Nordflügel an. Der Südflügel ist, wie die Baunaht im Ostteil verrät, in zwei Bauabschnitten entstanden. Der westliche Teil mit der Tordurchfahrt wurde laut Inschrift am Wappenportal unter Gottfried von Strünkede 1664 im Barockstil vollendet. Vermutlich ein Wehrgang schloß den Binnenhof nach Westen ab. Das Schloß wurde auf Eichenpfahlrosten in Naturstein errichtet und mit einer Putzschicht überzogen, die bei der bevorstehenden Restaurierung wiederhergestellt werden soll. Der ursprünglich ovale Hausteich erfuhr im Zuge des weiteren Ausbaus eine Erweiterung auf 200 x 220 m.

Auf der Vorburg südlich des Herrenhauses vor der inneren Gräfte steht die gotische Schloßkapelle, die 1272 von Bernd von Strünkede begründet wurde und heute das älteste erhaltene Baudenkmal der Stadt Herne darstellt. Die Kapelle und ihr Hof dienten den Rittern von Strünkede als Begräbnisstätte. Von der Mitte des 16. Jahrhunderts an wurden sie in der St. Luzienkapelle der Herner Kirche und im sogen. „Strünkeder Keller" der alten Dionysiuskirche in Herne beigesetzt. Westlich des Herrenhauses ließen die barockzeitlichen Schloßbesitzer einen französischen Garten entstehen, von dem nicht mehr als die Erinnerung geblieben ist. Östlich des Schlosses, zwischen Außengräfte und Hausteich, befand sich bis 1850 die Schloßmühle. Eine besondere Sehenswürdigkeit der Parkanlage ist das Jugendstiltor des Düsseldorfers A. Füßmann, das O. H. Flottmann 1898 auf der Pariser Weltausstellung für sein Herner Werk erwarb und das 1967 von den Flottmann-Werken der Stadt Herne gestiftet wurde.

Die erhaltenen Flügel des Herrenhauses werden durch den großen, nur wenig vortretenden Eckpavillon zu einer kompakten Baugruppe zusammengehalten. Der breiten Lagerung entspricht die Horizontalgliederung durch regelmäßig gesetzte Fenster und den umlaufenden profilierten Wasserschlag. Obwohl fest in den Bau einbezogen, behauptet der Eckturm durch das dritte Geschoß und einen zweiten Wasserschlag seine dominierende Stellung. Die dichte Reihung der profilierten Steinkreuzfenster mit ihren hell zum Bruchsteingemäuer kontrastierenden Rahmen und der Risalit des Torflügels sind Kennzeichen des offenen Schlosses und verleihen dem sonst schmucklosen Außenbau eine freundlich ansprechende Note. Die Flügel haben ein stark hervortretendes Volutenkonsolgesims mit Zahnschnittfries. Am Eckpavillon, im vortretenden Teil seiner Nordseite, befindet sich ein schlichter Erker. Der einfache, die Dachlinie mit einer Balustrade überschneidende Risalit im Westteil des Südflügels mit dem frühbarocken Rundportal und wappenüberkrönter Torblende endete wahrscheinlich ursprünglich in einem Dreiecksgiebel. Die Walmdächer der Seitenflügel und das Pyramidendach des Eckpavillons sind mit Ziegeln gedeckt, die Schornsteinköpfe mit dem Zahnschnittfries profiliert.

Von den Kellerräumen über die Eingangshalle und den Rittersaal bis ins Dachgeschoß lernt der Besucher des reichhaltigen Emschertalmuseums zugleich die Innenraumdisposition des Schlosses kennen, die allerdings durch Umbauten im 20. Jahrhundert beeinträchtigt wurde. Die Verbindung zum Ober- und Dachgeschoß stellte früher ein viereckiger Treppenturm in der Südostecke des Binnenhofes her. Eine unbenutzte steinerne Wendelstiege befindet sich noch im Mittelteil des Südflügels. In jüngster Zeit wurden die alten Treppen durch drei neue Treppenhäuser ersetzt. Die gewölbten Keller zeigen Backsteinausführung auf Sandsteinsäulen. Die Ausstattung ist fast ganz verlorengegangen. Erwähnenswert ist ein nicht mehr vollständiger Kamin des 17. Jahrhunderts, dessen Trägerfiguren, ein Adam und eine Eva in der Pose der Medizeischen Venus, nicht mehr vorhanden sind, ein wesentlicher Verlust für das thematische Verständnis des nur noch wenig ausgewogenen Kaminrahmens. Das von Löwen gehaltene Strünkeder Familienwappen wird von dekorativ behandelten Säulen flankiert, deren ägyptisches Palmenkapitell als Anspielung auf die verbotene Frucht des Paradieses mit einem Apfel appliziert ist, der als Leitmotiv an der Volutenkonsole des Kaminsimses und — ursprünglich — in der Hand der Eva-Figur wiederkehrt. Der Kamin wurde zum Blickpunkt des 1960 eingebauten Treppenhauses am Nordende des Ostflügels, das jetzt die Eingangshalle zum Museum darstellt. An seiner rechten Seite fand das Grabdenkmal für den „gelehrten" Jobst von Strünkede und seine Familie seinen Platz. Bis zum Abbruch der Dionysiuskirche in Herne (1876) hatte es im Begräbniskeller dieser Kirche gestanden, danach in der Einfahrt des Schlosses Strünkede und schließlich im Märkischen Museum in Witten Aufstellung gefunden. 1956 erwarb es die Stadt Herne für ihr Museum zurück. Den fast lebensgroßen Figuren der Eheleute sind die Kleinplastiken ihrer Kinder, nach Geschlechtern geordnet, beigegeben. In straffer Haltung, das entblößte Haupt hoch aufgerichtet, tritt der geharnischte Repräsentant des Strünkeder Rittergeschlechts als echter Renaissancetypus in Erscheinung. Die Figuren des rd. 100 Jahre später — um 1725 — entstandenen Grabmals für Conrad Freiherrn von Strünkede-Dorneburg und seine Familie zeigen bereits einen ganz anderen Menschentyp. Die Pose ist gelockert, geschmeidig der Fluß der Bewegung. Die steif abstehenden Halskrausen kennzeichneten das Profil der älteren Figurengruppe. Jetzt fallen die Ringellocken der Perücken tief über die Schultern auf Brust und Nacken. Die Blicke sprechen für Menschen, die besser zu leben wissen. Rensing, der sich erstmals mit diesem erstrangigen Werk deutscher Grabmalkunst befaßte, vermutete, daß Conrads Witwe, Elisabeth Sophie geb.

Reichsgräfin von Schwerin, das aufwendige Grabmal in Auftrag gab. Neuerdings wird es Johann Wilhelm Gröninger zugeschrieben. Es ging später in den Besitz des Märkischen Museums über und wurde im Zweiten Weltkrieg durch Sprengbomben schwer beschädigt. Die geretteten Figuren stehen jetzt in der Eingangshalle des Wittener Museums.

Die Schloßkapelle, ein in Backstein errichteter zweijochiger Saal mit polygonalem Chorschluß, wurde bei der letzten Restaurierung neu eingewölbt. Das Blatt des sehenswerten Barockaltars aus der ehemaligen Dionysiuskirche, eine Kreuztragung, stammt ebenso wie ein qualitätvolles Tafelbild mit der Geißelung Christi aus münsterschem Privatbesitz. In dem gelegentlich als Taufkapelle benutzten Raum sind noch Grabplatten und eine Totentafel des Geschlechts von Strünkede und die 1750 nach Beschädigung umgegossene 20 Zentner schwere Bronzeglocke der Dionysiuskirche zu sehen.

Karl Brandt: Wasserschloß Strünkede und seine Ritter. In: Kultur und Heimat. Castrop-Rauxel 1962. 14. Jahrg. Nr. 2. / Theodor Rensing: Monumenta Memoriae. In: Westfalen, 36. Bd. 1958 H. 12.

34 Bladenhorst

Schloß   Castrop-Rauxel

Großindustrieanlagen und alte Waldbestände, Eisenbahn, Kanäle, Wohnsiedlungen und vereinzelte Bauerngehöfte, Ackerbreiten, Wiesen- und Weidegründe, diese Gegensätze sind charakteristisch für den großen Emscherbogen zwischen Dortmund und Herne, den Schlössern Bodelschwingh und Strünkede, der die mit fruchtbarem Lößboden bedeckte Castroper Schotterplatte umschließt. Noch verhältnismäßig naturbelassen, am Fuß der waldbedeckten Steinhardt, steht das Wasserschloß Bladenhorst in der breiten Niederung. Sonst hat die amorphe Industrielandschaft weithin die natürliche Grenze gesprengt, die die Brüche der Emschertalung ursprünglich bildeten und die jahrhundertelang auch als politische Trennungslinie zwischen dem kurkölnischen Vest Recklinghausen und der Grafschaft Kleve bzw. der Grafschaft Mark bestand. Zu den umkämpften Burgen gehörte Bladenhorst, das mit der durch Wall und Graben gesicherten Freiheit Castrop und den ebenfalls zur heutigen Stadt Castrop-Rauxel gehörenden alten Burgstätten Vörde, Goldschmieding, Callenberg und Ickern seit dem 13. Jahrhundert auf der Seite der Grafen und späteren Herzöge von Kleve stand.

Da die Emscher früher südlicher, in der Richtung des Zweigkanals des Dortmund-Ems-Kanals floß, muß man sich die ursprüngliche Lage der älteren Burg Bladenhorst auf einer Flußterrasse näher der Emscher vorstellen. Nachdem die zahlreichen Zuflüsse und der Zubringer durch die Industrialisierung ausgefallen sind, wird die rund 10 000 qm große mit Fischen besetzte Schloßgräfte neuerdings über eine Rohrleitung vom Rhein-Herne-Kanal aus gespeist. Auf diese Weise ist garantiert, daß die durch Eichenholzpfahlrosten gegründeten Grundmauern des von der Innengräfte umspülten Herrenhauses weiterhin standhalten und die Holzpfähle vor Fäulnis geschützt sind.

Die erste Nachricht von einem auf Bladenhorst ansässigen Rittergeschlecht bietet eine Urkunde von 1266, in der Dietrich und Rotger von Blarnhurst als Gefolgsleute des Grafen Dietrich von Kleve erscheinen. Anfang des 14. Jahrhunderts begegnet Rütger von Düngelen, vermutlich auf Grund einer Ehe mit einer Erbtochter des Hauses Bladenhorst. Eine Urkunde von 1332 handelt von der Stiftung einer der Muttergottes geweihten Kapelle, die wie ihre Nachfolger außerhalb der Gräften westlich des Zugangsweges zum Schloß gestanden hat. Darin wird erstmals auch eine Burg erwähnt. Als belehnter Dienstmann des Grafen Dietrich von Kleve bot Rütger von Düngelen die Burg 1338 seinem Dienstherrn als Offenburg an, d. h. daß die Burg dem Grafen von Kleve im Kriegsfall offenstand. Über die Erbtochter Beatrix von Düngelen gelangte Bladenhorst 1496 durch Heirat an Philipp von Viermundt d. Ä. Nach ihrem Tode (1514) ging ihr Gatte noch eine zweite Ehe mit Margarete von Schönfeld gen. Grastorp ein. Er starb 1528. Seine Söhne aus erster Ehe, der seit 1531 mit Anna von Bevern verheiratete Johann von Viermundt und sein jüngerer Bruder Hermann, die Bladenhorst zu ihrem dauernden Wohnsitz machten, begannen 1532 mit dem Bau des heutigen Schlosses, das 1584 vollendet und von den späteren Besitzern wiederholt erneuert wurde. Johann von Viermundt ließ sich 1542 durch Herzog Johann von Kleve belehnen und sicherte die Erbfolge auch in weiblicher Linie. Er starb 1548 an einer schweren Verwundung im

Schmalkaldischen Kriege, an dem er als Oberst im Dienst des Landgrafen Philipp von Hessen teilgenommen hatte. Da sein ältester Sohn Philipp d. J. bei seinem Tode erst vierzehn Jahre alt war und seine Gattin bereits 1538 bei der Geburt des jüngsten Kindes gestorben war, übernahm sein Bruder Hermann von Viermundt die Vormundschaft über den jungen Philipp und dessen drei Brüder. Nach dem für den Landgrafen von Hessen unglücklichen Ausgang des Krieges sahen sich auch die ihm verbündeten Viermundts durch Verlust ihrer Besitzungen bedroht. Nur unter der Auflage hoher Geldbußen gelang Hermann von Viermundt am kaiserlichen Hof in Wien die Sicherung der Viermundtschen Güter.

Zweifellos haben darunter auch die Bauarbeiten am Bladenhorster Schloßneubau gelitten. Als Hermann von Viermundt 1563 starb, brauchte sein damals siebenundzwanzigjähriger Neffe Philipp d. J., der Erbe von Bladenhorst, der auch die lutherische Konfession einführte, noch volle zwei Jahrzehnte bis zur Vollendung der Anlage, die mit seinem Todesjahr 1584 gleichzusetzen ist. Seine Witwe, Johanna von Oer, sehen wir in den folgenden Jahren mit Aufträgen für die Innenausstattung beschäftigt. Ihr Sohn Hermann von Viermundt, der letzte männliche Nachkomme der Familie, starb 1624. Über seine Schwester Anna Theodora, die mit Caspar von Romberg verheiratete Erbin, kam Bladenhorst an die Familie von Romberg. Bewohnerin des Schlosses blieb jedoch Hermann von Viermundts Witwe, Elisabeth von Schade, da die neuen Besitzer auf ihrem

Tor des Torhauses

Stammsitz Schloß Brünninghausen verblieben. Erst der Urenkel Caspars von Romberg, Konrad Stephan von Romberg, machte 1734 Bladenhorst auf längere Zeit zu seinem Wohnsitz. Er ließ das Schloß wesentlich erneuern und 1742 die mittelalterliche Kapelle durch eine Barockkapelle mit einer Grablege für die Schloßherrschaft ersetzen. Seine Umbauten und Neuerungen zeigen das Bestreben, den Wehrcharakter der Anlage abzubauen und sie in ihrer äußeren Erscheinung dem Repräsentationsstil der Zeit anzupassen, wozu auf Grund seiner Stellung als königlich-preußischer Droste zu Hörde und seiner Heirat mit Maria Christina aus dem angesehenen Geschlecht von Bottlenberg für ihn Anlaß genug bestand. Anstelle der Burgwälle entstanden Gärten, ein Wehrturm wandelte sich zum Gartenhaus. Die Innenausstattung wurde durch reichornamentierte Kamine ergänzt.

Konrad Stephan Freiherr von Romberg starb 1755 auf Bladenhorst. Sein Sohn Gisbert Wilhelm von Romberg († 1809) setzte seinen Neffen Gisbert Christian von Romberg als Erben ein, der sich als Präfekt des Ruhrdepartements, als preußischer Landesdirektor und als Abgeordneter des Ritterstandes in den drei ersten westfälischen Provinziallandtagen ebenso wie als Unternehmer im jungen Ruhrbergbau hervortat. 1856 übertrug er seinem zweiten Sohn Konrad die seit 1836 aus der Gütergemeinschaft mit Brünninghausen ausgeschiedenen Bladenhorster Besitzungen. Seine im gleichen Jahr erfolgte Konversion zum katholischen Bekenntnis hatte den Abbruch der Barockkapelle und den Neubau einer neugotischen Kirche zur Folge, die nach einem Entwurf des vielbeschäftigten Hilger Hertel d. Ä. 1867 vollendet wurde und bis zu ihrem Abbruch im Jahre 1942 auch den katholischen Bewohnern der Umgebung zur Verfügung stand. Zur Hochzeit seines Sohnes Konrad, der wie seine Gattin Karoline von Böselager zu Heessen und seine übrigen Kinder schon vor ihm der katholischen Kirche angehörten, war 1847 eine provisorische Kapelle im Durchgang des Schlosses eingerichtet worden.

Nach dem Tode Konads von Romberg (1881), der in erster Ehe mit der Reichsgräfin Antonia von Merveldt und nach ihrem Tode (1852) mit der Gräfin Franziska von Plettenberg-Lehnhausen verheiratet war, gelangte die Familie von Weichs zu Wenne in den Besitz von Bladenhorst. Franz Freiherr von Weichs hatte zwei Jahre zuvor die Erbtochter Karoline von Romberg, Konrad von Rombergs zweite Tochter, geheiratet. Aber schon bald, angesichts des Umfanges, den der Bergbau in der Emscherzone angenommen hatte, trug sich der neue Schloßbesitzer mit Veräußerungsabsichten. Sein Sohn, Clemens von Weichs, verkaufte das Schloß 1926 an die

Klöckner-Werke AG, nachdem durch den Erwerb des Gutes Borlinghausen im Kreis Warburg ein neuer Wohnsitz für die Familie gesichert war. Schon ein halbes Jahrhundert früher hatte der Ire Mulvany, der Gründer der benachbarten Zeche Erin, das im Stil der Lippe-Renaissance errichtete, heute nur noch teilweise erhaltene Haus Goldschmieding erworben. Die Gesellschaft verpachtete die Ländereien zu landwirtschaftlicher Nutzung. Das Schloß wird von Mietern bewohnt, weshalb eine Innenbesichtigung nicht mehr möglich ist und auch wenig ergiebig wäre.

Die wasserreiche Emscherniederung, in deren unzugänglichem Sumpf-gelände die erste, wahrscheinlich auf nur eine Insel beschränkte Burg des 14. Jahrhunderts entstand, begünstigte die Sicherung der neuen, immer noch als Wehrbau geplanten Anlage des 16. Jahrhunderts durch doppelte, durch einen künstlichen Wall getrennte Wassergräben, ein Verteidigungs-system, wie es vom alten, bis 1703 erhaltenen Schloß Nordkirchen bekannt ist. Wie in Nordkirchen waren auch in Bladenhorst die Ecken der später abgetragenen Wälle durch Verteidigungsanlagen, hier durch weit in die Außengräfte vorspringende runde Wehrtürme, von denen nur noch der südliche vorhanden ist, verstärkt. Das ehemalige Wallgelände und die Gräben sind rechtwinklig gebrochen und legen sich um das ursprünglich vierflügelige Herrenhaus mit einem nahezu quadratischen Binnenhof von 26 m, der später auf der Nordostseite, an der heute auch der innere Was-sergraben fehlt, in ganzer Breite geöffnet wurde.

Der Südseite der Herrenhausinsel gegenüber war das heute freistehende, teilweise in den Außengraben hineinragende Torhaus ursprünglich mit dem Mittelteil seiner schweren Baumasse in den Wall einbezogen. Zwei nicht mehr vorhandene Zugbrücken stellten die Verbindung vom Torhaus zum Hauptportal des Herrenhauses und zum Außengelände her, auf dem die Kapelle im westlichen Winkel zwischen dem Zugangsweg und der Außengräfte ihren Standort hatte. Die Zugbrücke über die Außengräfte wurde im 19. Jahrhundert durch eine steinerne Bogenbrücke abgelöst. Alle Gebäude sind zweigeschossig in Ziegelbauweise über Hausteinsockel-geschossen ausgeführt. Nach einem im Archiv des Hauses Bladenhorst befindlichen Vertrag von 1541 hatte der Ziegelbrennermeister Arant aus Frohlinde bei Dortmund 150 000 Ziegelsteine zum Bladenhorster Neubau zu liefern. Weitere urkundliche Anhaltspunkte für die Datierung fehlen. Auch der Architekt konnte noch nicht ermittelt werden.

Karl Hoecken stellt in seiner Monographie fest, daß der Neubau mit dem Torhaus, der noch eine ausgesprochene Wehranlage darstellt, begann (um 1530). Dafür spricht auch der hofseitige fünfstufige Treppengiebel mit den

*Giebel des
Torhauses*

kugelbesetzten Halbkreisaufsätzen, einer Renaissanceform, die hier mit
gotischen Gliederungs- und Schmuckelementen zusammengeht. Haupt-
beweisstück für die Entstehung des Torhauses noch vor der Mitte des
16. Jahrhunderts ist für Hoecken der grünglasierte Kachelfries, der mit
spätgotischen Drei- und Vierpässen in quadratischen Feldern am oberen
Abschluß des Erdgeschosses das Torhaus — mit Ausnahme der Hoffassade
— umzieht. Für den zeitlichen Vorrang des Torhauses spricht auch die
Tatsache, daß die Torachse nicht rechtwinklig auf das Herrenhaus, sondern
wahrscheinlicher auf eine damals noch vorhandene Vorgängeranlage ausgerichtet ist. Der abweisend kahle, ursprünglich nur im Obergeschoß von
Schießscharten und Gucklöchern durchbrochene halbrunde turmartige
Vorbau der Feldseite kennzeichnet das Torhaus ebenso wie die schleusen-
artige, mehrfach geknickte und mit Querriegeln versehene Tordurchfahrt
als einen der Verteidigung dienenden Zweckbau, dem mit dem in Westfalen einmaligen Kachelfries auch ein gewisser Kunstwert verliehen
wurde. Das Bladenhorster Torhaus zwingt zu Vergleichen mit den halbrunden Verteidigungstürmen der belgischen Schlösser Beersel in der Provinz Brabant und Gaasbeek bei Brüssel, die auf der Gegenseite des Halb-
runds ebenfalls abgetreppte Giebel haben.
Der Kachelfries, der unterhalb der Obergeschoßfenster auch die südöstliche Front des Herrenhauses, die ihr zugeordneten beiden Wohntürme

und die Schmalseite dieses Flügels ziert, vermittelt zwischen gegensätzlichen Stilmerkmalen, die sich am Torhaus und Herrenhaus frontal gegenüberstehen: Der Schaugiebel, wie er sich auf der Hofseite des Torhauses darstellt und in ähnlicher Form, offenbar in Erinnerung an das Bladenhorster Beispiel, sich am Torhaus des ehemaligen Schlosses Brünninghausen wiederholt, wurde am Herrenhaus in Bladenhorst, der allgemeinen Entwicklung folgend, durch die welsche Haube auf wahrscheinlich allen vier Ecktürmen abgelöst. Nächst Nehlen gehören die Bladenhorster Turmüberdeckungen zu den ersten welschen Hauben, vor denen in Heessen, Bodelschwingh, Lembeck und Westerwinkel. In der gelegentlich mit Bladenhorst verglichenen, ein Jahrzehnt früher begonnenen, noch stärker der Gotik verhafteten Vierflügelanlage des Hertener Schlosses sind die Ecktürme noch mit Kegelhauben überdeckt. Heute, vermutlich seit der Zeit nach einem Brand im Jahr 1896, trägt der westliche Eckturm des Bladenhorster Herrenhauses allerdings ein Zeltdach. Der nördliche Eckturm ist vermutlich mit dem Nordostflügel abgebrochen worden. Anstelle der jetzigen Kupferüberdeckung hatten die Türme bis in die sechziger Jahre Schieferdeckung, die zu dem Ziegelrot der Walmdächer wirkungsvoll kontrastierte. Wie in Herten sind auch in Bladenhorst die polygonal vorspringenden Ecktürme, die einer wehrhaften Optik zuliebe noch lange unentbehrlich waren, zu Wohntürmen ausgebaut.

Hoecken unterscheidet zwei Abschnitte des Herrenhauses, von 1540 bis 1560 und von 1560 bis 1580. Dem älteren Abschnitt weist er den Südostflügel mit den beiden Ecktürmen und den halben Südwestflügel zu, der durch eine am Außenbau deutlich sichtbare Baunaht von dem anschließenden jüngeren Teil getrennt ist. Ein Knick in der Außenmauerflucht verdeutlicht die Naht. Zum jüngeren Abschnitt gehört die erwähnte Hälfte des Südwestflügels mit dem westlichen Eckturm, der ursprünglich bis zur Nordecke des Schloßhofes durchgehende Nordwestflügel und der nicht mehr vorhandene, ursprünglich den Hof abschließende Nordostflügel, den sich Hoecken auf Grund gewisser Indizien nach dem Hertener Beispiel als einen ein- oder anderthalbgeschossigen überbauten Bogengang mit Flachdach vorstellt. Der ältere nördliche Teil des Nordwestflügels, der 1860 durch ein neues, jetzt über die inzwischen beseitigte Binnengräfte hinaus sich erstreckende Wirtschaftsgebäude wieder ersetzt wurde, und der Nordostflügel sind vermutlich durch eine Feuersbrunst im zweiten Viertel des 19. Jahrhunderts zerstört worden. Die Außenwände des im ersten Abschnitt erstellten unregelmäßigen Baukörpers fluchten in einer Rundung auf den südlichen Eckturm zu und legen die Vermutung nahe, daß der

Neubau an dieser Stelle den Substruktionen einer älteren Rundburg angepaßt wurde. Neumann bestätigt, daß sich im Keller des Eingangsflügels
ein Wohnturm und ein Zweiraumhaus der mittelalterlichen Anlage nachweisen lassen. Auch bei den in Bruch- und Werkstein erstellten, allein im
Eingangs- und Wohnflügel vorhandenen Kellerräumen mit gewölbetra-
genden Mittelsäulen handelt es sich zumeist um Bauteile des Vorgänger-
baus aus dem 14. Jahrhundert. Abweichend vom südlichen Eckturm ist in
der Westturmecke der Grundriß des östlichen Eckturmes und der anschließenden Räume wieder aufgenommen worden. Der nicht als Wohnraum
geplante Teil des Nordwestflügels, der Marstall, Wagenremisen, Vorratsräume und Gesindekammern enthielt, übertrifft die noch vorhandenen
Wohnflügel wesentlich an Tiefe, ist aber niedriger und durch Treppengiebel auf den Schmalseiten gekennzeichnet. Eine wesentliche, mit dem
wehrhaften Vierflügelsystem aus Frankreich eingeführte technische Neuerung erkennt Neumann in den angebauten runden oder polygonalen Hof-
türmen mit den Wendeltreppen, die die früheren freien Wand- oder im
Hausinnern liegenden Holztreppen verdrängen.
Sieht man von dem gotischen Kachelfries und der Torblende in der Mittelachse des Eingangsflügels ab, so finden sich auf den Wandflächen außer
dem Wulst des Werksteinsockels keine weiteren Gliederungselemente.
Dafür ist das stark hervortretende Kranzgesims aus Formziegeln um so
bemerkenswerter. Die Fenster, zu zehn Achsen in die 30 m breite Eingangsfront und zu elf Achsen in die noch 10 m breitere Südwestfront eingefügt, entsprechen im Erdgeschoß nicht mehr der ursprünglichen Höhe
und hatten früher gewiß profilierte Steinkreuzfassungen. Schießscharten
über dem Sockel der Eingangsseite betonen den Wehrcharakter des
Schlosses, den ursprünglich auch die Zugbrücke und das Hauptportal an
der Stelle der Hausteinblende hatten. Über Form und Größe des früheren
Portals lassen sich nur Vermutungen anstellen. Es mußte 1847 der weniger
schönen Blende weichen, als die Durchfahrt zu einer Hauskapelle umgebaut wurde. Zutaten des 18. Jahrhunderts sind die beiden Brücken, die
von den beiden Ecktürmen des Eingangsflügels über die Binnengräfte in
das Gartengelände der ehemaligen Wälle führten, Zeugen einer Zeit, in
der man auf den Geschmack einer heiter-geselligen Lebensführung gekommen war.
Um auch das Innere des Herrenhauses dem neuen Wohnstil anzupassen,
wurden im zweiten Viertel des 18. Jahrhunderts wohl alle Räume überholt und zeitgemäß ausgestattet. Der Wohnflügel wurde nach dem aus dem
französischen Schloßbau des 16. und 17. Jahrhunderts übernommenen Ka-

binettsystem (appartement double) mit einer Längsmittelwand umgebaut. Einige von dem Weseler Architekten von Pich entworfene guterhaltene Kamine sind noch vorhanden, die meisten gingen zusammen mit der Deckenausstattung durch neuerliche Baumaßnahmen im 19. Jahrhundert verloren. Aus der Zeit größerer Um- und Erweiterungsbauten um 1860 stammt der fünfseitige Treppenturm in der Südecke des heute nur noch wenig geschlossen wirkenden Binnenhofes.

Schon 1618, also vor Beginn des Neubaus, wird Bladenhorst in einem zur Hochzeit der Agnes Hellenberg zu Viermundt mit Dietrich von der Recke von dem Dortmunder Chronisten Friedrich Beuerhaus verfaßten Gedicht als mit „vallibus altis" (hohen Wällen) befestigte Burg gefeiert. Von den vermuteten vier Ecktürmen dieses Walles, der nach einer zeitgenössischen Reliefdarstellung auf dem Epitaph Philipps d. J. von Viermundt (1632) noch durch eine Umfassungsmauer verstärkt war, ist nur der südliche erhalten. Er springt als runder Wehrturm mit Schießscharten im Ziegelmauerwerk weit in die Außengräfte vor, die mit 25 m hier ihre größte Breite hat. Die Fensterdurchbrüche und der obere Teil des Turmes mit seinen historisierenden Formen entsprechen nicht mehr dem ursprünglichen Zustand. Der Wehrturm der Ostecke wurde im 18. Jahrhundert abgebrochen und durch ein Gartenhaus ersetzt, das später als Taubenhaus diente. Sein Zustand ist z. Z. ruinös.

Von den zahlreichen Epitaphien aus der mittelalterlichen und der späteren barockzeitlichen Schloßkapelle ist das bedeutendste das schon erwähnte, jetzt in der Lutherkirche in Castrop aufgestellte Hochrelief mit der knienden Figur des als Vollender des Schlosses bekannten Philipp von Viermundt d. J. Als Schöpfer dieses Epitaphs und zwei weiterer Epitaphien konnte Hoecken den Meister Jörg Poett aus Dortmund bestimmen. Den Namen des Schlosses trägt noch ein anderes namhaftes Kunstwerk, das sogenannte Bladerhorster Kreuz, jetzt in der Propsteikirche zu Bochum.

Bladenhorst gehört nicht zu den großen, von einer überragenden Konzeption gezeichneten Schlössern unseres Landes, aber gewiß zu den durch ihre Vielfalt an Einzelformen interessantesten Bauten der Spätrenaissance in Westfalen.

Karl Hoecken: Schloß Bladenhorst und seine künstlerische Hinterlassenschaft. Castrop-Rauxel 1963. / Karl Hartung, H. J. Reusch, Karl Hoecken: Schloß Bladenhorst. Landschaft, Geschichte, Kunst. In: Kultur und Heimat. Castrop-Rauxel, 13. Jahrg. H. 2. 1961. / Eberhard G. Neumann: Wasserburgen im Stadtgebiet Castrop-Rauxel. In Kultur und Heimat. Castrop-Rauxel. Jahrg. 21 1969.

35 Horst

Schloß   Gelsenkirchen-Horst

Schloß Horst ist der Ausgangspunkt einer eigenen Bauschule, deren Stil analog zu dem Begriff der „Weserrenaissance" als „Lipperenaissance" in den kunsttheoretischen Wortschatz einging. Es ist aber festzuhalten, daß diese ehemals großartige Wasseranlage im heutigen Gelsenkirchener Stadtteil Horst von der Emscher gespeist wurde, deren Niederung seit dem 13. Jahrhundert als besonders geeignetes Gelände für die Anlage von Wasserburgen des Dienstadels sehr beliebt war. Zwischen den Schlössern Strünkede und Horst, auf einer Strecke von 12 km, reihten sich in unmittelbarer Flußnähe sechs Burgen aneinander, darunter die bedeutende Wasserburg Grimberg mit Freiheit und eigenem Gericht, und sieben weitere im angrenzenden Niederungsgebiet. Seit der Industrialisierung und der Eingemeindung von 1928 bezieht die Stadt Gelsenkirchen den genannten Raum in sich ein.

Zur Zeit der ersten urkundlichen Erwähnung der Burg Horst (1282) war die Unterwerfung der freien Adelsherrschaften im Vest Recklinghausen durch Kurköln bereits im Gange. Der Erzbischof verhinderte zunächst die Ausführung des Arnold von Horst in der obengenannten Urkunde durch König Rudolf von Habsburg verliehenen Rechts, neben seiner Burg eine befestigte Stadt anzulegen. Aber bis ins 15. Jahrhundert widerstanden die Herren von Horst, die seit 1363 von den Grafen von Kleve mit der Gerichtsbarkeit im Vest Recklinghausen belehnt waren, dem Machtanspruch der Erzbischöfe. Rütger von der Horst leistete 1412 Kurköln den Treueid.

Überragende Persönlichkeit des seit 1186 nachweisbaren Geschlechts war Rütger von der Horst, der Bauherr des Schlosses, der am Hof von sechs Kölner Kurfürsten als Marschall fungierte. Mit Salentin von Isenburg, der von Graf Johann von Nassau „ein sonder Patron und Liebhaber der Frauen und Jungfrauen, doch etwas mehr der jungen und schönen als der alten" genannt wird, verband ihn persönliche Freundschaft und offenbar das gleiche daseinsfreudige Temperament. Vor seiner Abdankung im Jahre 1577 ernannte Salentin seinen Freund und Ratgeber noch zum Statthalter des Vestes Recklinghausen. Es war die Zeit, da die politischen Kräfte der Nachbarschaft, u. a. die Nassauer und Kurpfälzer, die Kölner Erzbischöfe für Heiraten ins protestantische Lager zu gewinnen trachteten. An der Spitze des damals offen oder heimlich der Augsburger Konfession zuneigenden kurkölnischen Adels spielte Rütger von der Horst dabei eine Vermittlerrolle. Den Bauplatz auf der abgebrannten Schloßinsel Horst machte er zum Treffpunkt namhafter Bauleute und Künstler und ließ in einer Bauzeit von mehr als zwei Jahrzehnten (1556—1578) einen beispielhaften Bau erstehen, der zwischen Ruhr und Lippe nicht seinesgleichen haben sollte, dessen Vollendung er aber um nur drei Jahre überlebte. Mit seiner Ehefrau Anna von Palandt-Keppel hatte er zwei frühverstorbene Söhne und die Tochter Margarethe, die durch ihre Heirat das reiche Erbe an die Familie von Loe zu Palsterkamp und Geist brachte. Auch der neue Schloßherr, Bertram von Loe, starb ohne männliche Erben. Von den beiden Töchtern erbte Sibylla die Herrlichkeit Horst, während Elisabeth von der Horst ihrem Ehemann Joachim von Büren Haus Geist als Erbteil zubrachte. Sibylla heiratete einen Herrn von der Recke. Ein Zeitgenosse schrieb: „Auf der Burg zu Horst ist annoch ihr Bild zu sehen, über der Tür zum großen Saal, allwo ihr steinernes Konterfeit aus jungen Tagen gar keck aus dem Steinrahmen schauet." 1706 verkaufte Hermann Dietrich Freiherr von der Recke Haus und Herrlichkeit zur Horst an Ferdinand Freiherrn zu Fürstenberg.

Seitdem ist Schloß Horst nicht mehr dauernd bewohnt gewesen. Die neuen Eigentümer zogen den Aufenthalt auf ihren Schlössern Herdringen, Schnellenberg und Adolfsburg vor, wo sie ihren Dienstgeschäften näher waren. (Gegenwärtig ist Schloß Horst im Besitz der Kettwiger Linie von Fürstenberg.) Die ungünstigen Bodenverhältnisse, aber auch das allgemeine Desinteresse gegenüber der nachmittelalterlichen Kunst haben es mit sich gebracht, daß das Schloß in der ersten Hälfte des 19. Jahrhunderts seinen West- und Südflügel einbüßte und daß nach 1851 wegen angeblicher Baufälligkeit weitere Teile bis auf den Eingangsflügel und den Ansatz des Ostflügels abgebrochen wurden. Die Vorburgbauten und die Freiheit wurden ebenfalls noch im 19. Jahrhundert niedergelegt. Für Teile der abgetragenen Fassaden, Portale und Kaminrahmen, die von der Familie von Fürstenberg gerettet und vorübergehend in einem provisorischen Bau aufbewahrt wurden, wurde im Erdgeschoß des Restflügels ein Schloßmuseum eingerichtet. Drei große Kaminaufbauten wurden nach Schloß Hugenpoet, dem jetzigen Wohnsitz des Eigentümers, ein anderer Kamin nach Schloß Rheinstein übertragen. Wie an anderen Schlössern des Ruhr-

Hauptfront mit restauriertem Erker

reviers hat auch die plastische Dekoration des erhaltenen Horster Eingangs-flügels stark unter der Verwitterung und den Emissionen der Industrie gelitten, teils völlig erneuert oder ganz aufgegeben werden müssen. 1961—1965 wurde mit Unterstützung des Landeskonservators die Nord-fassade restauriert. Das Gebäude wird gegenwärtig als Gaststätte benutzt. Wie die durch Brand zerstörte Vorgängerburg ausgesehen hat, ist bis heute ungeklärt. Aufgrund von alten Flurnamen, Platzbezeichnungen und Resten der alten Umwehrung, die vor 150 Jahren noch vorhanden gewesen sein sollen, vermutet Griese, daß die Burg „versteckt hinter zwei mit Zug-brücken versehenen Burggräben lag, zwischen denen sich die durch auf-geworfene Erdmassen gebildeten Wälle hinzogen". Bei dieser Vermutung hat zweifellos die in Michael Eitzings „De Leone Belgico" (1588) abgebil-dete Ansicht Franz Hogenbergs Pate gestanden, die auch bei der Meinungs-bildung über andere ursprüngliche Wasserburgen des Emschertales zu Rate gezogen wurde. Hogenbergs Kupferstich stellt aber, wie schon Wer-ner Meyer in „Europas Wehrbau" (1973) festgestellt hat, nicht Horst im Bruch, sondern die belgische Wasserburg Horst in Sint-Pieters-Rode bei Löwen dar, die ihre Gestalt fast unverändert erhalten hat, freilich in spie-gelbildlicher Darstellung. Nach Hogenbergs Stich müßte die Burg den Hauptzugang auf der Südseite gehabt haben. Wie später das Schloß war aber wahrscheinlich auch die ursprüngliche Burg nur von der auf der Nordseite gelegenen Vorburg zugänglich.

Was heute noch von der ehemaligen Residenz des vestischen Statthalters zu sehen ist, läßt schwerlich auf den Gedanken kommen, daß man den Rest einer Anlage von europäischem Rang vor sich hat. Von den ganz vom Hausteich umgebenen vier Flügeln ist nur ein einziger, der verkürzte Eingangs-, sogen. Dienerflügel, erhalten. Nach französischen Vorbildern (vor allem Ancy-le-Franc, Ecouen und Jaques Androuet Ducerceaus Lehr-buch „Livre d'Architecture", 1559) hatte die vierflügelige Innenhofanlage vier wuchtige, nach außen vortretende quadratische Ecktürme, von denen keiner mehr vorhanden ist. Eine Seitenlänge maß 56 m. In der Fassaden-gliederung und -dekoration verschmolzen Einflüsse aus Frankreich mit denen niederländischer Meister, die damals im ganzen Norden Europas als Architekten und Bauplastiker anzutreffen waren, vor allem aber durch ihre theoretischen Kupferstichwerke die Architektur ihrer Nachbarlande bestimmten. Der dürftige Rest der einst machtvollen Horster Schloßanlage reicht gerade noch aus, eine Vorstellung von den malerischen Kontrasten der hellgelben, verschwenderisch reichen Hausteingliederungen, der Ge-simse, Fensterumrahmungen, Erker, Nischen und Konsolen, zu dem roten, weiß verfugten Ziegelmauerwerk der Fassaden zu vermitteln, die erstmals sämtlich gegliedert und dekorativ behandelt wurden. Die optische Wirkung wurde noch durch das Spiel des Lichts im Relief der Flächen, schließlich auch durch unterschiedliche Höhen der Flügel und Türme gesteigert. Die Fassadendekoration erreichte ihre höchste Steigerung an den Hoffassaden mit der eigenen, von den Außenseiten abweichenden Gliederungsstruktur.

Die Ansicht von Herle läßt noch die alte Zweiinselanlage mit der Vorburg und dem rings vom Teich eingeschlossenen Hauptschloß erkennen. Eine schmale Gräfte trennte das Außengelände vom Torhaus der Vorburg, dessen Portal durch eine Zugbrücke gesichert war. An das mit einem Treppengiebel ausgestattete Torhaus schlossen sich weitere Vorburggebäude an. Die beiden Hauptflügel des Schlosses, der nördliche und der östliche Wohnflügel, das eigentliche Herrenhaus, sind bei Herle noch in einem Zustand, der keine Spur von Verfall erkennen läßt. Angesichts dessen ist es schwer verständlich, daß der Wohnflügel schon zehn Jahre später von der Behörde für baufällig erklärt werden konnte. Am noch unverkürzten Eingangsflügel ist der später abgetragene zweite — westliche — Erker zu erkennen. Von der ehemaligen Gräfte sind nur noch zwei Fischteiche an der Ostseite des erhaltenen Flügels übriggeblieben. Nach Süden schließt sich der Park mit altem Baumbestand an, dahinter die Horster Pferderennbahn.

Einem Tagebuch des Bauherrn, Bauakten, alten Ansichten und Plänen ist es zu verdanken, daß die Baugeschichte des Schlosses einigermaßen geklärt ist und die Rekonstruktion des ursprünglichen Zustandes möglich war. Die grundlegende Vorarbeit dazu wurde von Richard Klapheck in seinem 1915 erschienenen Werk „Die Meister von Schloß Horst im Broiche", einer der umfassendsten und geistvollsten Kunstmonographien der ersten Jahrhunderthälfte, geleistet. Auf sein Werk vor allem ist der Leser zu verweisen, der die in einem Abriß wie dem vorliegenden nur fragmentarisch zu vermittelnde Kenntnis des Schloß Horster Kunstgutes — einschließlich des museal gespeicherten — vertiefen möchte.

Arndt Johanssen, Stadtbaumeister von Arnheim, ist von 1558—1567 als Erbauer des dreigeschossigen Eingangs- und des zweigeschossigen Wohnflügels sowie der drei zugehörigen Ecktürme nachgewiesen. Der Südturm des Wohnflügels erhielt auf der Hofseite, wo er eine Wendeltreppe aufnahm, einen kurzen risalitartigen Vorbau mit flandrischem Giebel, der an den Giebel von Schloß Frens erinnert. Man muß auf Grund dieses Südabschlusses am Wohngebäude mit Klapheck annehmen, daß der Bau ursprünglich nur als zweiflügelige Hofanlage geplant war. Dem entspricht die Feststellung, daß nach dem Rohbau des Eingangs- und des Wohnflügels vorrangig zuerst die Hoffassaden dekoriert wurden.

Klapheck gibt in diesem Zusammenhang den aufschlußreichen Hinweis, daß im Jahre 1567, als Johanssen nach Arnheim zurückkehrte, Salentin von Isenburg, jener Erzbischof, unter dem der Bauherr den größten Einfluß gewann, in Köln die Regierung antrat, d. h. daß von nun an für den kurkölnischen Marschall die Einkünfte reichlicher flossen und an einen großzügigeren, seiner politischen Stellung entsprechenden Ausbau des Zweiflügelschlosses denken ließ. Joist de la Court, schon vorher — seit 1563 — in Horst als Bildhauer beschäftigt, übernahm nach Johanssens Weggang die Bauleitung und baute das Schloß bis 1578 als vierflügeliges Chateau à la mode aus. Mit Rücksicht auf den Schmuckgiebel und den Sonneneinfall wurde der Südflügel nur einstöckig als Laufgang ausgeführt. Von geringerer Tiefe war auch der Westflügel, der sogen. Kapellenflügel, von dessen Kapelle aber nichts weiteres bekannt ist. Im Gegensatz zu den übrigen dreigeschossigen Türmen erhielt der neue Turm an der Südwestecke nur zwei Geschosse. Damit wurde den Ecktürmen des jetzt dominierenden Eingangsflügels größeres Gewicht verliehen. Der veränderten Fassadenkomposition trug man auch dadurch Rechnung, daß ihre Dachhauben noch durch besondere Flankierhauben gekennzeichnet wurden. Den Ruf höchster Qualität verdankte das Horster Schloß seiner Fassadendekoration und der Ausstattung seiner Innenräume. Aus dem Formenschatz niederländischer Meister wie Cornelis Floris und Cornelis Bos und gemeinsam mit den Kalkarer Bildhauern Heinrich und Wilhelm Vernukken gab Laurenz von Brachum aus Wesel, der sich fortan nach Horst im Bruche schrieb, dem Horster Schloß eine in dieser schwelgerischen Fülle im westfälischen Profanbau bis dahin unbekannte künstlerische Note. In den Brüchen des Baumberger und des wetterbeständigeren Rüthener Sandsteins wurde von einheimischen Handwerkern die Masse der bauplastischen Details gearbeitet. Von der Gliederung und Dekoration der zuerst — nach 1560 — nach Plänen von Laurenz von Brachum erstellten Hoffassaden gibt eine Zeichnung aus dem Jahre 1842 eine ungleich bessere und vollständigere Vorstellung als der erhaltene Flügel. Die gekuppelten Fensterarkaden, Figurennischen und die nach oben leichter werdenden Pilaster-, Pfeiler- und Säulenordnungen in der Reihenfolge dorisch, toskanisch, ionisch stehen in der Tradition italienischer Innenhofgestaltung des 15. Jahrhunderts, die über Frankreich in die nördlichen Länder vermittelt wurde. In besonders reicher Behandlung schließt der Aufbau im oberen

Küchenkamin

Geschoß des Eingangsflügels mit Löwenmasken in den Bogenzwickeln der Fensterarkaden und einem aufwendigen Konsolengesims ab. Das heute durch einen Vorbau leider verdeckte reichornamentierte Portal dieses Flügels führte in einen kreuzwegartigen Korridor, der sich im Wohnflügel fortsetzte. Fensterarkaden und reichprofilierte Gesimse, Band- und Knorpelwerk, Karyatiden und Hermen, Kartuschen und Tiermasken waren auch an der Hoffassade des Wohnflügels die bestimmenden Gliederungs- und Dekorationselemente.

Wilhelm Vernukken, Heinrichs Sohn, begann 1564, nach der Gestaltung der Hoffassaden, mit der bildhauerischen Arbeit der Außenfassade, der heutigen Straßenseite des Eingangsflügels. Von den beiden viergeschossigen Erkern ist nur noch der östliche erhalten. Klapheck vergleicht den auf Bocksfüßlerkonsolen ruhenden, mit einem Giebel in das Dach einschneidenden Erker mit Lukarnen der französischen Frührenaissance

(Laval). Auch die Fenster sind nach französischem Vorbild vertikal zusammengefaßt. Die figurativen Sandsteindetails entstammen jedoch dem manieristischen Formenalphabet niederländischer Stichvorlagen, das an den Fassaden restlos durchbuchstabiert erscheint. Das an den westlichen Eckturm stoßende Rundportal, das nach der Verkürzung des Flügels freistehend nur noch durch eine Mauerzunge mit dem Bau verbunden ist, hat die sowohl für das Weser- wie für das Lippegebiet typische Bossenquaderung mit Waffeleisenmuster. Die Westfassade war zusätzlich zur Horizontalgliederung durch Hausteinbänder und ein Konsolengesims durch den Wechsel einfacher hoher Fenster rhythmisch gegliedert. Von dem als letztes Glied des Gruppenbaukörpers erstellten Laufgang ist nur ein Teil der Hoffassade auf der Zeichnung von 1842 mit einem Erker und einem stilvollen Portal bekannt.

Acht große Kaminaufbauten, deren Üppigkeit der noch vorhandene Küchenkamin und die nach Hugenpoet und Rheinstein übertragenen Kamine bezeugen, schmückten die weiträumigen Säle, die mit stuckierten Balkendecken, Wandvertäfelungen und gemusterten Ledertapeten mit dem Prunk der Fassaden wetteiferten. Reich verzierte Portale und schwere Kellergewölbe, wie man sie noch im Restbau antrifft, sind zumindest auch für den ehemaligen Wohnflügel anzunehmen. Für die Beurteilung der ursprünglichen Gesamtanlage und die Differenzierung der verschiedenen künstlerischen Kräfte sind auch die magazinierten Reste von unschätzbarer Bedeutung.

Was die verschiedenen „Handschriften" betrifft, so sind die Anteile der beteiligten maßgebenden Bildhauer, der beiden Vernukken und des nicht nur als Baumeister, sondern auch mit bildnerischen Aufgaben für die Innenausstattung beauftragten Joist de la Court leicht zu unterscheiden. Sowohl Heinrich und Wilhelm Vernukken als auch de la Court arbeiten nach Vorlagen. (Sich als Eklektiker zu bekennen, galt den Manieristen — wie später den Klassizisten — ja durchaus nicht als abträglich.) Aber der Franzose, Schüler des bekannten Bildhauers Jean Goujon aus dem Künstlerkreis um die schöne Diana von Poitiers auf Schloß Anet, überträgt die fremden Anregungen mit größerer Feinheit, mit subtiler Präzision, mit angeborener Delikatesse. In seinen Bewegungs- und Drehmotiven tritt das manieristische Prinzip daher noch stärker hervor als bei den Kalkarern. Die bekanntesten Historien der Antike wie das Urteil des Paris, Pyramus und Thisbe, Diana und Callisto sind die Themen seiner großen Kaminreliefs. Schloß Hugenpoet beherbergt den großartigen Troja-Kamin von 1577. Die stärkste und persönlichste Arbeit von Heinrich Vernukken ist wohl der sogenannte Küchenkamin mit einer Auferstehung der Toten nach Ezechiel. Seine Leistung für die Fassadendekoration gipfelt in einer unerschöpflichen Phantasie bei der Abwandlung der Motive. 1562 erhielt er beispielsweise den Auftrag, fünfhundert Kartuschen zu liefern; keines der fünfhundert Stücke glich nachher dem andern. Sein Sohn Wilhelm gab mit der plastischen Gestaltung der Nordfassade eine Meisterleistung, der sich noch eine lange Reihe ehrenvoller Aufträge (Rathausvorhalle in Köln, Schloßkirche der Wilhelmsburg bei Schmalkalden, das Landgrafendenkmal in der Stiftskirche zu St. Goar u. a.) anschloß. Auch an Laurenz von Brachums weiterem Lebensweg stehen noch Werke von Rang, die Herrenhäuser Geist und Assen, Schloß Hovestadt, das ehemalige kurfürstliche Schloß Arnsberg. 1585 ist sein letztes überliefertes Datum: der Ausbau des Grandweger Tores in Soest. Auch Schloß Overhagen und Haus Nehlen, die erst lange nach seinem Ableben entstanden, tragen noch seinen Stempel, werden der „Lipperenaissance" zugezählt.

Man tut gut, diesen kunstgeographischen Begriff mit Anführungszeichen zu versehen, denn die im Architekturbereich noch zurückhaltende Manierismusforschung wird den Horster Dekorationsstil und die von ihm abhängigen Bauten auf die Dauer mit Recht für sich in Anspruch nehmen.

Hofansicht mit dem Schmuckgiebel nach einer Zeichnung, aus dem Jahre 1842 (Schloß Hugenpoet)

Richard Klapheck: Die Meister von Schloß Horst. Das Schlußkapitel zur Geschichte der Schule von Kalkar. Berlin 1915. / Gustav Griese: Burgen und Schlösser in Gelsenkirchen. Gelsenkirchen 1960.

36 Berge

Schloß   Gelsenkirchen-Buer

Berge ist mit den Schlössern und Häusern Wittringen, Hamm, Leithe, Herten, Horneburg zu einer Reihe von Wasserburgen zu zählen, deren Gründer sich nicht wie die meisten ihrer adligen und ritterlichen Zeitgenossen die natürlichen Gegebenheiten des Emscherbruches zunutze machten, sondern in beträchtlichem Abstand nördlich des Flusses im ansteigenden Gelände ihre festen Häuser errichteten. Im Quellhorizont am Südhang des sogen. Buerschen Berges, genauer in der Talmulde des Berger Baches, fand der Erbauer der ersten Berger Burg allerdings ebenso günstige Voraussetzungen für eine wahrscheinlich durch Wall und Graben geschützte Wehranlage vor. Die zugehörige Bauerschaft Erle kam mit der späteren Siedlung Buer zum Vest Recklinghausen, das um 1170 an Kurköln fiel. Nach der Arenbergschen Ära (seit 1803) und der ebenso kurzen Zugehörigkeit zum kurzlebigen Großherzogtum Berg gehörte Berge mit Buer fast 100 Jahre zum Kreis Recklinghausen, aus dem sie 1912 ausgegliedert wurden. 1928/29 erfolgte die Eingemeindung nach Gelsenkirchen.

Abseits der industriellen und siedlungsmäßigen Ballungszentren dieser großen Stadt legt sich ein mehr als 1000 Morgen großes Park- und Waldgelände schützend um die schloßartige Anlage, die mit ihrer Architektur, ihren Teichen, Gräben und Gärten zu den echten Überraschungen des Ruhrreviers zählt. Mit Hotel und Restaurant und vielen sonstigen Verweilmöglichkeiten in seiner Umgebung ist das von der Autobahn Köln–Hannover direkt erreichbare Schloß Berge zu einem Sammelpunkt geworden, der auch der Erhaltung dieser geschichtsreichen Kunststätte dient.

Mit dem 1248 urkundlich erwähnten Ritter Dietrich von Berge beginnt die Reihe der durch sechs Generationen in direkter Erbfolge vom Vater auf den Sohn bis 1433 nachweisbaren Herren von Berge, deren Besitz ein Allodialgut, freies Eigentum, war und daher gewiß mit Horst zu den ältesten Rittersitzen der weiteren Umgebung gehört. Die Witwe Gerlachs von Berge, des letzten Burgherrn dieses Namens, Irmgard von Deypenbrock, verkaufte das Haus Berge an den Ritter Heinrich von Backem von Haus Leythe, nachdem ihre Ehe kinderlos geblieben war. Heinrich von Backem war von 1425 bis 1435 kurkölnischer Statthalter des Vestes Recklinghausen. Sein Sohn Dietrich wurde auf dem Kirchweg nach Buer von dem mit ihm verfeindeten Ritter Adrian Sobbe zu Grimberg überfallen und getötet. An der Mordstelle — beim Hause Cranger Straße 31 — ist noch das Sühnekreuz zu sehen. Nachdem die von Backem auf den Häusern Berge und Leithe im Mannesstamm ausgestorben waren, ging die Erbtochter Hartlieb, die Tochter Jörgens von Backem zu Berge, 1521 mit dem Ritter Georg von Boenen (✝ 1563), märkischer Drost auf der Burg Wetter, die Ehe ein.

In den rd. 250 Jahren, in denen die Familie von Boenen das um 1550 zum Schloß umgebaute Haus bewohnte, erlangte Berge die beherrschende grundherrliche Stellung nördlich der Emscher und entsprechendes gesellschaftliches Ansehen. Konrad von Boenen, Georgs Sohn, war Statthalter des Vestes Recklinghausen. Sein Bruder erwarb für sich und seine Nachfolger auf Schloß Berge den Freiherrntitel, der den Weg zu Familienbündnissen mit namhaften Geschlechtern (von Pallandt, von der Horst, Vogt von Elspe, von Loe, von Neuhoff, von der Recke, von Westerholt-Gysenberg) und im Zusammenhang damit zu reichem Zuwachs an Liegenschaften (Häuser Oberhausen, Bermen, Löringhof, Klostern, Möcklinghof und Dinkelburg) freimachte.

Der letzte Träger des Namens, Ludolf Friedrich Adolf Freiherr von Boenen (✝ 1828), kurkölnischer und münsterischer Geheimrat, münsterischer Oberstallmeister und Statthalter der herzoglich Arenbergschen Provinzen Recklinghausen, Dülmen und Meppen, war nicht etwa das letzte Glied im Mannesstamm seiner Familie: er war seit 1770 mit Wilhelmine Franziska, der Erbtochter der 1779 in den Reichsgrafenstand erhobenen Familie von Westerholt-Gysenberg verheiratet, deren Namen und Wappen durch kaiserliches Diplom auf ihn und seine Nachkommen übertragen wurde. Die Erhebung in den Grafenstand verpflichtete zu gehobenerer Lebensführung, der das Herrenhaus des 16. Jahrhunderts nicht mehr genügte. Schon im nächsten Jahr wurde das alte Gebäude teilweise abgetragen und im Stil der Zeit mit einem zusätzlichen Trakt, dem Südflügel, neu errichtet.

Auch der Sohn des ersten Reichsgrafen auf Schloß Berge, Maximilian Friedrich von Westerholt-Gysenberg (1772–1854), vereinigte auf sich viele hohe Ämter und Würden: kurkölnischer Kammerherr, Oberstallmeister des Königs von Neapel, Großwürdner des Ordens beider Sizilien, Kommandeur des Ordens vom hl. Georg, Offizier der Ehrenlegion und Ritter des Roten Adlerordens. 1796 heiratete er Friederike Fürstin von Bretzenheim. Er begründete die Seitenlinie Westerholt-Arenfels, nach dem gleichnamigen Schloßbesitz bei Hönningen am Rhein. Seine Nachfolger waren hohe Offiziere und Beamte in königlichen und kaiserlichen Diensten. Nach dem Tode der letzten Bewohnerin, der Gräfin Jenny von Westerholt, wurde 1901 im Schloß ein Wirtschaftsbetrieb eingerichtet, den 1921 die Stadt Buer in Pacht nahm. Drei Jahre später ging Schloß Berge von den Erben des Reichsgrafen Karl Theodor Eugen von Westerholt-Gysenberg auf Arenfels durch Kauf an die Stadt Gelsenkirchen, die das Schloß und seine Umgebung mit dem Berger See als Volkserholungsstätte und Touristenziel in gepflegtem Zustand erhält.

Über den Grundriß der mittelalterlichen Wehrburg lassen sich nur Vermutungen anstellen. Das Gräftensystem, für das bei der Lage in einer Quellmulde immer reichlich Wasser vorhanden war, deutet auf eine mehrteilige Anlage, die von einer ungefähr rechteckigen Außengräfte eingeschlossen wurde. Das zu Anfang des 19. Jahrhunderts zum Dreiflügelschloß ausgebaute Herrenhaus steht heute noch auf einer quadratischen Insel von 40 m Seitenlänge auf drei Seiten frei im Wasser. Das hohe Kellergeschoß wurde auf Pfahlrosten errichtet. Auf der Eingangsseite stützt ein Mauerzug mit bastionartigem Rundturm an der Südwestecke den Schloßhof gegen die Herrenhausinsel ab. Der Hauptzugang führt geradlinig von Westen her über eine mehrbogige Steinbrücke in den Binnenhof. Nach Nordwesten schließt sich auf der ehemaligen Vorburg der dreiflügelige moderne Wirtschaftshof an. Auf der Südseite wurde der geometrische Barockgarten aus der Zeit um 1700 mit Sandsteinfiguren des 18. Jahr-

Gesamtansicht, Lithographie um 1860

hunderts wiederhergestellt, gleichzeitig (1924) auch der nach Westen sich erstreckende englische Landschaftsgarten in den Zustand seiner Erstgestaltung um 1800 zurückversetzt. Ein kleiner Kräutergarten unterrichtet anschaulich über die wichtigsten Küchen- und Arzneipflanzen unserer Voreltern. Auf einer dritten Insel östlich des Schlosses befand sich eine Viehweide für Notzeiten. Im Vorgelände der Burg, in der Senke des Berger Baches, lag die Wassermühle.

Das Herrenhaus bewahrte im wesentlichen die Gestalt, wie sie die nach 1850 entstandene Abbildung aus dem Dunckerschen Ansichtenwerk zeigt, den im Anfang des 19. Jahrhunderts im klassizistischen Stil vollendeten zweigeschossigen Dreiflügelbau mit Mansarddach. Der im Mitteltrakt siebenachsige, an den Stirnseiten der Seitentrakte zweiachsige Putzbau ist ohne plastischen Schmuck. Die Mansarde auf der Hofseite des Mitteltraktes ist zu einem Attikageschoß ausgebaut, dessen flacher, mit schweren verkröpften Gesimsen versehener giebelartiger Aufsatz das Berger Wappen trägt. Große Dachfenster über den Fensterachsen aller Bauteile tragen zur Auflockerung der Mansardengeschosse bei. Blaugefaßte Schlagläden stimmen mit dem kaisergelben Putz und dem Grau der Fensterrahmen zu einem wohltemperierten Farbakkord zusammen. Der auf der Duncker-schen Ansicht von Berge abgebildete barocke Brückenbau mit dem Zug-brückenjoch und dem figurenbesetzten Torpfeilerpaar wurde durch die dem Stil des Herrenhauses angepaßte Brüstungsmauer verändert. Das Herren-haus wurde von dem Baumeister Engelbert Kleinhanz errichtet, dessen vielseitige Tätigkeit Ulrich Barth in seiner Arbeit über Haus Villigst (s. dort) ermittelt hat.

Nach dem Zweiten Weltkrieg erforderte das Herrenhaus eine durchgrei-fende Instandsetzung. In den ersten fünfziger Jahren wurden alle Fenster und Gesimse erneuert, die Dächer neu eingedeckt und die Außenwände neu verputzt. Neuere Anbauten wurden beseitigt. Die frühere entstellende Holzterrasse auf der Südseite wurde durch eine ansehnlichere Glasterrasse ersetzt. Gleichzeitig erfolgte ein umfassender Innenumbau im Sinne eines modernen Hotel- und Gaststättenbetriebes. Auf diese Weise ist von der Ausstattung und der Atmosphäre der Räume, in denen Napoleon I. eine Nacht zugebracht und wenig später Marschall Blücher sich für eine frühere, an die Schloßherrin verlorene Schachpartie revanchiert haben soll, nichts übrig geblieben.

Ansicht von der Gartenseite

Gustav Griese: Burgen und Schlösser in Gelsenkirchen. Gelsenkirchen 1960.

37 Herten

Schloß   Herten   Kreis Recklinghausen

Was aus einem großen Baudenkmal im Industrierevier werden kann, wenn
es einige Jahrzehnte sich selbst überlassen bleibt, dafür ist das Schloß in
Herten ein mahnendes Beispiel. Nachdem es 1923—1925 französischen
Besatzungstruppen, nicht zu seinem Vorteil, als Quartier hatte dienen
müssen, zeigten sich mit erheblichen, durch den Bergbau verursachten
Bodensenkungen die ersten Spuren des Verfalls, der in den folgenden 50
Jahren große Teile des Hauptschlosses, Nebengebäude und Gartenhäuser
in einen ruinösen Zustand versetzte. Einer der vier Fialengiebel des Schlosses stürzte ein, im Innern lösten sich Stuckdecken und Gewölbe. Der 30 ha
große Park mit einem rund 5 km langen Wegenetz verwilderte.
Seit 1974, als der Landschaftsverband Westfalen-Lippe den Schloßpark
erwarb und unter finanziellen Zusicherungen des Landes Nordrhein-
Westfalen auch das Schloß übernahm, um beide in die Planung eines in
der Nähe entstehenden Landeskrankenhauses für Psychiatrie einzubezie-

hen, ist das im westlichen Stadtteil gelegene Schloß eine Baustelle. Gleichzeitig erfüllte sich für die Stadt Herten, die den Schloßpark pachtete, und für ihre Bürger der Jahrzehnte alte Wunsch nach Öffnung dieser Oase für die Öffentlichkeit. Der beispielhafte soziale Effekt, zu dem der Eigentümer des Schloßwaldes, der Graf von Nesselrode, durch Öffnung auch dieses 150 ha großen Waldgebietes wesentlich beitrug, hat auch eine städtebauliche Abseite: „Die zum Schloßpark geöffnete Stadt hat ein neues, schöneres Bild gewonnen" (Stadtdirektor Hans-Ulrich Stanke). Auch das Schloß, das der Landschaftsverband zum Rehabilitationszentrum des Krankenhauses ausbauen wird, soll mit Gemeinschaftseinrichtungen kultureller und gesellschaftlicher Art für die Allgemeinheit offen sein. Da der Rohbau — mit Landesmitteln — vom Landeskonservator erstellt wird, ist gewährleistet, daß ein für die Schloßarchitekturgeschichte Westfalens unentbehrliches Anschauungsobjekt und die als Einheit von Natur und Kunst wohl ausgeprägteste Wasserschloßanlage des Industrieriviers in ihrer noch vorhandenen Substanz gerettet und — mit Ausnahme zweier Nebengebäude — in einer dem früheren Zustand möglichst angenäherten Form wiedererstehen wird.

Nördlich des Schlosses, am Fuß des Paschenberges, einer hier flach abfallenden Erhebung des Vestischen Landrückens, wurden Grabanlagen der Merowingerzeit freigelegt, ein Beweis, daß der Ort lange vor seiner ersten urkundlichen Erwähnung — Ende des 11. Jahrhunderts als Besitz der Abtei Werden — besiedelt war. Im nächsten Umkreis der Siedlung gab es, wie Grabungen erwiesen, eine Turmhügelburg und eine Erdwallburg des 10. Jahrhunderts, bei dem späteren Hause Sienbeck, das — westlich von Haus Herten — für die Zeit um 1400 als Haupt- und Vorburg mit Wall und Graben nachgewiesen ist. Der ursprüngliche Sitz der 1286 als Werdener Lehnsleute erstmals erscheinenden Ritter von Herten wird bei der heutigen Pfarrkirche St. Antonius, der ursprünglich grundherrlichen Eigenkirche, vermutet, deren romanischer Turm ihr Alter bezeugt. In einer 1376 datierten Urkunde wird erstmals Haus Herten genannt. Wahrscheinlich war damals bereits die Verlegung des Herrenhauses aus der Ortsmitte an die heutige Stelle in der vom Holzbach durchflossenen weitläufigen Niederung erfolgt, vermutlich um die Mitte des Jahrhunderts, als der Besitz nach dem Aussterben der von Herten an die von Gahlen übergegangen war. Von 1488 bis 1529 sind die von Stecke Hertener Burgherren, unter denen 1520 der Grundstein zu dem erhaltenen Schloßbau gelegt wurde. Bertram von Nesselrode, bergischer Erbkämmerer und Drost zu Horneburg, der die Erbtochter Anna Stecke heiratete, fiel die Aufgabe zu, den

„gewaltigen Bau mit Festungen und Wällen" — wie es in einem zeitgenössischen Bericht heißt — fortzusetzen.

Die aus dem Herzogtum Berg stammende Familie von Nesselrode nahm auf Grund ihres althergebrachten Ansehens von Anfang an eine überragende Stellung unter dem Landadel zwischen Ruhr und Lippe ein, die sie durch drei Jahrhunderte behauptete. Bertram von Nesselrode wirkte von 1539 bis 1556 als Statthalter des Vestes Recklinghausen, und von 1621 bis 1804 war dieses Amt ununterbrochen in der Hand seiner Nachkommen. Aus der Familie gingen hohe kaiserliche Beamte und Offiziere hervor. Franz von Nesselrode und Reichenstein († 1707) wurde vom Kaiser in den Grafenstand erhoben. Er war Gelehrter und Diplomat und tat sich als Gesandter beim Frieden von Nymwegen hervor. Johann Salentin Wilhelm († 1715) zeichnete sich in den Türkenkriegen aus, und Johann Hermann Franz von Nesselrode († 1751), unter dem Haus Grimberg umgebaut wurde, war Generalfeldzeugmeister und Generalkriegskommissar in Wien. Der letzte von Nesselrode, Johann Franz Josef Reichsgraf von Nesselrode, Grimberg, Vondern, Stein usw., seit 1777 mit Felicitas Johanna Reichsgräfin von Manderscheid-Blanckenheim verheiratet, war Innenminister des Großherzogtums Berg. Nach seinem Tode ging Schloß Herten 1826 durch die Heirat der Erbtochter Charlotte an die im selben Jahr in den Grafenstand erhobenen von Droste zu Vischering, deren Hertener Linie sich später von Nesselrode-Reichenstein nannte.

Seit der bis in die Stadtmitte hineinreichende große Park für die Öffentlichkeit freigegeben und am Hertener Rathaus ein neuer Eingang geschaffen wurde, ist das Schloß auf Spazierwegen leicht zu erreichen. Benutzt man die alte Zufahrtstraße, auf der man sich von Norden dem Schloß nähert, so gibt sich das übliche Zweiinselschema mit Vor- und Hauptburg zu erkennen. Der gemeinsame Wassergraben schließt noch eine dritte, jetzt bedeutungslose Insel im Süden des Schloßkomplexes ein. Durch ein Pfeilertor betritt man den großen Vorburghof, der im Norden mit der Kapelle und Wirtschaftsgebäuden umbaut ist. Eine Brücke verbindet die Vorburg mit dem Westportal des Hauptschlosses, das auf der Nordseite durch eine zweite Brücke mit dem Park verbunden ist. Etwa 170 m nördlich des Schlosses befindet sich, als attraktiver Abschluß konzipiert, die Orangerie. Westlich der Zufahrtstraße stehen Ökonomiegebäude vom Ende des 17. Jahrhunderts.

Auch in seinem jetzigen Zustand verrät der allseitig frei im Wasser stehende Ziegelrohbau des Hertener Schlosses seine Bedeutung als Beispielsarchitektur. Ein massiver Wohnturm, dessen Relikte noch im Gewölbekeller im Ostteil des heutigen Nordflügels zu erkennen sind, galt — nach Neumann — bisher als das vermutliche Kernstück der ursprünglichen Wasserburg. Bei den kürzlichen Sicherungsarbeiten wurden in den für das neue Betonfundament ausgehobenen Gräben massive Fundamente zweier noch älterer Vorgängerbauten in der Nordostecke des Schlosses freigelegt. Mit dem 1520 begonnenen Neubau wurden aus dem Wehrbau Frankreichs kommende Anregungen in der Form des nahezu quadratischen Kastells mit Eckpavillontürmen fruchtbar. Von den vier Flügeln, die zu einer — hier noch unregelmäßigen — Anlage vereinigt sind, heben sich der Westflügel und der ihm parallel zugeordnete Ostflügel mit Staffelgiebeln auf den Schmalseiten als zweigeschossige Haupttrakte hervor. Zwischen ihnen wird die Nordseite des Binnenhofes durch einen ebenfalls zweigeschossigen Trakt, die Südseite durch einen eingeschossigen Flügel mit einer Galerie auf der Hofseite geschlossen. Weil der Ostflügel etwas kürzer ist als der westliche, wurde der verbindende Südtrakt schräg gestellt. In die Westecken des Westflügels und die Nordostecke des Ostflügels sind vorspringende Rundtürme mit Kegelhauben eingeschoben. Den fehlenden vierten Rundturm in der Südostecke ersetzt ein Treppenturm in der entsprechenden Hofecke. Nachdem das ungefähr gleichzeitig und vom selben Baumeister, Henrik de Suyr aus Coesfeld, erbaute alte Schloß Nordkirchen, dessen mit Schloß Herten in den Grundzügen übereinstimmende

Schloßkapelle

Gestalt uns durch eine Zeichnung von Peter Pictorius d. J. überliefert ist, nach 1703 der großartigen Neuanlage weichen mußte und nachdem das ebenfalls vergleichbare Schloß Bladenhorst seinen vierten Flügel eingebüßt hat, ist Herten das markanteste Beispiel, an dem sich die spätgotische Bauweise Westfalens ablesen läßt. Dabei geben sich Gestaltungsprinzipien unterschiedlicher Herkunft zu erkennen. Mit dem französischen Kastelltyp, der einschließlich der Hofgalerie in Schloß Horst wieder aufgegriffen wurde und mit einem reichen dekorativen Gewand eine neue Ausprägung erfuhr, verbanden sich einheimische Stileigenheiten, die münsterländischen Fialgiebel (vgl. Klein-Schonebeck) und die Eckrundtürme mit dem Kegeldach, zu einer einheitlichen architektonischen Leistung.

1967 durchgeführte Untersuchungen zur Fundamentierung des Schlosses erbrachten das gleiche Ergebnis wie spätere Nachforschungen an der Burg Vischering, nämlich den Nachweis des schon im Mittelalter bekannten Pfahlrostverfahrens. Eichen- und Eschenpfähle wurden nebeneinander bis in den festen Untergrund vorgetrieben und mit einer Balkenlage überdeckt. Darüber wurde der Bruchsteinsockel in hellem Kalkstein mit hohen geschlitzten Schießscharten aufgeführt. Der mittelalterliche Wohnturm war jedoch ohne Pfahlrost direkt auf den Mergelschotter aufgesetzt.

Mit bis zu elf Achsen sind die schmucklosen Gebäudefronten sehr in die Breite gezogen. Umlaufende Stockwerkgesimse verstärken diesen Eindruck noch, dem der hohe Dreiecksgiebel mit den fialengezierten Seitenstaffeln und in Firststaffeln auslaufenden Schornsteinköpfen und die Ecktürme entgegenwirken. Die ziemlich passiven Flächen der hohen Satteldächer, die außer an den Firstenden je zwei weitere Schornsteinköpfe und ursprünglich nur in der unteren Zone Gauben haben, vermögen kaum den Blick emporzureißen. Brücke und Portal auf der Nordseite deuten eine Mittelachse an, allerdings in einem nicht ursprünglichen, sondern erst in der Zeit von 1687 bis 1702 hergestellten Zustand, als im Zuge der Barockisierung nach einem Brand die Portale und die großen Fenster in den Unter- und Obergeschossen eingebaut wurden. Das Hauptportal vor der anderen und ursprünglich wohl einzigen Brücke, die das Hauptschloß mit der Vorburg verbindet, sitzt unachsial im Südteil des Westtraktes.

Auf den Ansichten von Herle und Duncker aus der Zeit um 1840 bzw. 1860 zeigen die Fenster in den Giebelfeldern und im eingeschossigen Südflügel noch ein kleineres Format, wie wir es uns entsprechend dem Verteidigungscharakter der gesamten Baugruppe wahrscheinlich für alle früheren Öffnungen der wasserseitigen Fronten vorzustellen haben. Wenn die Entstehungszeit des Hertener Schlosses mit dem Wandel der Wasserburgen zu offeneren Herrenhäusern und Schlössern zusammengeht, so ist der Wehrgedanke doch immer noch mit berücksichtigt, wie das Schloß denn auch bald, in den Truchsessischen Wirren des Jahres 1583, während einer Belagerung die diesbezügliche Probe zu bestehen hatte und sie bestand.

In die Wandbildung sind Rautenmuster in glasierten Ziegeln einbezogen, die mit den Werksteinrahmen der Fenster hell zu dem braunen Ziegelgrund kontrastieren. Sie wurden vorbildlich für andere Bauten, z. B. für die Torhäuser von Haus Byink bei Ascheberg und Schloß Drensteinfurt und für das Bauhaus von Haus Brabeck bei Kirchhellen.

Der ursprünglich zweigeschossige Südflügel öffnet sich zum Hof in Arkaden, deren Rundpfeiler spiralig gerieft sind, eine in Westfalen einmalige Form, und in Stichbögen auslaufen. Eine der drei mit Engelsköpfen und Voluten verzierten Inschriftkartuschen am Barockportal des Westflügels trägt die Bezeichnung 1702 als Jahr, in dem mit dem Einbau dieses Portals die barockzeitlichen Änderungen am Bau abgeschlossen wurden. Auf Postamenten aufgesetzte Pfeiler mit flachen Figurennischen flankieren die rundbogige Zufahrt. Den ursprünglich mit Sitzfiguren besetzten Segmentgiebel sprengt ein von der Mitte des Sturzes aufgehender zweifenstriger Erker mit einer später vereinfachten Verdachung. Die Fensterumrahmung zeigt feine lineare Profilierung, ebenso die mit einer querovalen Kartusche verzierte Konsolplatte.

Neumann, der sich in seiner Abhandlung über die Wasserburgen im Emschertal eingehend mit den im Schloßbau von Herten zum Zuge gekommenen Techniken beschäftigt hat, weist darauf hin, daß Herten in der Südostecke einen der ersten Hoftürme mit Wendeltreppe in polygonaler Ummantelung hat. Bis dahin führten freie Wand- oder im Innern liegende Holztreppen in die Obergeschosse. Eine weitere technische Neuerung zeichnet die Ecktürme aus, die — nach Mummenhoff — hier erstmals heizbare Wohnräume enthalten und daher „echte Pavillontürme" sind.

Die Raumdisposition im Innern folgt dem Kabinettsystem mit der durch eine Mittelwand getrennten Raumfolge. Die Aufteilung der bevorzugt mit aufwendigen Stuckdecken und Kaminen ausgestatteten Räume im Ostflügel entspricht nicht dem ursprünglichen Zustand, der bei den derzeitigen Restaurierungsarbeiten ermittelt werden konnte. Hier erstreckte sich im Erdgeschoß ein großer Festsaal mit einem kleineren Vorsaal über die ganze Länge des Flügels. Die Fläche des wiederentdeckten Raumes deckte sich ursprünglich mit einem für westfälische Schloßbauten ungewöhnlich raumgreifenden, offenbar qualitätvollen illusionistischen Deckengemälde

mit einer umlaufenden Balustrade. Obwohl ein Teil des vermutlich in der
zweiten Hälfte des 17. Jahrhunderts entstandenen Gemäldes durch den
späteren Einbau einer ins Obergeschoß gehenden Treppe leider zerstört
worden ist, hofft man ihn ergänzen zu können. Vorerst stehen die Restauratoren vor der schwierigen Aufgabe, die sehr dünne Farbschicht in einem
Ausnahmeverfahren von der Decke zu lösen und in minutiöser Werkstatt-
arbeit zu sichern. Der Südflügel diente teils zur Unterbringung der umfangreichen Bibliothek, teils als Kapelle, und zwar bis 1908, als die von
Schlaun eingerichtete Kapelle von Schloß Grimberg (bez. 1747) in die
Hertener Vorburg übertragen wurde, ein dreischiffiger zweijochiger Bau,
dem auch der Verfall droht.

Unter dem gleichen Schicksal leidet vorerst noch die 1725 auf der Nordseite des Parks achsial situierte einstöckige Orangerie, ein großzügiger
Blickpunkt im Barock reinsten Wassers, wenn man sich die ursprüngliche
Situation mit dem zugehörigen geometrisch gegliederten Gartenparterre
vergegenwärtigt, das erst durch die Umwandlung des französischen
Parks in den englischen Gartenstil verlorenging. Die zu zehn Achsen
durchfensterte Front und die mit zwölf Dachplastiken besetzte Balustrade
erzeugten einen intensiven Bewegungsrhythmus, den der dreieckig über-
giebelte Mittelrisalit auffing. Im Innern, das neben der Überwinterung

der Orangen- und Zierbäume auch als Gartenkasino benutzt wurde, werden zwei Gartenplastiken von Johann Wilhelm Gröninger aus dem ehemaligen Gartenparterre aufbewahrt. Die baldige Wiederherstellung dieser reizvollen Anlage sollte als eine unabweisbare Forderung betrachtet werden. Der Statuenschmuck, der nur als Torsi überliefert ist, bleibt allerdings unwiederbringlich.

Mit Hilfe einer privaten Spende konnte das am neuen Schloßeingang gelegene sogen. Tabakhäuschen, ein anmutiger kleiner Ziegelbau im Louis-Seize-Stil, bereits wieder in einen gepflegten Zustand versetzt werden. Der 1795 erbaute Pavillon hält die Erinnerung an zwei vor der Französischen Revolution nach Herten geflüchtete Grafen Riaucourt, Söhne einer gebürtigen Gräfin Nesselrode, wach, die sich dieses Raucherrefugium schufen, weil das in Frankreich bereits weitverbreitete Inhalieren des Tabakrauchs hierorts noch als neumodisches Laster galt und im Schloß offenbar unerwünscht war. Die Nischen seitlich des großen Fensters waren früher mit weiblichen Standfiguren gefüllt, wie alle Hertener Figurenplastik von beachtlicher Qualität.

Auch sie sind Opfer der durch chemische Einflüsse forcierten Verwitterung geworden, die mit der Jahrhundertwende einsetzte und bei der dauernd zunehmenden Luftverunreinigung durch Hausbrand, Industrie und Verkehr innerhalb eines Menschenalters Baudenkmäler und Steinkunstwerke vor allem in den Ballungsräumen, aber auch noch weit darüber hinaus bis zur Unkenntlichkeit zerstörte. Der im Industrierevier für die Bau- und Freiplastik bevorzugte Baumberger Sandstein und der im Lippe- und Hellweggebiet beliebte Grünsandstein von der Haar sind für die chemische Aggression besonders anfällig. Mit Konservierungsmaßnahmen ist der Zersetzungsprozeß nicht aufzuhalten. Hier und gelegentlich auch an anderen Stellen dieses Buches sollen alte Lichtbildaufnahmen das gleiche bewirken, was die Landeskonservatoren mit Kunststeinabgüssen von bedeutenden Bau- und Kunstdenkmälern bezwecken, die Dokumentation eines früheren Zustandes und die vergleichende Darstellung des Zerstörungsvorganges.

Mit der Wiederherstellung der Bauten geht die Restaurierung des historischen Schloßparks einher, der in langen Eichen- und Kastanienalleen und runden Plätzen, den Alleesternen, noch Reste des französischen Barockgartens und im Nordteil in geschwungenen Wegen und Freiflächen mit kulissenartig bepflanzten Seitentälern den in der Zeit von 1814–1817 durch den Düsseldorfer Hofgärtner Maximilian Friedrich Weyhe angelegten englischen Landschaftsgarten zu erkennen gibt sowie mit einigen imposanten Solitärbäumen die Vorliebe der als Krieger, Diplomaten und Weltreisende weit herumgekommenen Schloßbesitzer und ihrer Söhne für exotische Bäume bezeugt. Nach dem Willen des beauftragten Gartenamtsbediensteten Erwin Reichenbecher soll dabei das vorhandene Nebeneinander von Wald, Freiräumen und gestalteter Natur weitgehend erhalten bleiben.

Die ehemalige Orangerie, heute Ruine

Hans-Ulrich Stanke: Denkschrift zur Öffnung des Hertener Schloßparkes (Manuskript). / Erwin Reichenberger: Zur Geschichte und Wiederherstellung des Hertener Schloßparkes (Vortrag zum 24. Westfälischen Naturschutztag am 6. Juni 1975).

38 Westerholt

Schloß Westerholt Kreis Recklinghausen

Mit den Häusern Beck, Lüttinghof, Horneburg, Malenburg und Budden-
burg gehört das Schloß Westerholt zu einer Randzone südlich der Lippe,
die von Lünen an geographisch zum südlichen Münsterland gerechnet
wird. Die Übergänge zur Emscher hin, die vor der sogenannten Saale-
Eiszeit die Fortsetzung der mittleren Lippe zum Rhein darstellte und viele
Zuflüsse vom Südhang des Vestischen Rückens aufnimmt, sind aber von
jeher fließend gewesen und nach dem Einbruch der Industrie verwischt
und in der einheitlichen Großlandschaft des Reviers aufgegangen. Da eine
wichtige ältere Straße nicht vorhanden war, sind vermutlich die nur 200 m
vom Schloß entfernten sehr ergiebigen Quellen, aus denen das weitläufige
Gräftensystem mit den teichartigen Erweiterungen heute noch sein Wasser bezieht, für die erste Westerholter Burganlage maßgebend gewesen.

Ein zum Westerholt-Gysenbergschen Besitz gehöriges Waldgebiet westlich des Schlosses ist nach der Einrichtung eines Löwenparks zu einer Attraktion des Ruhrgebietes geworden.

Bei der Geschichte des Geschlechtes Westerholt ist von Recklinghausen auszugehen, das 1017 in einer Urkunde Kaiser Heinrichs II. erstmals erwähnt wird und wahrscheinlich aus einem Königshof mit einer für das gesamte Vest Recklinghausen zuständigen Urpfarrkirche hervorgegangen ist. Unter den Dienstmannen des Hofes erscheinen 1193 zwei Namensträger des schon im Jahre 1047 ersterwähnten Ortes Westerholt. Vermutlich bestand damals auch schon eine Burg gleichen Namens. Der Burgherr Wessel von Westerholt trug 1359 sein bis dahin freies Eigen dem Erzbischof von Köln als Offenhaus zu Lehen an. Von 1370 bis 1608 waren die Herren von Westerholt Reichsvögte, d. h. weltliche Schirmherren über ehemals königliche, in den Besitz geistlicher Grundherren übergegangener Hofverbände (Villikationen). Ihnen unterstanden die Villikationen Recklinghausen, Kirchhellen, Körne, Oer, Dorsten, Hofstedde bei Datteln, Brüninghoff, Hamm bei Bossendorf und Abdinghof in Gladbeck. Schon 1421 wird eine vom Kaiser privilegierte „Freiheit" neben der Burg Westerholt erwähnt, in der sich die Bürger um die St. Martinikirche ansiedelten. Von 1526 bis 1702 waren die von Westerholt im Mitbesitz der „Herrlichkeit Lembeck". In dieser Zeit wurde die Burg Westerholt wiederholt erobert, so 1584 im Kölnischen Krieg, als der Kurfürst von Köln die Wälle schleifen ließ, und im Dreißigjährigen Krieg, in dem die Hessen sich zweimal der Burg bemächtigten und sie in Asche legten. Die Erbtochter Wilhelmine, Friederike Franziska Freiin von Westerholt und Gysenberg heiratete 1769 den Freiherrn Ludolf Friedrich Adolf von Boenen zu Berge und Oberhausen, der 1779 von Kaiser Joseph II. die Genehmigung erhielt, sich künftig Reichsfreiherr von Westerholt und Gysenberg zu nennen und unter Verzicht auf sein bisheriges Wappen das Wappen der von Westerholt zu führen. Durch den Kurfürsten Carl Theodor von Bayern und Pfalzgrafen bei Rhein, der nach dem Tod Kaiser Josephs II. bis zum Krönungstag des neuerwählten Kaisers Leopold II. als Reichsvikar für die Lande des Rheins, Schwabens und des Fränkischen Rechts die kaiserlichen Rechte wahrnahm, wurde er 1790 in den Grafenstand erhoben. Sein Sohn, Graf Wilhelm von Westerholt († 1852), gilt als der Begründer der neuen Westerholter Linie. Für ihn wurde das Brauhaus auf der Vorburg zum Herrenhaus umgebaut, das 1830 durch Brand vernichtet wurde. Als neues Herrenhaus entstand 1830—1833 der erhaltene Westflügel. Die Industrialisierung, die für

Ehemalige Vorburg mit dem Herrenhaus, Lithographie um 1860

Westerholt 1907 mit einer Zechenanlage der Hibernia AG begann, hatte die baldige Stadtwerdung (1939) der aus der „Freiheit Westerholt" hervorgegangenen Ortschaft zur Folge.

Der großräumige Zuschnitt des von breiten Gräften umgebenen, vom Park in ein tiefgestaffeltes Waldgelände übergehenden Schloßkomplexes läßt noch etwas von der politischen und gesellschaftlichen Bedeutung ahnen, die das hier angesessene und auf angesehenen Schlössern wie Lembeck, Berge und Alst verzweigte Geschlecht mit dem Anspruch auf eine fürstliche Hofhaltung dank seiner Stellung in hohen öffentlichen Ämtern auch dann noch verband, als die meisten Landadelsgeschlechter nach der Vereinheitlichung der Landesherrschaft bereits ihren politischen Einfluß verloren und sich auf die eigene Bearbeitung ihres Gutsbesitzes zurückgezogen hatten. Die unregelmäßige Gebäudegruppierung der Vorburg ergab sich aus der wiederholt geänderten Zweckbestimmung ihrer Bauten. Im 15. Jahrhundert ist noch die Rede von einer oberen und einer niederen Burg. Die alte Hauptburg wird 1708 als verfallen erwähnt und abgebrochen. Gleichzeitig wird die herrschaftliche Haushaltung in die Vorburg verlegt. Das Brauhaus wird umgebaut und bis zum Brand von 1830 als Wohnung benutzt. Als neues Herrenhaus entsteht in den folgenden Jahren der klassizistische Westflügel. Die Aufteilung des Gartens durch zwei gerade Hauptwege mit rechtwinkligen Verbindungswegen gibt heute noch das System des Barockgartens zu erkennen, über den die Welle des englischen Landschaftsgartens ohne wesentliche Eindrücke hinweggerollt ist. Die baumbestandenen Rundinseln im äußeren und inneren Schloßteich sind Relikte der romantischen Ära des 19. Jahrhunderts.

Die Abbildung in dem Dunckerschen Ansichtenwerk zeigt den zweigeschossigen klassizistischen Westbau noch mit dem dreiachsigen Attikageschoß über dem Mittelrisalit (vgl. Schloß Berge). Der heutige Schmuckgiebel ist erst 1904 entstanden. Der rechtwinklig anschließende zweigeschossige Seitenflügel mit dem Torhaus weist sich mit Stilelementen des 17. Jahrhunderts aus. Links vom Westbau ist auf der Zeichnung ein zweigeschossiges Gebäude, die Orangerie, zu erkennen. Der Seitenflügel der Vorburg wurde im 19. Jahrhundert durch neue Gebäude ersetzt.

Der beherrschende Bau ist auch heute noch der Westflügel in der traditionellen Rechteckform des Herrenhauses mit der dem Hof zugewandten Schauseite. Die korinthische Kolossalordnung in der Mittelachse bewirkt mit der regelmäßigen Reihung der Fensterachsen (9:3) den Eindruck ruhiger Geschlossenheit, der auch von der Fläche des ziegelgedeckten Walmdaches ausgeht. Vier Kolossalpilaster fassen drei Achsen des Unter- und Obergeschosses zusammen. Das ein Jahr nach dem Westflügel von Westerholt errichtete und im letzten Krieg völlig zerstörte Herrenhaus des Dülmener Schlosses zeigte die gleiche, im 18. Jahrhundert häufige, aber im spätklassizistischen Schloßbau Westfalens seltene Risalitbildung. Der heutige Mittelgiebel im Louis-Quinze-Stil paßt sich mit der Zartheit seiner Dekoration den eleganten Risalitformen harmonisch an. Giebel und Risalit bilden mit der gleichen breiten Freitreppe, die einläufig zu dem dreitürigen Portal heraufführt, eine organische Einheit. Das umlaufende Konsolgesims, ein unter der Oberfensterreihe umlaufendes Band, ein profiliertes Stockwerkgesims und der Sockelabsatz bilden die Horizontalgliederung. Hochgestielte Leuchtkörper, die die Treppe flankieren, korrespondieren mit den Vasenaufsätzen des Mittelgiebels. Die Türrahmen, die in Putz Werkstein imitieren, haben eine feine Profilierung. Die gitterartigen Oberlichter über den Türen und den Fenstern des Mittelrisalits wiederholen die Rankenornamentik des Mittelgiebels und müssen daher ebenfalls jüngeren Datums sein. Wie die Putzflächen am Risalit sind

Gartenpartie

auch die Außenwände des Erdgeschosses rundum genutet. Das Obergeschoß hat dafür ein zartes Bandornament als Fensterumrahmung. Die im rückwärtigen Hausteich stehende Westfront ist völlig schmucklos. Der Viereckturm in der Nordwestecke hat ein kupfernes Kuppeldach mit Windfahne (bez. 1830).

Der Entwurf zum Westflügel stammt von dem Essener Architekten Karl Freyse, der in der nächsten Westerholter Nachbarschaft, in Polsum, die St. Bartholomäuskirche im neuromanischen Stil (1855) erbaute, bekannter jedoch als Baumeister des Fürstenbergischen Verwaltungsgebäudes in Borbeck (1842) wurde und schließlich als Urheber glücklicherweise unausgeführt gebliebener klassizistischer Umbaupläne für das damals schon dem Verfall preisgegebene Schloß Horst. Auf Westerholt war er noch als Architekt des sogenannten Vogelhauses tätig, das als unverputzter Ziegelbau mit Eckrisaliten überkommen ist und nach Umbau im Innern (1951) gegenwärtig als Herrenhaus dient. Der Wappenstein über dem Portal dieses klassizistischen Hauses mit der Jahreszahl 1717 wurde während des Umbaus vom Orangeriegebäude herübergenommen, während das Wappen des Vogelhauses auf die Orangerie übertragen wurde. Das

Vorgelände des Vogelhauses wurde durch Aufstellung der barocken Gartenfiguren von der westlichen Insel belebt.

Die in der zweiten Hälfte des 19. Jahrhunderts an der Stelle des früheren Tor- und Brauhauses errichteten Wirtschaftsgebäude sprechen in der Gesamtbeurteilung wenig mit.

Eingehende Betrachtung verdient die dem Schloß nördlich vorgelagerte „Freiheit", in der von den ehemals 85 Häusern noch rund 60 aus dem 17. und 18. Jahrhundert in acht Wohnblöcken in bestem Zustand erhalten sind. Sie war durch Wall und Graben und zwei Tore gesichert, von denen das obere in direkter Schloßnähe mit breiter Durchfahrt noch erhalten ist. Von der in der „Freiheit" gelegenen Martinikirche ist nach dem Abbruch im Jahre 1907 nur der untere Teil des Turmes und der Chor übrig geblieben, in dem sich die Familiengruft der Burgherren befand. Die Zufahrt zum Schloß führte früher aus der „Freiheit" durch das auf der Duncker-schen Ansicht dargestellte Tor in die Vorburg. Nach der Errichtung der neuen Wirtschaftsgebäude wurde sie an die Ostseite außerhalb der „Freiheit" verlegt.

„Freiheiten" waren kleine, aus dem grundherrlichen Gerichtswesen hervorgegangene Herrschaftsgebiete, deren Bewohner dem sogenannten Patrimonialgericht des Burgherrn, nicht dem Landgericht unterstanden und gegenüber den Bauern von vielen Lasten und Diensten — mit Ausnahme im Kriegsfall — befreit waren. Weitere „Freiheiten" im Lippe-Emscher-Gebiet gab es in Horst, Grimberg, Horneburg, Strünkede und Bodelschwingh, wo nicht zufällig auch die eindrucksvollsten Schloßneubauten entstanden.

In der Freiheit

39 Beck

Haus Kirchhellen-Feldhausen Kreis Recklinghausen

Das östlich des Dorfes Feldhausen an einem Lippezufluß gelegene Haus Beck gehört der mit Wald- und Heidestücken durchsetzten ländlichen Zone an, die sich zwischen den Bergbaugebieten im Norden der Städte Recklinghausen, Gelsenkirchen und Gladbeck und den lippenahen Abbauzentren um Dorsten und Marl von der Hardt westwärts erstreckt und hinter Kirchhellen in den zum Rheinland überleitenden Kölnischen Wald übergeht. Bodenfunde zeugen von der vor- und frühgeschichtlichen Besiedlung dieses Raumes. Geht man davon aus, daß „die kirchliche Organisation die erste flächendeckende Gliederung des Landes" war (Kirchhoff), so ist anzunehmen, daß die Anfänge von Haus Beck im Einflußbereich von Kirchhellen zu suchen sind, wo eine der ältesten Kirchen des Vestes Recklinghausen und ein Haupthof der kölnischen Kirche, die spätere, 1585 zerstörte Burg Kirchhellen, schon im 10. Jahrhundert entstanden. In dem Ortsnamen verbirgt sich der Familienname der Ritter von

Hillen. Weitere Rittergüter der späteren Gemeinde Kirchhellen tragen die Namen Beck, Brabeck, Hackfurt, Dringenburg, Repel, Vettenbocholt und Vossondern. Aus der nächsten Umgebung sind noch die Häuser Lüttighoff, Uhlenbrock, Oberfeldingen, Hassel und Leuchterhof zu nennen. Zu kunstgeschichtlicher Bedeutung haben es außer Beck nur Brabeck und Lüttinghoff gebracht. Mit Feldhausen erhielt Haus Beck 1880 durch die Streckenanlage Essen-Winterswyk bzw. Coesfeld Anschluß an das Eisenbahnnetz.

Der Name des Hauses Beck und der gleichnamigen Familie, die es bis um die Mitte des 15. Jahrhunderts bewohnte, ist zweifellos von dem Bach abzuleiten, der die tiefen Gräften der Wasseranlage speist. Der in einer Urkunde von 1399 erwähnte Wennemar van Mokelinchusen geheiten van der Beke gelangte wahrscheinlich durch Anheirat mit der 1409 als Witwe bezeugten Alyke in den Besitz des Hauses. Johann von der Becke stiftete 1473 die Kapelle, heutige Pfarrkirche zu Feldhausen. Seine Tochter Alheyd brachte als Erbin das Haus an Mense von Heyden, mit dem sie seit 1448 verheiratet war. Auch aus dieser Ehe scheint kein männlicher Erbe hervorgegangen zu sein, denn 1486 bringt die Erbtochter Anna den Besitz durch Heirat an Bernd von Droste. Die Abtei Werden, die in der Umgebung über ausgedehnten Besitz verfügte, erwarb 1576 auf dem Tauschwege die Lehnshoheit über Haus Beck, als dessen Besitzer seit 1687 Bernhard von Wenge, Ehegatte der Erbtochter Gertrud, erscheint. Die Familie von Wenge, seit 1787 auch Besitzer der Häuser Brabeck und Hackfurt, leitet ihren Namen von dem Haus Wenge in Kurl (heute Groß-Dortmund) ab. Eine Enkelin von Friedrich Florenz Raban von Wenge († 1775), dem Bauherrn des überkommenen Hauses, heiratete den Grafen Max Werner von Wolff-Metternich, dessen Nachkommen Haus Beck an den Bergbau verkauften. Die Zeche Hibernia veräußerte 1956 das Schloß ohne die Gutsländereien an die Westfälisch-lippische Jugendbildungsstätte, von der es zehn Jahre später der jetzige Eigentümer, Karl Kuchenbäcker, erwarb. Das Haus und seine Umgebung befanden sich zu diesem Zeitpunkt in einem desolaten Zustand. Um den Besitz erhalten und die dringend notwendigen Instandsetzungen durchführen zu können, funktionierte der Eigentümer das Haus zum „Märchenschloß" mit mechanisch beweglichen Darstellungen um und gab auch den Park für die Öffentlichkeit frei. Es ist nicht die idealste Nutzung für einen Schlaun-Bau, aber mit den Einkünften aus dem regen Besucherbetrieb konnte die bedrohte wertvolle Bausubstanz gerettet werden.

Die riesigen Kühltürme von Buer-Scholven im Rücken, verläßt der Besucher

Gartenfront

die nach Kirchhellen führende Straße auf einer durch ein ausgedehntes Waldstück führende Allee und betritt nach einigen hundert Metern über die Gräftenbrücke durch ein Pfeilertor den großen Wirtschaftshof, den zwei Torhäuser und langgestreckte Ökonomiegebäude des 18. Jahrhunderts in symmetrischer Anordnung seitlich begrenzen. Im Blickpunkt bildet das auf eine Hauptachse ausgerichtete Herrenhaus den hinteren Abschluß des Hofes. Auch der Garten hinter der Rückseite des Hauses war auf die Mittelachse ausgerichtet; zwei Baugruben lassen noch auf das Vorhandensein zweier symmetrischer Gartenhäuser als Pendants zu den Torhäusern schließen. An den Garten schließt ein von hochstämmigen alten Bäumen umgebener weitläufiger Weiher als erweiterte Gräfte an, ein Bereich von erlesener Naturschönheit mit dem Torso eines hl. Nepomuk. Am nördlichen Außenrand des Teiches stand die Herrenmühle.

Bauherr und Baumeister des spätbarocken Neubaus von Haus Beck, der münstersche General Friedrich Florenz Raban Freiherr von Wenge, und der fürstbischöfliche Oberbaudirektor Johann Conrad Schlaun, der auch als Generalmajor und Gouverneur von Meppen figurierte, kannten sich wahrscheinlich nicht erst seit ihrer Zusammenarbeit während des Siebenjährigen Krieges in Münster, denn schon 1751 hatte Schlaun die in der Nähe von Haus Beck gelegene reizvolle kleine Kapelle geschaffen, die als Heiligenhäuschen erhalten ist. In einem Bericht ist von ihnen gemeinsam bei der Aufstellung einer Bürgerwehr die Rede. Schlauns schöpferische Kräfte scheinen durch den verheerenden Krieg gebunden gewesen zu sein. Eine seiner ersten Aufgaben nach Friedenschluß war der Bau des Hauses Beck, bevor ihm 1767 sein neuer Dienstherr, der Fürstbischof Franz von Fürstenberg, Planung und Leitung bei der Errichtung seines münsterschen Residenzschlosses übertrug. Die ersten Entwürfe für Beck stammen allerdings bereits aus dem Jahre 1760.

Das Herrenhaus ist das besterhaltene westfälische Beispiel eines Landhauses nach dem französischen Vorbild der „Maison de Plaisance", nachdem das gleichzeitig und nach einem ähnlichen Entwurf entstandene Haus Loburg bei Ostbevern 1899 durch Brand zerstört und durch einen neubarocken Bau ersetzt wurde. Nach dem teils konservativen Vortyp Haus Alvinghof bei Bösensell gelangte Schlaun hier über mehrere Alternativentwürfe unter gemäßigter Anpassung seines Formenrepertoires an das relativ kleine Format zu seiner vollendetsten Schöpfung dieses Gebäudetyps, zu dem die französischen Architekturtheoretiker J. F. Blondel („De la distribution des maisons de plaisance et de la décoration des édifices en général", Paris 1737) und C. E. Briseux („L'art de bâtir des maisons de campagne", Paris 1743) die meisten Ideen beitrugen.

Daß der jetzt in hellem Putz annähernd klassizistische Backsteinbau mit Hausteingliederung von Anfang an verputzt war, wird neuerdings unter Hinweis auf Haus Loburg, das noch den ursprünglichen farblichen Wechsel zeigte, angezweifelt. Was beim Anblick des Herrenhauses zuerst besticht, ist die Harmonie der Proportionen und die ebenmäßige, elegante Gliederung der Fronten. Über dem mit halbhohen Fenstern in Erscheinung tretenden Kellergeschoß erheben sich zwei Stockwerke mit neun Fensterachsen, von denen die drei mittleren auf die sowohl auf der Hof- als auch auf der Gartenseite dreiseitig vorspringenden Mittelrisalite entfallen. Die Schmalseiten haben je fünf Achsen, deren mittlere durch ein stichbogig geschlossenes Fenster hervorgehoben ist. Keller- und Mansardenfenster sind den achsialen Verhältnissen der übrigen Geschosse angepaßt. Die Eckfenster der hofseitigen Mansarde sind durch Aufzüge ersetzt. Die Mansardenfenster haben sowohl in der Hof- als auch an der Gartenseite eine Verdachung mit Dreiecksgiebel über korbbogigem Schluß. Beide Fronten weisen auch einen Wechsel von Rechteckfenstern im Obergeschoß und stichbogig geschlossenen Unterfenstern auf. Die hofseitigen Fenster waren früher mit farbig-kontrastierenden Blendläden versehen. Die Schornsteinköpfe an den Firstenden werden durch zwei weitere auf der Firstlinie des schiefergedeckten Mansardendaches wirkungsvoll umriß-bildend ergänzt.

Bei der Fassadengestaltung des Herrenhauses folgt Schlaun wie bei seinen übrigen Bauten kleineren Formats dem Trend zu vornehm einfacher Flächenstruktur. Ein System von flachen Lisenen auf den Wandflächen seitlich des Mittelrisalits geht mit dem Kellersockel und dem stark hervortretenden profilierten Kranzgesims eine den Klassizismus ahnende Ordnung ein. Der eigentliche point de vue ist sowohl auf der Hof- als auch auf der Gartenseite der dreiseitig vorspringende Mittelrisalit, der hier wie dort in einem in das Mansarddach eingefügten Doppeldach endet und an der Hofseite in einer doppelarmigen Freitreppe ausschwingt. Die Gartentreppe ist einläufig. An den Stirnseiten der Risalite rahmen kräftige Vorlagen in Form gequaderter Doppellisenen die durch je eine Tür und ein Oberfenster fast ganz durchlichtete Mittelfläche ein.

Der nach einem Motiv des Theoretikers C. E. Briseux gestaltete Gartenrisalit hat an Stelle des geschweiften Hofrisalitgiebels einen Segmentgiebel mit großer Wappenkartusche und zwei Inschrifttafeln über dem Tür- und oberen Fenstersturz. Die Fassungen der Balkontür und des Oberfensters sind hier feingliedrig profiliert. Volutenförmige Konsolen tragen die konvex geschwungene Platte des mit schmiedeeisernem Stabgitter gesicherten Balkons. Am Hofrisalit findet sich eine Wappenkartusche zwischen der schlicht gehaltenen Tür und dem Oberfenster. Die Doppeldachspitzen waren früher mit Vasen besetzt.

Nach dem Zweiten Weltkrieg mußten durch eine im Park gefallene Mine entstandene Luftdruckschäden beseitigt werden. Auch in den folgenden Jahrzehnten war die Denkmalpflege, mit der Verschieferung des Daches, der Auswechselung verwitterter Fenstergewände und der Wiederherstellung der großen Dachgauben, um die Erhaltung des Hauses bemüht.

In der original erhalten gebliebenen Innenraumaufteilung des Hauses zeigt sich die Kunst des Baumeisters, auf reduziertem Grundriß hohe Ansprüche des Wohnkomforts in einer wohldurchdachten symmetrischen Raumplanung maximal zu erfüllen. In der Mittelachse des Erdgeschosses liegen, jeweils aus der Front vorspringend, das kreisrunde Vestibül und der längsovale Gartensaal. An das Vestibül schließen sich links die Hauptreppe, rechts der große Speisesaal an, dahinter, den Gartensaal flankierend, je eine unregelmäßig unterteilte Raumeinheit. Den Nord- und den Südteil bilden je drei als Enfilade aneinandergereihte Räume. Dieses sehr ergie-

bige Grundrißschema ist im wesentlichen vom Keller bis zum Mansard-
geschoß durchgeführt.

Die dekorative Ausstattung wird Engelbert Boner zugeschrieben, dem die
Bauleitung übertragen war. Auch hier deutet sich die Heraufkunft des
Klassizismus an. In mehreren Räumen, vor allem in den beiden Garten-
sälen des Unter- und Obergeschosses und im Musiksaal über dem Vesti-
bül, sind noch Kamine, Wand- und Deckenstuck, die Schlaun als Boners
Vorbild erkennen lassen, in gutem Erhaltungszustand anzutreffen. Im
Musiksaal die Medaillons des Bauherrn und seiner Ehefrau. Die wertvol-
len Supraporten hat der Eigentümer vorerst ausgelagert. Die Barockkapelle
im rechten Teil des Erdgeschosses birgt einen nicht besonders hochwertigen
Altar mit der allerdings selten gewordenen plastischen Darstellung der
Hubertuslegende. Bei der umfassenden Restaurierung der Ausstattung
Ende der fünfziger Jahre wurde der große Holzkruzifixus aus der Kapelle
von späteren Übermalungen befreit und als ein nicht unbedeutendes Werk
des 11. Jahrhunderts erkannt.

Der erhaltene Gesamtentwurf Schlauns sieht rückwärts des Herrenhauses
eine höchst großzügige, geometrisch gegliederte Parkanlage vor, die aber
wohl nicht in dieser Form ausgeführt wurde. Sie müßte weit in die Tiefe
des umgebenden Waldstückes hineingereicht haben, was nach dem heutigen Befund nicht angenommen werden kann. Dieser Plan enthält übrigens den einzigen Anhaltspunkt für die Lage der wahrscheinlich mittelalterlichen Vorgängerburg. Aus der Position und der Planerläuterung —
„Insel wo das alte Haus gestanden" — läßt sich auf eine Anlage schließen,
der der noch vorhandene große Teich als Hausteich gedient haben könnte.

Tor und
Kavalierhäuschen

Literaturverzeichnis

Außer den am Schluß der Beiträge genannten wurden folgende grundlegende Werke benutzt:

Geschichte und Landeskunde

G. Engel: Politische Geschichte in Westfalen. 3. Aufl. Köln/Berlin 1969

A. Fahne: Geschichte d. westf. Geschlechter. 1858

F. Freiligrath u. L. Schücking: Das malerische u. romantische Westphalen. Erstausgabe Barmen u. Leipzig 1841

Handbuch der historischen Stätten Deutschlands. 3. Bd. Nordrh.-Westfalen. Herausg. v. Fr. v. Klocke und J. Bauermann. 2. Aufl. Stuttgart 1972

O. Hötzsch: Stände u. Verwaltung von Cleve u. Mark (1666—1697). Leipzig 1908

Fr. v. Klocke: Westf. Landesherren u. Landstände in ihrer Bodenverbundenheit. In: Der Raum Westfalen, Bd. II, 1 Münster 1955

F. E. v. Mering: Geschichte d. Burgen, Rittergüter, Abteien und Klöster in den Rheinlanden u. d. Provinzen Jülich, Cleve, Berg u. Westphalen. Köln 1833—1861

W. Müller-Wille: Westfalen. Landschaftl. Ordnung u. Bindung eines Landes. Münster 1952

F. J. Pieler: Leben und Wirken Caspars v. Fürstenberg. Paderborn 1873

F. J. Pieler: Die Rittersitze des Herzogtums Westfalen. In: Blätter zur näheren Kunde Westfalens, XIV, 1876

H. Rothert: Westf. Geschichte. 3 Bde. 1949—1951

W. Schulte: Volk u. Staat in Westfalen im Vormärz u. in der Revolution 1848/49. Münster 1954

M. v. Spießen: Wappenbuch d. westf. Adels. 2 Bde. 1901—1903

Bau- und Kunstgeschichte

Die Bau- und Kunstdenkmäler von Westfalen. Münster seit 1893. Insbesondere die Bände der ehem. Kreise Arnsberg, Brilon, Lippstadt, Meschede, Schwelm, Wittgenstein u. Witten-Stadt

W. Büddemann: Höhenburgen. Münster 1938

G. Dehio: Handb. d. deutschen Kunstdenkmäler. Bd. 2 Westfalen. Bearb. v. D. Kluge u. W. Hansmann. München/Berlin 1969

A. Duncker (Herausg.): Die Schlösser der preußischen Monarchie. Berlin 1858 ff.

W. Hansmann: Kunstwanderungen in Westfalen. Stuttgart 1966

K. H. Kirchhoff: Wasserburgen im Emscherland. In: Links der Lippe —rechts der Ruhr. Gelsenkirchen 1969

R. Klapheck: Die Meister von Schloß Horst im Broiche. Berlin 1915

H. Kreft u. J. Soenke: Die Weserrenaissance. 2. Aufl. Hameln 1964

W. Meyer: Europas Wehrbau.
Frankfurt a. M. 1973

K. E. Mummenhoff: Schlösser u.
Herrensitze i. Westfalen. 2.Aufl.
Frankfurt a. M. 1961

K. E. Mummenhoff: Wasserburgen
in Westfalen. München/Berlin.
3. Aufl. 1968

K. E. Mummenhoff: Profanbauten
d. westf. Herrenstandes. In: Der
Raum Westfalen. Bd. IV, 2

K. E. Mummenhoff: Die Baudenkmäler in Westfalen. Kriegsschä-
den u. Wiederaufbau. Dortmund
1968

F. Mund: Barock im Südsauerland.
Die Bildhauer Nikolaus und Joh.
Theod. Düringer. Olpe 1970

E. G. Neumann: Wasserburgen im
Emschertal. In: Natur u. Landschaft im Ruhrgebiet, 1968 H. 4

Th. Rensing: Johann Conrad
Schlaun. 2. Aufl. München/Berlin
1954

Schlaunstudie I (Bildteil) und II
(Textteil) anläßl. der Ausstellung
zum 200. Todestag v. Joh. Conr.
Schlaun. Herausg. v. Klaus Buß-
mann. Münster 1973

K. J. Schmitz: Die Bildhauerfamilie
Papen in Giershagen. Paderborn
1970

F. W. Frhr. v. Schorlemer-Herring-
hausen: Die Rittergüter d. Prov.
Westfalen. Mit Lithographien von
Philipp Herle. Paderborn 1837—
1840. Neudruck Frankfurt a. M.
1973

C. Tillmann: Lexikon der deutschen
Burgen u. Schlösser. Bd. 1—4,
Stuttgart 1958—1961

H. Wiebringhaus: Westf. Wasserburgen. Recklinghausen 1958

Einzelberichte zur Denkmalpflege in
der Zeitschr. Westfalen: für die
Zeit v. 1941—1952 F. Mühlen
(1953); 1953—1961 K. E. Mummenhoff (1963), 1962—1966 D.
Kluge (1968)

Personenregister

Das Register berücksichtigt außer den Namen der Künstler die Namen der Besitzer. Herzöge und ranghöhere Regenten sind unter ihrem Vornamen zu finden.

v. Hüchtenbrock, Sophia Wilhelmine 265
v. Hückelheim, Margar. 150

v. Illem, Johanna 98
v. Imbsen-Wewer, Maria An-
tonia 188
v. (zu) Innhausen u. Knyphausen
Carl 237
Dodo 237
Edzard 237
Wilhelmine 237
v. Isenburg
Dietr. 105
Eberh. 105
Friedr. 105, 119
v. Isenburg-Grenzau, Johannette 44
Jodefeld, Augustinus 86
Johannssen to Boekop,
Arndt 283, 284
Joh. Franz Desideratus Fürst v.
Nassau-Siegen 19, 20
Joh. Moritz Fürst v. Nassau-
Siegen 19, 27, 28, 33
Joh. I., Herzog v. Kleve-Mark 106
Joh. III., Herzog v. Kleve-Mark 106
Joh. Wilh., Herzog v. Kleve-Mark
106
v. Jülich-Berg, Maria 106

v. Kaunitz-Rietberg
Maria Ernestine 187
Maximilian Ulrich 187, 188
v. Ketteler 169, 194
Dietr. 216
Friedr. (= Harkotten) 202
Goddert 187, 216
Gotthard 187
Joh. 187
Kunigunde (= Harkotten) 202
v. Kielmannsegg 181
Kitz, Joh. Matthias 201, 204, 206
Klausing, Joh. Bernh. 184
Klein, F. G. 162
P. P. 134
Kleiner, J. J. 125
Kleinhanz, Engelb. 132, 292
v. Kleve, Margar. 106
Klöckner AG 274

v. Kobbenrode, Margar. 136
König, F. C. 66
Koppers, Gerh. 154
Kuchenbäcker, Karl 309

v. (von u. zu) Laer
Bernolf 150
Ida Elisab. 92
v. Landsberg-Erwitte, Odilia
Elisab. 210
v. Landsberg, Gemen u. Velen 245
Anna 245
Ignaz 245
Lange, J. F. 101
v. Ligne, Ernestine 18
v. Limburg 8
Dietr. 105, 119, 120
Sophia (= Styrum) 264
v. Lippe-Brake, Hedwig Sophie 54
v. Loe 289
Bertram 280
Elisab. 280
Margar. 280
Sibylla 280
v. Lürwald
Diederich 174
Elseke 174
Joh. 174
v. Lützenrod, Janna 265

de Machot, Amélie 53
v. Manderscheid-Blanckenheim,
Felicitas Johanna 295
Maderno, Carlo 182
v. der Mark
Adolf I. 105, 119
Adolf II. 106
Diederich 106
Eberh. 235
Engelb. I. 105
Engelb. III. 106
Gerh. 106, 107, 130
Margar. 106
v. der Mark (nichtgräfliche Seiten-
linie nach Gerh. v. d. Mark)
Eberh. 107, 130, 131
Henrich Friedr. Wilh. 131
Joh. Friedr. 131

Abbildungsnachweis

Schwarzweißabbildungen:
Archiv: S. 20, 75, 127, 149, 168, 176, 194, 205, 215, 232, 234, 250, 279, 287, 291, 293, 304;
Cekade, Cramers Kunstanstalt, Dortmund: S. 185, 275;
Dietger Frhr. von Fürstenberg, Rüthen: S. 178;
Günther Hauschild, Altena: S. 103;
Induphot, Hannover: S. 262;
Michael Jeiter, Aachen: S. 208;
Richard Kopitzko, Bildarchiv der Stadt Herne: S. 269;
August Kracht, Deilinghofen: S. 13, 25, 35, 47, 52, 55, 86, 97, 99, 118, 132, 141, 160, 224, 228, 230, 253, 296, 306, 307, 313;
Landesbildstelle Westfalen, Münster: S. 34, 60, 123;

Landesdenkmalamt Westfalen-Lippe, Münster: S. 26, 30, 37, 39, 41, 57, 62, 67, 70, 77, 78, 83, 89, 135, 138, 140, 144, 147, 152, 155, 156, 159, 163, 167, 170, 173, 179, 183, 186, 189, 192, 197, 199, 200, 202, 207, 210, 212, 218, 221, 223, 227, 238, 241, 243, 248, 255, 258, 260, 264, 270, 281, 285, 288, 292, 299, 301, 302, 308, 310;
Klaus Lehmann, Castrop-Rauxel: S. 272;
Medienzentrum des Märkischen Kreises, Kreisbildstelle, Foto Wiening: S. 90, 93, 129;
Museum der Grafschaft Burg Altena: S. 114;
Museum des Siegerlandes: S. 27;
Rudolf Stengel, Dortmund: S. 246;
Hans Wagner, Vlotho: S. 109;

Farbtafeln:
Berleburg: Fritz F. Mader, Hamburg;
Adolphsburg, auch Umschlagbild: Michael Jeiter, Aachen;
Neuenhof: Medienzentrum des Märkischen Kreises, Kreisbildstelle, Foto Wiening;
Altena: Cekade-Luftbild Nr. 6471/74 (Freig. Reg.-Präs. Münster/

Westf.), Foto Cramers Kunstanstalt KG, Dortmund;
Hohenlimburg: Foto Klüting, Hagen;
Hovestadt: ZEFA, Zentrale Farbbildagentur GmbH, R. Holder, Düsseldorf;
Stünkede: Induphot, Hannover;
Berge: Stadt Gelsenkirchen, Foto M. Frank.

Reisen

und Entdeckungen

**Egloffstein, Albrecht Graf von und zu:
Burgen und Schlösser in Oberfranken**
400 S. Mit 134 Abb. u. 8 Seiten Register.
Band 4406

**Fleck, Walther-Gerd:
Burgen und Schlösser in Nord-Württemberg**
320 S. Mit 103 Abb. u. 5 Seiten Register.
Band 4404

Mit 130 Abbildungen

**Hawel, Peter:
Klöster**
Wie sie wurden, wie sie aussahen und wie man in ihnen lebte.
216 S. Mit zahlr. z. T. farb. Abb. Band 3685

**Hüttl, Ludwig:
Schlösser**
Wie sie wurden, wie sie aussahen und wie man in ihnen lebte.
216 S. Mit zahlr. z. T. farb. Abb. Band 3686

Mit Schlösser-Führer   Originalausgabe

**Meyer, Werner:
Burgen**
Wie sie wurden, wie sie aussahen und wie man in ihnen lebte.
216 S. Mit zahlr. z. T. farb. Abb. Band 3684

Mit Burgen-Führer   Originalausgabe

Mit 130 Abbildungen

**Meyer, Werner:
Burgen und Schlösser in Bayerisch Schwaben**
256 S. Mit 130 Abb. u. 18 Seiten Register.
Band 4407

**Stein, Günter:
Burgen und Schlösser in der Pfalz**
320 S. Mit 95 Abb. u. 17 Seiten Register.
Band 4405

Mit 130 Abbildungen

Die großen Romane

McCarthy, Mary:
Die Clique
352 Seiten. Band 218.

Styron, William:
Sophies Wahl
608 Seiten. Band 810.

West, Morris L.:
Der Salamander
320 Seiten. Band 443.

Michener, James A.
Die Bucht
928 Seiten. Band 1027.

Du Maurier, Daphne:
Rebecca
400 Seiten. Band 1006.

Simmel, Johannes
Mario:
Es muß nicht immer
Kaviar sein
560 Seiten. Band 29.

Danella, Utta:
Der blaue Vogel
448 Seiten. Band 459.

Paretti, Sandra:
Der Wunschbaum
288 Seiten. Band 519.

Wouk, Herman:
Die „Caine" war ihr
Schicksal
608 Seiten. Band 689.

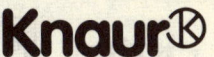

Holt, Victoria:
Der Schloßherr
Roman. Band 0776.
192 Seiten.

Holt, Victoria:
Der Teufel zu Pferde
Roman. Band 0679.
320 Seiten.

Melville, Anne:
Das Erbe der
Lorimers
Roman. Band 0803.
336 Seiten.

Melville, Anne:
Die Lorimers
Roman. Band 0686.
368 Seiten.

Markstein, George:
Das Gold des Lebens
Roman. Band 0821.
272 Seiten.

Randall, Rona:
Der Adler über dem
Tor
Roman. Band 0797.
336 Seiten.

Randall, Rona:
Die grüne Kutsche
Roman. Band 0807.
144 Seiten.

Randall, Rona:
Der Wächterstein
Roman. Band 0782.
160 Seiten.

Rock, Phillip:
Sturmwind der Zeit
Roman. Band 0822.
448 Seiten.

Rogers, Rosemary:
Die Unbesiegbare
Ein Lied von Liebe.
Roman. Band 0784.
576 Seiten.

Rogers, Rosemary:
Wildnis der Liebe
Auch Frauen haben ein
Recht auf »ihren«
Frauenroman. Rosemary
Rogers hat ihn geschrie-
ben und Millionen von
Leserinnen begeistert:
eine titanische Familien-
fehde, Liebe, Haß und
Leidenschaften von
nicht alltäglichen Men-
schen. Roman.
Band 1008.
320 Seiten.

O'Hara, John:
Elizabeth Appleton
Roman. Band 0761.
288 Seiten.

Simmons, Mary Kay:
Feuer im Blut
Roman. Band 0759.
320 Seiten.

Simmons, Mary Kay:
Im Taumel des Glücks
Roman. Band 0800.
384 Seiten.

Sherwood, Valerie:
Glück ist wie Glas
Roman. Band 0805.
384 Seiten.

Stewart, Mary:
Die Geisterhunde
Roman. Band 0633.
272 Seiten.

Wolff, Victoria:
König im Tal der
Könige
Roman. Band 0726.
224 Seiten.

Wolff, Victoria:
Das weiße Abend-
kleid
Roman. Band 0798.
176 Seiten.

Cunningham, E. V.:
Sylvia
240 S. Band 4937

Rutherford, Douglas:
Kopfgeld für den
falschen Mann
160 S. Band 4936

Williams, David:
Zigarren für
Treasure
160 S. Band 4933

Pronzini, Bill:
Nostalgie mit
Todesfolge
192 S. Band 4935

Tews, Lydia:
Sie sind ein
schlechter Bulle,
gnädige Frau!
160 S. Band 4932

Zeindler, Peter:
Tarock
192 S. Band 4934

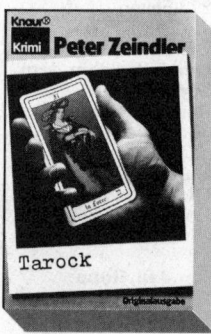

Liebesromane

**Cordes, Alexandra:
Frag nie nach dem
Ende**
Roman. Band 0669.
256 Seiten.

**Cordes, Alexandra:
Liebe kennt keine
Jahre**
Roman. Band 0829.
240 Seiten.

**Danella, Utta:
Der blaue Vogel**
Roman. Band 0459.
448 Seiten.

**Danella, Utta:
Die Hochzeit auf dem
Lande**
Roman. Band 0513.
208 Seiten.

**Danella, Utta:
Niemandsland**
Roman. Band 0358.
432 Seiten.

**Horster, Hans-Ulrich:
Der Engel mit dem
Flammenschwert**
Der Roman einer schick-
salhaften Irrung.
Band 0744. 480 Seiten.

**Horster, Hans-Ulrich:
Ein Herz spielt falsch**
Der Roman einer tragi-
schen Wandlung.
Band 0713. 576 Seiten.

**Peters, Evelyn:
Ende einer Kindheit**
Roman. Band 0801.
208 Seiten.

**Peters, Evelyn:
Eine Frau von Vierzig**
Roman. Band 0542.
192 Seiten.

**Peters, Evelyn:
Frauen ohne Männer**
Roman. Band 0680.
208 Seiten.

**Peters, Evelyn:
Klassentreffen**
Roman. Band 0749.
240 Seiten.

**Peters, Evelyn:
Die Wahrheit über
Malou**
Roman. Band 0811.
160 Seiten.

**Peters, Evelyn:
Liebe und Tod auf
Ischia oder ein Fall
von Hörigkeit**
Ischia, eine Zauberinsel,
die unzählige Menschen
anzieht. Doch einige,
die hierher kommen,
kehren nie wieder
zurück. Wie Isabel.
Band 1003. 192 Seiten.

**Peters, Evelyn:
Mai in Morcote**
Roman. Band 0622.
192 Seiten.

**Peters, Evelyn:
Roman einer geschie-
denen Frau**
Band 0498. 208 Seiten.

Kulturgeschichte

Champdor, Albert:
Das Ägyptische
Totenbuch
In Bild und Deutung.
208 Seiten. Mit zahlr.
Abb. Band 3626.

Corti, Egon C.:
Untergang
und Auferstehung
von Pompeji
und Herculaneum
272 Seiten. Band 3661.

Hoving, Thomas:
Der Goldene Pharao
Tut-ench-Amun.
336 Seiten. Band 3639.

Keller, Werner:
Und wurden zerstreut
unter alle Völker
Die nachbiblische
Geschichte.
544 Seiten. 38 Abb.
Band 3325.

Stingl, Miloslav:
Den Maya auf der Spur
Die Geheimnisse der
indianischen Pyramiden.
320 Seiten. Mit Abb.
Band 3691.

Stingl, Miloslav:
Die Inkas
Ahnen der „Sonnen-
söhne"
288 Seiten. Mit zahlr.
Abb. Band 3645.

Stingl, Miloslav:
Indianer
vor Kolumbus
Von den Prärie-
Indianern zu den Inkas.
384 Seiten. Band 3692.

Vandenberg, Philipp:
Nofretete, Echnaton
und ihre Zeit
272 Seiten. Mit z. T. farb.
Abb. Band 3545.

Tompkins, Peter:
Cheops
Die Geheimnisse der
Großen Pyramide,
Zentrum allen Wissens
der alten Ägypter.
296 Seiten. Mit zahlr.
Abb. Band 3591.

Pörtner, Rudolf:
Operation Heiliges
Grab
Legende und Wirklich-
keit der Kreuzzüge
(1095–1187)
480 Seiten. Mit zahlr.
Abb. Band 3618.

Blüte des Mittelalters
Die Welt der Ritter
und Mönche.
256 Seiten. Mit zahlr.
z. T. farb. Abb.
Band 3629.

Medizin
und Gesundheit

Welt-Bestseller

John le Carré

Agent in eigener Sache
Der atemberaubende Kampf des legendenumwobenen Smiley mit seinem ebenbürtigen Gegner führt ihn auf heiße Fahrt bis zum Finale im Schatten der Berliner Mauer.
448 S. Band 814

Der wachsame Träumer
In die schillernde Welt des Künstlertums führt dieser hinreißende Roman.
432 S. Band 350

Eine Art Held ▶
Der Erfolgsautor führt den Leser diesmal in die geheimnisvolle Welt des Fernen Ostens. Schauplätze sind Hongkong. Kambodscha, Vietnam und Thailand.
544 S. Band 640

Dame, König, As, Spion
Für den Chef des Britischen Geheimdienstes gibt es keinen Zweifel mehr: Einer seiner besten Leute ist ein »Maulwurf«, ein Doppelagent…
320 S. Band 455